EINDSTRYD

Geheime gesprekke en die einde van apartheid

Willie Esterhuyse

TAFELBERG

Tafelberg
'n druknaam van NB-Uitgewers, Heerengracht 40, Kaapstad
www.tafelberg.com
© 2012 (outeur)

Alle regte voorbehou
Geen gedeelte van hierdie boek mag sonder die skriftelike verlof
van die uitgewer gereproduseer of in enige vorm of deur enige elektroniese
of meganiese middel weergegee word nie, hetsy deur fotokopiëring, skyf- of
bandopname, of deur enige ander stelsel vir inligtingsbewaring of -ontsluiting

Teksversorging: Janneke Engelbrecht
Proeflees: Jana Luther
Boekontwerp: Nazli Jacobs
Bandontwerp: Michiel Botha
Voorbladfoto: Africa Media Online (Mbeki)
Geset in Bembo 9 op 13 pt
Gedruk en gebind deur Paarl Media Paarl
Jan van Riebeeckweg 15, Paarl, Suid-Afrika
Eerste uitgawe 2012
ISBN-13: 978-0-624-05426-9
e-ISBN: 978-0-624-05813-7

Vir Annemarie:

Jy het dit wat in hierdie boek vertel word, moontlik gemaak.
Jy het my nie net geïnspireer nie, maar was my ook polities vooruit.
Dankie dat jy my krities begelei, verdra en verduur het.
En altyd teenwoordig was.

Inhoud

Akronieme en afkortings, 9

Tydlyn, 11

Ter verduideliking, 15

1. Twee telefoonoproepe, 19
2. Tussen die ystervuis en dialoog: Die politieke konteks, 38
3. Hospitaalbesoeke en geheime ontmoetings: Mandela, Coetsee en Barnard, 58
4. Gesprek in die kelder, 83
5. Thabo Mbeki tree toe, 106
6. Mells Park: "Konsensus is nie net 'n droom nie", 135
7. Flittwick: Begrafnis vir apartheid?, 154
8. PW Botha op 'n politieke glybaan, 174
9. "Hier kom die ding": Die NI maak 'n skuif, 189
10. Teeparty in Tuynhuys: Botha ontmoet Mandela, 203
11. "Aartsvyande": Die ys word in Switserland gebreek, 215
12. Voorbladnuus in die *Sunday Times*, 229
13. 'n Nuwe gelofte: 2 Februarie 1990, 244
14. Krieket, ekonomiese turksvye en Mandela vry, 257
15. Swanesang in Brittanje, 270
16. Terug in Suid-Afrika: Gesprek móét voortgaan, 284
17. Die nuwe Suid-Afrika: 'n Spanning tussen hoop en wanhoop, 302

Epiloog: Tweedespoor-onderhandeling en die waarde van geheime gesprek, 321

Notas, 337
Leeslys, 351
Register, 353
Die skrywer, 367

Akronieme en afkortings

AAI	Africa-America Institute
AB	Afrikaner Broederbond
ANC	African National Congress
Azapo	Azanian People's Organisation
BAT	British American Tobacco
Consgold	Consolidated Goldfields
Cosatu	Congress of South African Trade Unions
EPG	Eminent Persons Group
Idasa	Instituut vir 'n Demokratiese Alternatief in Suid-Afrika
Kodesa	Konvensie vir 'n Demokratiese Suid-Afrika
Kontralesa	Kongres van Tradisionele Leiers van Suid-Afrika
KP	Konserwatiewe Party
MDM	Mass Democratic Movement
MK	UmKhonto weSizwe
Nactu	National Council of Trade Unions
NI	Nasionale Intelligensiediens
NP	Nasionale Party
NUK	Nasionale Uitvoerende Komitee van die ANC
OEA	Organisasie vir Eenheid in Afrika
PAC	Pan-Africanist Congress of Azania
PBO	Palestynse Bevrydingsorganisasie
PFP	Progressiewe Federale Party
RAU	Randse Afrikaanse Universiteit
Sabra	Suid-Afrikaanse Buro vir Rasse-Aangeleenthede

SAKP	Suid-Afrikaanse Kommunistiese Party
SAW	Suid-Afrikaanse Weermag
SVR	Staatsveiligheidsraad
Swapo	South West Africa People's Organisation
TUATA	Transvaal United African Teachers' Association
UDF	United Democratic Front
US	Universiteit van Stellenbosch
WVK	Waarheids-en-Versoeningskommissie

Tydlyn

1983		Stigting van United Democratic Front
1985	16 – 22 Junie	Kabwe-konferensie (ANC)
1985	19 Junie	Die Wet op Gemengde Huwelike en die Ontugwet word afgeskaf
1985	Julie	Eerste noodtoestand word afgekondig in Suid-Afrika
1985	15 Augustus	Rubicon-toespraak
1985	Augustus	Die Amerikaanse Chase Manhattan-bank herroep al sy korttermynlenings aan Suid-Afrika
1985	Oktober	Stigting van Besprekingsgroep '85
1986	21 Januarie	Die Comprehensive Anti-Apartheid Act of 1986 word deur die Amerikaanse Kongres aanvaar
1986	Februarie	Van Zyl Slabbert and Alex Boraine bedank uit die Parlement
1986	2 Maart – 19 Mei	Die Statebond se Eminent Persons Group besoek Suid-Afrika
1986	19 Mei	Die SA Weermag val buurlande binne
1986	Junie	Tweede noodtoestand word afgekondig in Suid-Afrika
1986	1 Julie	Instromingsbeheer-maatreëls word afgeskaf
1987	20 Februarie	Besprekingsgroep '85 ontmoet PW Botha in Tuynhuys
1987	Maart	Eerste Newick Park-gesprekke
1987	Mei	Stigting van Onafhanklike Beweging

1987	6 Mei	Algemene verkiesing
1987	24 Junie	Britse sakelui ontmoet ANC-leiers in Londen
1987	9 – 12 Julie	Dakar-konferensie, gereël deur Idasa
1987	September	Uitruiling van gevangenes tussen Suid-Afrika en Angola/Swapo
1987	9 Oktober	ANC maak 'n openbare verklaring ten gunste van onderhandeling
1987	**1 – 3 November**	**Eerste Consgold-gesprek – Compleat Angler Hotel, Marlow**
1987	5 November	Govan Mbeki word vrygelaat
1988	**21 – 24 Februarie**	**Tweede Consgold-gesprek – Eastwell Manor, Kent**
1988	24 Februarie	Regering verban UDF en 16 ander organisasies
1988	28 Maart	Eerste gesprek tussen Mandela en komitee in Pollsmoor
1988	**21 – 24 Augustus**	**Derde Consgold-gesprek – Mells Park**
1988	1 September	Suid-Afrika, Kuba en Angola onderteken die Geneefse Protokol wat die wapenstilstand in Namibië inlui
1988	Oktober	Leverkusen-beraad, gereël deur Idasa
1988	Desember	Mandela word na 'n huis by die Victor Verster-gevangenis verskuif
1988	**17 – 19 Desember**	**Vierde Consgold-gesprek – Flittwick, Bedfordshire**
1988	22 Desember	Trilaterale ooreenkoms tussen Suid-Afrika, Kuba en Angola word onderteken
1989	Januarie	PW Botha kry 'n beroerteaanval
1989	2 Februarie	FW de Klerk neem die nasionale leierskap van die NP oor
1989	27 Maart – 1 April	Bermuda-kongres tussen Amerikaners, ANC en Suid-Afrikaners

1989	**21 – 24 April**	**Vyfde Consgold-gesprek – Mells Park**
1989	31 Mei	Esterhuyse ontmoet Mbeki in Londen op versoek van die Nasionale Intelligensiediens
1989	5 Julie	Botha ontmoet Mandela in Tuynhuys
1989	14 Augustus	PW Botha bedank as president ná 'n konfrontasie met sy Kabinet
1989	15 Augustus	FW de Klerk word as waarnemende president aangestel
1989	16 Augustus	Staatsveiligheidsraad vergader, voorstel van die Nasionale Intelligensiediens
1989	21 Augustus	Harare-deklarasie
1989	6 September	Algemene verkiesing
1989	12 September	Nasionale Intelligensiediens ontmoet ANC in Luzern
1989	17 September	Nasionale Intelligensiediens lig FW de Klerk in
1989	20 September	FW de Klerk word as president ingehuldig
1989	15 Oktober	Walter Sisulu en ses ander politieke gevangenes word vrygelaat
1989	13 Desember	FW de Klerk ontmoet Mandela
1990	2 Februarie	FW de Klerk ontban die ANC en ander verbanne organisasies
1990	**9 – 11 Februarie**	**Sesde Consgold-gesprek – Mells Park**
1990	11 Februarie	Mandela word vrygelaat
1990	11 April	Eerste gesprek tussen die regering en die ANC
1990	28 April	Thabo Mbeki kom in Suid-Afrika aan
1990	2 – 4 Mei	Die regering en die ANC ontmoet by Groote Schuur: Groote Schuur Minuut onderteken
1990	Junie	Die noodtoestand word opgehef

1990	**29 Junie – 1 Julie**	**Sewende Consgold-gesprek – Mells Park**
1990	6 Augustus	Die regering en die ANC ontmoet in Pretoria: Pretoria Minuut onderteken
1991	12 Februarie	Die regering en die ANC ontmoet op DF Malan-lughawe: DF Malan Akkoord onderteken
1991	29 November	Die eerste Kodesa-onderhandelinge begin
1991	10-11 Augustus	Vergadering van gespreksgroep by Hartebeespoortdam
1991	September	Nasionale Vredesakkoord
1991	Oktober – November	Die eerste Kodesa-samesprekinge met Roelf Meyer en Cyril Ramaphosa as sleutelpersone
1991	20 Desember	Formele vergadering en ondertekening van voorlopige Verklaring van Voorneme; konfrontasie tussen FW de Klerk en Nelson Mandela
1992	17 Maart	Referendum vir wit kiesers
1992	15 Mei	Die onderhandelinge val vas
1992	17 – 18 Junie	Die Boipatong-slagting
1992	23 Junie	Nelson Mandela skort ANC-deelname aan die proses op; massa-aksie spoel oor Suid-Afrika
1992	7 September	Slagting by Bisho, Ciskei
1992	26 September	De Klerk en Mandela onderteken "Record of Understanding"
1992	November	Bilaterale gesprekke tussen NP en ANC
1993	1 April	"Veelparty-onderhandelingsproses" skop af
1993	10 April	Chris Hani word vermoor
1994	27 April	Eerste inklusiewe verkiesing

Ter verduideliking

Ek word dikwels gevra waarom ek vanaf 1987 betrokke geraak het by vertroulike gesprekke met die verbode ANC. Verskeie faktore het 'n rol gespeel, maar twee staan uit. My deelname aan die werksaamhede van die Stedelike Stigting vanaf 1985, met Jan Steyn die leidende lig, en dan, 'n toneelstuk wat ek in Mei 1989 in Londen beleef het.

Steyn se passie vir reg en geregtigheid en 'n Suid-Afrika waarvoor ons nie skaam hoef te wees nie, was besonder inspirerend. Deur die Stedelike Stigting is ek ook blootgestel aan die werklikhede van Suid-Afrika. Een insident waarby ek via die Stigting betrokke geraak het, het my onherroeplik verander: Vermeende hardhandige polisieoptrede by Roodekrans, noord van Johannesburg, teen plakkers, en 'n verklaring daaroor. Sommige plakkers se hutte is plat gestoot en ander hutte afgebrand. Sollie Masilela het veral erge brandskade gely en alles verloor. 'n Familielid van hom vertel daaroor, in Afrikaans, op 14 Maart 1987. Ek sluit 'n gedeelte van die verklaring in:

> As die regering so maak met die mense, wat gaan in die land gebeur? Die polisie is onder die regering, en as die polisie sulke gemorste maak, dan is dit mos die regering se skuld? Ek wil nie gaan kyk nie. My broer ook nie – ons het halfpad gegaan, toe word ons knieë lam van die ding, toe draai ons om.
>
> As ek dink aan die ding, my kopvel trek sommer so opmekaar. Hoe is dit dan, as die kinders in die townships huise brand, dan is hulle skuldig en hulle word geskiet, maar die polisie mag huise brand?
>
> So 'n ding kan 'n man klaarmaak. So 'n moeilikheid is te veel. Hy sal sommer die tou om die nek sit en homself versmoor, en dan sê die mense hy is mal, maar hoe kan 'n mens so 'n moeilikheid vat? Jy het niks oor nie – al die jare se bietjie-bietjie bymekaarmaak, geld en

meubels en goed, en dit brand in een nag. Jy sal vir God sê: nee, hier is verkeerde dinge in hierdie land, dis beter dat ek uitgaan ...

En nou kan ons nie die nuwe pas kry nie. Die tou staan so ver as daardie hek, en hy kom nie klaar nie. Ek het in Oktober gegaan, en hulle het gesê volgende maand. Ek het Desember gegaan, en Januarie, en Februarie en Maart, maar ek het nog nie die pas nie. Hierdie elke maand se loop kos baie geld. Nou hoor ons as ons Juniemaand nie pas het nie, en hulle vang jou, dan kry jy drie maande. As hulle jou weer vang, ses maande, derde keer kry jy een jaar en dan 18 maande met niks 'fine' nie, jy moet net sit. Nou wat moet ek nou maak?

Dit was nie vir my moeilik om in 1987 te besluit om aan die gespreksprojek met die ANC deel te neem nie.

Dié besluit is opnuut vir my geregverdig deur wat ek in 1989 in Londen beleef het. "My last performance was at the Comedy Theatre in May 1989," vertel die onsterflike akteur Sir Alec Guinness in sy boek *A Positively Final Appearance*. "It was a two-hander, with Ed Herrmann, with whom I became great friends, and me playing USA and USSR diplomats."

Ek was daar. Die stuk was *A Walk in the Woods* van Lee Blessing: Herrmann vertolk die jong karakter in die toneelstuk, die Amerikaanse onderhandelaar John Honeyman, en Guinness die ouer, meer ervare karakter, die Russiese onderhandelaar Andrey Botvinnik. Die stuk belig die uitgerekte onderhandelings oor atoomontwapening tussen die groot moondhede in Wene, Oostenryk. Botvinnik en Honeyman, aartsvyande rondom die onderhandelingstafel, ontmoet toevallig in die woud en neem op dieselfde houtbank plaas. Die twee praat en praat. In die woud op die houtbank is hulle net twee mense wat mettertyd wedersydse respek en begrip vir mekaar kry. Dit word 'n aangrypende verhaal van hoe vertroue en vrymoedigheid tussen politieke vyande geskep kan word: Die totstandkoming van 'n "onmoontlike vriendskap" wat die gang van die geskiedenis verander.

Ek het Sir Alec se laaste optrede in Londen kon bywoon omdat ek in Mei 1989 namens die Suid-Afrikaanse Nasionale Intelligensiediens 'n histories belangrike boodskap aan Thabo Mbeki in Londen moes gaan oordra. Dié boodskap het die pad na amptelike onderhandelinge in Suid-Afrika oopgemaak.

A Walk in the Woods het 'n groot rol gespeel in dit waaroor in hierdie boek vertel word. Reeds voor ek die stuk gesien het, het ek alles gelees wat ek oor die Wene-onderhandelinge oor atoomontwapening in die hande kon kry, myns insiens van die mees belangrike onderhandelinge sedert die Tweede Wêreldoorlog. Wat ek gelees het, en die toneelstuk self, het my geweldig aangegryp. Dit het in 'n bepaalde opsig my "model" geword van hoe vertroue tussen politieke vyande gebou kan word.

Baie jare later, in 2006, woon ek 'n konferensie oor vrede by die Universiteit van Notre Dame in die VSA by. Ek verwys na die toneelstuk *A Walk in the Woods* wat my so beslissend beïnvloed het. Ollie Williams, professor in sake-etiek aan Notre Dame, vra: "Wil jy die ware verhaal hoor? Sien jy daardie toringgebou? Op die boonste verdieping is vader Theodore Hesburgh se kantoor. Hy kan jou vertel presies wat in Wene gebeur het."

Vader Hesburgh, 'n kenner van atoomfisika, was as geakkrediteerde verteenwoordiger van die Vatikaan van meet af by die onderhandelingsproses in Wene betrokke. Hy word uiteindelik die persoon wat die onderhandelinge tot 'n suksesvolle einde help bring deur die persoonlike, nie-amptelike kontak wat hy tussen die vyandige onderhandelaars bewerkstellig het.

In sy kantoor by Notre Dame ontmoet ek 'n vriendelike, ontspanne en geselserige mens. Hy rook sigare dat die dampe staan. Ek het 'n sinusprobleem, maar sit vasgenael. Hy vertel my die volle verhaal, sigaar op sigaar, en inspireer my opnuut. Hesburgh, as toegewyde priester, is 'n vredemaker. 'n Brugbouer. Hy glo vas dat toegewyde enkelinge 'n verskil kan maak. Die informele kontak wat hy as tussenganger tussen individuele onderhandelaars bewerkstellig, lei uiteindelik tot 'n deurbraak en tot ontwapening. Die bou van vertroue tussen "vyande" is deurslaggewend.

Toe ons groet, beklemtoon hy weer: "Hoop is die sleutel tot die toekoms." Die "onmoontlike" *is* moontlik.

1
Twee telefoonoproepe

My betrokkenheid begin in 1987 met twee telefoonoproepe. Die een uit Londen en die ander een uit Pretoria. 'n Paar weke uitmekaar. Met die eerste oproep was dit reeds winter op Stellenbosch – nat en koud soos dit op dié Bolandse dorp in wintertye kan wees. Dit was kort voor die opspraakwekkende Dakar-konferensie in Senegal tussen 9 en 12 Julie 1987 en ek was by my huis in Mostertsdrift, toe die telefoon lui. Ná die oor-en-weer-groetery vra Fleur de Villiers: "Wil jy met die ANC in die buiteland praat?"

Kort daarna was daar 'n ander oproep. Die manstem was saaklik: "Professor, my naam is Koos. Ek en my kollega werk vir die staat. Ek skakel hier vanuit Pretoria en ons wil graag 'n belangrike saak met u kom bespreek. Ons wil 'n afspraak by u aan huis reël. Hoe lyk u dagboek oor die volgende week of twee?" Sonder om te vra wie "Koos" en sy "kollega" nou eintlik is, reël ek met hulle 'n datum en tyd.

Ek het aanvaar dat die gesprek privaat moet wees. "Koos" het spesifiek gesê: "Ons wil u nie by u kantoor ontmoet nie." Stellenbosch, so het ek geweet, was 'n sif. Almal het van almal en van alles geweet. Daar was nie net mededinging tussen akademici om openbare aandag nie, maar ook toenemende politieke verskille tussen wat Willem de Klerk, die broer van FW de Klerk, die stryd tussen die verligtes en die verkramptes binne die Nasionale Party genoem het. Stellenbosch was destyds 'n intellektuele en kulturele Mekka van die Afrikanerdom. 'n Organisasie soos die Afrikaner Broederbond was op dié dorp 'n toonaangewer. Die Rembrandt-ryk van dr. Anton Rupert, Suid-Afrika se voorste Afrikaner-entrepreneur, was ook daar gesetel. Ek het Koos Kruger se aandrang op privaatheid verstaan, later selfs beter ná sy verduideliking van sy betrokkenheid by die staat.

Ek en my gesin was bevriend met Fleur de Villiers en haar ma, Edna, sedert 1974. Voor haar vertrek na Londen was sy assistentredakteur van die

Suid-Afrikaanse *Sunday Times*. Sy was een van Suid-Afrika se beste politieke joernaliste, en was die eerste vroulike lid van die parlementêre persgalery. Haar waardestelsel was konsekwent liberaal-demokraties.

De Villiers was in dié tyd nie baie beïndruk met die polities progressiewe Afrikaners of *verligtes* nie. Dis nou dié wat vas oortuig was dat hervorming op 'n stuksgewyse manier van binne af moes geskied en dat die NP die enigste werktuig in dié verband was. Die verligtes, ten einde hulle idees te propageer en aanvaarbaar te kry, het hulleself baie skerp van Afrikaners wat toe reeds buite die Afrikanernasionalistiese kraal as *liberales* geposisioneer was, afgegrens.[1]

Die liberales of *moraliste* – en ek gebruik dié woord in 'n positiewe sin – was op 'n dogmatiese wyse liberaal-demokrate. Sommige van hulle het selfs openbare morele woede bepleit as 'n vorm van verset teen apartheid. Dit het enige vorm van samewerking met apartheidstrukture asook strategiese kompromieë uitgesluit. Hierteenoor het die verligtes vir strategieë gekies wat ingespeel het op die reformistiese moontlikhede wat die stelsel gebied het. Hulle is soms verlei deur die opwinding wat "brinkmanship" hulle gegee het, was bevoorreg om goeie toegang tot die Afrikaanse en Engelstalige media te hê, en om talle meningsvormende praatjies by sake-, kulturele, politieke en kerklike byeenkomste te lewer. Dit het oor tyd heen 'n rol in die stimulering van veranderingsprosesse en denkskuiwe gespeel.[2]

De Villiers het in haar invloedryke rubrieke die verligtes behoorlik gekasty. By een geleentheid het sy hulle selfs spottend "sjokoladesoldate" genoem. As die politiek te warm word, smelt hulle. Ek was vanaf 1968 tot 1974 senior lektor in filosofie by die destydse Randse Afrikaanse Universiteit, tans die Universiteit van Johannesburg. RAU, so het professor Gerrit Viljoen, die stigtingsrektor, graag gesê, is in 1967 gestig "deur die Afrikaner vir die Afrikaner in die stad". Viljoen was later administrateur-generaal in die destydse Suidwes-Afrika (Namibië) en uiteindelik die minister van grondwetlike sake in president FW de Klerk se kabinet wat die politieke oorgang na 'n eenheidstaat moes bestuur. Hy was tydens sy rektorskap ook die voorsitter van die invloedryke Afrikaner Broederbond (AB). In 'n stadium was hy ook die voorsitter van die konserwatiewe, maar invloedryke Suid-Afrikaanse Buro vir Rasse-Aangeleenthede (Sabra), van wie se Jeugaksie ek onder Viljoen die voorsitter was, maar uitgeskop en deur prof. Carel Boshoff vervang is.

Viljoen het op ons, die jong en entoesiastiese garde van RAU-dosente, 'n groot invloed gehad. Ons was almal Afrikaner-idealiste en begeester deur die idee van 'n waardige plek vir die Afrikaner en vir Afrikaans in die Goudstad. Die meeste van ons was ook gemotiveer deur die idee van hervorming van binne af. Ons het in en rondom Johannesburg talle byeenkomste van Afrikaners, veral uit die werkersklas, toegespreek. En ook rubrieke in Afrikaanse koerante, soos byvoorbeeld die intussen heengegane *Transvaler* en *Vaderland*, geskryf.

Fleur de Villiers se kastyding van die verligtes het my as destydse Afrikaner-idealis mateloos geïrriteer. Sonder 'n afspraak meld ek my op 'n dag in 1974 by haar in haar kantoor aan. Ek sê: "Is jy die joernalis wat ons progressiewe Afrikaners wat iets positiefs vir die land wil doen, so kasty? En jy is 'n De Villiers!" Dit was die begin van 'n lewenslange en verrykende vriendskap wat nie net 'n invloed op die vorming van baie van my politieke idees en oortuigings gehad het nie, maar op die politieke ontwikkeling van Suid-Afrika self 'n voetspoor gelaat het. Dis veral sy wat my die belang en werking van nie-amptelike en persoonlike netwerke beter laat verstaan het. Haar eie netwerke was uitstekend en het later oor kontinente en tussen 'n verskeidenheid van rolspelers gestrek. Sy het tot die middel-tagtigerjare ook baie goeie toegang tot NP-kabinetsministers en senior politici gehad omdat hulle respek vir haar integriteit as joernalis gehad het.

Fleur de Villiers het my uit Londen geskakel. Dit is waar sy haar in 1986 gevestig het, onder meer omdat sy bekommerd was oor ons land se toekoms ná Botha se Rubicon-toespraak in Augustus 1985, 'n toespraak waarin hy op 'n kragdadige wyse alle hoop op 'n onderhandelde skikking in Suid-Afrika van die tafel afgevee het. In Londen het De Villiers vir haarself naam gemaak as rubriekskrywer vir meningsvormende koerante en joernale, asook as konsultant vir verskeie internasionale maatskappye, onder meer De Beers en Consolidated Goldfields.

Sy het oor die foon verduidelik: "Ek is betrokke by gesprekke met die bestuur van die maatskappy Consolidated Goldfields hier in Londen. Ons is baie bekommerd oor die politieke doodloopstraat waarin PW Botha en sy regering die land laat beland het. Die konflik gaan erger word. Daar moet dringend oor die moontlikheid van onderhandeling gepraat word. Ek het met Humphrey Woods van Consgold gepraat. Hy en die voorsitter, Rudolph Agnew, stem saam dat 'n informele en vertroulike gesprek tussen Afrikaner-meningsvormers na aan die regering en ANC-leiers in die buiteland dalk kan help. Kan jy help met 'n lysie van mense wat moontlik kan deelneem? Wat van Pieter de Lange en Johan Heyns? Wat sê jy? Wil jy met ANC-leiers op 'n vertroulike basis in die buiteland praat?"

Daar was toe alreeds skakeling tussen Britse sakeleiers en ANC-leiers. Die joernalis Anthony Sampson, wat noue bande met die ANC gehad het en later 'n biografie oor Nelson Mandela geskryf het, was hierin instrumenteel. Op 24 Oktober 1986 ontvang hy byvoorbeeld vir Oliver Tambo by hom aan huis in Londen. Tambo is deur David Astor, voormalige eienaar en redakteur van *The Observer*, na Londen genooi. Astor, fel teen apartheid gekant, bring tydens Tambo se besoek bekende Britse sakelui met die ANC-leier in kontak. Tambo ontmoet ook die redakteur van *The Economist*, Andrew Knight, en die voorsitter, die invloedryke bankier Evelyn de Rothschild. Dit word die begin van 'n diplomatieke *coup* vir die ANC in Brittanje.

De Villiers het my later vertel dat die Consgold-projek, soos ons dit mettertyd genoem het, as 'n laaste poging, en uit 'n stygende gevoel van moedeloosheid, voorgestel is. Consgold, die Britse mynhuis met 'n dekades lange geskiedenis en winsgewende goudbelange in Suid-Afrika, was betrokke by verskeie byeenkomste tussen ANC-leiers en Britse sakelui, waaronder 'n redelik beslissende byeenkoms in Londen op 24 Junie 1987, waar 23 bekende Britse en ander sakelui met senior ANC-leiers soos Oliver Tambo, Thabo Mbeki, Mac Maharaj, Aziz Pahad en Jacob Zuma gesprek gevoer het. Die sakeleiers het mense soos Lord Barber, voorsitter van Standard Bank, Sir Alistair Frame van Rio Tinto, George Soros van die Sorosfonds en Evelyn de Rothschild ingesluit. Michael Young, die kommunikasiehoof van Consgold en iemand wat later 'n sleutelrol in die nie-amptelike ANC-Afrikaner-kontakgroep (die Consgold-projek) gespeel het, was ook teenwoordig. Die vergadering in die hoër-middelklas Connaught Rooms, met David Astor die gasheer, het die teenwoordiges nie baie hoop gegee nie, maar tog 'n sterk gevoel vir dringende optrede geskep.

Die idee van georganiseerde informele en nie-amptelike gespreksvoering tussen ANC-leiers en Afrikaner-meningsvormers is hieruit gebore. De Villiers sou die aanvanklike skakeling met die Afrikaners aan die gang sit en Young die skakeling met ANC-leiers. Dit vind plaas in dieselfde tydgleuf as die Dakar-konferensie, maar op 'n totaal andersoortige manier. Dié projek is vanuit die sakesektor geïnisieer.

Die rol wat sakelui in hervormingsinisiatiewe en oorgangsprosesse in Suid-Afrika gespeel het, kan nie onderskat word nie. Hulle het natuurlik 'n regstreekse belang daarby gehad. Toe Afrikaner-sakelui uiteindelik besef dat apartheid nie ekonomies sin maak nie, het hulle hul politieke deuntjie begin verander. Hulle het die Botha-regime onder groot druk geplaas, al was dit hoofsaaklik om strategiese en nie morele redes nie. Die oorgangsproses na 'n inklusiewe demokratiese bedeling is ook deur ekonomiese kragte en werklikhede geïnspireer, selfs in ANC-geledere.

Johan Heyns, 'n bekende teoloog wat ook vir die projek genader is, het die uitnodiging van die hand gewys. Hy het later teenoor my erken: "Die kerk sou my gekruisig het." Pieter de Lange, 'n eertydse kollega van my by RAU en 'n geesgenoot, het ook die uitnodiging van die hand gewys. So ook Tjaart van der Walt, rektor van die Universiteit van Potchefstroom. De Lange was toe die voorsitter van die Broederbond. Hulle posisies binne die geïnstitusionaliseerde Afrikanerdom, wat nie net sterk hiërargies was nie, maar ook rof met afwykendes kon werk, het bywoning onmoontlik gemaak. 'n Keuse vir van binne af werk plaas ernstige beperkings op diegene met institusionele posisies wat dan tog buite die kraal iets wil doen om oorgangsprosesse te stimuleer.

Uiteindelik was dit net ek, Willie Breytenbach en Sampie Terreblanche. Ons drie het die eerste gespreksessie in November 1987 met vier ANC-leiers bygewoon. Ons was al drie van die Universiteit van Stellenbosch, het mekaar goed geken en was as verligtes bekend. Bowendien was ons as akademici relatief onafhanklik en in beroepsposisies waar ons nie deur politici voorgeskryf kon word nie. Dis iets wat nog nie die nodige erkenning gekry het nie, naamlik dat akademici aan tradisionele Afrikaanse universiteite 'n hoë vlak van akademiese onafhanklikheid en vryheid geniet het. In die woestyn van apartheid was Engelstalige universiteite natuurlik oases van vryheid. Afrikaanse universiteite was dit in bepaalde opsigte ook, al was dit dalk meer in die gestalte van borrelende fonteine wat probeer uitbreek het uit die harde kors van apartheid. Hulle was tuistes vir baie mense wat lojale verset en oop gesprek beoefen het ten spyte van die werksaamhede van die staat se veiligheidsdienste op selfs Afrikaanse kampusse.[3] Dit was vir my byvoorbeeld 'n groot skok toe ek deur iemand van die NI teen 'n bekende studenteleier, Mark Behr, gewaarsku is. Hy het as politieke aktivis geparadeer en was selfs die Stellenbosse takvoorsitter van die National Union of South African Students (NUSAS). Volgens my segspersoon was Behr in werklikheid 'n informant van 'n ander, baie militante veiligheidsdiens van die staat. Hy het my soms aan huis besoek om sogenaamd advies oor sensitiewe politieke kwessies te vra. Dis ook hy wat in die tagtigerjare 'n groep studenteleiers na Lusaka vir gesprek met die ANC geneem het.

Ek het baie moeite gedoen om te probeer verstaan hoe dié "dienste" werk en wie die sleutelspelers is. Dié poging was, wat detail betref, nie juis suksesvol nie, maar het nietemin 'n goeie gevolg gehad: Ek het my nie laat insuig in 'n atmosfeer van wantroue waarin samesweringsteorieë die toon aangee nie. Dié doelbewuste dissipline is by my versterk toe ek in 1988 Ronald W Clark se boek *Benjamin Franklin: A Biography in His Own Words* gelees het. Toe Franklin gewaarsku is oor spioene wat hom dophou, was sy antwoord dat hy één reël in sy lewe onderskryf, en dit was om nie betrokke te raak by politieke sake waarvoor hy hom sou hoef te skaam as dit openbaar gemaak word nie. Eerbare optrede, te alle tye en onder alle omstandighede, moeilik soos dit ook al mag wees, het hy gesê, gee hierin die deurslag. Eerbaarheid in 'n omgewing waarin vertroulikheid en geheimhouding geld, stel natuurlik hoë morele eise. Jy moet bereid wees om mislukkings in dié verband baie gou en eerlik te erken. My vrou, Annemarie, was hierin my aktiewe gewete. Haar steun en samewerking was nooit vanselfsprekend en kritiekloos nie.

Behalwe die drie Stellenbossers het vanuit ANC-geledere Aziz Pahad, Tony Trew, Wally Serote en Harold Wolpe die eerste byeenkoms van die kontakgroep bygewoon. Dit was 'n bedekte seën dat die getal beperk was, want nuwe terrein moes verken en lekkasies vermy word. Ek sou aan die binnelandse kant as kontakpersoon optree en in konsultasie met Thabo Mbeki en Young uitnodigings aan ander Afrikaner-meningsvormers rig namate die gespreksprojek vordering getoon en dit wat bespreek moes word, nuwe toetreders vereis het. Young sou vanuit Consgold die hele projek koördineer, met die ANC-leierskorps skakel en alle logistieke reëlings tref. Consgold sou die koste dra. Young sou ook as onafhanklike voorsitter van die gespreksessies optree. Tog sou daar genoeg geleentheid wees vir die Suid-Afrikaners om sonder Young se teenwoordigheid met mekaar te konfereer.

Young het die geskeduleerde sessies baie goed gehanteer. Sy politieke verbintenisse in Brittanje, soos byvoorbeeld met Lynda Chalker, wat die Konserwatiewe Party van Brittanje se deskundige oor Afrika was, was ook goed. Dis trouens Young wat, strydig met die riglyne van die Britse premier Margaret Thatcher, 'n vergadering tussen Lynda Chalker en Oliver Tambo in Junie 1987 gereël het. Die waarde van 'n voorsitter wat onpartydig is maar die politieke sensitiwiteite en kwessies goed verstaan, kan in dié soort verkenningsgesprekke nie onderskat word nie.

Die Dakar-konferensie, wat tot heelwat negatiewe reaksie in die Afrikaanse media aanleiding gegee het, het 'n belangrike les tuisgebring waarvan ons deeglik in die beplanning van ons gespreksprojek kennis geneem het. Dié konferensie was onteenseglik 'n belangrike openbare demonstrasie van die noodsaaklikheid van 'n onderhandelde skikking. Die negatiewe reaksie daarop uit die geledere van Afrikaners en die maghebbende elite het egter beklemtoon dat verkennende gesprekke oor 'n onderhandelde skikking vir die Suid-Afrikaanse konflik te delikaat was om in die openbaar en op konferensievlak gevoer te kon word. Openbare konferensies bevorder publieke bewuswording en debat, selfs steun en mobilisasie dat iets gedoen moet word. Dis egter nie voldoende nie en iets anders is ook nodig: uitklaring en verstaan van die posisies van sleutelspelers; die skep van vertroue en 'n goeie dosis selfversekerdheid tussen strydende partye en mense wat mekaar as vyande beskou; 'n ongeformaliseerde *kompakt* tussen leiers van tradisionele vyande om 'n roete na vrede te karteer.

Hiervoor is dialoog en kleingroepbyeenkomste meer geskik. Dit help om voetpaaie uit doodloopstrate uit te trap. Ek het trouens al vroeg in 1987 besef dat 'n duidelike onderskeid gemaak sou moes word tussen volhoubare skikkingsprosesse en opspraakwekkende openbare gebeurtenisse. Die een kan natuurlik die ander bevorder, maar dis nie noodwendig altyd die geval nie. Prosespolitiek, soos Wynand Malan, eers van die NP en later 'n voorbok van die Onafhanklikes, dit graag genoem het, is nooit bloot gebeurtenisgeoriënteerd nie. Dit fokus strategies en takties eerder op die skep van dryfkragte en energieë wat ontwikkelinge in 'n bepaalde rigting druk. So iets kan natuurlik onbedoelde gevolge hê.

★ ★ ★

Daar is iets anders wat oor 1987 gesê moet word. Op 26 Januarie 1987 kry ek 'n brief van die Afrikaner Broederbond na aanleiding van 'n vorige brief dat daar 'n "dinkskrum in verband met staatkundige ontwikkeling" op 7 Februarie sal plaasvind. Die program, met die name van die sprekers en die meeste van die referate ingesluit, laat my besef: hier kom 'n ding! Temas sluit onder meer in: die proses van staatkundige ontwikkeling; konfederasie, federasie en ander staatkundige stelsels/modelle; Suid-Afrika as een land met verskillende vaderlande; die positiewe en negatiewe kenmerke van die 1983-grondwet; die staatkundige implikasies van ander groepskenmerke as etnisiteit; groepvorming en dwang; vryheid van assosiasie in die konteks van die dinamiek van residensiële vestigingspatrone; meriete en goeie regering; die wenslikheid al dan nie van 'n handves van menseregte; politieke alliansies; binne- en buite-parlementêre politiek; die ANC, PAC en ander radikale groepe; die rol van 'n regering ten opsigte van 'n onderhandelde skikking. Ek moes praat oor: "Die identifisering van leiers". En ek sê vir myself: Die "ding" het reeds gekom. Hóé geskik gaan word, wát geskik gaan word en wié gaan skik, is die eintlike "ding". Die groot vraag is wel hoe en deur wie die voorbereiding vir die skikkingsproses moet geskied. En wanneer.

Dit was my laaste optrede as spreker by 'n groot Afrikaner Broederbondvergadering. Daar het algaande erge konflik tussen my en die Broers van die Stellenbosse afdeling, waaraan ek behoort het, ontstaan. Dit het 'n lang aanloop gehad, beginnende in 1979 ná die publikasie van my boek *Afskeid van Apartheid*. Baie Broers was beswaard en 'n afvaardiging het my aan huis kom besoek. Carel Boshoff, toe 'n swaargewig in die Broederbond, het darem my reg op vrye meningsuiting verdedig. Die spanning gaan oor in openlike konflik in Maart 1987, met die NP-volksraadslid van Stellenbosch, Piet Marais, die leidende figuur. Ons goeie verhouding verbrokkel een aand tydens 'n afdelingsvergadering waarop ek my ten gunste van 'n een-mens-een-stem-verkiesing in 'n eenheidstaat uitspreek.[(4)]

Dit was woelige dae in die wit politiek. Talle verligtes was behoorlik moeg vir die politieke gesukkel van die NP van president PW Botha. Baie van hulle het aanvaar dat 'n gebeitel en getimmer van binne af nie meer genoeg was nie. Hulle wou egter nie by die "Progge" (Progressiewe Federale Party), wie se leier, dr. Frederik van Zyl Slabbert, die vorige jaar, 1986, bedank en uit die parlement getree het, aansluit nie. Die politieke onbehae van die verligtes was die begin van die Onafhanklike Beweging wat in Mei 1987 aan die algemene verkiesing deelgeneem het. Advokaat "Lang" David de Villiers, wat naam gemaak het in die Wêreldhof in Den Haag namens Suid-Afrika oor die status van Suidwes-Afrika (Namibië), en wat uiteindelik besturende direkteur van die invloedryke Nasionale Pers geword het, het selfs uit die direksie van Naspers bedank om met die Onafhanklike Beweging te help.

By die AB se nasionale kongres by die Hartebeespoortdam het Piet Cillié, doyen van Afrikaanse joernalistiek, redakteur van *Die Burger* en later voorsitter van Naspers en professor in joernalistiek aan die US, met sy vinger teen my bors gedruk en aan my gesê: "Ek sal 'n kersie laat brand sodat julle sal weet waarheen om terug te keer uit julle politieke duisternis." Cillié was 'n verligte en was ook later in sy kantoor in Crozierstraat, Stellenbosch, die leidende lig in die Protea-gespreksgroep van 'n klompie Stellenbosse akademici wat oor die politieke pad vorentoe gepraat het. Hy was egter 'n toegewyde van-binne-af-mens en baie lojaal teenoor Afrikanerinstellings. Esther Lategan, Wynand Malan en Denis Worrall was die Onafhanklikes se kandidate in onderskeidelik Stellenbosch, Randburg en Helderberg. Malan het gewen. Worrall het naelskraap in Helderberg teen Chris Heunis, 'n belangrike minister, verloor. Heunis het polities nooit daarvan herstel nie. Lategan het teen Piet Marais verloor, maar in die proses die Afrikanernasionalistiese gesetenheid behoorlik geskud. Afrikanermag en Afrikanerhegemonie het nóg 'n lang spyker in sy lyf gekry.

'n Paar weke ná die verkiesing skakel president PW Botha se kantoor.

Ek moet hom kom spreek. Ons maak 'n afspraak en ek praat met hom onder vier oë. Dis 'n baie vriendelike en openhartige gesprek. Botha wil weet waarom ek vir Lategan, Worrall en Malan gesteun het. Hy dink daar is 'n persoonlike rede omdat minister Pik Botha, so word vir hom gesê, op aandrang van hom en Heunis my aanstelling as 'n spesiale regeringsgesant in Washington op kort kennisgewing teruggetrek het. Hy, so verseker hy my, het niks daarmee te make gehad nie. Ek verseker hom dat dit nie die rede is nie en dat die kansellasie van die aanstelling 'n bedekte seën was. Ek verduidelik my beweegredes om die Onafhanklikes te steun aan hom en sê dat die tyd vir 'n van-binne-af-strategie verby is. Ons praat baie openhartig. Toe ek opstaan om te loop, sê Botha: "Agter dié lessenaar waar ek sit, kan dit soms baie eensaam wees. Mense kom vir my sê wat hulle dink ek wil hoor."

★ ★ ★

Die oproep uit Pretoria het my, teen dié agtergrond, bekommerd gehad. Pretoria was die simbool van regeringsmag. Ek het byna outomaties gewonder of ek in die oë van Pretoria iets verkeerd gedoen het. Koos Kruger en sy kollega Möller Dippenaar het voor my by die huis opgedaag. Annemarie het hulle ontvang en hulle het in die sitkamer vir my gewag. By die voordeur het Annemarie vir my gesê: "Hulle lyk soos veiligheidspolisie. Wees versigtig wat jy sê," gedagtig daaraan dat ek nie altyd 'n wag voor my mond plaas nie. Koos Kruger en sy "kollega Möller" het my ingelig dat hulle van Nasionale Intelligensie – die NI – is. Die land staan voor allerlei ernstige veiligheidsrisiko's wat die grondwet kan ondermyn en die voortbestaan van die staat in die gedrang kan bring. Die NI het 'n spesiale afdeling wat hieraan aandag moet gee. Hulle het van dit wat ek skryf en sê kennis geneem en reken dat ek hulle met die projek sal kan help. Die kontakte en netwerke waaroor ek beskik, en die dokumentasie wat ek vermoedelik versamel en bestudeer, sou dalk ook van hulp kon wees.

Ons het by dié geleentheid nie oor die moontlikheid van gesprek en onderhandelinge met die ANC of die ontbanning van organisasies gepraat nie. Ek het ook nie gevra of hulle bewus was van die telefoonoproep van Fleur de Villiers uit Londen nie. Ek het hulle niks daarvan vertel nie. Ek het vroeg in my lewe geleer om nie onnodige vrae te stel nie, te luister en die gespreksgenoot ruimte en vryheid te gee. Tussen my en "oom Koos", soos ek hom later met respek genoem het, en Möller Dippenaar het gou 'n uitstekende verstandhouding ontwikkel. Ons het mekaar verstaan en vertrou.

Dit was nie vir my en Annemarie moeilik om 'n besluit te neem oor saamwerk met NI nie. Ek het toe al geweet van Consgold se projek en het gedink dis 'n geleentheid soos min. Ons het wel die voor- en nadele, die moontlike impak op ons gesinslewe en die gevolge van 'n assosiasie met die NI deeglik bespreek. Daar is by dié tipe besluit altyd 'n spanning tussen morele en strategiese oorwegings. NI was immers een van die mees ondeursigtige en selfs lotsbepalende arms van die staat. Die kern van die vraag was: "Kan samewerking met dié invloedryke arm van die apartheidstaat bydra om 'n proses van vrede en demokratisering te help bevorder?" Ons het ook vir onsself gesê dat dit onbekende terrein is en dat daar baie onbedoelde gevolge mag wag. 'n Mens weet nie vooraf wat die grense van die kompromieë is wat jy noodwendig in so 'n proses sal moet aangaan nie. Die gesin is hieroor in baie breë trekke ingelig.

My aanvaarding van die versoek het tot 'n intensiewe sessie met Koos Kruger en Möller Dippenaar gelei. Ander lede van die NI-span het later bygekom. Die sessies het gewoonlik in veilige huise plaasgevind. Van dié huise – sommige was woonstelle – het aan privaat eienaars behoort. Een so 'n veilige huis waar ek dikwels gekom het, was in 'n woonstelkompleks in die Strand. Dit het, soos ek verneem het, aan 'n vername kerkman behoort. Koos Kruger, wat uit generaal Hendrik van den Bergh en sy vriend eerste minister John Vorster se Buro vir Staatsveiligheid gekom het, was baie veiligheidsbewus. Hy het oor en oor beklemtoon dat ek met niemand oor die projek moes praat nie. Nie eens met my beste vriende nie. "Dis 'n eensame pad. Kan selfs gevaarlik wees. Ons sal jou in veiligheidsmaatreëls oplei en goed na jou kyk." Ek het ook 'n kodenaam gekry: *Gert*. En dinge soos 'n anonieme posbus, 'n aktetas wat soos Kruger s'n gelyk het, 'n bandopnamemasjien en 'n kamera wat ek nooit aan die werk kon kry nie. Dit was nie vir my nodig om enige van dié bykomstighede te gebruik nie.

Daar was 'n paar mense wat ek ingelig het om, sou enige iets verkeerd loop, 'n soort "rekord" met "getuies" te hê. Afgesien van Fleur de Villiers, wat ek eers later ingelig het, was daar Dawie de Villiers, 'n minister in Botha se kabinet. Hy was iemand van hoogstaande integriteit en het jare later die Consgold-gespreksgroep by twee geleenthede bygewoon. Dawie de Villiers het 'n belangrike rol in die uiteindelike onderhandelingsproses gespeel. Botha het De Villiers gerespekteer omdat hy (De Villiers) nie 'n vrees vir Botha gehad het nie, maar sy menings oor netelige politieke kwessies eerlik gegee het. Ek het ook vir professor Mike de Vries, destyds die rektor van die Universiteit van Stellenbosch, ingelig. Ons was goeie vriende en ek het hom vertrou. Ek moes dikwels oor veral naweke reis, ook na die buiteland, en moes verlof vir afwesigheid daarvoor kry. Dit was om vertroulikheids- en veiligheidsredes nie moontlik om die normale kanale daarvoor te gebruik nie. De Vries het die toestemming gegee en ook die vertroulike aard van die projek gerespekteer. Hy was baie ondersteunend en het graag daarop gewys dat die Universiteit van Stellenbosch hopelik eendag krediet sou kry vir wat ter wille van 'n onderhandelde skikking gedoen is. Ek het ook 'n paar goeie vriende in breë trekke ingelig, soos Anton van Niekerk van die US se departement filosofie. 'n Mens kan nie so 'n projek sonder ondersteunende familie en vriende met onkreukbare integriteit aanpak nie.

Die opleidingsessies in veiligheid was insiggewend. Dit het my gehelp verstaan hoe daar toe op 'n hoë vlak oor veiligheids- en politieke kwessies gedink is. Die Staatsveiligheidsraad (SVR) en die kabinet is destyds gereeld deur die NI en ander veiligheidsdienste van die staat ingelig. Later het ek verneem van president PW Botha se situasiekamer. Daar kon hy op 'n skerm sien wat alles gebeur het en wie wat gesê het. Die "alles" is natuurlik deur iemand anders geselekteer en gesif. Ek het mettertyd die omvang en die plofbaarheid van Suid-Afrika se krisis beter verstaan. So ook die aard van die gekkeparadys waarin veral Afrikaners gelewe het. Een so 'n sessie in veiligheid het my met spreekwoordelike bomskok gelaat. Dit het gefokus op hoe 'n mens na jou veiligheid in die buiteland, byvoorbeeld in hotelle, moet omsien. Ek het half wanhopig, omdat ek nie alles kon onthou nie, uitgeroep: "Maar die ANC sal my nie vermoor nie. Hulle het belang by my oorlewing." Iemand het droogweg opgemerk: "Ons probeer jou nie teen die ANC beskerm nie. Dis teen die 'bruin hemde' dat jy beskerm moet word," met ander woorde, die militêre.

Möller Dippenaar, wat in 'n stadium vir predikant geleer het, was 'n besondere mens. Ons het baie en soms moeilike in-diepte-gesprekke gehad. Die NI het mense in sy geledere gehad wat goed opgelei en hoogs intelligent was. Die vroulike lid van die span, Hanna Langenhoven, met wie ek later saam gewerk het en vir wie se intellektuele vermoëns en humorsin ek groot waardering ontwikkel het, het onlangs aan my gesê dat hulle byna die projek opgeskort het. Ek het geen begrip vir veiligheidsmaatreëls gehad nie. Koos Kruger weer, was in sy hart en niere 'n polisieman, toegewy en lojaal aan die staat wat hy gedien het. By verskeie geleenthede het hy vir my gesê: "Ek volg Paulus in Romeine 13 na. Ek is 'n onderdeel van die swaardmag van die staat." Jare later sou Eugene de Kock, toe ek hom in die tronk gaan besoek het, min of meer dieselfde sê. Kruger het by meer as een geleentheid gesê: "Hoe weet ons dat ons die swaardmag reg gebruik?" En, het hy ook gesê: "Goeie intelligensie help ons om die swaardmag reg te gebruik." Ek het vir myself gesê: "Intelligensie gaan oor inligting wat strategiese doelwitte en beplanning kan bevorder. Waaroor dit primêr gaan, is die aard van die doelwitte." Hoe en deur wie die inligting geverifieer kan word, en veral die kwessie van aanspreeklikheid en toesig, is natuurlik binne 'n demokratiese staat baie wesenlike vrae.

Ek het destyds ook aanvaar dat as ek nie met mense soos Kruger en Dippenaar 'n bepaalde verhouding van vertroue kon ontwikkel nie, die projek waarvoor ek my ingelaat het, plat sou val. Dis Kruger en Dippenaar wat my gehelp het om te verstaan dat morele oorwegings "blind" is sonder strategiese oorwegings, en dat strategiese oorwegings "leeg" is sonder morele oorwegings, as ek die beroemde Duitse filosoof Immanuel Kant kan aanpas. Dat 'n mens egter oor 'n werkbare balans hiertussen nie te idealisties en romanties-naïef moet wees nie, is 'n feit soos die spreekwoordelike koei. Wat my baie gehelp het om nie my moontlike bydrae te hoog aan te slaan nie, was iets wat Eddie Orsmond, 'n nagraadse student wat my in die projek bygestaan het en gesorg het dat notules bygehou en afspreke nagekom word, op 'n keer op 'n vriendelike dog ferme wyse gesê het: "Prof, jy moet onthou oom Koos en Dippenaar ken 'n groter plan. Ons twee het nie daartoe toegang nie. Ons het slegs ons prentjie wat kleiner is en hopelik inskakel by 'n sinvolle groter prentjie."

Die inligtingsessies oor hoe, vanuit owerheidsweë, die bedreiging van die Suid-Afrikaanse staat geïnterpreteer is, was in een opsig 'n leerervaring. Die model van die Totale Aanslag het in die meeste van dié sessies sterk gefigureer. Ek het ironies-krities daarvan as die "spinnerakteorie" gepraat, met die ANC as die groot swart en gevaarlike spinnekop wat saam met die kommuniste uit die sentrum van die web ongeveer alles wat Suid-Afrika bedreig, manipuleer. Ek was verstom oor hoe sterk die "geloof" aan dié teorie was. Wanneer 'n mens met die mite van die "vyand" werk om optredes en beleid te regverdig, is dit skynbaar nodig dat jy jou vyand magtiger voorstel as wat hy werklik is. President PW Botha en sy ministers het hulle eie propaganda geglo. Die idee van 'n Totale Aanslag was besonder effektief. Diegene wat skepties oor dié propaganda was, was sélf deel van die Totale Aanslag. 'n Totale Strategie het daarom voorsiening vir min of meer énige middel gemaak om die doel van staatsveiligheid te bevorder. Generaal Joep Joubert van die Spesiale Magte was myns insiens doodeerlik toe hy op 8 Oktober 1997 voor die Waarheids-en-Versoeningskommissie (WVK) gesê het dat hy slegs sy "plig" gedoen het om die oorlewing van die regering van die dag te bevorder. Mense wat 'n ernstige bedreiging vir die staat was, is daarom geëlimineer. Hy het aanvaar dat die land in 'n "volskaalse oorlog" was. Hy was die produk van die propaganda van die Totale Aanslag.

Met verloop van tyd het ek verskeie personeellede van die NI leer ken. Niel Barnard, die grootbaas van die NI, was een van hulle. Hy het op jeugdige ouderdom vanaf die destydse Universiteit van die Oranje-Vrystaat die leiding by die NI oorgeneem. Hy is 'n uitstekende pokerspeler. Nie iemand wat deur liggaamstaal of woorde sy strategie en taktiek verraai nie. En brutaal reguit met sy menings wanneer iemand met hom swaarde kruis. Die twee van ons het verskillende persoonlikhede. Ek werk, so het hy op 'n keer ironies-bestraffend gesê, met 'n "Karoo-ordentlikheid". Van meet af aan het ek egter vir hom 'n respek ontwikkel wat tot vandag toe bestaan. Hy het bygedra om Suid-Afrika van 'n bloedige en verwoestende burgeroorlog te red. Ek het later verneem dat daar in die NI reeds so vroeg as 1984 na onderhandeling as 'n strategiese opsie gekyk is. Ene Swanepoel, wat toe skynbaar die hoofdirekteur van strategiese en operasionele evaluasies van die NI was, het in 'n verslag gereken dat die regering met Nelson Mandela gesprek moet begin voer. Hy het 'n scenario ontwikkel waarin Nelson Mandela met sy vrylating miljoene mense in Johannesburg byeen sou bring. Die idee van 'n goed gekontroleerde en inkrementele proses wat tot Mandela se vrylating sou kon lei, is in die NI gebore. Daar moes beheer behou word oor 'n proses wat as onafwendbaar beskou is, maar waaroor niemand toe té hardop wou praat nie.

Barnard se ander senior kollega, Mike Louw, moet ook genoem word. Louw, wat ek nie so goed leer ken het as vir Barnard nie, het 'n besondere persoonlikheid en vernuf gehad. Hy was, by wyse van spreke, nie 'n kaartspeler nie. Eerder 'n losskakel in 'n rugbyspan. Hy kon 'n spelpatroon lees én dirigeer. Dis hy en Maritz Spaarwater, nog iemand wat krediet moet kry, wat op 12 September 1989 in samesprekings met die ANC in Luzern, Switserland, en daarná die onderhandelingsbal saam met Barnard "losgemaak" het sodat daar met Kodesa (die Konvensie vir 'n Demokratiese Suid-Afrika) begin kon word. Spaarwater was geseënd met 'n besondere sin vir humor. Persoonlik dink ek nie 'n mens kan aan intense "oefensessies" en "voorwedstryde" deelneem met die oog daarop om 'n bloedbad te vermy en 'n sinvolle "finale wedstryd" te speel, as jy nie oor emmers vol humorsin beskik nie. Humor, so het ek in die hele proses geleer, is 'n ontlontingsmeganisme. Dis soos om 'n handgranaat skadeloos te maak. Spaarwater het dié gawe gehad.

★ ★ ★

Dis blote toeval, maar tog betekenisvol: Die oproep uit Londen en die oproep uit Pretoria en dit wat daaruit voortvloei, vind plaas teen die agtergrond van 'n dramatiese gebeurtenis. Op 3 en 4 Julie 1987, ongeveer 'n jaar ná die PW Botha-regering 'n noodtoestand in Suid-Afrika afgekondig het, basuin die voorblaaie van koerante dit uit: Idasa, met Frederik van Zyl Slabbert en Alex Boraine die leiers, sal met ongeveer 60 mense uit Suid-Afrika, meestal Afrikaners, in Dakar, Senegal, met die verbode ANC konferensie hou. Dié konferensie vind tussen 9 en 12 Julie 1987 plaas. Ongeveer 20 lede van die ANC, met Thabo Mbeki die leidende lig, neem deel. Die begaafde skrywer en digter Breyten Breytenbach is ook 'n vername dryfkrag. Temas soos watter strategieë gevolg moet word om verandering in Suid-Afrika te bewerkstellig, hoe nasionale eenheid gebou kan word, hoe die strukture van 'n vrye Suid-Afrika daar moet uitsien en hoe die ekonomie moet lyk, word onder meer bespreek. Dit word 'n mediagebeurtenis; 'n "event". Die Botha-regering is briesend. Baie Afrikaner-joernaliste en hulle lesers ook. Koos Kruger vertel my later: "Die president wou die Dakar-gangers by hulle terugkoms laat arresteer. Dr. Barnard het gedink dis nie wenslik nie. Wat dink jy as jy daarna terugkyk?"

Ek weet nie eintlik wat om te sê nie, maar antwoord tog: "Wel, ek was nie genooi nie. Weet ook nie wat ek sou gedoen het as ek genooi was nie. En ek weet ook nie eintlik wat daar gebeur het nie. Daar was baie mense uit Suid-Afrika. Maar nie juis baie uitgeweke ANC's nie. Van die mense uit Suid-Afrika sou seker graag wou gehad het dat hulle gearresteer moes word. Dit sou groot nuuswaarde gehad het. Baie van hulle het openbare aandag gesoek. Ek dink Barnard was reg." Persoonlik dink ek die Dakar-konferensie was belangrik. Dit het tot openbare bewusmaking vir 'n onderhandelde skikking gelei, en Thabo Mbeki as dié dryfkrag onder die uitgewekenes vir 'n onderhandelde skikking na vore gebring.

Ná Dakar was Idasa wêreldwyd bekend, maar Dakar het ook Idasa as 'n moontlike bemiddelaar en onderhandelingsvennoot gekelder. Dit was té in die openbare oog en té op publisiteit ingestel. Beide die NP-regering en die ANC, by monde van hulle verteenwoordigers, het aan my gesê: Idasa is 'n buitestander tot die proses self. Dis 'n ope vraag of die dinkskrum van die Afrikaner Broederbond op 7 Februarie 1987, die stigting van die Onafhanklike Beweging in Mei 1987, en veral die konfrontasie tussen PW Botha en Besprekingsgroep '85 op 20 Februarie 1987 en die openbare verklaring daarna, nie 'n gróter invloed as Dakar op skikkingprosesse gehad het nie.

Ek het uit iets wat Thabo Mbeki op 'n keer oor Idasa gesê het, afgelei dat dié inisiatief en Slabbert en Boraine se bedanking uit die parlement, verband gehou het met Slabbert se besoek aan die ANC in Lusaka in 1985, toe hy nog die leier van die Progressiewe Federale Party was. Idasa is as 'n alternatiewe en béter roete as die destydse Suid-Afrikaanse parlement en die PFP gesien na invloed op die ANC en veral betrokkenheid by 'n regstreekse onderhandelingsproses. Indien my interpretasie korrek is, was dit 'n strategiese misrekening. Regstreekse bilaterale onderhandeling met die NP-regering en die ANC was immers onvermydelik. Dié moontlike misrekening het na alle waarskynlikheid ook later 'n rol gespeel in die verbrokkeling van die verhouding tussen Mbeki en Slabbert, en die verwyt dat Mbeki nie aan Slabbert die nodige erkenning gegee het nie.

Die NI self was nooit afwysend teenoor Slabbert nie. Hy is nie as 'n "uitverkoper" beskou nie, altans nie in my teenwoordigheid nie. Hy is, na wat my meegedeel is, selfs 'n paar keer vir sy menings genader. Daar was eerder 'n gereserveerdheid omdat hy, volgens my NI-segspersoon, té ingestel op politieke mag en invloed was. Dis waarom hy die openbare forum gekies het, is gesê. Dis ongelukkig ook so dat sleutelfigure in die ANC dié mening gedeel het. Hulle wou hom nie as lid van die nie-amptelike Afrikanerkontakgroep hê nie. Dat Slabbert toe nie deel van die Afrikaner-binnekring was nie, en 'n toegewyde liberaal-demokraat en nie 'n sosiale demokraat was nie, het in daardie stadium by sommige ANC'ers 'n rol gespeel. Die ANC-leierskap wat ten gunste van 'n onderhandelde skikking was, het nie net na Afrikaners as die heersende magselite gekyk nie. Hulle het gemeen dat Afrikaners binne die heersende stelsel nader aan die sosiale demokrasie as byvoorbeeld Engelssprekende liberales gestaan het. Daarom was hulle bereid om eerder met "rassistiese nasionaliste" as met die "liberaliste" te onderhandel. Hulle het eintlik ook nie 'n keuse gehad nie, want die onderhandelinge het tussen maghebbende partye en nie tussen individue met persoonlike aansien en invloed plaasgevind nie.

Teen die NI se aanbevelings in het ek op 'n keer in Johannesburg, met die Dakar-konferensie nog vars in die geheue, vir Van Zyl Slabbert kortliks ingelig oor waarby ek betrokke was. Dit was tydens 'n seminaar-byeenkoms toe ons vir middagete verdaag het. Ek was waarskynlik te vaag, want hy het nie reageer nie en net gesê hy wil iets gaan eet. Ek het daarna nooit weer by hom die kwessie aangeroer nie. Hy het later daaroor met Richard Rosenthal, na wie nog verwys sal word, en ook met Thabo Mbeki gepraat. Dit was waarskynlik 'n wins dat daar nie formele kontak tussen Idasa en die Afrikaner-ANC-gespreksgroep was nie. Dit het ruimte gelaat vir meer dimensies en verskeie gelyktydige gesprekke.

Ander kontakte met die uitgeweke ANC het ook plaasgevind. As die ANC onder die leiding van Tambo en Mbeki die diplomatieke stryd in die internasionale wêreld loshande teen die Suid-Afrikaanse regering gewen het, is daar ook reuse-vordering gemaak ten opsigte van kontakte met sleutelpersone uit wit Suid-Afrikaanse geledere. Dit het al in 1984 begin met mense soos HW van der Merwe, 'n professor van die Universiteit van Kaapstad, Piet Muller van *Beeld* en Hugh Murray van *Leadership*. In 1985 besoek Van Zyl Slabbert en Colin Eglin, albei van die PFP, ook Lusaka. Die ys is gebreek toe 'n klompie bekende sakelui, waaronder Gavin Relly van Anglo American, in September 1985 gesprek in Lusaka gaan voer het. Tambo, Mbeki, Hani, Pallo Jordan en Aziz Pahad is van die ANC-ers wat hulle te woord staan. President Kenneth Kaunda van Zambië het dié ontmoeting met die "kapitaliste" baie sterk gesteun. Dit het in sekere kringe in die Suid-Afrikaanse politieke en sakewêreld beroering veroorsaak, maar was 'n belangrike bydrae tot die ontdemonisering van die ANC, veral toe die woord versprei is dat Tambo die byeenkoms met gebed geopen het.

Daar vind ook in 1986 'n paar "toevallige" ontmoetings plaas. Dié tussen Thabo Mbeki en professor Pieter de Lange, leier van die Afrikaner Broederbond, in Junie van daardie jaar, moet veral uitgesonder word. Dit het op Mbeki "groot indruk" gemaak, vertel hy my later. Die AB was toe self binne 'n fase van ernstige besinning waarin mense soos De Lange en Willem de Klerk 'n groot rol gespeel het. En dan was daar natuurlik in 1988 Louis Luyt, president van die Suid-Afrikaanse Rugbyraad, se kontak met die ANC. Die politieke keerwalle teen kontak het gekraak.[5]

In die volgende hoofstukke vertel ek meer van die mense en prosesse wat 'n bydrae gelewer het om 'n klimaat van onderhandeling en ook die agenda van die onderhandelingsproses te bepaal. Hier gee ek besondere krediet aan die NI en Niel Barnard. Dit moet genoem word dat die NI nie vir president PW Botha volledig oor die gespreksproses ingelig gehou het nie, soos Mike Louw in 'n onderhoud met Geoffrey Heald (2006: 89) toegegee het. Louw, wat die mening toegedaan was dat menslike denkraamwerke "elasties" moet wees om groot veranderings te verstaan en te aanvaar, het gemeen dat PW Botha, gegee sy geskiedenis en ouderdom, nie dié kapasiteit gehad het nie.

Die goue draad wat deur my vertelling loop, is die verband tussen nie-amptelike, private en vertroulike gesprekke (in die literatuur "tweede spoor" gesprekke genoem) en amptelike, formele gesprekke ("eerste spoor"). Heelwat meer oor die teorie hier agter word in die Epiloog bespreek.[6]

2
Tussen die ystervuis en dialoog: Die politieke konteks

Op 15 Augustus 1985 lewer president PW Botha sy berugte Rubicon-toespraak. Min politieke toesprake in die geskiedenis van ons land het so 'n inploffing van hoop op 'n onderhandelde skikking by die meerderheid Suid-Afrikaners veroorsaak as dié toespraak. Dit het twee gevolge gehad: Enersyds die denkskuif in internasionale kringe en by baie verligte Afrikaners in Suid-Afrika dat die van-binne-af-strategie nie meer voldoende of selfs aanvaarbaar was nie; andersyds die mening onder diegene wat met die United Democratic Front (UDF), gestig in 1983, geassosieer het, dat druk op die Botha-regering verhewig moes word, en ook verhewig kón word in die lig van die internasionale reaksie op die Rubicon-debakel. Golwe van opstand en protes het toe al sedert veral September 1984 oor ons land gespoel. In Desember 1985, soos later sou blyk, vind die Vlakplaas-eenheid onder bevel van kolonel Eugene de Kock dit selfs nodig om ses MK-kaders in Lesotho dood te skiet. Kort na dié voorval is De Kock en die lede van sy eenheid met medaljes deur Louis le Grange, minister van wet en orde, vereer.

Verligte Afrikaners het vir baie jare geglo dat 'n van-binne-af-strategie politieke vrugte in die rigting van meer ingrypende hervormingsinisiatiewe sou dra. In 1985 het die Botha-regime immers die moreel-drakoniese Wet op Gemengde Huwelike en die berugte Artikel 16 van die Ontugwet wat seksuele omgang tussen rasse verbied het, herroep. Dit het by verligte Afrikaners die hoop laat opvlam dat verdere "hervormings" sou volg. PW Botha is as 'n hervormer wat stuksgewyse te werk gaan, beskou. Tydens 'n konferensie by die Suid-Afrikaanse ambassade in Londen in die 1980's het 'n swart leier, John Mavuso, selfs verklaar dat PW Botha die Abraham Lincoln van Suid-Afrika is. Mettertyd het teleurstelling en ontgogeling ingetree. Botha is veral deur die intellektuele van die nuwe generasie Afrikaners beskou as déél van die apartheidsprobleem en nie as deelgenoot in die aftakeling daarvan nie. 'n Denkskuif het gewag om gebore te word. Toe dit plaasvind, het dit algaande 'n uitbreidende kettingreaksie veroorsaak wat later 'n impak op PW Botha self gehad het. Belangrike rolspelers binne en naby die Botha-regering het begin besef dat 'n militêre oplossing vir die Suid-Afrikaanse burgeroorlog en die ander konflikte waarby Suid-Afrika in die streek betrokke was, nóg finansieel nóg strategies 'n opsie was. 'n Politieke oplossing moes gevind word.

Die UDF het ook dinge vir die Botha-regering moeilik gemaak. Die verbode en uitgeweke organisasies, soos die ANC en PAC, kon maklik as "terroristies" afgemaak word. Maar hoe doen jy dit met die UDF? Met gerespekteerde kerkleiers soos biskop Desmond Tutu en dr. Allan Boesak? Die Botha-regering kon hierop uiteindelik net op een manier reageer: 'n noodtoestand, inperkings en arrestasies! Dit het 'n mate van orde in sekere gebiede herstel, maar nie vrede, reg en geregtigheid nie. In Maart 1985, voor die Rubicon-toespraak, kom dinge al tot 'n punt. Die polisie skiet op 'n skare van ongeveer 4 000 mense in Port Elizabeth in die Oos-Kaap. Twintig protesteerders sterf. Tutu word selfs in hegtenis geneem. Die Oos-Kaap was in dié tyd 'n gebied waar politieke aktivisme hoogty gevier het. ANC-leiers soos Nelson Mandela, Govan Mbeki, Thabo Mbeki en Chris Hani het uit die Oos-Kaap gekom, soos ook die bekende swartbewussynsleier Steve Biko, wat deur die veiligheidspolisie doodgemartel is. En dan was daar ook Matthew Goniwe en sy drie strydmakkers wat in 1985 deur die veiligheidspolisie vermoor is. Die staat se berugte moordbende, die Burgerlike Samewerkingsburo (BSB) wat met belastingbetalers se geld gefinansier is, word in dié tyd as "teen-revolusionêre strategie" gebore, 'n glybaan na 'n moreel-politieke moeras.

Ook in die buiteland het die Botha-regering die wind erger as ooit van voor gekry. Die toespraak is internasionaal deur sowat 200 miljoen kykers dopgehou. Vooraf is hemelhoë verwagtings geskep deur veral minister Pik Botha en sy Departement van Buitelandse Sake. As daar nog êrens in die wêreld 'n mate van geloofwaardigheid aan die sogenaamde Totale Aanslag deur die kommuniste teen Suid-Afrika was, het Botha dit in sy Rubicon-toespraak verdrink. Ook Margaret Thatcher, eerste minister van Brittanje, leier van die Britse Konserwatiewe Party en persoonlik op 'n redelik goeie voet met Botha, het onder toenemende druk gekom, al het sy die ANC as "terroristies" afgemaak. Die Statebond was teen haar "sagte" benadering gekant en wou sterk sanksies instel. Dit is in Augustus 1986 gedoen. Haar woordvoerder, Bernard Ingham, het volgens Thabo Mbeki in 1987 nog na die ANC as 'n tipiese terroristeorganisasie verwys. Volgens Mbeki het hy gesê enige iemand wat dink dat die ANC Suid-Afrika eendag sou regeer, woon in "cloud-cuckoo-land". Daar is onsekerheid oor die verband waarin dié opmerking gemaak is, maar Mbeki se weergawe vertolk wel sy persepsie van Thatcher en haar regering.

Thatcher se sterk standpunt teen omvattende sanksies was vir apartheid-Suid-Afrika 'n groot politieke troos, al het dit ons land nie teen ekonomiese en finansiële erosie beskerm nie. Sy was nie net leier van die Britse Konserwatiewe Party nie, maar as mens ook konserwatief en sterk gekant teen kontak met die ANC as 'n organisasie wat volgens haar bandeloos en gewelddadig was. By geleentheid was sy selfs hoogs ontsteld oor die vooruitsig dat die destydse Suidwes-Afrika en Suid-Afrika deur Swapo, die ANC en die kommuniste gewelddadig oorgeneem kon word. Sy het onder meer vir Patrick Fairweather, Assistant Under Secretary of State, Foreign and Commonwealth Office, ingeroep om haar ontsteltenis onder sy aandag te bring. Dit blyk toe dat haar bron 'n verslag van 'n bekende Amerikaanse konserwatiewe instelling was. Dié het haar persoonlike konserwatiewe waardestelsel vertolk.

Thatcher se vriend Ronald Reagan, president van die VSA, het haar meegedeel dat hy haar nie meer subtiel kon steun in haar teenkanting teen verskerpte ekonomiese sanksies en haar versigtige houding teenoor Suid-Afrika nie. Dit moet onthou word dat die Botha-regering, kort voor die Rubicon-toespraak en ná bloedige konfrontasies in swart en bruin woonbuurte tussen die polisie en betogers (byvoorbeeld in Port Elizabeth, in Maart 1985), in Julie 1985 'n noodtoestand afgekondig het – die eerste keer in 25 jaar ná Sharpeville. Dis vir 'n rukkie opgehef, maar weer in Junie 1986 afgekondig, waarna dit jare lank van krag gebly en kort-kort afgekondig is. Die politieke doodloopstraat waarin Suid-Afrika reeds was, het steeds meer versmorend geword.

Dié doodloopstraat kan met die tegniese term "stasis" of "ekwilibrium" beskryf word – bewerkstellig deur twee destruktiewe dryfkragte (revolusionêr en téénrevolusionêr) waarvan die eindresultaat onafwendbaar was: 'n sosio-politieke inploffing en 'n mislukte staat. Soms word van 'n "hurting stalemate" gepraat. Ek het nooit die storie van 'n staat wat in beheer was en wat met méér en sterker magsmiddele nog lank beheer sou kon uitoefen, aanvaar nie. Die Suid-Afrikaanse staat was teen 1986 vinnig op pad na 'n mislukte staat waarvan die elite op 'n totalitêre wyse beskerm sou moes word. Die ANC se meer gematigde leierskorps was nie hieroor opgewonde nie. 'n Mislukte staat, deur magsmiddele in stand gehou, vernietig oor die middel tot langer termyn ongeveer álle ontwikkelingsmoontlikhede. Per woord het PW Botha se Rubicon-toespraak Suid-Afrika miljoene rande gekos. Die gematigde ANC-leierskorps, waaronder Tambo en Mandela, wou nie 'n verwoeste vaderland erf nie. Die nuwe generasie Afrikaners wat in Angola moes veg, ook nie.

Hóé uitsigloos die doodloopstraat geword het, was veral in die VSA duidelik. Op 21 Januarie 1986 is die Comprehensive Anti-Apartheid Act van 1986 in 'n gesamentlike sitting van die Huis van Verteenwoordigers en die Senaat (die Kongres se 99ste vergadering) aanvaar. Dit was in alle opsigte "omvattend". Die argument dat sanksies veral die onderdruktes en benadeeldes erger as die bevoordeelde wit mense sou tref, is daarmee vir goed van die tafel afgevee. Sanksies is aanvaar as die énigste oorblywende niegewelddadige middel om apartheid tot 'n val te bring. Die wetgewing het ook die VSA se beleid ten opsigte van 'n "negotiated settlement" uitgespel. Daarin is onder meer die volgende voorwaardes gestel: Beëindiging van die noodtoestand; vrylating van politieke gevangenes soos Nelson Mandela; ontbanning van die ANC en ander politieke bewegings; herroeping van apartheidswetgewing soos die Groepsgebiedewet en die Bevolkingsregistrasiewet; en die toekenning van universele burgerskap aan alle Suid-Afrikaners, ook dié van die "tuislande", oftewel sogenaamde onafhanklike en selfregerende swart state soos die Transkei en KwaZulu.

'n Internasionale konsensus, soos in die betrokke wetgewing vertolk, het begin wortel skiet. Dit is dié konsensus waaraan die De Klerk-regering in Februarie 1990 gehoor moes gee. Dis interessant om daarop te let dat die VSA in die wetgewing van 1986 hom daartoe verbind het om 'n ooreenkoms te help bewerkstellig "to suspend violence and begin negotiations through co-ordinated actions with the major Western allies and with the governments of the countries in the region". Op 'n ander plek in die wetgewing word selfs gesê dat "unbanning" moet geld vir alle groepe "willing to suspend terrorism and to participate in negotiations and a democratic process". Die kwessie van geweld, of dit opgeskort ("suspend") of afgesweer ("renounce") moes word alvorens 'n onderhandelingsproses kon begin, was vir baie lank 'n turksvy. So ook die vraag of ander regerings by die skikkingsproses betrokke moes wees.

Die VSA was in die Westerse wêreld 'n baie belangrike speler in die sanksieveldtog en meer as honderd maatskappye onttrek uit Suid-Afrika. Toe kom die skerpste en langste spyker: Finansiële sanksies, met die Amerikaanse Chase Manhattan-bank wat in Augustus 1985, ná die Rubicon-toespraak, die eerste hamerhou slaan. Sanksies het begin werk. 'n Lewenslange persoonlike vriend, Howard Wolpe, 'n vooraanstaande lid van die Amerikaanse Kongres en aktivis binne die Demokratiese Party, was die voorvegter in dié verband. Ons skerp verskille het nie ons vriendskap in die gedrang gebring nie, maar my wel gehelp om Suid-Afrika se krisis beter te verstaan. Self het ek nooit gedink dat die ANC en Thabo Mbeki se invloed op die anti-apartheidsbeweging volledig krediet vir die sanksiesukses moes kry nie. Die onbeholpe manier waarop die Suid-Afrikaanse regering sedert die tagtigerjare die politieke krisis in die land hanteer het, en veral die katastrofale Rubicon-toespraak, was ook 'n vername rede. Dit het apartheid van al sy moreel-politieke bekleedsels gestroop en die keiser poedelnaak in die Westerse openbare arena laat staan.

Op Dinsdag, 29 Oktober 1985 kry die ANC die geleentheid om voor die Foreign Affairs Committee van die Britse parlement vrae te beantwoord en getuienis te lewer. Oliver Tambo, Thabo Mbeki en Aziz Pahad verteenwoordig die ANC. Die fokus van die gesprek is veral op geweld en die aanwending daarvan teen "sagte teikens", asook die kwessie van sanksies. Robert Harvey wat die boek *The Fall of Apartheid: The Inside Story from Smuts to Mbeki* geskryf het, is as parlementslid ook teenwoordig. Die gesprek word, soos Mbeki dit teenoor my gestel het, "a grilling". Maar ook 'n "breakthrough" vir die ANC se diplomatieke inisiatief. Tambo slaag die toets as 'n gematigde voorstander van onderhandelinge. Die Suid-Afrikaanse regering se mite van 'n bloeddorstige vyand word in die buiteland as ongeloofwaardig uitgewys.

Die Westerse wêreld het in die middel-tagtigerjare sy hoop dat Afrikanerleiers tog 'n onderhandelingsproses op dreef sou bring, verloor. Selfs Margaret Thatcher was nie meer bereid om 'n goeie woord vir Suid-Afrika te doen nie. Botha was oor haar houding baie goed ingelig. Verskeie sakeleiers met invloed, soos dr. Anton Rupert van die Rembrandtgroep, veral vanweë sy Switserse kontakte, is mettertyd ingeroep om te help red wat daar te redde was. Rupert skryf uiteindelik vir Botha 'n lang brief (24 Januarie 1986) waarin hy sonder doekies omdraai sê dat die eintlike probleem van Suid-Afrika apartheid is. Dit het nie gehelp nie.[1] Thabo Mbeki, wat nie juis 'n goeie woord vir Margaret Thatcher gehad het nie, het my in 1988 iets baie interessants meegedeel. Margaret Thatcher het haar vir PW Botha vererg. En die rede? Hy het Geoffrey Howe, haar minister van buitelandse sake, beledig. En al het Thatcher nie juis baie van Howe gehou nie, was hy darem die "Britse" minister van buitelandse sake en lid van haar span. Thatcher, wat Botha vantevore, in Junie 1984, by Chequers ontvang het, het tydens die ontmoeting dit redelik onomwonde gestel dat hy Mandela moes vrylaat. Sy was gekant teen volskaalse sanksies en het ook, tot Botha se groot vreugde, gesê dat 'n beëindiging van geweld 'n voorwaarde vir onderhandelinge met die ANC was. Dié kwessie sou baie lank 'n struikelblok wees.

Howe besoek Suid-Afrika in Julie 1986. Nóg lede van die ANC, waaronder Nelson Mandela, nóg biskop Tutu wil hom te woord staan. Botha ontmoet Howe op 23 Julie en ook op 29 Julie. Botha was in een van sy slegte buie. Hy reken Tutu se menings is niks werd nie en dat buitelanders moet ophou om in Suid-Afrika se sake in te meng. Belangrike en doeltreffende politieke druk het ongetwyfeld hierna veral vanuit Brittanje gekom, 'n vername handelsvennoot en ook 'n land met 'n kulturele en demografiese erfenis in Suid-Afrika. Iemand in die binnekring van die Thatcher-regering, Patrick Fairweather – op 'n keer ambassadeur in Luanda, Angola, en daarna 'n senior Britse amptenaar in Londen – het dit teen die einde van 1988 kragtig aan my in Londen gestel: "Die krake in die Botha-regering kan nie meer toegesmeer word nie. Hulle sal al groter word." Dit was inderdaad die geval. Die krake hét al groter geword en kon nie meer met skuifelende stuksgewyse hervorming bestuur word nie. Daar was net te veel skerp beitels wat hulle punte in die barste en krake ingekry het. Of slegs één prominente beitel as van die mees deurslaggewende belang uitgewys kan word, is twyfelagtig. Dit was eerder 'n geval van meerdere beitels, oftewel dryfkragte en prosesse wat gesamentlik 'n energie ontwikkel en veranderingsinisiatiewe moontlik gemaak het. Dié dryfkragte het 'n politieke kantelpunt ("tipping point") onafwendbaar gemaak.

'n Mens kan van primêre en sekondêre dryfkragte praat. Om daarom die krediet vir die historiese omwentelingsproses of politieke kanteling wat plaasgevind het, op 'n oordadige wyse aan 'n paar mense te gee wat nou as "heldefigure" geloof word, is om die werking van historiese politieke en maatskaplike omwentelingsprosesse té oppervlakkig te verstaan. Ek noem dit retrospektiewe mitologisering. Onderdrukkende stelsels soos apartheid is van 'n sistemiese aard. Stelselomwentelings vereis daarom prosesgedrewe sistemiese transformasie en nie bloot openbare leierskapsinisiatiewe of selfs leierskapsverandering nie. Ook nie bloot openbare konferensies, seminare en werksessies nie. Die jaar 1986 was van sleutelbelang vir die politieke prosesse wat oor die daaropvolgende vier tot vyf jaar vorm sou aanneem, al het Suid-Afrika toe al ses atoombomme gehad. Die berugte instromingsbeheermaatreëls wat swart mense se trek na stedelike gebiede en eiendomsbesit probeer blokkeer het, word vullishoop toe gekarwei. En deur PW Botha! Dis voorafgegaan deur intense "lobbying", veral deur Jan Steyn en sy Stedelike Stigting.[2] Die betrokke wet was 'n hoeksteen van die rasgedrewe apartheidstelsel.

Botha lig sy koukus oor hierdie sensitiewe kwessie as volg in: By sy strandhuis in die Knysna-omgewing is daar swart miere wat hom teister. Hy bestee baie ure en spuitkannetjies om hulle uit te roei. Maar hulle kom keer op keer terug. En hy besef ook: "Ek is besig om die grond te vergiftig." Hy sê aan sy koukus: Swart mense is hier om te bly. Al word hulle met busse weggery. Hulle kom terug. En ons vergiftig ons omgewing met wetgewing en pogings om hulle uit te hou. Die wet moet van die wetboek af.

Die aanvaarding van die permanensie van swart mense in die stad was 'n doodskoot vir apartheid, al het die sterwe lank geduur en die lyk ook baie lank sleg geruik. Daar was hierna egter geen omdraai op die pad na 'n politieke skikking wat swart mense se deelname én goedkeuring vereis het nie. Die politieke manipulasies wat gevolg het, en die klippe wat doelbewus in die pad gerol is, was 'n futiele poging om die uitkoms van die proses te beheer. Maar dit kon nie die proses omdraai of stop nie. Botha het dit geweet. Hy kon of wou egter nie die volle politieke gevolge hiervan insien nie. Wat hy as hervormings toegelaat het, was nóg strategies nóg moreel binne 'n grotere visie deurdink. Dit was eerder lukraak met onbedoelde gevolge, 'n kritiek wat FW de Klerk ook teen hom gehad het.

Botha se voorneme om die proses eensydig te beheer, is weerspieël deur die kombinasie van stuksgewyse hervormings én drakoniese veiligheidsmaatreëls. Dié kombinasie het die anti-apartheidstryders nog meer verbete laat veg, talle martelare geskep en alle inkrementele hervormingspogings ongeloofwaardig gemaak. Al kan geredeneer word dat Botha se hervormingsinisiatiewe die apartheidstelsel (onbedoeld) van binne af ondermyn het, het sy wil en vermoë om leiding te gee in 'n meer omvattende vredesproses onder verdenking gekom. Afgesien van die Westerse wêreld wat politieke druk op die Botha-regime verhewig het, was daar ook iets anders: Die wêreld self het verander. Die Koue Oorlog was besig om sy aggressiewe hitte en motiverende ideologiese emosies te verloor. Die einde van die mededinging tussen die supermoondhede was in sig. Michail Gorbatsjof het met sy *glasnost* en *perestroika* prosesse aan die gang gesit wat sy land radikaal sou verander. Die vergadering van sy party se Sentrale Komitee in April 1985 was 'n onomwonde sein dat 'n nuwe orde in die Sowjetunie op hande was.

Oliver Tambo en Thabo Mbeki het dié seine gou en deeglik opgevang, onder meer dat Gorbatsjof nie meer lus was vir duur kampanjes in ander lande terwyl die Sowjetunie se mense self nie 'n "beter lewe vir almal" kon ervaar nie. Tambo was in dié tyd 'n gereelde besoeker aan Moskou en was baie goed deur Gorbatsjof oor die nuwe verwikkelinge ingelig. Tambo was ook nooit opgewonde oor die Britse Kommunistiese Party met sy sentralisme nie. Gorbatsjof se simpatie met 'n vryemark-ekonomie was vir Tambo en Mbeki nie slegte nuus nie. Tot almal se groot verbasing en die kommuniste en sosialiste in die ANC se teleurstelling, gooi Gorbatsjof die Marxisties-geïnspireerde idee van 'n wêreldrevolusie op die ashoop. En, soos Thabo Mbeki dit in 1989 min of meer aan my gestel het: Toe Gorbatsjof die Brezjnjef-doktrine van 'n Oos-Europa wat permanent onder die kommunistiese sentrale beheer van Moskou sou wees, ook ashoop toe karwei, was die ANC diep in die moeilikheid met sy idee van 'n revolusionêr-militêre oorname van Suid-Afrika. 'n Onderhandelingsroete, so het Mbeki gesê, was onafwendbaar. Hoe en op watter voorwaardes, was die eintlike probleem. En, het hy gesê, 'n ander probleem was om die meerderheid van die ANC-leierskap hiervan te oortuig. Tambo en Mbeki was onder die uitgewekenes die eerste leiersfigure wat die tekens van 'n veranderende wêreld sonder Oos-Wes-kompetisie reg gelees het. Met Tambo se medewete en samewerking het Mbeki hom daarom in die jare tagtig vir 'n onderhandelde skikking begin beywer.

Die impak van die ontvriesing van die Koue Oorlog was ontgogelend vir ANC-leiers wat vas geglo het dat hulle besig was om die gewapende stryd te wen. In 'n openhartige en private gesprek het 'n senior ANC-leier my gedurende 1989 van 'n ANC-besoek aan president Gorbatsjof tydens 'n vroeëre geleentheid vertel. Joe Slovo van die Suid-Afrikaanse Kommunistiese Party, hart en siel betrokke by die gewapende stryd, was ook teenwoordig. Gorbatsjof het die afvaardiging ingelig dat weë ondersoek moes word om met die "Afrikanerregering" in Pretoria te onderhandel met die oog op 'n skikking. Hy het glo gesê/beveel: "The killings must stop. Start talking." Die president van die Sowjetunie het ook aan Joe Slovo gesê dat hy (Slovo) daarmee kon begin deur hom van sy Stalinistiese oortuigings te bekeer. Slovo, wat geld en wapens vir die gewapende stryd kom soek het, het volgens my segspersoon net 'n getekende foto van die Sowjetpresident gekry.

Dis belangrik om die volgende in gedagte te hou: As daar in regeringskringe in die VSA en Brittanje 'n groeiende verset teen en selfs weersin in die Botha-regime was, was dit beslis nie die geval wanneer oor Suid-Afrika as sodanig, haar potensiaal en haar mense – wit, bruin, swart en Asiër – gepraat is nie. In lande soos die VSA, Brittanje, Nederland en Duitsland was daar altyd 'n merkwaardige en soms onbegryplike affiniteit met ons land en sy mense. Dit was die politieke leierskap en stelsel wat weersin ontlok het. Dié ervaring het ek ook gehad tydens my uitgebreide kontak met ANC-uitgewekenes. Rassisme is nie gesien as "wit natuur" nie, iets waarmee wit mense identifiseer bloot omdat hulle wit is nie. Op 3 Junie 1986, amper 'n jaar na die berugte Rubicon-toespraak en met noodtoestande van krag, maak ek byvoorbeeld 'n voorlegging in Washington aan The Secretary of State's Advisory Committee on South Africa. Van die komiteelede was Vernon Jordan, Leon Sullivan, Frank Thomas, Lawrence Eagleburger en John Dellenback, 'n goeie vriend wat ek deur die Amerikaanse Fellowship Movement, 'n niekerklike organisasie wat op persoonlike netwerke fokus, leer ken het. Herbert Beukes, Suid-Afrika se ambassadeur in Washington, het aan sommige van die komiteelede die Engelse uitgawe (1979) van my boek *Afskeid van Apartheid* gegee. Hy het my ook dié advies gegee: "Wees eerlik. Jy verteenwoordig nie die Suid-Afrikaanse regering nie. Die komiteelede wil hoor wat jy as 'n Afrikaner dink." Ek het sy advies gevolg.

In daardie stadium was ek reeds oortuig dat die ANC 'n vetoreg gevestig het oor alles wat die Suid-Afrikaanse regering, die sakesektor, meningsvormers en akademici voorgestel het om stuksgewyse hervorming op dreef te bring. Dié vetoreg, so het ek geredeneer, sou net opgehef kon word as die ANC as volwaardige en gelyke gespreksgenoot aan die besinning oor Suid-Afrika se toekoms kon deelneem. Die gesprek binne die komitee was een van die mees positiewe en verrykende ervarings waaraan ek gedurende 1985 en 1986 deelgeneem het. Omdat ek my sterk met simboliek identifiseer, was die datum waarop C William Kontos, die uitvoerende direkteur van die komitee, 'n besonder vriendelike bedankingsbriefie aan my geskryf het, éérs waardevol: 16 Junie 1986. Ek was hierna nog meer bewus van die politieke doodloopstraat waarin Suid-Afrika beland het.

Dinge het in die buiteland en in die binneland al moeiliker vir die PW Botha-regering geword. En ook vir daardie Afrikaners wat nie net op versoening en vrede gehoop het nie, maar ook daadwerklik iets daaraan wou doen. Dié dilemma is verhewig soos die binnelandse burgeroorlog vererger het en die poele van welwillendheid in die buiteland begin opdroog het. 'n Voorbeeld hiervan is wat in die VSA gebeur het. Pauline Baker van die Carnegie Endowment, maar met haar oog op 'n toekomstige belangrike politieke pos, skryf in 1987 'n artikel in *Foreign Policy* getiteld "South Africa: Afrikaner Angst". Baker, vir wie ek verskeie kere ontmoet het en wie se politieke invloed gegroei het, gee 'n skerp ontleding van wat in Suid-Afrika aan die gebeur was. Sy doen dit ná die verkiesing van 6 Mei 1987 waaraan die Onafhanklike Beweging ook deelgeneem het. Sy reken dat klasseverskille onder Afrikaners 'n proses van "fragmentasie" ingelui het en dat die "disintegrasie van wit solidariteit" belangrike implikasies vir die "rassestryd" in Suid-Afrika het. Sy meen dat die NP se dalende aansien geleenthede skep vir die anti-apartheidsbeweging om pro-onderhandelingsinisiatiewe vir 'n oorgang na 'n "ware nie-rassige demokrasie" te skep. En dat die Weste dié geleenthede moet gebruik. Dis presies wat gebeur het. Botha se Rubicon-toespraak het hiermee gehelp!

Vier ander gebeurtenisse, twee in 1986, een in 1987 en een in 1988, het ook bygedra om die proses van skikking te bevorder. Die een was die plotselinge bedanking van dr. Frederik van Zyl Slabbert as leier van die Progressiewe Federale Party (PFP) op 7 Februarie 1986. Hy bedank ook uit die parlement, 'n maand voor die Statebond se Eminent Persons Group (EPG) se besoek aan Suid-Afrika. Sy bedanking en dié van sy kollega dr. Alex Boraine, 'n gesiene PFP-parlementariër, het skokgolwe deur regerings- en opposisiekringe gestuur. Niks het myns insiens in daardie stadium die relevansie van die (wit) parlement as instelling so dramaties tot vraag gestel as dié gebeure nie. Dit het egter die moontlikheid dat Boraine en Slabbert aan die latere en onafwendbare geïnstitusionaliseerde onderhandelingsproses kon deelneem, gekelder.

In politieke en intelligensiekringe is daar mettertyd gefluister dat hulle bedanking daarop gemik was om vir hulle sleutelrolle binne die onvermydelike skikkingsproses voor te berei, verkieslik op versoek van die ANC. Nóg die parlementêre partye nóg die ANC het egter aan dié moontlikheid ernstige aandag gegee. Thabo Mbeki het op 'n keer vir my gesê dat hulle dalk op 'n konsultasiebasis gebruik kon word. Hy het daaraan toegevoeg: "Dis tog duidelik dat die eintlike bedinging en onderhandeling tussen die NP en die ANC sal moet plaasvind." Slabbert se boek *The Last White Parliament* (1985) het in 'n bepaalde opsig sy besluit voorberei. Of die parlementariërs van destyds, waaronder sy eie partygenote, sy boek goed verstaan het, is te betwyfel. Die "wit parlement" het uiteindelik 'n deurslaggewende rol in die skikkingsproses gespeel. Dit is so dat dit moeilik is om politieke leierskap sónder sterk ondersteunende instellings en stewige netwerke uit te oefen. Idasa kon nie eintlik so 'n instelling of netwerk wees nie.

Die jaar 1986 was egter om 'n ander rede van groot deurslaggewende belang: Die mislukte besoek van die Eminent Persons Group van die Statebond aan Suid-Afrika tussen 2 Maart en 19 Mei. Die besoek is gesteun deur die 49 lidlande. Malcolm Fraser, 'n voormalige Australiese eerste minister, en generaal Olusegun Obasanjo, 'n gewese militêre staatshoof van Nigerië wat sy mag vrywillig aan 'n burgerlike regering oorgegee het, was die medevoorsitters. Ek was bevoorreg om sommige van die lede te ontmoet en onder andere met generaal Obasanjo gesprek te kon voer. Hy het ook met Nelson Mandela in die Pollsmoor-gevangenis gepraat. Van die ander lede is ook later toegelaat om dit te doen. Verwagtings het weer eens met die EPG se besoek opgevlam vir die moontlikheid van 'n onderhandelde skikking. Die groep het hieroor 'n werksdokument opgestel wat die elemente bevat het van 'n internasionale konsensus, deeglik en met toegewyde ywer deur veral Thabo Mbeki georkestreer. Margaret Thatcher, wat vir baie lank die swaard van erge sanksies probeer keer het, moes uiteindelik ook voor dié konsensus swig. Die onvoorwaardelike vrylating van Mandela en ander politieke gevangenes, en die prysgawe van die voorwaarde dat Mandela en die ANC eers die gebruik van geweld om politieke doelwitte te bereik moes afsweer, is onder meer in dié konsensus as kriteria gevestig om 'n skikkingsproses aan die gang te kry. Thatcher was veral ten gunste van die voorwaarde dat die ANC eers geweld moes afsweer omdat sy die ANC met die Ierse Republikeinse Leër en die Palestynse Bevrydingsorganisasie gelyk gestel het.

Die Botha-kabinet het die EPG-delegasie aanvanklik hoop gegee. 'n Dokument, met die sanksie van die Botha-kabinet, is op 'n vergadering van die kabinet met die EPG beskikbaar gestel. Daarin is gesê: "It is the conviction of the Government that any future constitutional dispensation providing for participation by all South African citizens should be the result of negotiations with the leaders of all communities ... The only condition is that those who participate in the discussions and negotiations should foreswear violence as a means of achieving political objectives" (*Mission to South Africa* 1986:80). PW Botha het waarskynlik aanvaar dat die ANC dit nooit sou doen nie.

Op 19 Mei 1986 gebeur daar iets wat met koeëls en bomme sê wie steeds die politieke kitaar in Suid-Afrika slaan: Die Suid-Afrikaanse Weermag, met Magnus Malan as minister, "teiken" op bruuske wyse "die vyand" (die ANC) in Botswana, Zimbabwe en Zambië. En die EPG was in die land, besig met die opstel van sy verslag! Dié drie soewereine lande was natuurlik lede van die Statebond. Om growwe sout in dit alles in te vryf, blyk dit dat president PW Botha die aanval goedgekeur het. Sy minister van buitelandse sake, Pik Botha, wat die EPG bygestaan het en ook gehelp het om die vlam van hoop aan te blaas, is nie vooraf oor die inval ingelig nie. Dit was politieke sinisme op sy brutale grofste, al wou Botha en Malan dalk daarmee die soewereiniteit van Suid-Afrika in 'n moontlike skikkingsproses onderstreep het. Dalk ook nie vreemd nie. Die noue samewerking tussen Suid-Afrika en Israel, ook militêr, het waarskynlik dié sinisme bevorder. Daar was ook iets anders: die binnegevegte tussen faksies binne die regering. Pik Botha en sy senior amptenare het gehoop op 'n politieke deurbraak in die rigting van 'n onderhandelde skikking. Die sekurokrate, en veral Militêre Inligting wat PW Botha se oor in daardie stadium gehad het, was nie entoesiasties nie. Daar was ook 'n magstryd tussen Pik Botha en van die ander kabinetslede, soos Chris Heunis (Grondwetlike Sake) en Magnus Malan (Verdediging). Veral Heunis het sy eie leierskapsdrome gehad en het naby PW Botha probeer bly.

Die EPG, stert tussen die bene, pak sy koffers en verkas onverrigtersake. Die "ystervuis", en nie dialoog en gesprek nie, het nogmaals geregeer. 'n Goeie kennis na aan die kabinet het my verseker: "Ons moet eers die vyand sag maak voordat ons kan praat. Die SAW is ons belangrikste troefkaart. En ons kan nie buitelandse inmenging toelaat nie." Die EPG se inisiatief was egter nie 'n totaal verlore saak nie. Waar Margaret Thatcher in Oktober 1985 by die Statebondskonferensie in Nassau redelik onverbiddelik in haar standpunt teen verpligte sanksies was, het Brittanje in Augustus 1986, saam met die ander Statebondslande, sanksievoorstelle aanvaar. Om dit ietwat sinies te stel: PW Botha en Magnus Malan het haar geen keuse gelaat nie. Trouens,

Thabo Mbeki het aan my gesê dat "Magnus se inval" tragies was, maar ook politieke manna uit die hemel. Thatcher het by die Statebondskonferensie (in Augustus 1986) selfs na PW Botha se "obstinacy" verwys, die feit dat Nelson Mandela nog steeds in die tronk was en dat, in die lig van die "fiasko" met die EPG, daar géén vooruitsig op 'n vreedsame politieke dialoog tussen die Suid-Afrikaanse regering en verteenwoordigers van die swart bevolking was nie. Sy was moedeloos. Soos Robin Renwick, die Britse ambassadeur in Suid-Afrika en iemand wat invloed by Thatcher gehad het, dit op 'n keer aan my gestel het: "Thatcher hou nie van onaangename verrassings nie. Die Botha-regering spesialiseer daarin."

In Augustus 1986, toe Thatcher haar persoonlike frustrasie en moedeloosheid oor die situasie in Suid-Afrika die eerste keer in die openbaar duidelik gestel het, was PW Botha ook in een van sy tipies veglustige buie. Tydens 'n vergadering van sy partygenote en ondersteuners was hy, soos iemand wat by die byeenkoms was dit kort en kragtig gestel het, "moerig". Hy spreek immers 'n byeenkoms van sy party toe. Fel gekant teen buitelandse inmenging in Suid-Afrika se binnelandse beleid, en hy was hieroor altyd adamant, waarsku hy die wêreld: "Moenie ons onderskat nie." Getrou aan die militêre faset van sy persoonlikheid, roep hy dramaties en met groot steun van sy partygenote uit: "Ons is nie 'n volk van jellievisse nie!" Hy kon nie 'n beter beeld teenoor sy ondersteuners gebruik het nie. Dis trouens die een karaktertrek van Botha wat ek baie gou leer ken het: Hy het wat volgens hom tekens van swakheid was, gehaat. Hy kón daarom nie meer begrypend op buitelandse druk reageer nie. Dit sou 'n teken van swakheid wees. Dié karaktertrek verduidelik ook sy Rubicon-toespraak. Dis wel so dat die EPG se voorgestelde roetekaart (1986) die groeiende internasionale konsensus oor 'n skikking beïnvloed het. Trouens, tydens die nie-amptelike gesprekke later tussen die Afrikaner-kontakgroep en uitgeweke ANC-leiers in Brittanje het die EPG se inisiatief telkens opgeduik.

Die derde gebeurtenis waarna verwys moet word, het in 1987 plaasgevind: die begin van die Onafhanklike Beweging. Die aanloop hiertoe het vir die regerende magselite en sy stutorganisasies, soos die Afrikaner Broederbond en die Afrikaanse kerke, gevolge gehad wat nog nie na waarde geskat is nie. Dit was polities net so betekenisvol, indien nie meer nie, as die Dakar-konferensie (Julie 1987), want dit was 'n rebellie vanuit die hart van die Afrikanerdom én sy instellings. 'n Opstand téén die leierskap. Dié rebellie word ook gereflekteer in die artikel van Pauline Baker waarna reeds verwys is. Dis nou maar eenmaal so dat rebelle van binne méér politieke gewig as kritici van buite dra. Die interne rebellie het 'n lang aanloop gehad. Dit was aanvanklik hoofsaaklik 'n Stellenbosse rebellie, wat 'n politieke voordeel gehad het. Die beeld van die Universiteit van Stellenbosch was binne Suid-Afrika, en ook in sekere Westerse lande, iets waaroor baie gepraat is, al was dit soms in afwysende en ook ambivalente terme. Wat op Stellenbosch gebeur het, was dalk nie altyd opspraakwekkende akademies-wetenskaplike nuus nie. Dit was egter áltyd opspraakwekkende politieke nuus. Internasionale joernaliste het 'n stofpaadjie na Stellenbosch uitgetrap.

Ek en Sampie Terreblanche het reeds in Februarie 1985 op Botha se versoek 'n ontmoeting met hom gehad. HW van der Merwe, 'n professor aan die Universiteit van Kaapstad wat noue bande met Winnie Mandela en die ANC gehad het, het ons genooi om Thabo Mbeki in Lusaka te ontmoet. Dit was na aanleiding van 'n artikel van Terreblanche in die *Sunday Times*. Botha het nie gesê hoe hy van die uitnodiging gehoor het nie. Hy het ons vriendelik dog dringend versoek om nie die uitnodiging te aanvaar nie: "Ons praat nie met moordenaars nie," het hy gesê. Ons het aan sy versoek voldoen. Toe ons uit die gebou stap, sê Terreblanche: "As ons dit nie gedoen het nie, sou PW ons sweerlik by die venster op die agtiende verdieping uitgegooi het." Ek het toe besef hoe belangrik Botha, iemand wat as Kaapse leier sy opmars na die hoogste politieke pos begin het, sy "Stellenbosse konneksie" geag het, en dat dit die een of ander tyd 'n bemiddelingskaart kon word. Daarom was hy selfs teenoor die uitgesproke Terreblanche baie meer versigtig as teenoor ander kritici.

Dinge kom hierna vinnig tot 'n punt. In Oktober 1985, ná Botha se Rubicon-toespraak en kort voor Mandela in die Volkshospitaal opgeneem is, stig Terreblanche en 'n paar kollegas van die US, waaronder ek self, Besprekingsgroep '85. Dit word 'n beitel wat die hart van die Botha-regime verwond. Dis in dié tyd, ná Mandela se hospitalisasie, dat Kobie Coetsee, minister van justisie, polisie en gevangenisse, met hom begin praat. Daar is by my min twyfel dat die moontlikheid dat Mandela in gevangenskap kon sterf, vir Kobie Coetsee en ander skielik 'n kommerwekkende probleem geword het. 'n Memorandum deur die gespreksgroep, voorberei deur die Stellenbosse filosoof Anton van Niekerk, oor die verslegtende toestande in die land, word op 28 Januarie 1986 aan Terreblanche se goeie vriend minister Chris Heunis oorhandig. Dit handel oor vier "konseptuele blokkades" vir 'n betekenisvolle hervormings- en onderhandelingsproses. "Magsdeling" was wel in daardie stadium nog die sleutelwoord. Die eerste blokkade was dat die buiteland ons in die steek gelaat het. Sónder die buiteland was dit nag vir Suid-Afrika. Tweedens, 'n onderhandelde skikking met swart mense in Suid-Afrika kon nie die ANC uitsluit nie. Nie alle swart mense was ten gunste van geweld nie. Derdens, die Suid-Afrikaanse regering se probleme was regstreeks herleibaar tot sy storie oor die "totale aanslag", georkestreer deur Moskou. En vierdens, die Groepsgebiedewet en ander maatreëls moes waai. Die memorandum stel dit onomwonde: "Daar moet binne die volgende ses maande duidelikheid kom oor die regering se voorneme om van apartheid in al sy gestaltes ontslae te raak ... of geweld, onluste en ekonomiese druk gaan afmetings begin aanneem wat ons bestaan veel meer sal bedreig as wat hoegenaamd voorsien kan word." Die politieke teerling was gewerp.

Heunis broei baie maande oor die memorandum. Hy lig Terreblanche uiteindelik in dat hy die memorandum met Botha bespreek het. Botha, saam met Heunis, ontmoet 28 van die rebelle op 20 Februarie 1987 in Tuynhuys. Ses van die rebelle tree as segspersone op. Botha spreek die groep hierna langer as 'n uur toe. Daarna probeer hy die vergadering met sy "laaste woorde" beëindig. Chaos breek toe uit, met Terreblanche en Botha wat op mekaar begin skreeu. Ek gryp in en sê ek is nou die voorsitter. Botha, verbaas, sê: "Dis my kantoor hierdie. Ek is hier die baas." Die groot breuk wat lank gedreig het om plaas te vind, gebeur op dié dag. Terreblanche bedank uit die NP. Ander volg hom. Op 8 Maart reik die besprekingsgroep 'n verklaring uit wat die inhoud van die memorandum openbaar maak. Dit maak internasionale opslae. NP-magshegemonie begin verbrokkel. In Lusaka is hiervan meer kennis geneem as van enige iets anders. Hoop op 'n onderhandelde skikking het opgevlam. Ook in Pollsmoor, waar Mandela toe reeds met Kobie Coetsee in gesprek was.

Daar was ten tyde van die haastige vertrek van die EPG reeds 'n skrif in bloed aan die muur: Angola en Suidwes-Afrika (Namibië). Daar was Swapo en die Kubane "die vyand". Daar was ook ANC-kampe in Angola gevestig. Suid-Afrika het Unita, die opposisie van die MPLA, die versetbeweging in Angola, en Swapo, die versetbeweging in Suidwes-Afrika (Namibië), gesteun. Jonas Savimbi was die leier en 'n persoonlike vriend van PW Botha. Trouens, by Botha se inhuldiging as president van Suid-Afrika in die Groote Kerk in Kaapstad (op 14 September 1984) was Savimbi 'n eregas. Die Totale Aanslag, en die SAW se Totale Strategie, was in Angola en Namibië sigbaar op die voordeur van ons land. En ook in kombuise, voorhuise en slaapkamers van diegene wie se jong seuns opgeroep is om die Totale Strategie uit te voer. Of, soos 'n NP-parlementariër en goeie vriend dit driftig aan my gestel het: "Om die kommuniste van ons grense weg te hou." Die meeste Afrikaners het dit ook geglo. Min kwessies het op Suid-Afrika se interne politiek, veral vanaf 1988, so 'n impak as die Angola-Namibië-kwessie gehad.

Op uitnodiging van die SAW kon ek self, saam met 'n klompie vriende uit die Stellenbosch-omgewing, die "operasionele gebied" besoek. Ons was hoofsaaklik in die noorde van Namibië. Daar het ons onder meer die dinamiese generaal Jannie Geldenhuys ontmoet. Ons was ook by die basis Omega – om te sien "wat die Weermag vir die Boesmans doen" – en 'n paar ander plekke. Ons het almal na Stellenbosch teruggekeer met dié oortuiging: "Die SAW veg vir 'n goeie saak." Self dink ek nou dat die stryd om die behoud van die apartheidstaat onder meer weens die oorlog in Angola verloor is. Tesame, natuurlik, weens Suid-Afrika se steun aan die Demokratiese Turnhalle Alliansie (DTA) tydens die verkiesing in 1989, aan Renamo in Mosambiek en aan biskop Abel Muzorewa in Zimbabwe. Dié en ander aksies om "die vyand" (die ANC) buite die grense van ons land te hou en "die vyande" wat reeds binne die landsgrense was aan bande te lê en selfs te vermoor, het die "ou" Suid-Afrika finansieel en moreel geknou. Oor dié kwessie sal daar wel in Afrikanergeledere nog lank ernstige meningsverskille wees. Daar is baie Afrikaners wat nog vas glo dat die oorlog in Angola tyd gekoop het vir 'n onderhandelde skikking in Suid-Afrika, myns insiens 'n regverdiging agterna en 'n vorm van retrospektiewe mitologisering.

★ ★ ★

Ek het Chester Crocker, later die VSA se assistentminister van Afrikasake, die eerste keer ontmoet by die Georgetown-universiteit in Washington, waar hy navorsing gedoen en lesings gegee het. Hy was 'n vriend van Tertius Myburgh, destyds redakteur van die *Sunday Times*. Ek en Myburgh het oor talle sake saamgewerk, onder meer vanweë ons betrokkenheid by die United States South Africa Leadership Programme (Ussalep), wat 'n kantoor in Washington gehad het. Voor sy aanstelling as assistentminister van Afrikasake in die Reagan-administrasie het Crocker Suid-Afrika besoek. Saam met Myburgh het ons 'n lang, indringende vertroulike gesprek gevoer oor sy (Crocker) se beleidsposisie ten opsigte van Suid-Afrika en ook die res van Afrika: *Constructive Engagement*. Ek en Myburgh was baie opgewonde daaroor. Crocker het mettertyd intensief by die konflik tussen Suid-Afrika en Namibië-Angola betrokke geraak, namate veral die Kubane op die voorgrond getree het. Hier en daar is daar selfs in veral burgermagkringe gefluister dat Angola Suid-Afrika se Viëtnam kon word, sou daar te ver en te diep binnegedring word. Daar was ook nie altyd harmonie en eensgesindheid tussen lede van die Burgermag en die Staande Mag, soos wat graag beweer word nie.

Crocker was ten gunste van 'n onderhandelde skikking in Namibië-Angola. Hy was ook oortuig dat so 'n skikking die weg sou voorberei vir 'n onderhandelde skikking in Suid-Afrika. Botha se Rubicon-toespraak en die suksesvolle sanksieveldtog in die VSA teen Suid-Afrika het in elk geval 'n groot politieke kopseer vir die Reagan-administrasie veroorsaak. In die VSA, met sy swart bevolkingskomponent en Demokratiese Party, was ANC-leiers welkome gassprekers by talle byeenkomste. Die ANC, met Tambo en Mbeki op die voorpunt, het ná Botha se Rubicon-toespraak die diplomatieke oorlog teen Suid-Afrika in die VSA loshande gewen. Vroeg in 1987 was Tambo byvoorbeeld in die VSA, waar hy talle gesprekke gevoer het, onder andere met Henry Kissinger, voorheen die VSA se minister van buitelandse sake. Regses in die VSA was oor Crocker se standpunt in opstand en het Suid-Afrika se "vriende" geword. Op Vrydag, 7 Desember 1984 trek die National Coalition of Americans Committed to Rescuing Africa from the Grip of Soviet Tyranny teen Crocker los deur 'n soort ope brief: "Why is Chester Crocker trying to sell 20 million black Africans into communist slavery?" Dit het die mite van die Totale Aanslag soos 'n handskoen gepas. En ook die verwyt aan Ronald Reagan dat hy, toe hy sy nominasie vir 'n tweede termyn as president aanvaar het (in Augustus 1984), gesê het: "Since January 20, 1981, not one inch of soil has fallen to the communists."

PW Botha, wat van my kontak met Crocker geweet het, vra my in 1988 om hom oor 'n paar sake te kom spreek. Hy was tydens my besoek vriendelik en teen die einde van ons gesprek op die punt af: "Jy en Crocker ken mekaar. Ek hou niks van die man nie en vertrou hom nie. Sê vir hom ons sal oor die konflik in Namibië en Angola verder moet praat; daar is 'n paar voorwaardes waaroor ons eers moet ooreenkom. Suid-Afrika en die SAW moet met waardigheid kan onttrek. Daar is ook kostes waarna gekyk moet word." En toe, as 'n nagedagte: "Ek hou nie van die idee van lewensverlies en verminking van my jong manne nie. Die oorlog word te duur." Die voorbereidingsprosesse vir 'n skikking was toe al goed op dreef en Botha was bewus van wat aan die kom was. Die gesprek met hom was een van die geleenthede waar Botha sy menslike gesig gewys het. Crocker het ook nie van Botha gehou nie. Hy was van mening dat "xenofobiese woede" meermale by Botha voorgekom het. Veral in kritieke situasies. Dan het Botha redelikheid en doodgewone praktiese werklikhede van die tafel af gevee. Persoonlik het ek altyd gedink dat Botha, omdat hy aan mag verslaaf was, maar tog aan moraliteit 'n plek wou gee, 'n ambivalente persoonlikheid was. Sy politieke en morele sensitiwiteite was voortdurend in konflik met mekaar en, soos sy voorganger, BJ Vorster, kon hy dit nie hanteer nie. Sy opvolger, FW de Klerk, het dit beter hanteer. Dis vermoedelik die rede waarom Botha hom ná sy uittrede aan 'n fundamentalistiese verstaan van die Bybel oorgegee het.

Ek het vanaf die begin van 1988 baie oor die konflik in Angola-Namibië vanuit die gesigspunt van die ANC gehoor. Dit het my baie gou tot die besef gebring dat die skikking van dié konflik 'n voorwoord vir die beslegting van die burgeroorlog in Suid-Afrika sou wees. En, terwyl eersgenoemde konflik géén militêre oplossing gehad het nie, het die tweede dit self nog mínder gehad. Ek en Thabo Mbeki was dit hieroor van meet af aan eens. Min datums in ons geskiedenis was myns insiens so belangrik soos 22 Desember 1988, enkele dae voor Kersfees. Toe word die trilaterale ooreenkoms tussen Suid-Afrika, Kuba en Angola onderteken. 'n Uitmergelende en duur oorlog was verby. Generaal Jannie Geldenhuys, Niel Barnard en Neil van Heerden (buitelandse sake) was deurslaggewende vredesmakelaars. In 1989 lei die Namibiese onderhandelingsproses tot 'n inklusiewe verkiesing en in Maart 1990 is Swapo in Windhoek aan bewind.

Ná Botha se Rubicon-toespraak het die Botha-regering ál dieper in die moeilikheid gesink. Sleutelmeningsvormers het hulle ondersteuning van die idee van hervorming van binne af prysgegee. Ander het hulle entoesiasme vir dié strategie verloor en liewer stilgebly. Soos iemand uit NP-geledere dit in 1988 gestel het: "Intellektuele bankrotskap het by die NP ingetree. Al wat oorgebly het, was die gebruik van magsmiddele." Later sou blyk dat morele bankrotskap ook ingetree het. Elemente van die staat is in moordmasjiene omskep. Die Botha-regime en sy veiligheidsmagte het hulle hande vol gehad met erge binnelandse burgerlike verset onder die meerderheid van die bevolking in ons land. 'n Interne erosieproses het ná PW Botha se Rubicon-toespraak ingetree. Dit het versnel namate buitelandse druk en binnelandse buiteparlementêre verset verhewig het. Die veiligheidsmagte was nie werklik in beheer nie, ondanks bombastiese versekerings. Die afgekondigde noodtoestande was hiervan die bewys. Soos Franklin Sonn dit in 1988 aan my gestel het: "'n Regering wat deur middel van noodtoestande regeer, is 'n regering in ernstige nood. Dis 'n kwessie van tyd. Apartheid staan reeds op die rand van sy graf." Self het ek dié erosie sedert 1985 van baie naby ervaar vanweë my betrokkenheid by die Stedelike Stigting.

3
Hospitaalbesoeke en geheime ontmoetings: Mandela, Coetsee en Barnard

Dis een van die groot historiese ironieë van Suid-Afrika se oorgangsproses na 'n inklusiewe demokrasie: Die vurige en charismatiese Winnie Mandela, toe nog die vrou van die politieke gevangene Nelson Mandela, gooi 'n tou uit na die NP-minister Kobie Coetsee, 'n gebeurtenis wat uiteindelik sou lei tot Mandela se ontmoeting met Botha in Tuynhuys, Kaapstad, op 5 Julie 1989. Dis onwaarskynlik dat sy self gehoop het so iets sou gebeur. Dit was eerder 'n geval van die altyd selfversekerde Winnie Mandela wat haar deur niks en niemand laat intimideer het nie. Kobie Coetsee móés haar aanhoor. Sy was immers Nelson Mandela se vrou, na die Vrystaat verban en boonop bevriend met (wit) kennisse van Coetsee. 'n Paar dae ná haar man se tweede hospitalisasie weens tuberkulose (op 12 Augustus 1988) loop ek haar op die destydse DF Malan-lughawe, tans die Internasionale Lughawe van Kaapstad, raak. Haar prokureur, Ismail Ayob, was ook in haar groep. Ek was by dié geleentheid op pad na Brittanje vir samesprekings met Thabo Mbeki en sy groep. Sonder om twee keer te dink, stap ek nader. Ons groet. 'n Horde fotograwe en joernaliste storm terselfdertyd op haar af om foto's te neem en vrae te vra. Ek vlug haastig. Dit was nie 'n foto waarop ek wou verskyn het nie.

Nelson Mandela, toe 67 jaar oud, is in November 1985 in die Volkshospitaal in Kaapstad opgeneem vir 'n prostaatoperasie. Die *Volks*, soos dit genoem is, is deur die NG Kerk begin en in 1930 geopen. Dr. DF Malan, 'n eertydse dominee, later eerste minister van Suid-Afrika en een van apartheid se vaders, het die openingsrede gehou en onder meer gesê: "Dis geen plaaslike inrigting nie. Dit behoort aan die hele volk. Dis nie alleen maar 'n hospitaal nie. Dit is 'n volkshospitaal." In 1981 moes die Kaapse Provinsiale Administrasie die hospitaal oorneem en in 1998 het Medi-Clinic die nuwe eienaar geword. 'n Interessante anekdote wat baie van die mens

Mandela vertel, is wat tydens 'n besoek van George Bizos, Mandela se senior regsverteenwoordiger, aan hom in die hospitaal gebeur het. Die verpleegsters was Afrikaans en hulle moes gereeld die verbande omruil. In 'n stadium knip Mandela die gesprek met Bizos kort: Die verpleegsters moet hulle werk kan doen sodat hulle huis toe na hulle families kan gaan.

Winnie Mandela, op pad om haar man in die hospitaal te gaan besoek, was op dieselfde vliegtuig as Kobie Coetsee, wat by Jimmy Kruger as minister van justisie, polisie en gevangenisse oorgeneem het (in Oktober 1980). Dit was Jimmy Kruger wat oor die marteldood van Steve Biko, dinamiese leier van die Swartbewussynsbeweging, in 1977 gesê het dat Biko se dood hom "koud laat". Dié uitspraak was soos 'n kanonskoot in die harte van baie Afrikaners wat die NP gesteun het, maar 'n groeiende gewetensonrus begin ervaar het oor die magswellus van hulle leiers. Kruger verban Winnie Mandela in 1977 na 'n klein dorpie, Brandfort, in die Vrystaat, ongeveer 60 kilometer vanaf Bloemfontein. Hy wou haar wegkry uit Soweto, wat in 1976 ontplof het, maar haar ook nie te ver van die wakende oë van die veiligheidspolisie hê nie. Sy kon op Brandfort beter as in Soweto dopgehou word. Die polisiestasie in Brandfort het toe ook 'n simboliese adres vir Afrikaners gehad: Voortrekkerstraat. Simbolies, maar met 'n goeie dosis galgehumor, was die naam van die swart woonbuurt waar haar nuwe tuiste – sonder lopende water – geleë was: *Phathakahle*. Dié woord beteken iets soos "hanteer versigtig", en dit het met Winnie Mandela daar nuwe politieke betekenis gekry. Dis vanaf dié dorpie dat sy, met natuurlik die toestemming van die owerheid, die tog na die Volkshospitaal aanpak.

Coetsee, wat op 19 April 1931 op Ladybrand, 'n klein dorpie in die destydse Oranje-Vrystaat, gebore is, het regte aan die Universiteit van die Oranje-Vrystaat in Bloemfontein gestudeer. In 1968 word hy die NP-parlementslid vir Bloemfontein-Wes, die setel wat vakant geword het toe Jim Fouché as staatspresident aangewys is. PW Botha het Coetsee in 1978 as adjunkminister van verdediging en nasionale intelligensie aangestel. Hy word uiteindelik minister van justisie. Gevangenisse is later bygevoeg. In 1985 word hy tot die leier van die NP in die OVS verkies. Dis betekenisvol om daarop te let dat Coetsee ná die eerste demokratiese verkiesing in 1994 verkies is tot president van wat toe nog die Senaat genoem is, met die steun van die ANC. Hy sterf aan 'n hartaanval in 2000. Mandela het baie hoë waardering vir hom gehad.

In die vliegtuig op pad Kaapstad toe, stap Winnie Mandela na Coetsee en gaan langs hom sit. En sy praat soos net sy kan praat. Jimmy Kruger het nie daarin kon slaag om haar te demoraliseer nie. 'n Belangrike faktor het die gesprek vergemaklik, 'n faktor wat ook op die lang bemiddelings- en onderhandelingspad na die verkiesing in 1994 'n groot rol gespeel het: die werking van persoonlike verhoudinge en die ervarings van gemeenskaplike Suid-Afrikanerskap. Aziz Pahad het dit baie raak gestel toe hy in Oktober 1987, tydens ons eerste ontmoeting, gepraat het van ons "common destiny and common country". Coetsee was ook nie 'n Jimmy Kruger nie, maar 'n sensitiewe mens, ondanks sy sterk wil en ego wat soms te opsigtelik was. Kruger se verbanning van Winnie Mandela na Brandfort het "gelukkige onbedoelde gevolge" (*felix culpa*) gehad. Die enigste prokureur op die dorp, Pieter de Waal, en sy vrou Adéle, ('n nooi Retief), leer Winnie Mandela goed ken en 'n besondere vriendskapsverhouding ontwikkel. De Waal het ook vir Coetsee geken. Adéle de Waal kon ongelukkig nie in die vreugde deel van die eerste werklik demokratiese verkiesing (1994) ná haar en haar man se bydrae om verhoudings heel te maak nie. Sy sterf in 1990 in 'n motorongeluk.

Dis 'n stukkie geskiedenis wat illustreer wat die positiewe en grensoorskrydende rol van persoonlike verhoudings, vertroue en selfversekerdheid, wedersydse respek en nie-amptelike of private interaksie binne 'n groter politieke prentjie kan wees. Op Brandfort is dit bewys deur die verhouding tussen Kobie Coetsee en Pieter de Waal, die prokureur op die dorp, en die verhouding tussen Adéle de Waal en Winnie Mandela. Pieter de Waal en Kobie Coetsee het mekaar sedert hulle universiteitsdae in Bloemfontein persoonlik geken. Hulle het saam tennis gespeel. De Waal het dus toegang tot Coetsee gehad. As daar een ding is wat ek in hierdie periode van ons geskiedenis geleer het, soms op 'n harde wyse, is dit dat jy sonder toegang uit is. Toegang is in alle samelewings informeel én formeel. Die sakewêreld is hiervan 'n skoolvoorbeeld, soos die woord *kontakte* dit veronderstel. Dikwels neem die formele vorme van toegang tot amptelike kommunikasiekanale, bevoegdheidsfere, gemagtigde persone en afspraakboeke langer. Dit val selfs vas in burokratiese rompslomp wat as vertragings- en uitsluitingstegniek gebruik word. Informele toegang is dikwels meer doeltreffend en veral tydbesparend. Dit word deur rolspelers se netwerke bepaal.

De Waal spring dwarsoor al die formele hekwagters en praat regstreeks met Coetsee – vóór hy Kruger opgevolg het en ook nádat hy minister geword het. De Waal het ook vir Kruger 'n brief geskryf om te sê dat Winnie Mandela meer probleme op Brandfort veroorsaak as dié wat Kruger wou oplos. Die De Waal-familie was ongelukkig oor die omstandighede waarin Winnie Mandela moes woon. Hulle het dit vir haar so maklik as moontlik probeer maak deur byvoorbeeld hulle huis beskikbaar te stel aan gaste uit die buiteland wat sy toegelaat is om te woord te staan. Sy het soms ook hulle huistelefoon gebruik. Adéle de Waal het by geleentheid vir groot konsternasie gesorg toe sy Winnie vinnig in die township moes gaan aflaai sodat dié betyds kon wees vir haar inperkingsvoorwaardes. Adéle de Waal en haar vriendin het hulle vasgeloop teen 'n oorywerige polisieman, Gert Prinsloo, wat met die woord "arresteer" geïndoktrineer was. Pieter de Waal se reaksie hierop, en sy voorneme om die minister te skakel, het dié plofbare situasie ontlont. Die persoon wat die minister geken het, het meer invloed as 'n polisieman gehad.

Dis ná die gesprek in die vliegtuig dat Coetsee besluit om Nelson Mandela in die hospitaal te gaan besoek. Daar is 'n belangrike agtergrond tot dié besoek benewens die gesprek: Die ANC het vir ongeveer 'n halwe eeu nie geweld as 'n middel om politieke doelwitte te bereik onderskryf nie. Dialoog en onderhandeling was eerder die wagwoorde. Selfs toe Nelson Mandela en 'n paar ander nuwegenerasie-leiers die ANC se jeugvleuel gestig het en van ou hout ontslae geraak het, het dié militantheid hulle nie onmiddellik na wapens laat gryp nie. 'n Drastiese verandering tree in 1961 in. Nog voor Suid-Afrika 'n republiek buite die Statebond geword het, en met die bloedige Sharpeville vars in die geheue, skryf Mandela aan Hendrik Verwoerd, die destydse eerste minister, 'n brief. Hy stel 'n Nasionale Konvensie voor met as oogmerk die skryf van 'n nuwe, nie-rassige en demokratiese grondwet. Hy kry geen reaksie nie. Die ANC se dekades lange beleid van niegewelddadige optrede het hierna tot 'n einde gekom. Umkhonto weSizwe (MK) word gestig. Mandela het later erken hy het nooit gedink die ANC se gewapende stryd sou die apartheidstaat omverwerp nie. Dit het natuurlik wel die apartheidstaat onder groot druk geplaas.

Mandela self, soos ook Tambo en Mbeki, was altyd op 'n gekwalifiseerde wyse ten gunste van dialoog. Hulle het sterk in die tradisie gestaan van die Vryheidsmanifes ("Freedom Charter") wat in 1955 by Kliptown aanvaar is. In die Afrikaner-ANC-gesprekke het die ANC-deelnemers, en veral Thabo Mbeki, gereeld daarvan gewag gemaak dat die manifes in 'n proonderhandelingsfilosofie gedoop was en dat dit die kontoere vir 'n gesprek oor die verwagtings en regte van swart mense uitgespel het. Vir Mbeki was die Vryheidsmanifes ongetwyfeld sy politieke en intellektuele verwysingspunt, sy primêre teks en grondliggende toekomsvisie. Dis die rede waarom hy hom ook binne die ANC met sy toenemende militantheid en revolusionêre magsdrome kon handhaaf. Niemand het dit durf waag om die Vryheidsmanifes te bevraagteken of te verontagsaam nie. Mbeki was in die vertolking van die manifes die militantes se meerdere.[1]

Daar het gedurende die sestigerjare 'n belangrike verskuiwing plaasgevind toe die idee van 'n gewapende stryd en 'n militêre oorname van die Suid-Afrikaanse staat prominent geword het. Dié prominensie, en die verwagtings van die ANC se militêre vleuel, is veral deur die destydse Sowjetunie die hoogte in gejaag. Die buitelandse vleuel van die ANC het finansieel, militêr en polities hoogs afhanklik van Moskou en sy meelopers geword. Dit is ingesuig in die Oos-Wes-konflik én in die ideologiese drome van Moskou. Die Vryheidsmanifes se beklemtoning van die idee van nasionalisering was natuurlik in dié kringe 'n bron van inspirasie. Mandela, wat in 1963 in hegtenis geneem is en in 1964 tydens die Rivonia-verhoor tot lewenslange gevangenisstraf veroordeel is, was vir baie jare op Robbeneiland ingehok. Hy was nie 'n kommunis en 'n aanhanger van Moskou se ideologiese drome nie. Dit was eerder 'n geval van "my vyand se vyand is my bondgenoot". In sy sel en in die groewe van Robbeneiland het hy nie sy lot gesit en bekla nie. Hy het oor die toekoms gedink en gedroom. In Maart 1982 vind daar 'n groot verbetering in sy omstandighede plaas. Hy, Walter Sisulu, Ahmed Kathrada, Raymond Mhlaba en Andrew Mlangeni word na Pollsmoor verskuif. Op die derde verdieping daar is hulle in meer beskaafde omstandighede as op Robbeneiland aangehou. Daar was selfs beddens met lakens. En ook handdoeke. Hulle kon soms ook buitelandse besoekers ontvang. Kobie Coetsee was toe die minister verantwoordelik vir gevangenisse. Hy was 'n Botha-aanstelling. Dit was ook Botha wat Kruger uit sy kabinet uitgelaat het.

Mandela se herinnering aan hierdie verskuiwing is besonder roerend. "'n Mens kan aan enige iets gewoond raak en ek het aan Robbeneiland gewoond geraak. Ek het byna twee dekades lank daar gewoon. En al was dit nie my tuiste nie – my huis was in Johannesburg – het dit 'n plek geword waar ek gemaklik gevoel het. Ek het verandering altyd moeilik gevind . . . Ek het nie die vaagste benul gehad waarna om uit te sien nie." Dié verskuiwing na Pollsmoor was uiteindelik van groot politieke belang – al het die regering daarmee ander oogmerke nagestreef, soos onder meer die verbreking van die wêreldwye verbintenis van die naam Mandela met Robbeneiland met sy kragtige politieke simboliek.

Dis vanaf Pollsmoor dat Mandela na die Volkshospitaal geneem is waar hy geopereer en versorg is. Paul Cluver, destyds 'n bekende Kaapse neurochirurg en vandag 'n gesiene wynboer, het breinoperasies in die Volkshospitaal uitgevoer. Hy vertel dat toe hy op 'n dag by die teatergedeelte van die hospitaal opdaag, alles afgesper was. Daar was 'n ietwat vae verduideliking dat noodsaaklike herstelwerk gedoen moes word. Hy is eers later oor die eintlike rede ingelig. Geheimhouding was in daardie stadium 'n kwessie van nasionale veiligheidsbelang. Daar was 'n belangrike newe-effek toe dit bekend geword het dat Mandela geopereer is. Die vraag is skielik met groot dringendheid gestel: Wat sou gebeur as Mandela in aanhouding sterf? Die antwoord op hierdie vraag kon nie op 'n Jimmy Kruger-wyse verstrek word nie. Coetsee het dit ook goed besef.

Dis in die Volkshospitaal waar Kobie Coetsee Mandela besoek het, die eerste minister van die regerende party wat Suid-Afrika se wêreldbekende prisonier besoek. Persoonlik twyfel ek of Kobie Coetsee met dié besoek enige langer-termyn strategiese of selfs taktiese oogmerke gehad het. Dit was eerder 'n welwillendheidsbesoek met 'n goeie dosis nuuskierigheid. En dit het vir beide Coetsee en Mandela risiko's ingehou. Coetsee, en veral Mandela, het egter baie gou die belang van die besoek ingesien, al het dit 'n hele tyd geduur alvorens dié besoeke tot 'n verkenning van onderhandelingsmoontlikhede gelei het. Dit was egter die begin van 'n proses waar "vyande" informeel met mekaar begin praat het, 'n tweede spoor binne die stelsel en bowendien vertroulik. Wat onmiddellik hierna volg, was 'n beslissende sleutel in die slot van ons land se polities dig gegrendelde deure: die bou van persoonlike verhoudinge op die basis van vertroue en (self)versekerdheid. 'n Proses op 'n persoonlike vlak, op die basis van wedersydse respek en vertroulikheid, het begin. Die ANC het soos Thabo Mbeki dit vroeg in 1988 aan my gestel het, 'n beginselposisie gehad: Die regime moet die inisiatief neem om 'n gesprek met die ANC te inisieer. Dis nie die ANC wat dit moet doen nie. Dis waarom Mandela 'n groot risiko geneem het en later ook erge kritiek van sy medegevangenes oor sy inisiatiewe uit die tronk moes hanteer.

Dis een van die lesse wat ek baie gou geleer het: Vertroue tussen historiese politieke vyande word ook deur middel van gedeelde risiko's gebou. Die bou en onderhou van vertroue en (self)versekerdheid is nie bloot 'n morele keuse of 'n soort "bekering" nie. Dit sluit belangrike strategiese en taktiese fasette in. Die sakesektor is hiervan 'n goeie voorbeeld. Goeie en werkende vennootskappe word nie net op die deel van voordele gebou nie, maar óók op die deel van risiko's. Pertinent gestel: Vertroue word bevorder wanneer die partye gesamentlik voordele en risiko's deel. Dis wat Kobie Coetsee, wat nie sy kabinetskollegas oor sy gesprekke met Mandela ingelig het nie, gedoen het. Dit was wat Mandela ook gedoen het. Hy en Coetsee het uiteindelik baie meer as 'n bloot welwillendheids- of morele belang by hulle gesprekke gehad. Daar was mettertyd 'n strategiese en taktiese belang.

Mandela, ten spyte van sy jare lange gevangenskap, het presies geweet wat hy wou doen en hoe hy dit wou doen. Hy het geweet dat as die Botha-regime hom van Lusaka, ander ANC-leiersfigure en ook die UDF isoleer, dit sy eie politieke aanneemlikheid sou ondermyn. Hy wou en kon nie "verdeel en heers" aanvaar nie. Tog wou hy nie sy gesprek met Coetsee en die daaropvolgende gesprekke aan die groot klok hang nie. Dit was polities en moreel gesproke sy moeilikste besluit. Sy "kiesafdeling" was mense wat graag kollektiewe besluite geneem het. Hy moes eintlik kies tussen vertroulik praat of in die openbaar protesteer en allerlei protesaksies en publieke konferensies endosseer. Hy kies eersgenoemde. En hy lig nie eens sy eie politieke vriende in Pollsmoor in nie. Dit was 'n keuse met geweldige risiko's. Hy lig net een persoon volledig in: George Bizos, sy senior regsverteenwoordiger wat toegang tot hom gehad het. Bizos, oor wie ek gelees het, met ander gepraat het en ook 'n toevallige persoonlike gesprek of twee kon voer, was 'n merkwaardige mens. Saam met sy pa het hulle gedurende die Tweede Wêreldoorlog uit Griekeland gevlug en via Egipte in Suid-Afrika beland. Sy pa het 'n kafee regoor die kantore van die destydse *Vaderland* begin. Toe ek dit lees, kon ek nie anders as om hardop oor Suid-Afrika se ironieë te lag nie.

Mandela lig Bizos vanuit sy hospitaalbed op die derde verdieping van die Volkshospitaal oor sy ontmoeting met Coetsee in. Hy wil hê dat Bizos 'n persoonlike boodskap op 'n vertrouensbasis aan Oliver Tambo in Lusaka oordra. Bizos, nie iemand wat links en regs met ander mense praat oor sy kontakte om hulle te beïndruk nie, stem in. Hy besluit om wel eers met Kobie Coetsee daaroor te praat om so enige onaangenaamheid te vermy. Dié gesprek vind uiteindelik, van alle plekke, op 'n vliegtuig plaas. Hy ontmoet vir Tambo, wat in 1961 in ballingskap gegaan het, in 'n hotel in Lusaka. Dit word 'n lang gesprek. Tambo word volledig ingelig. Ook hy aanvaar dat verkennende gesprekke, later deur die ANC-Afrikaner-gesprekgroep *gesprek oor gesprek* ("talks-about-talks") genoem, vertroulik en klein gehou moet word. Daar was toe 'n kommunikasiekanaal tussen Mandela-Coetsee en Tambo. In Lusaka was Thabo Mbeki een van dié klein ingeligte groepie.

Bizos besoek Lusaka 'n tweede keer gedurende Februarie 1986. Hierdie keer word president Kenneth Kaunda ook in breë trekke ingelig. Bizos het in Kaunda se gastehuis, waar ek ook by geleentheid oorgebly het, tuisgegaan. Oliver Tambo het tydens die Bizos-besoek skynbaar ook daar gebly. President Kaunda het natuurlik geweet hoe die wind begin waai het, al was dit toe 'n ligte windjie. Terug in Suid-Afrika, besluit Bizos om Coetsee in te lig oor die positiewe reaksie op sy kontak met Mandela. Bizos, vergesel van regter Johan Kriegler, wat die afspraak gereël het, ontmoet Coetsee aan huis in Pretoria. As daar nog enige verwagting by Coetsee was dat 'n wig tussen Mandela en Tambo, die binnelanders ("inziles") en bannelinge ("exiles"), ingedryf kon word en "verdeel en heers" sou geld, het Bizos dié verwagting verpletter. Coetsee het ook dié boodskap gekry: Daar is 'n ernstige en eerlike begeerte om gesprek met die regering te voer. Die idee van 'n onderhandelde skikking was toe op die politieke agenda al sou dit nog lank duur om vlees en bloed daarvan te maak. 'n *Proses* het egter begin.

Toe Mandela op 23 Desember 1985, twee dae voor Kersdag, uit die Volkshospitaal ontslaan word, kry hy 'n sel in die hospitaalgedeelte van Pollsmoor op die grondvlak. Sommige meen dit was 'n poging om hom van sy mede politieke gevangenes te isoleer en hom sag te maak vir kompromieë. PW Botha, wat deur Coetsee oor sy besoek aan Mandela ingelig was, kon dit moontlik in gedagte gehad het. Hy het goed geweet as daar die dag ernstig oor die politieke toekoms van die land gepraat sou word, Nelson Mandela by die gesprekstafel aanwesig sou moes wees. Botha moes daarom 'n manier kry om Mandela en ander politieke gevangenes vry te laat sonder om beheer prys te gee. Hy was selfs onder druk van sy goeie vriend die konserwatiewe Duitse politikus Franz Josef Strauss. Dis ook aan my vertel dat Botha meer bewus van die vrylatingskwessie geword het as gevolg van die tronkstraf wat aan Breyten Breytenbach, toe 'n ANC-koerier, opgelê is. Breytenbach se broer was een van Botha se gewaardeerde militêre leiers. In Coetsee se geval was daar myns insiens 'n meer primêre rede: Hy wou dit makliker vir homself en Mandela maak om privaat en vertroulik te praat, en hy wou erkenning aan Mandela se menswaardigheid as leier gee. Mandela het baie moeite gedoen om met sy mede politieke gevangenes kontak te behou, al het hy sy eie private badkamer en selfs 'n oefenlokaal gehad.

Daar vind verskeie ontmoetings tussen Coetsee en Mandela plaas. Coetsee het Mandela nie soos 'n gevangene behandel nie, maar werklik uit sy pad gegaan om aan hom respek te betoon. Die ontmoetings was altyd in stylvolle omgewings, en Mandela is soos 'n leier behandel. In 'n stadium ontvang hy selfs vir Winnie Mandela in sy Kaapse ampswoning, Savernake. Hy deel haar mee dat hy besluit het sy kan na haar woning in Soweto terugkeer. Vir Winnie Mandela was dit soos manna uit die hemel. Haar openbare aktivisme het wel ná haar terugkeer na Soweto nuwe laagtepunte bereik. Sy het Coetsee se vriendelike, maar paternalistiese versoek dat sy hom nie in die steek moes laat nie en dissipline moes handhaaf, in die wind geslaan.

Mandela het uiteindelik ongeduldig begin raak. Hy wou die president, PW Botha, die Groot Krokodil, van aangesig tot aangesig ontmoet. Die EPG was toe al lankal uit Suid-Afrika. Van die lede het Mandela ontmoet. Dit was trouens in dieselfde tyd dat Bizos op sy missie na Lusaka vertrek het. Botha was in daardie stadium nog adamant dat ANC-georkestreerde geweld die moontlikheid van amptelike gesprek uitgesluit het. ANC-leiers en Mandela moet eers geweld in die openbaar afsweer. Dis onwaarskynlik dat Coetsee besondere moeite gedoen het om Botha tot 'n matiging van sy houding te oortuig. Botha het nie net die land met 'n ystervuis geregeer nie, maar ook sy kabinet. Die kabinet het in elk geval nie van Coetsee se inisiatiewe geweet nie. Botha het hulle daaroor in die duister gehou. Hy het Coetsee aangemoedig om met sy persoonlike kontakte voort te gaan. Dit was onteenseglik daarop gemik om meer van Mandela en sy standpunte te wete te kom. PW Botha was iemand wat baie moeite gedoen het om agter te kom wie die leiersfigure nou eintlik was.

Dis nodig om hier iets oor my kontak en interaksie met Botha te sê. Ek was nooit een van sy raadgewers, soos soms beweer is nie. My interaksie en verhouding met hom was persoonlik eerder as polities. Sy dogter Rozanne was in my filosofieklas (drie jaar lank), soos ook Jimmy Kruger se seun Eitel, wat later 'n prominente rol in Pretoria sou speel. Ek het vir beide van hulle groot waardering as studente én as mense gehad. Chris Heunis, 'n politieke kollega en vriend van Botha, het die Stellenbosse verligtes, onder wie Sampie Terreblanche, Julius Jeppe, Christoph Hanekom en myself, ook gereeld na NP-konferensies, veral vir jongmense, genooi.

Toe professor HB Thom, eertydse rektor en in daardie stadium US-kanselier, op Vrydag, 4 November 1983 sterf, was Heunis die eerste een wat sy kandidatuur die dag ná Thom se dood (Saterdag) op die tafel gesit het. Hy is sterk gesteun deur 'n leidende akademikus, professor Christo Viljoen, en 'n paar ander. Heunis het ietwat van 'n obsessie gehad om die US se kanselier te word. Met John Vorster se uittrede het hy hom ook vir die pos beskikbaar gestel. Professor HB Thom het egter sy kandidatuur vroegtydig laat sneuwel. Sy tweede probeerslag het ook misluk. Die voorsitter van die US-raad, die waardige Jan van der Horst en die US-rektor, professor Mike de Vries, kontak my. Hulle meen dat Heunis, wat nie anders kan as "om hom by alles in te meng" nie, "uitgehou moet word". Die enigste manier om dit te doen, is om PW Botha te oortuig om hóm vir die kanselierspos beskikbaar te stel. En ek moet met Botha gaan praat. Ek raadpleeg Piet Cillié, voormalige redakteur van *Die Burger* en uiteindelik professor in joernalistiek aan die US. Piet Cillié sê: "Hou Heunis uit. Dit sal nie vir die US óf vir hom goed wees as hy kanselier word nie."

Ek en Dawie de Villiers, 'n minister, praat met Botha in sy kantoor in die Uniegebou oor die moontlikheid van sy kandidatuur. Hy sê dat hy dit slegs sal oorweeg as ek aan hom bevredigende antwoorde op die volgende vrae kan gee:

- Hy het nie 'n graad nie. Hoe kan hy kanselier word?
- Hy weet sy "kollega Heunis" aspireer na die amp. Hoe gaan ek dit hanteer?
- Hy sal die pos hoogstens vir een termyn kan vul. Kan hy 'n bydrae lewer? Hy het genoeg ander werk.

Die tweede vraag was die moeilikste. Ek sê hom dat ek Heunis persoonlik sal inlig as hy wat Botha is hom as kandidaat beskikbaar stel. Botha hoef Heunis nie in te lig nie. Botha aanvaar ná 'n paar dae die kandidatuur. Ek besoek Heunis in sy kantoor in die parlementsgebou en lig hom eerlik in. Dit word een van die mees onaangename ervarings van my lewe. Heunis, en te verstane, ontplof. Die breuk tussen ons is nooit heeltemal geheel nie. Botha kontak my en sê: "Dankie. As jy sterk oor iets voel, moet jy nie soos 'n lafaard optree nie." Sedert dié dag was daar tussen my en Botha 'n verhouding van wedersydse respek.

Teen die einde van 1988 ontmoet ek en Botha mekaar toevallig en wissel 'n klompie woorde. Hy sê teen die einde van ons kort gesprek: "Ek weet van jou kontak met die ANC. As dit uitlek, moet ek jou in die parlement oor die kole haal." Hy lag toe ek sê: "Meneer, dit sal my geloofwaardigheid bevorder." Dit sou baie maande duur voordat hy self met 'n gedugte ANC-leier sou praat. Hy het geweet dat dié gesprek onafwendbaar was, maar wou self die tyd en terme van die gesprek bepaal.

Ek het dit aan Niel Barnard oorgelaat om Botha in te lig of nie in te lig nie. Trouens, ek het baie gou besef dat 'n mens in dit waarby ek betrokke geraak het, nie by Barnard verby kon gaan nie. Dit het dissipline vereis om professioneel op te tree, aangesien ek informele, nie-amptelike en onkonvensionele interaksie verkies. Ek hou ook nie van protokolle nie. Barnard self het nie vir Mandela oor die gespreksprojek met die ANC-bannelinge ingelig nie. Mandela, so het 'n senior lid van die NI my meegedeel, wou die informele, nie-openbare gesprekke met niemand anders uit ANC-geledere deel nie. Veral nie met Thabo Mbeki nie. In die laat tagtigs het ek en 'n paar NI-lede een aand in Pretoria selfs in 'n avontuurlike luim gespekuleer of Mbeki nie Suid-Afrika *binnegesmokkel* moes word om met Mandela gesprek te voer nie. Dié idee is afgeskiet omdat daar gemeen is dat Mandela nie vir so iets te vinde sou wees nie. Mandela is in 'n stadium vanuit die Tambo-Mbeki-binnekring oor die gesprekke in Brittanje ingelig.

Mandela, gefrustreerd met die stadige gespreksvordering en bekommerd oor die golwe van verset en onderdrukking wat oor die land gespoel het, rig uiteindelik 'n versoek om met die kommissaris van gevangenisse, generaal Willemse, te praat. Dié kom binne dae van Pretoria na Pollsmoor in Kaapstad. Mandela sê: "Ek wil met PW Botha praat." Die generaal, ietwat verbaas, maar iemand wat van protokol geweet en ook respek vir Mandela gehad het, noem dadelik dat Kobie Coetsee in Kaapstad is en dat hy met hom sal praat. Coetsee en Mandela ontmoet weer eens in Coetsee se ampswoning. Nog gesprekke tussen die twee vind plaas. Dis nie algemeen bekend nie, maar in 1987 ontmoet Coetsee, Mandela en George Matanzima, broer van opperhoof Kaiser Matanzima, die politieke leier van die "onafhanklike" Transkei, by Kobie Coetsee aan huis. PW Botha wou graag van die "Mandela-probleem" ontslae geraak het deur Mandela op bepaalde voorwaardes in die Transkei sy vryheid te gee. Dié ontmoeting lewer niks van politieke betekenis behalwe vriendelike woorde op nie. Mandela het 'n groter politieke droom as bloot sy persoonlike vryheid gehad. Hy wou meehelp om álle onderdruktes in Suid-Afrika te bevry. En hy wou dit doen deur middel van gespreksvoering met "die vyand". Hieroor skryf hy self terugkykend op sy gesprekke met Coetsee in sy *Long Walk to Freedom*: "It was clear to me that a military victory was a distant if not impossible dream ... It was time to talk." Dié herinnering van Mandela is van groot belang in die beantwoording van die ingewikkelde vraag: Waarom het die leiers van die Suid-Afrikaanse regering en die leiers van die ANC uiteindelik 'n onderhandelde skikking gekies?

Daar is van die kant van beide die NP-regering en die ANC nie een antwoord hierop nie, behalwe dat ons kan sê: Visionêre strategiese leierskap het bygedra om dit moontlik te maak, nie 'n plotselinge morele bekering of wonderwerk nie. Mandela help ons met sy opmerking deur op 'n baie belangrike kwessie te fokus: 'n Militêre oplossing was nie moontlik nie. Die ANC se revolusionêre agenda was wensdenkery. Die politieke, finansiële en militêre borgskap vir dié fantasie, Moskou, was nie meer gewaarborg nie. Onafhanklik van Mandela was dit ook die standpunt van Thabo Mbeki tydens ons gesprekke in Brittanje. Dieselfde het met PW Botha en Magnus Malan, sy minister van verdediging, se militêre opsie gebeur. Die idee van 'n Totale Aanslag en Totale Strategie was besig om in Angola-Namibië, in die strate van Soweto en Bonteheuwel, in die ouerhuise van vegtende wit jongmense en in Londen, Washington, Parys en Amsterdam te sneuwel.

Vroeg in 1988 gebeur iets baie betekenisvols wat daarop dui dat vordering nou doelbewus deur regeringsverteenwoordigers gesoek moes word. 'n Formele en spesiale komitee is gevorm wat Niel Barnard en Mike Louw van die NI, kommissaris Willemse van gevangenisse, die direkteur-generaal van die departement gevangeniswese, Fanie van der Merwe, en natuurlik Kobie Coetsee self ingesluit het. Die NI was 'n sleutelspeler. Ván die vergaderings was ontmoetings onder vier oë tussen Barnard en Mandela. (Een so 'n gesprek was baie delikaat en persoonlik, want dit het op aktiwiteite van Winnie Mandela, toe nog Nelson Mandela se vrou, betrekking gehad.) Die eerste vergadering van die komitee was op 28 Maart 1988. Daar vind altesaam 48 sulke vergaderings plaas.

Die inwerkingstelling van dié komitee as 'n tweedespoor-projek binne die staat was in alle opsigte 'n keerpunt. Dit was 'n hoogs vertroulike komitee. Die samestelling daarvan is deur Kobie Coetsee met president

PW Botha uitgeklaar. Botha het, tot die verbasing van sommige lede wat gedink het hy sou weier, sy seën daaroor uitgespreek. Fanie van der Merwe, later 'n sentrale figuur by Kodesa en die grondwetlike onderhandelinge, speel binne dié komitee 'n sleutelrol. Betrokke by gevangeniswese en aanspreeklik aan minister Kobie Coetsee, verskaf hy die "regverdigingsdekking" vir die gestruktureerde gesprekke met Nelson Mandela. As dit sou uitlek, kon hy sê dat dit sy "werk" was om van tyd tot tyd oor die welsyn van politieke gevangenes gesprek te voer. Kommissaris "Willie" Willemse se naam moet ook genoem word. Hy en Mandela het mekaar gerespekteer en 'n besondere welwillendsverhouding gehad. Willemse het politieke gevangenes se menswaardigheid erken. Hy, soos Van der Merwe, het die politieke beeld van Afrikaners as brutaal en deur magswellus geïnspireer, deur hulle optrede gerepudieer.

Ek hoor in Augustus 1988 vir die eerste keer van die gesprekke. Dit was indringende gesprekke wat soms agt uur lank geduur het. Daar het toe al reeds drie byeenkomste van die Afrikaner-ANC-gespreksgroep plaasgevind, die derde een in Augustus 1988. Wat Barnard van die NI gedoen het, was om 'n oordrag van die tronkgesprekke met Mandela na 'n breër groep belanghebbers te bewerkstellig. Koos Kruger, weliswaar in ligte trant, sê ná Mandela se verskuiwing na die Victor Verster-gevangenis in die Paarl dat ek tog nie ook moet vra om Mandela te besoek nie. Ná sy vrylating het Mandela my gevra: "Waarom het jy my nie kom besoek nie?" Ek het geantwoord dat daar baie ander mense was wat hy te woord moes staan. Een van die aangrypende stories wat Barnard later vertel het, was oor die tweede vergadering van die komitee met Mandela. Dié vergadering het in Willemse se huis plaasgevind. Sy vrou het die ete voorberei en Mandela as net nog 'n gas gehanteer, 'n gelyke met die ander.

Dis nodig om op die volgende te wys: Kobie Coetsee, Niel Barnard en Pieter de Waal was al drie "Vrystaters". Barnard het politieke wetenskap aan die Universiteit van die Oranje-Vrystaat, tans die Universiteit van die Vrystaat, in Bloemfontein gedoseer. Hy was iemand wat nie publisiteit gesoek het nie, belese, 'n akademikus wat ook strategies kon dink en met sterk "geloofsbriewe" in die Afrikaanse gemeenskap. Hy was, soos 'n oudstudent dit aan my gestel het: "Iemand met sterk oortuigings en 'n sterk wil. Het van niemand nonsens gevat nie. En al het hy nooit al sy kaarte op die tafel gesit nie, het hy respek en vertroue afgedwing. Hy het wie hy dink 'n 'swakkeling' en 'droogmaker' is, verpes." PW Botha, toe nog eerste minister, stel Barnard in 1979 as die leier van die NI aan. Binne maande is die NI getransformeer tot 'n professionele en hoogs effektiewe diens. Die berugte generaal Hendrik van den Bergh se Buro vir Staatsveiligheid was daarmee heen.

Kobie Coetsee se rol in die openingskuiwe van 'n niepublieke dialoog was belangrik. Hy was die persoon wat tussen 1985 en 1986 in 'n beperkte en goed geselekteerde kring voorbrand vir 'n gespreksproses met Nelson Mandela gemaak het. Mandela het na Coetsee as 'n "nuwe soort Afrikaner" verwys, veral ná Coetsee besoeke deur Lord Nicholas Bethal, 'n lid van die Britse Hoërhuis en die Europese Parlement, en Samuel Dash, 'n Amerikaanse professor en voormalige raadgewer van die Amerikaanse Senaat se Watergate-komitee, goedgekeur het. Barnard en Louw van die NI het respek vir Coetsee gehad, al het Louw gedink dat Coetsee 'n "obsessie" met persoonlike geheimhouding gehad het en selfs "paranoïes" was om nie verkeerd bewys te word nie. Dis eintlik 'n baie merkwaardige denkverskuiwing wat vanaf 1988 plaasgevind het. So vroeg as Januarie 1985 het PW Botha nog gedink hy het 'n troefkaart, triomfantelik gesteun deur sy sekurokrate: Mandela sal vrygelaat word as hy onvoorwaardelik geweld as 'n politieke instrument verwerp. Botha het natuurlik geweet dat Mandela dit nie sou doen nie. Hoe kon 'n stigtingsvader van MK so iets doen? Dit was, volgens wat my later deur 'n lid van die NI meegedeel is, niks anders as 'n onbekookte strik van Botha en sy sekurokrate nie: As Mandela die aanbod van die hand sou wys, sou die Westerse wêreld aanvaar dat die Suid-Afrikaanse regering dit nie kon waag om hom vry te laat nie, het hulle gehoop.

Tydens 'n saamtrek in Soweto waar biskop Tutu vir sy Nobelprys vereer is, lees Zindzi Mandela haar pa se verklaring oor die aanbod aan die gehoor voor. Dit was perfekte tydsberekening wat Botha en sy sekurokrate soos politieke pampoene laat lyk het. Mandela verklaar: "I am a member of the African National Congress. I have always been a member of the African National Congress and I will remain a member of the African National Congress until the day I die." Hy sê daarna iets wat my baie geroer het, selfs vandag nog: "Oliver Tambo is much more than a brother to me.

He is my greatest friend and comrade for nearly fifty years." Mandela het geweet wat vriendskap en lojale persoonlike verhoudings is. Hy sê ook: "I am not a violent man ... it was only when all other forms of resistance were no longer open to us, that we turned to armed struggle." Toe kom daar 'n politieke doodskoot: Botha sou moes bewys hy is anders as Malan, Strijdom en Verwoerd. "Let *him* renounce violence."

Coetsee was altyd besorgd oor Mandela se waardigheid en gerief. Hy het hom nooit in die tronk ontmoet nie. Hy het iets gedoen wat nie alleen uiters gewaagd was nie, maar ook uniek in 'n voorbereidingsfase vir 'n ingewikkelde politieke skikkingsproses. Dit was enersyds 'n gewaagde oefening in die skep van vertroue en selfversekerdheid, en andersyds 'n bekendstelling van Mandela aan 'n wêreld waarvan hy dekades lank uitgesluit was. Hy word kort ná sy ontslag uit die Volkshospitaal, op 23 Desember 1985, op uitstappies geneem. En sonder dat veiligheidswagte hom opsigtelik vergesel, oppas of beskerm. Hy word 'n gevangene – die bekendste in die wêreld – met vryheid! En dit was nie net dat hy deur Coetsee en later, vanaf 1988, deur ander lede van die komitee vertrou is nie. Mandela het hulle ook vertrou. Soos iemand uit die geledere van die NI teenoor my opgemerk het: "Daar was nie 'n kat se kans dat iemand hom sou herken nie, want daar was nie foto's van hom in omloop nie. En hy wou ook nie herken word nie. Hy het klaarblyklik belangriker sake op sy brein gehad."

Dit was 'n uiters gewaagde onderneming. Mandela kon in 'n motorongeluk betrokke raak, altyd 'n moontlikheid op Suid-Afrikaanse paaie. Dit kon ook uitlek en 'n sluipmoordaanval tot gevolg hê, iets wat later in die beplanning van sy vrylating deeglik in ag geneem is. Regse fanatici en die staat se eie moordbendes was onvoorspelbaar. Die NI, in noue samewerking met sleutelpersoneel van die goed opgeleide en professionele Eenheid vir die Beskerming van Baie Belangrike Persone, het die moontlikhede deeglik in ag geneem. Ek het die persoon in beheer, "IB", goed geken.

Daar was aanvanklik uitstappies na Kaapstad en omgewing. Later word al verder gereis: Paternoster, Saldanhabaai en Worcester. Mandela kon ook versoeke rig. Een besoek wat my, toe ek later daarvan verneem het, baie opgewonde gelaat het, was aan Laingsburg, my geboortedorp. Mandela het skynbaar oor die erge rampvloed wat Laingsburg getref het, gelees. Hy het toe versoek om dié dorp te besoek. Sy lang verblyf in die tronk en sy arbeid op Robbeneiland het sy hande en sy lyf hard gemaak, maar nie sy hart nie. Hy is iemand met staal in sy wil en in sy tande, maar nie, by wyse van spreke, in sy hart nie. 'n Mens moet versigtig wees om nie persoonlike verhoudings in verkennings-, bemiddelings- en onderhandelingsprosesse te oorbeklemtoon nie. Daar is ook ander faktore wat 'n rol speel: magsverhoudinge, gevestigde belange, aspirasies, geweld, ekonomiese werklikhede, en so meer. Wanneer dit egter by die bou en onderhou van vertroue en selfversekerdheid kom, kan dit nie buite persoonlike verhoudinge om geskied nie. Dis in die geval van Mandela 'n merkwaardige storie waarna al baie verwys is. Die impak daarvan was egter so groot dat dit hier in breë trekke herhaal moet word: Die verhouding tussen Nelson Mandela en James Gregory, wie se seun Brent – 'n leerlingbewaarder – ook betrokke was toe Mandela na 'n woning op die Victor Verster-gevangenisterrein verskuif is.

Gregory het van Natal af gekom. Hy het op 'n plaas in Zoeloeland grootgeword en was 23 jaar oud toe hy op Robbeneiland begin werk het. En hy kon Zoeloe lees en praat. Hy het letterlik saam met Mandela en die ander swart leiersfigure op Robbeneiland ouer geword. Dit was ook hy wat meestal vir Mandela op sy uitstappies geneem het toe hy na Pollsmoor verskuif is. En toe Mandela in 'n gerieflike huis op die Victor Verster-gevangenisterrein gaan woon het, is Gregory saam. Dit was onvermydelik dat daar tussen dié bewaarder en Suid-Afrika se internasionaal bekende gevangene 'n betekenisvolle persoonlike verhouding ontwikkel het. Hulle het gepraat oor die land en sy mense. En Mandela, veral tydens sy uitstappies, kon die omgewing en die bewoners deur die oë van sy bewaarder sien en ervaar. Mandela het myns insiens meer van wit mense, en veral Afrikaners, verstaan as wat hulle van swart mense verstaan het.

Die gesprekke met Coetsee se komitee, tesame met sy uitstappies, het Mandela ongetwyfeld baie hoop gegee. Hy het selfs in 1988 'n brief aan PW Botha geskryf en teen Augustus 'n goeie aanduiding gekry dat 'n ontmoeting op hande was. Toe gryp die noodlot in: Mandela word op 12 Augustus 1988 weer gehospitaliseer en tuberkulose word gediagnoseer. Hy kon eers teen die einde van September 1988 die hospitaal verlaat en is in 'n private kliniek versorg. Dis interessant om daarop te let dat die derde vergadering van die nie-amptelike Afrikaner-ANC-gespreksgroep vanaf 21 tot 24 Augustus 1988 plaasgevind het. In Desember vind sy verskuiwing na Victor Verster en 'n gerieflike huis op die gevangenisterrein plaas. Die NI het die huis binne twee dae gemeubileer. Hier kon Mandela 'n groot verskeidenheid van vryheidstryders en gemeenskapsleiers ontvang. Die skikkingsproses het vaart gekry, al het vlamme en rook steeds oor die land uitgeslaan.

PW Botha het myns insiens reeds teen 1985 besef dat Nelson Mandela en ander politieke gevangenes se vrylating onafwendbaar was. Buitelandse en binnelandse druk, en veral Margaret Thatcher se standpunt, was in dié verband die drukfaktore. Hy het net nie geweet hoe en wanneer nie. En hy wou dit natuurlik op sy eie voorwaardes doen. Hiervan het twee baie swaar geweeg: Die afswering van geweld, en die posisie en rol van die kommuniste (SAKP). Teen 1988 het hy besef 'n kompromis wat hoop sou gee, is nodig. Die voorstel vanuit die Coetsee-komitee om Mandela na 'n huis op die Victor Verster-gevangenisterrein te verskuif, was vir hom 'n uitkoms en die eerste openbare sein van die Botha-regime dat Mandela se vrylating net 'n kwessie van tydsberekening was. Botha het teen dié tyd besef as swart leierskap in die hantering van die politieke konflik in Suid-Afrika 'n noodsaaklike rol moes speel, Nelson Mandela 'n sentrale figuur binne dié leierskap moes wees. Botha het egter alle leiersfigure wat kommuniste was, of volgens hom selfs daarna "geruik" het, met erge weersin bejeën. Naas die kwessie van geweld was Botha se fanatieke anti-kommunisme 'n sielkundige en politieke blokkade vir Mandela se vrylating. Barnard het egter onmiddellik Mandela se leierskapseienskappe herken. Mandela se internasionale politieke en morele status het in ieder geval sy leierskapsrol onafwendbaar gemaak. Dit was aanvanklik vir die Lusaka-ANC 'n probleem. Oliver Tambo was immers die amptelike leier.

Hoe om Botha te oortuig dat 'n persoonlike ontmoeting met Mandela polities noodsaaklik was, was 'n baie delikate kwessie. Die voorbereidingsfase vir 'n amptelike skikkingsproses het ook voorbereiding van PW Botha vereis. Niel Barnard het, terugkykend hierop, in 2004 in 'n onderhoud (Heald, p102) die delikaatheid van die probleem skerp opgesom. "Vir PW Botha om met Mandela te praat, was van dieselfde moeilikheidsgraad as om George Bush te probeer oortuig het om Osama Bin Laden na die Withuis te nooi." Die voorbereidingsfase was ingewikkelder as wat baie kommentators vandag dink. En dit het al vroeg begin met Mandela se eerste hospitalisasie. En toe gryp die noodlot in: PW Botha kry in Januarie 1989 'n beroerte-aanval, iets wat Oliver Tambo in Augustus 1989 ook oorgekom het. Intussen gaan die proteste in Suid-Afrika en die gesprekke tussen die komitee en Mandela voort. Botha herstel sodanig dat hy met sy pligte as staatspresident kon voortgaan. Hy was toe nie meer leier van die NP nie. FW de Klerk, wat op 47-jarige leeftyd leier van die Transvaalse NP geword het, het op 2 Februarie 1989 ook die nasionale leierskap oorgeneem.

Dis nodig om iets aan te roer waaroor al die partye tot die gesprek sensitief was: Die reaksie van ondersteuners as die gesprekke sou uitlek. Die kontrole wat Botha, Coetsee en veral Barnard hieroor kon uitoefen, was in baie opsigte waterdig. Hulle was binne 'n "stelsel" met burokrate wat nie links en regs uitgepraat het nie. Mandela het nie oor so 'n "stelsel" beskik nie. Hy moes op 'n paar mense vertrou en ook aanvaar dat die burokrate hom nie deur lekkasies aan die pers in 'n politieke verleentheid sou bring nie. Dit was een van die grootste risiko's wat hy geloop het. Toegegee, sy regeringsgespreksgenote was van sy welwillendheid en samewerking afhanklik. Vertroue het ook baie te make met die aanvaarding van 'n verhouding van interafhanklikheid, tesame met die soort aspirasies wat deur die betrokke partye gekoester word. In die geval van Mandela en sy gespreksgenote was die verwagtings sterk én hoog: 'n einde aan politieke geweld en 'n proses wat vrede sou bring.

Afgesien van die rapporteringsroete wat deur Mandela en Bizos na Lusaka oopgemaak is, en waarvan Kobie Coetsee bewus was, is daar ook 'n ander roete uitgebou: Operasie Vulindlela (Vula). Dit was die breinkind van die revolusionêre militantes wat van 'n militêre oorname van politieke mag in Suid-Afrika gedroom het. Die sukses van die UDF en ander organisasies het die uitgeweke revolusionêre gesigte laat sien van massa-mobilisasie wat tot regeringsverandering kon lei. Hulle was ook bang dat die leierskap van die massa-aksie hulle sou marginaliseer. Daar word toe besluit om Suid-Afrika te infiltreer, ondergrondse militêre strukture te vestig, wapenopslagplekke in te rig en met die massabeweging saam te werk. Oliver Tambo gee, vreemd genoeg, hiervoor die groen lig, skynbaar sonder om sy pro-onderhandelingsbinnekring in te lig. Mac Maharaj, ná vele intriges en planne wat verkeerd geloop het, en Siphiwe Nyanda rig hulle basis in die laattagtigs in Durban in om van daar af die ANC se revolusionêre projek te orkestreer. Ronnie Kasrils sluit hom later by hulle aan. Intussen voer Mandela gesprek met die Coetsee-komitee, salig onbewus van Maharaj en sy revolusionêre strydgenote se militêre planne.

Mandela was in hierdie voorfase van die onderhandelingsproses ongetwyfeld die persoon wat die grootste risiko geloop het om sy geloofwaardigheid te verloor. Dié besef het tot my deurgedring op my verjaardag op 19 Augustus 1988. 'n NI-amptenaar het met my oor die kwessie van vertroulikheid en geloofwaardigheid gepraat. En dat geloofwaardigheid ook verband hou met 'n mens se dissipline om nie vertroue te skend nie. Soos hy gesê het: "Dis eintlik baie maklik om iemand se geloofwaardigheid in die openbaar te vernietig as jy en die persoon vertroulike en private sake met mekaar gedeel het." Ek het hierna besef dat Coetsee, sy NI-span en die ander amptenare baie ernstig oor die binnekringgesprekke was. Die vertroulike aard van die gesprekke het die erns waarmee die gesprekke benader is, bevestig. Wat in so 'n geval gebeur, is dat die deelnemende partye ("vyande" van mekaar) doelbewus en baie gedissiplineerd hulleself losmaak van die heersende beskouinge en posisies van hulle ondersteunersgroepe en dié se elites. In skerp verdeelde en gepolariseerde samelewings, waarin geweld 'n kultuur geword het, is vertroulikheid en eerbaarheid noodsaaklik. Dis waarom middelgrondgroeipunte selde indien ooit 'n openbare begin het. Trouens, die amptelike voorbereiding van die onderhandelingsproses ná FW de Klerk se epogmakende en moedige toespraak op 2 Februarie 1990 was aanvanklik nie 'n openbare proses nie, soos byvoorbeeld geïllustreer deur die geheime besoeke van ANC-ers uit Lusaka aan Pretoria.

Mandela het in 'n stadium die wind van voor gekry. Daar was, soos in die NP, ook mags- en persoonstryde binne die ANC, nie net in Lusaka nie, maar ook in Suid-Afrika, waar die aksies van die United Democratic Front baie suksesvol was. Die Robbeneilanders het ook hulle eie agendas gehad. Govan Mbeki, pa van Thabo Mbeki, was byvoorbeeld 'n Marxis in murg en been. Hy was ideologies ver verwyderd van Nelson Mandela. Die gemeenskaplike vyand – apartheid – het hulle verbind, nie ideologie nie. Daar was maar altyd spanning tussen Mandela en Govan Mbeki, soos later, ironies genoeg, tussen Thabo Mbeki en die "linkses". Die meningsverskille tussen Nelson Mandela en Govan Mbeki het van ver af gekom. In die jare sestig was daar 'n intense debat binne die ANC oor die sogenaamde Bantoestans. Mense soos Mandela, Sisulu en Tambo, wat ná Albert Luthuli se dood in 1967 eers as waarnemende president en later as verkose president oorgeneem het, het 'n gekwalifiseerde pragmatiese posisie ingeneem: Die Bantoestans kon gebruik word as basisse vir massa-mobilisasie. Hulle wou nie eens die term "sell-outs" gebruik nie. Dit was selfs in 1976 Mandela se standpunt. Landelike gebiede was immers 'n sleutel tot suksesvolle guerrillaoorlogvoering. Govan Mbeki was fel gekant teen dié posisie. Hy was 'n Marxistiese ideoloog en kón nie die pragmatisme van Mandela ten aansien van die Bantoestans steun nie. Binne die buitelandse vleuel van die ANC, veral ná 'n besoek van lede van die leierskorps aan Viëtnam in 1978, is daar uiteindelik baie sterk klem op massa-mobilisasie gelê. En dis wat die UDF reggekry het.

Govan Mbeki, toe reeds 78 jaar oud, se vrylating was een van die sake waaroor Mandela om onder meer humanitêre redes sterk gevoel het. Coetsee en sy span het hierin 'n unieke geleentheid gesien: 'n proefneming om die openbare reaksie op die vrylating van politieke gevangenes te beheer. Walter Sisulu, wat later vrygelaat sou word, was toe 76 jaar oud. Die proses wat tot Govan Mbeki se vrylating gelei het, is 'n storie op sy eie werd. Mbeki het nie die vaagste benul gehad waaroor alles gegaan het nie. Hy het op Robbeneiland agtergebly toe Mandela en die ander vier politieke gevangenes na Pollsmoor verskuif is. Hy word toe met 'n omweg vanaf Robbeneiland na Mandela gebring. En dié is maar vaag oor alles wat aan die gang is. In November 1987 word Govan Mbeki vrygelaat. Hy is nie eerstehands ingelig oor die Coetsee-Mandela-gesprekke nie. Selfs later, toe die twee in Victor Verster ontmoet het, het Mandela vaag gebly. Dis bes moontlik dat hy Mbeki, die Marxis, nie vertrou het nie. Dit was ook Govan Mbeki wat gedurende 1989, toe hy in Port Elizabeth gewoon het, verkeerdelik 'n gerug onder die UDF laat posvat het dat Mandela té welwillend in sy gesprekke met regeringsverteenwoordigers was. Dit het groot rumoer in UDF-kringe veroorsaak. Allan Boesak, 'n begaafde en charismatiese leier van die UDF, was veral verontwaardig. Die NP-regering, so moet onthou word, het géén aanneemlikheid in UDF-kringe gehad nie en is met wantroue en agterdog bejeën. Mandela het nie 'n "mandaat van die mense" (lees UDF) gehad nie. Die krisis is uiteindelik ontlont. Dit was 'n verkorte weergawe van Mandela se memorandum aan Botha wat die UDF-krisis oor "konsultasie met die mense" veroorsaak het.

Daar was ook ander pogings vanuit amptelike regeringskringe om kontak met die ANC te maak en gesprek te voer. Dié pogings vertel enersyds 'n verhaal van desperaatheid oor die amptelike openbare posisie en andersyds van die kontrole wat die NI uitgeoefen het. Die NI was beslis dat dié organisasie die aangewese en bes toegeruste staatsinstelling was om die proses te bestuur en te beheer. Te veel akteurs, soos byvoorbeeld buitelandse sake en selfs minister Chris Heunis se departement belas met grondwetlike beplanning, kon politieke kortsluitings veroorsaak. Dié departemente was natuurlik nie deeglik ingelig oor die informele en vertroulike gesprekke wat reeds plaasgevind het nie. Toe Fanie Cloete, 'n politikoloog en later professor, en Kobus Jordaan, 'n intelligente en toegewyde mens, voelers as amptenare van die departement van grondwetlike sake na 'n informele gesprek met die ANC uitgesteek het, is hulle veiligheidsklarings summier opgehef. Die NI was ook gekant teen die departement van buitelandse sake en veral die altyd té entoesiastiese minister Pik Botha se pogings. Dié is op subtiele maniere gekelder. Pik Botha was ook nie 'n sleutelspeler in De Klerk se onderhandelingspan nie.

★ ★ ★

'n Meer sensitiewe en problematiese poging was dié van Richard Rosenthal, iemand wat ek by die Stedelike Stigting leer ken het. Hy was 'n hoogs intelligente regsgeleerde, maar ook baie emosioneel wanneer dit by politieke kwessies gekom het. In 'n stadium was hy só pessimisties oor die Botharegime se hantering van die politieke konflik in Suid-Afrika dat hy, soos baie ander mense, dit oorweeg het om te emigreer. In 1987 doen hy iets wat baie mense wou gedoen het, maar nie die moed gehad het om te doen nie. Hy skryf aan PW Botha 'n brief en sê dat hy bereid is om 'n proses te fasiliteer wat tot formele onderhandelinge met die ANC kan lei. Of Botha self dié brief gelees het, is onseker. Adjunkminister Stoffel van der Merwe van grondwetlike beplanning, 'n ondersteuner van Chris Heunis, sy minister, beantwoord Rosenthal se brief. Van der Merwe skep die indruk dat Botha met Rosenthal se idees saamstem. Oor die volgende agttien maande speel Rosenthal 'n tussengangerrol by veral Thabo Mbeki. Rosenthal is deur die Switserse regering gesteun. Thabo Mbeki lig my gedurende 1988 oor die kontak met Rosenthal in en vra wat ek daarvan dink. Dit word 'n baie lastige affêre. Ek en Rosenthal ontmoet 'n paar keer. Die NI het my versoek om hom sover te kry om sy inisiatief te staak voordat dit in 'n openbare dilemma ontaard. Ek, toe reeds betrokke by die NI se inisiatief en later bewus van die gesprekke met Mandela, bevind my in 'n onmoontlike situasie. Ek kan Rosenthal nie volledig inlig oor alles wat reeds aan die gang was nie.

Stoffel van der Merwe, so is my meegedeel, het geen mandaat vir die inisiatief wat hy geneem het nie. Dis nie iets wat by hom en sy departement tuis hoort nie. Dit gaan "in sy gesig ontplof". En dit het, so is my meegedeel, tydens 'n private besoek van Botha aan Switserland in 1988. Tydens 'n onthaal vir Botha sê 'n Switserse regeringslid dat hulle die Rosenthal-Van der Merwe-inisiatief steun en baie dankbaar daarvoor is. Later die aand knor Botha teenoor mense in sy afvaardiging. Hy is behoorlik moerig vir Van der Merwe. Wil hom selfs afdank, sê hy teenoor een van sy min vertrouelinge. Botha was myns insiens nie volledig, of dalk glad nie, oor dié inisiatief ingelig nie. Van der Merwe was toe bloot 'n adjunk. Hy kón nie die sleutelrol speel waarop hy gehoop het nie. Die NI was in elk geval sterk gekant teen iemand van Grondwetlike Beplanning wat met behulp van 'n persoon wat hulle nie geken het nie, 'n "baie delikate operasie" aanpak. Daar was, so is beweer, nie goeie beheer nie en ook nie voldoende aanspreeklikheid nie. Rosenthal was uiteindelik baie mismoedig, soos sy boek *Mission Improbable: A Piece of the South African Story* getuig.

President PW Botha was tydens die Switserse ontmoeting op besoek aan Europa om die konserwatiewe Beierse politikus Franz Josef Strauss se begrafnis by te woon. Hy het by dié geleentheid ook met die Duitse kanselier, Helmut Kohl, samesprekings gevoer. Margaret Thatcher en Kohl het gereeld met mekaar oor Suid-Afrika gesprek gevoer, veral oor die Namibië-kwessie, waar daar ook Duitse belange was. Albei het algaande frustrasies opgebou oor die stadige hervormingspas in Suid-Afrika en die "militarisering van Suid-Afrika onder PW Botha". In gesprekke met mense uit die Thatcher- en Kohl-omgewing het ek die woord "militarisering" al hoe meer gedurende die tagtigerjare gehoor. In Wes-Duitsland was dié woord, gegee die geskiedenis, 'n bloedrooi vlag, gesien saam met die heersende noodtoestand in Suid-Afrika. PW Botha het natuurlik 'n groot behoefte aan geloofwaardige buitelandse ontmoetings gehad. Daar was min. Sy hervormingsinisiatiewe was te karig en te laat. Dit het nie diplomatieke deure oopgesluit nie. Die internasionale konsensus oor wat moes gebeur, was die hervormingsinisiatiewe vooruit.

★ ★ ★

Die Coetsee-Mandela-Barnard-gesprekke het gedurende 1989 uitstekende vordering getoon en op die ontmoeting tussen PW Botha en Nelson Mandela op 5 Julie daardie jaar uitgeloop, drie weke ná die viering van die (jeug)opstand in Soweto en op ander plekke. Hierna was dit net 'n kwessie van tyd voor die onderhandelingsproses meer amptelik in alle erns kon begin. Wat die meeste van diegene wat in daardie stadium die foto gesien het wat van Botha en Mandela tydens die ontmoeting geneem is, egter nie geweet het nie, was dat daar ook 'n ander proses aan die gang was: gesprek deur Afrikaners met die buitelandse vleuel van die ANC, met die medewete van Niel Barnard. Van dié gesprekskanaal het selfs Mandela lank nie geweet nie. Tambo en Mbeki was oor albei kanale ingelig. Dit het aan hulle 'n mededingende voordeel bo die "geweerdraers" in hulle eie geledere gegee. Dieselfde het natuurlik vir die onderhandelingsgesindes binne die regime gegeld. Terwyl die sekurokrate 'n noodtoestand gesteun het, het die onderhandelingsgesindes agter die skerms gewerk aan die ontginning van politieke geleenthede wat in 'n moontlike onderhandelingsproses opgesluit gelê het. Intense dialoog was hiervoor die voertuig.

Die ANC het in die vroeë tagtigs dialoog en kontak met (wit) Suid-Afrikaners as 'n onderdeel beskou van 'n strategie om die heersende politieke stelsel te ondergrawe en druk uit te oefen. Die regerende elite, wat die ANC baie suksesvol geïnfiltreer het, wou weer verdeeldheid, verwarring en selfs konflik binne die bevrydingsbeweging aanstig. Die model was: revolusionêr versus kontra-revolusionêr. Dié strategiese denkraamwerk, aanvanklik vasgelê in ideologiese beton, moes deurbreek word. Die nou beroemde tronkgesprekke was 'n belangrike beitel. Die Afrikaner-ANC-gesprekke was 'n ander beitel. En die NI-ANC-gesprekke in Switserland en later in Pretoria was nóg 'n beitel wat 'n nuwe pad help oopkap het. Idasa en ander organisasies, lande en leiersfigure ook.

4
Gesprek in die kelder

Om my op my eerste regstreekse gesprekke met uitgeweke ANC-leiers voor te berei, het ek moeite gedoen om meer oor die beskouinge en veral persoonlikheidsprofiele van diegene wat ek na verwagting sou ontmoet, te wete te kom. Ek het in die proses heelwat "verbode literatuur" gelees, later aangevul deur wat ANC-ers soos Aziz Pahad en Tony Trew aan my verskaf het. Dit was ook nodig om 'n begrip te vorm van die propaganda wat die twee aartsvyande teen mekaar gebruik het, en om die politieke kaf van die politieke koring te probeer onderskei. Propaganda en politiek is in die soort konfliksituasies waarin Suid-Afrika hom bevind het, soos 'n Siamese tweeling: Die een kan nie sonder die ander bestaan nie.[1]

Dit was belangrik om iets van die konteks waarbinne die ANC gedurende die tagtigerjare gefunksioneer het te verstaan ten einde die voorgenome gesprekke nie in te veel ontledings, selfregverdigings en beskuldigings te laat vasval nie. Ons moes oor die pad vorentoe kon praat. Alle verkennende gesprekke tussen politieke vyande wat ook by gewapende konflik betrokke is, moet natuurlik uiteindelik indringend oor die verlede praat wanneer die skikkingsproses spesifiek oor vrede en versoening handel. In 'n voorbereidingsfase gaan 'n breë konsensus oor die móóntlikhede en noodsááklikheid van 'n onderhandelde skikking egter 'n indringende gesprek oor die verlede en hoe dit hanteer moet word vooraf. Die breë kontoere van die politieke konteks wat die ANC gekenmerk het, het vanaf 1961 ten nouste met die ANC se revolusionêre agenda verband gehou. Dié agenda het gesukkel om aan die gang te kom. 'n Vername leier, Nelson Mandela, en talle ander was in die tronk. Informante (*impimpis*) het die ANC geïnfiltreer. Soos iemand dit gestel het: vanaf Soweto, Lusaka, Londen, Parys, Amsterdam en Genève tot in Moskou.

Drie politieke stukragte voorsien uiteindelik energie aan die revolusionêre agenda. Die een was die rol van die SAKP, en mense soos Joe Slovo, in dié agenda. Hulle het hulleself professionele revolusionêre genoem, genetwerk met die Sowjetunie se berugte maar bedrewe KGB en die Oos-Duitse Stasi. Dis veral hulle wat die droom van 'n revolusionêre oorname van politieke mag lewendig gehou en die ANC ook intellektueel en ideologies gedomineer het.

Die tweede stukrag was ingrypend en 'n skok vir die NP-regering, die sakesektor en vir baie ander wit mense: die opstand van die swart jeug in 1976. Min gebeurtenisse het die revolusionêre agenda so bekragtig as dié uitbarsting van massale populêre protes en woede teen die stelsel en sy wit en swart ondersteuners. Die saad van massa-mobilisasie is breed en dik gesaai, en die veiligheidsmagte moes ingespan word om die opstand gewelddadig te probeer onderdruk. Talle swart jongmense vlug landuit en sluit by MK aan. Hulle woede teen die apartheidstelsel en sy wit bevoorregtes het selfs die ouer garde wat met die Vryheidsmanifes opgegroei het, verstom. Dit was in dié tyd dat die konstruk van die stelsel én sy ondersteuners as "vyand" kragtig in die psige van 'n nuwe generasie swart mense geïnkarneer is. Halssnoermoorde was mettertyd van dié inkarnasie 'n wrede illustrasie. Die Stedelike Stigting, 'n inisiatief van die sakesektor, is in dié tyd gebore.

Die derde faktor was, vanuit 'n politieke en strategiese hoek gesien, waarskynlik die mees deurslaggewende. Ek word in 1988 meer daaroor ingelig deur Mbeki en Pahad. Dit help my om die historiese konteks beter te verstaan. Ná die jeugopstande van 1976 besoek Oliver Tambo, Thabo Mbeki, Joe Slovo en 'n paar ander ANC-leiers Viëtnam in Oktober 1978. Dis nie 'n welwillendheidsbesoek nie, maar het spesifiek betrekking op die ANC se kommunisties-aangedrewe revolusionêre agenda en MK se rol daarin. Die jeugopstande het MK nuwe moed gegee. Niemand minder nie as die guerrillaleier wat die Franse en die Amerikaners 'n militêre en politieke bloedneus gegee het, staan Tambo, Mbeki en Slovo te woord: die vir sommige beroemde en vir ander berugte generaal Võ Nguyên Giáp.[2] Toe ek dié storie hoor, snap ek weer eens hoe 'n mens die gevangene van jou konstruksies oor politieke vyande kan wees, en hoe relatief die sogenaamde waarheid oor politieke prosesse en gebeurtenisse is. Giáp se storie het my bewondering vir my boereheld, generaal Christiaan de Wet, verder laat styg, al was nie massa-mobilisasie nie, maar eerder militêre beweeglikheid die krag van De Wet. (Suid-Afrika was ook by verre nie 'n Viëtnam waar ondergrondse netwerke, tonnels ingesluit, gevestig kon word nie.)

Generaal Giáp, meer as enige iemand anders, sit die ANC op 'n spoor wat deurslaggewend in die stelselmatige verskuiwing na 'n keuse vir 'n onderhandelde skikking was. Thabo Mbeki speel volgens my interpretasie 'n deurslaggewende rol hierin. Die 1978-besoek aan Giáp is daarom 'n belangrike mylpaal vir wat ná 1985 in Suid-Afrika gebeur het. Giáp was nie opgewonde oor die idee van 'n uitsluitlik militêre offensief, gelei deur MK en sy kommunistiese, professionele revolusionêre, om 'n oorname van politieke mag uit te voer nie. Die politieke stryd was eerder fundamenteel. Daarom moes die militêre stryd in die politieke stryd geïnkorporeer word. As "die vyand" nie militêr verslaan kon word nie, was daar net een ander opsie: 'n politieke opsie, met militêre steun. Dis hieruit dat die ANC se driejaarplan gebore is: om massa-mobilisasie in Suid-Afrika rondom politieke en maatskaplike doelwitte te genereer en ondergrondse netwerke te bou met die gewapende stryd slegs as 'n element van die politieke stryd en nie as die belangrikste voertuig daarvan nie. Toe ek hiervan hoor, het ek die eerste keer verstaan dat "people's war" nie bloot 'n propagandistiese term was nie. Dit was 'n goed berekende en strategiesoorwoë term.

Suid-Afrika het vanaf 1980 'n "people's war" binnegegaan. Dit was nie 'n oorlog wat net deur die Suid-Afrikaanse veiligheidsmagte geveg kon word nie. Die Suid-Afrikaanse regering, nie so dom soos soms gesê word nie, het natuurlik self die sogenaamde "WHAM"-strategie bedink: *Winning Hearts and Minds*. Die geloofwaardigheid daarvan is egter in townships en in die strate van Suid-Afrika met traanrook en koeëls gesaboteer. Thabo Mbeki, in my profielontleding van hom, was die hoofargitek, die generaal Giáp van die ANC se herdinkte strategie. Teen 1985, die jaar van PW Botha se Rubicon-debakel, was "people's war" 'n geykte term. Dit het massa-mobilisasie beteken. Mbeki was toe al geruime tyd van mening dat die gewapende stryd verby die punt van "gewapende propaganda" na "people's war" moes beweeg. Wat hy daarmee bedoel het, paradoksaal soos dit mag klink, was vir die ANC-militantes en professionele revolusionêre klinkklaar duidelik: 'n Gewapende oorname van politieke mag was 'n hersenskim. Die stryd teen die apartheidstaat was primêr 'n politieke stryd. MK was slegs 'n hulpmiddel. Hiervoor is hy nooit deur die professionele revolusionêre en militantes vergewe nie. Binne die uitgeweke ANC was dit Mbeki, meer as Tambo, wat die pro-onderhandelingsopsie baie aktief en doelbewus bevorder het. Tambo was ietwat ambivalent. Hy moes ook Joe Slovo, Mac Maharaj en Chris Hani tevrede hou. Dis waarom hy Projek Vula gesteun het.

Die politieke gety in die wêreld was egter aan Mbeki se kant en nie aan Slovo en Hani s'n nie. Dit het nie alleen al hoe sterker teen die apartheidstaat gedraai nie, maar ook teen die MK-militantes, dermate so dat die ANC teen 1988 vinnig sy moreel gunstige posisie in die internasionale wêreld aan die verloor was. Chris Hani en kie se militêre aksies teen sagte wit teikens het nie ingang gevind nie. So ook die onverdraagsaamheid tussen swart mense. Dié onverdraagsaamhede was 'n vername impuls vir die oorswaai na 'n inklusiewe skikkingsproses. Een van die kere dat Thabo Mbeki hom sigbaar vir my vererg het, was toe ek na die onverdraagsaamheid in swart geledere en die brutaliteit van swart-teen-swart-geweld verwys het. Hy het die apartheidstelsel daarvoor die skuld gegee. Daar word om politiek korrekte redes nie genoeg aandag aan die destruktiewe rol van swart-teen-swart-geweld gegee nie. Dis 'n gegewe dat massa-mobilisasie in swart geledere 'n aaklige newe-effek gehad het: nie net 'n politieke dooiepunt tussen sommige swart leiers nie, maar ook eskalerende swart-teen-swart-geweld en swart dooies in die strate. Ek onthou hoe ek en Enos Mabuza in 'n emosionele oomblik hieroor mekaar probeer opbeur het terwyl daar trane oor ons wange loop. Soos Mabuza dit vir my gesê het: "Ons swart mense het mekaar se vyande geword." Ek, omdat ek sterk teen geweld gekant is, het met wanhoop in my stem vir hom gesê: "Die stryd teen apartheid kan nie gewen word as swart mense oorlog teen hulleself maak nie." Die impak van swart-teen-swart-geweld op die verskuiwing na 'n onderhandelde skikking was net so belangrik as al die ander redes wat gegee kan word.

Dis daarom nie toevallig dat daar reeds by die Kabwe-konferensie van die ANC, in Zambië in 1985, oor onderhandeling gepraat is nie. Dit was nie 'n skielike bekering of morele keuse nie, maar 'n berekende strategiese keuse. Binne die ANC, toe nog sterk verbind aan "people's war" en massa-mobilisasie, was daar by sommige 'n groeiende ongemak oor die vraag of daar beheer oor massa-aksies en die gepaardgaande geweld uitgeoefen sou kon word. Thabo Mbeki, verwysende na dié periode, sê in 1988 aan my: "Oorlog en geweld kan nooit permanente strategiese opsies wees nie. Daar moet altyd veronderstel word dat onderhandelinge 'n opsie is, selfs met 'n verslane vyand. In die geval van Suid-Afrika sal swart leiers ook mettertyd met mekaar in gesprek moet tree." Oliver Tambo stuur tydens sy openingsrede van die konferensie op 'n tentatiewe en gekwalifiseerde wyse 'n sein na die afgevaardigdes en ook na MK uit: "... no revolutionary movement can be against negotiations in principle". Die ambivalensie van Tambo, waarna reeds verwys is, blyk egter ook in 1985, toe hy in tipiese propagandastyl oor Radio Freedom verklaar dat "die stryd" na wit woonbuurte geneem moet word. Wit mense kan nie toegelaat word om in vrede en rustigheid te woon terwyl swart woonbuurte brand nie. Thabo Mbeki het in 1988 nietemin beklemtoon dat MK die opdrag gehad het om burgerlike sterftes te vermy. Dié opdrag is nie in die praktyk uitgevoer nie.

Twee jaar na die Kabwe-konferensie vind die eerste ontmoeting van die Afrikaner-ANC-kontakgroep plaas. Die Dakar-konferensie, met al die publisiteit – positief en negatief – wat dit geniet het, was drie maande agter die rug. Die nie-amptelike verkenningsgesprek tussen die Afrikaner-kontakgroep en ANC-leiers het vanaf 14:00 op 1 November tot 12:00 op 3 November 1987 in die suide van Engeland in die kelderverdieping van die Compleat Angler Hotel in Marlow in Buckinghamshire, langs die Teemsrivier, plaasgevind. By ons aankoms was dit 'n tipiese Engelse Oktoberoggend in herfskleure getooi. Buite het 'n klompie wit swane rustig op die water rondgeswem. Sampie Terreblanche, 'n lid van die groep wat gou ironiese situasies kon raaksien, het onmiddellik opgemerk: "Ons kan nie anders as om die ANC in 'n kelder te ontmoet nie!"

Vir die gespreksprojek was dit belangrik om álle publisiteit te vermy. 'n Kommunikasiekanaal moes geopen word wat nóg openbare verleentheid vir deelnemers sou veroorsaak nóg tentatiewe voorstelle deur leidinggewende figure rakende die pad vorentoe aan die groot klok sou ophang wat openbare emosies kon verhit. Soos Niel Barnard dit by geleentheid aan my gestel het: "'n Mens begin nie 'n gesprek met politieke vyande deur middel van konferensies en koerante as jy ernstig in onderhandeling belangstel nie. Jy begin met 'n private uitklaring van posisies en moontlike uitweë uit doodloopstrate en strategiese impasses. Dis 'n tydsame proses. Geduld is belangriker as publisiteit."

Ons ontmoeting in November is deur iets baie betekenisvol voorafgegaan: die ANC se openbare verklaring ten gunste van onderhandeling op 9 Oktober 1987. Daarin word onder meer gesê: "Once more, we would like to reaffirm that the ANC and the masses of our people as a whole are ready and willing to enter genuine negotiations provided they are aimed at the transformation of our country into a united and nonracial democracy." Aziz Pahad sê later vir my dat dié verklaring bedoel was om 'n sterk morele standpunt in te neem oor die noodsaaklikheid van onderhandeling teenoor die Botha-regime, en ook om aan militantes in die ANC en die breë massabeweging 'n duidelike boodskap te gee.

Dié eerste historiese ontmoeting, weliswaar 'n eksperiment en nog nie op 'n hoë vlak nie, vind plaas teen die agtergrond van iets wat 'n demper op ons plaas: die mislukking van die White Plains-konferensie in New York in September 1987. Die ANC self het nie uitnodigings na dié konferensie aanvaar nie. Kobus Meiring, adjunkminister van buitelandse sake en 'n baie progressief-denkende mens, het die konferensie bygewoon. Die Suid-Afrikaanse regering het egter geweier om paspoorte aan Cyril Ramaphosa en Jay Naidoo, bekende vakbondleiers, en Fatima Meer, 'n bekende professor van die Universiteit van Natal, toe te staan. Die konferensie, waaraan daar groot openbare verwagting gekoppel was, stort op 30 September in duie. Agt swart Suid-Afrikaners stap uit as protes teen die regering se optrede. Hulle sluit in die gerespekteerde dr. Ntatho Motlana, Cassim Saloojee van die UDF, Phiroshaw Camay van Nactu en die eerbiedwaardige Sam Motsuenyane, wat ek baie goed by die Stedelike Stigting leer ken het. Die agt reik 'n vernietigende verklaring uit waarin hulle onder meer sê: "The very fact that certain key organisations and their views will not be heard at this meeting is the direct responsibility of the minority racist regime. No prospect of dialogue therefore exists."

Ek, Sampie Terreblanche en ander is hoogs ontstoke oor die regering se kortsigtigheid. Ek weet immers van die tentatiewe poging wat daar is om kontak te begin maak. Ons maak werk van 'n openbare verklaring. Saam met Inkatha se verteenwoordiger, Oscar Dhlomo, Denis Worrall, Willem de Klerk, Van Zyl Slabbert en ander stel ons 'n verklaring op waarin ons geen doekies omdraai nie: "We strongly condemn the refusal of the government to grant passports to a number of fellow South Africans who were invited to attend. The aim of this conference was to create a climate in which South Africans of all political persuasions could talk calmly and creatively about their country's future. Under these circumstances, to deny people with differing views the opportunity to put those views not only undermines the aims of the conference but grievously damages the credibility of the Republic's official delegation."

Ek het veral baie sterk gevoel oor die sinnetjie dat die regering se optrede "short-sighted and morally unacceptable" was. Dit was ook een van 'n paar geleenthede dat ek gewonder het oor die wysheid van my betrokkenheid by die NI. Kruger van die NI het my later vaderlik gevra: "Dink jy dit was wys? Die *Cape Times* sê jy was die hooforganiseerder? Die president sal nie goed oor jou aktivisme voel nie." Later, ná 'n gesprek oor die hele kwessie, het hy gesê: "Dinge word al moeiliker. Ek is nie altyd seker wat ons moet doen nie. Die veiligheid van ons land en die stabiliteit van ons staat stel al hoër eise."

Dit moet ook gemeld word dat Brittanje in April 1987 'n nuwe ambassadeur in Suid-Afrika gekry het: Robin Renwick. Kruger het baie gou gesê: "Jy moet die man leer ken." Renwick het self die inisiatief geneem om met my kontak te maak en ons het mettertyd 'n goeie vertrouensverhouding opgebou en dikwels alleen samesprekings gevoer. Die gespreksgroep het immers in Brittanje vergader en dit was nodig om 'n informele konneksie in dié verband te hê. Hy was 'n vertroueling van Margaret Thatcher en het dit ten doel gehad om veranderingsprosesse in Suid-Afrika te stimuleer. Daar is selfs fondse aan swart organisasies en leiersfigure beskikbaar gestel. Dit het bygedra om hoop lewend te hou en te verhoed dat swart gemeenskappe organisatories en institusioneel in duie stort.

Dit was belangrik dat die proses waarmee in die Compleat Angler Hotel begin is, uit die media gehou word. Een manier om dit te doen, was om by die deelnemers te beklemtoon dat die gesprekke nie-amptelik en privaat was, wat dit in ieder geval ook was, en dat die Chatham House-reëls, wat vertroulikheid bevorder het, gegeld het. Die gesprekke is bowendien deur Consgold geïnisieer en georganiseer. Dit was nie 'n staatsgedrewe inisiatief nie. Dat my betrokkenheid wel persoonlike dissipline en selfs oorwoë kompromieë vereis het, spreek natuurlik vanself. Die meeste Afrikanergespreksgenote – indien nie almal nie – was bewus daarvan dat daar een of ander "Pretoria"-verbintenis was, maar nie wat presies dit was nie.

'n Moeilike kwessie was watter Afrikaners genooi moes word om deel te neem. Dié vraag het homself beantwoord: Slegs die Stellenbossers, van diegene wat gevra is, was bereid om hulle tone in 'n sterk vloeiende en yskoue rivier te steek. Dit was 'n bedekte seën. Dié wat deelgeneem het, het mekaar goed geken en het ook nie openbare politieke aspirasies gehad of belangrike Afrikanerposisies beklee nie. Hulle was verligtes, het geweet wat in die land aangaan en was nie van die breër Afrikanergemeenskap vervreem nie. Die regime kon hulle nie die rug toekeer of isoleer nie, al het hulle uit die NP-laer gespring met die Onafhanklike Beweging. Al was hulle Afrikanerrebelle, kon hulle nie as verraaiers van volksnasionalistiese ideale polities verrinneweer word nie. Die NP was toe ook nie meer gestut deur 'n kragtige volksbeweging nie, maar in 1987 reeds 'n steierende party sonder die vermoë om verligtes die woestyn in te jaag. Verligtheid het aan die NP selfs 'n mate van geloofwaardigheid gegee. Buitelandse diplomate en joernaliste het tou gestaan voor die kantoordeure van sommige verligtes. Die ANC het hiervan kennis geneem.

Voor die ontmoeting in die Compleat Angler het ek 'n lang gesprek met Fleur de Villiers in Londen gehad. Sy het my meegedeel dat sy, op 'n studiebesoek aan die Harvard Universiteit in die VSA, baie beïndruk was met die lesings en werk van Roger Fisher, wat in die regsfakulteit 'n direkteur van Harvard se onderhandelingsprojek was. Sy het gesê: "Neem kennis van Roger Fisher." Hy het in onderhandelingsprosesse en konflikbestuur gespesialiseer. Ek was veral beïndruk met sy bekende boek *Getting to Yes*, wat hy saam met Bill Ury geskryf het. Dit fokus sterk op belange-onderhandeling, wat onder meer behels dat 'n mens strydende partye se belange moet verstaan en moet soek na gemeenskaplikhede. Hy was ook van mening dat onderhandelaars binnekringmense ("insiders") met invloed en oorredingsvermoë moet wees. Hulle moet immers ooreengekome skikkings aan hulle kiesafdelings verkoop. Ek het baie bewus van dié faset in onderhandelingsprosesse geword. Dit wat op papier in 'n onderhandelingskamer bereik word, moet buite die kamer tot praktyk gemaak kan word. Konferensies en seminare is waardevol. Dit het egter slegs beperkte belang as die vraag oor praktiese implementering agterweë bly. Dis interessant dat Fisher se denke ook in die formele onderhandelingsproses by mense soos Maharaj, Theuns Eloff en Roelf Meyer 'n rol gespeel het.

Fisher en Ury tref 'n onderskeid wat ek baie bruikbaar in die Afrikaner-ANC-gesprekke en ook in my persoonlike gesprekke met Thabo Mbeki gevind het, naamlik dié tussen belange ("interests") en formele posisies ("positions"). 'n Sentrale vraag in dié verband is: Wat is die belange wat onderliggend aan formele posisies is? Is daar dalk ten opsigte van belange 'n relatiewe mate van konsensus wat nié in die formele standpunte wat ingeneem word, weerspieël word nie? As jy dít blootgelê het, aldus Fisher en Ury, kan jy makliker tot 'n verstandhouding oor die reëls vir onderlinge interaksie kom.[3]

Fisher het my weer op Karl Marx en Herbert Marcuse se filosofiese spore gebring: Hoe kan teorie en praktyk met mekaar gekombineer word? Kan papiervoorstelle sinvolle praktyke word? Kan intellektuele ook projekbestuurders wees? Dis in dié tyd dat ek ook verwys is na in boek van GA Kelly, *A Theory of Personality: The Psychology of Personal Constructs*. Kelly meen dat 'n "construct" 'n verwysings-en-interpretasieraamwerk is waarmee na mense en verskynsels gekyk word. Dié raamwerk of denkgietsel bepaal mense se siening van sake, hulle interpretasie van mense en ervarings, en dit wat hulle aanvaar of afwys. Die "construct" word op sy beurt geskep deur emosies, persepsies en denkwyses waarmee die mens in die opvoedingsproses en deur interpersoonlike interaksies gekonfronteer is. Ons wórd met ander woorde deur ons (kontekstuele) interaksies.[4]

Die informele gesprekke was 'n poging om van die *vyand-konstruksie* ontslae te raak en 'n konstruksie rondom die idee van *onderhandelingsvennote* te skep. Dié oogmerk was die vernaamste rede waarom die gesprek nie publiek was nie en ook net tussen Afrikaners met regime-invloed en onderhandelingsgesindes van die ANC plaasgevind het. Daarom is 'n *proses* eerder as 'n opspraakwekkende *gebeurtenis* ("event") gekies.[5]

Fleur de Villiers het my, op haar reguit manier, 'n paar wenke gegee wat ek ter harte geneem het. As ek nou op die hele proses terugkyk, was sy 'n belangrike mentor in my verstaan van verkennings- en bemiddelingsprosesse. Sy en Thabo Mbeki het ongelukkig in 'n stadium nie 'n "gelukkige" interaksie gehad nie. Baie mans hou nie van intelligente vroue met sterk menings nie! Een van haar wenke was: "Moenie met ander wat graag betrokke wil wees om die saak vir onderhandeling te bevorder, kompeteer nie. Onthou, almal gaan toesak op mense soos Tambo, Mandela en Mbeki om hulle aandag te kry. Laat hulle maar hulle eie ding doen. Dit is ook nodig." Sy was nietemin uitgesproke oor die min invloed wat openbare gesprekvoering op die bevordering van die moontlikheid van 'n onderhandelde skikking gehad het. Dit was, volgens haar, meestal "liberals talking to other liberals". Wat meer is, het sy gesê, met Afrikanernasionaliste en ANC-ers in dieselfde openbare forum, kry jy nie dialoog nie, maar "public positioning and grandstanding". Oor 'n ander kwessie was sy ewe uitgesproke: "Moenie met die eerste die beste persoon praat nie. Kies jou vertrouelinge versigtig. Julle akademici praat en skryf te gou en te maklik, want julle dink dis hoe julle julself moet bemark. En as jy seminare en konferensies bywoon, moenie mense probeer beïndruk deur te maak asof jy meer weet as hulle nie." Dié punt het my en Thabo Mbeki laat besluit om nooit saam by dieselfde buitelandse konferensies en seminare op te tree nie. Toe ons dit wel gedoen het, is daar oor die tydsberekening baie goed besin.

De Villiers se wenke was in die kol. Min dinge het myns insiens die oorgangsproses na 'n nuwe, inklusiewe demokratiese bedeling méér beduiwel as diegene uit die bevoordeelde rassegroep se obsessie om as Voortrekkers na 'n nuwe Suid-Afrika bekend te staan. Die mededinging was soms fel. Dis ten dele te verstane: Wit mense in die algemeen, en Afrikaners in die besonder, soek erkenning. Ook leiers uit hulle geledere wat aan die nuwe Suid-Afrika gestalte help gee het. Dis ook nie 'n vreemde verwagting nie. Daar was 'n leërskare van wit mense, Engelstaliges ingesluit, wat gehelp het om die eerste inklusiewe en demokratiese verkiesing van 1994 moontlik te maak.

Die mededinging moet natuurlik ook in perspektief geplaas word. Daar was mense en groepe in Suid-Afrika wat om goeie morele en strategiese redes nie saam met regeringsverteenwoordigers gesien wou word nie. Hulle het vas geglo dat hulle buite die regeringsisteem meer doeltreffend sou wees. 'n Goeie voorbeeld hiervan vind in Oktober 1988 plaas. Idasa reël 'n ontmoeting tussen Afrikaners, Afrika-spesialiste van die Sowjetunie en ANC-amptenare in Leverkusen, Wes-Duitsland. Die Angola-Namibië-vredesooreenkoms was toe in die beplanningsfase. 'n Amptenaar van die Suid-Afrikaanse regering se departement van buitelandse sake vra toe om *incognito* die Leverkusen-konferensie by te woon. Die versoek word afgekeur. Alex Boraine van Idasa vind dit nodig om tydens 'n seminaar in November 1988 by die Centre of Strategic and International Studies in Washington nie net die betrokke versoek bekend te maak nie, maar ook kommentaar te lewer. Hy reken dat as Idasa die versoek toegestaan het, dit 'n "breach of faith" sou gewees het. Hy meen dat "Pretoria" die kommunikasiekanale wat Idasa oopmaak, probeer gebruik.

Boraine draai nie doekies om nie en sê dat Idasa 'n toetssaak daarvan sal maak as die regering kontak met die ANC as verraad sou bestempel. In 'n poging om Idasa se vlag as bemiddelaar hoog te hys, sê hy met kwalik bedekte selfvoldaanheid: Terwyl PW Botha tekere gaan ("rant") oor Idasa se Dakar-konferensie, is daar politici en amptenare van sy regering wat Idasa gereeld vra om boodskappe aan ANC-amptenare oor te dra. Sy mening dat baie Suid-Afrikaners daarop jaloers was dat die Sowjetunie 'n leier soos Gorbatsjof gehad het, was verstaanbaar. Botha was beslis nie 'n Gorbatsjof nie. Wat Boraine egter nie geweet het nie, en Tambo, Mbeki en 'n paar ander wel, is dat daar toe alreeds hard agter die skerms gewerk is om betroubare en vertroulike kommunikasiekanale met die ANC oop te maak. Soortgelyke kanale, ook met Russiese verteenwoordigers, het toe alreeds rondom die Angola-Namibië-kwessie gefunksioneer. En in November 1987 word nóg 'n inisiatief van stapel gestuur, dié keer met lede van die buitelandse vleuel van die ANC.

★ ★ ★

Die Compleat Angler was vir my, Willie Breytenbach en Sampie Terreblanche 'n aangename verrassing. Ons het eerste opgedaag en kon die omgewing verken en waardeer. Dit was 'n gesellige hotel, geïsoleerd en plattelands, tipies Engels en nie juis 'n adres vir 'n belangrike ontmoeting nie. Al sou sommige van ons dalk gedink het ons is "belangrik", het dié adres ons baie gou tot gewone besoekers gerelativeer. Self het ek gedink, vanweë my kontak met die NI waarvan die ander gespreksgenote toe nog onbewus was, en ook gedagtig aan Michael Young se kontakte, dat dié besondere omgewing net té idillies en vreedsaam was om álle belangstelling van die Britse intelligensiediens vry te kon gespring het. Die ANC-verteenwoordigers, te danke aan Young se uitstekende logistieke reëlings, daag op in 'n gerieflike swart motor met 'n bestuurder. Ons drie Stellenbossers staan op die parkeerterrein, gespanne en ook nie juis goed voorbereid op wat alles tydens dié ontmoeting kan gebeur nie. Ons weet intuïtief dit is 'n toetslopie. Breytenbach, wat staatsdienservaring gehad het, selfs binne die Staatsveiligheidsraad, was dalk die beste voorbereid. Sampie Terreblanche, iemand met sy eie doelstellings en 'n hekel aan apartheidsongeregthede, trippel senuweeagtig rond. Ek het intussen gehoor dat Harold Wolpe, 'n oortuigde Marxis wat ná die Rivonia-verhoor skouspelagtig uit gevangenskap ontsnap het, ook sou deelneem, en sê vir myself: Hier ontmoet ek vandag die *devil incarnate*. En ek moet probeer vriendelik wees.

Aziz Pahad, uit die kantoor van die ANC in Londen, lei die ANC-groep. Joviaal steek hy sy hand na my uit, groet en vra in Afrikaans: "Hoe is die weer daar in ons land? Skyn die son? Hier sien ons mos nie eintlik die son nie." Ek groet hom ook in Afrikaans. Dink by myself: Ons het darem iets gemeen: Suid-Afrika se son en warm weer. Dit word die begin van 'n lewenslange vriendskap. Thabo, so verduidelik hy, kon nie kom nie. Hy het 'n ander afspraak. Ek weet hy sê eintlik: Thabo wil eers weet of die gespreksgroep die moeite werd is. Sy Afrikaans, besef ek, is 'n goeie taktiese begin. Niks het Afrikaners so welwillend gestem as om in hulle eie taal aangespreek te word nie. Dit was 'n vorm van erkenning, al is Afrikaans as die taal van die onderdrukker bestempel. Nelson Mandela het dieselfde gedoen. Hy het op Robbeneiland moeite gedoen om die Afrikaner en sy kultuur te verstaan. Mandela het van sy medegevangenes, soos Mac Maharaj, aangemoedig om dieselfde te doen. Hy het geweet as die ANC eendag aan die onderhandelingstafel kon plaasneem, Afrikaners die belangrikste teenparty sou wees. En hy was sielkundig natuurlik 'n meesterlike oorrompelaar. Daarom het hy graag Afrikaans in gesprekke met Afrikaners gebruik. En in sy eerste presidentsrede die Afrikaanse digter Ingrid Jonker polities beroemd gemaak.

Marinus Wiechers, wat aanvanklik aangedui het dat hy die byeenkoms sou bywoon, is ongelukkig verhinder. Naas Aziz Pahad van die ANC, is daar ook Wally Serote, 'n digter-skrywer, maar ook verbind met MK. Dis duidelik dat hy nie juis dink die gespreksgeleentheid is belangrik nie. (Baie jare later werk ek en hy hartlik saam in die raad van die Freedom Park.[6]) Tony Trew is ook teenwoordig. Hy woon alle vergaderings by. Was jare lank die "skriba" van die ANC. Trew was vantevore 'n eerstejaarstudent in die manskoshuis Dagbreek van die Universiteit van Stellenbosch, waar ek toe 'n senior student was. Harold Wolpe, 'n universiteitsdosent en 'n familielid van my goeie Amerikaanse vriend Howard Wolpe, toe 'n Demokraat van die Huis van Verteenwoordigers van die VSA en vurige anti-apartheidstryder, is ook teenwoordig. Ek het oor hom en Serote aanvanklik sterk vooroordele gehad en het dikwels gewonder of ek die eerste vergadering sou bygewoon het as ek voor die tyd geweet het hulle sou daar wees. Wolpe en sy makkers is in die sestigerjare by Rivonia in Johannesburg vir revolusionêre samesweging teen die staat gevang. Soos vooroordele maar werk, het sy naam en van vir my die simbool geword van alles wat polities boos was. Hy is gehelp om te ontsnap en Mandela en ander het met die gebakte pere gesit. Ek het ook nie aan Serote gedink as 'n digter-skrywer wat met woorde kon speel en vir sy tradisionele kultuur omgegee het nie. Hy was volgens my inligting 'n MK-soldaat en bose vyand. Jare later het ek teenoor hom erken: "Ek het altyd aan jou gedink as iemand wat met 'n Russiese pistool rondloop en eerder 'Boere' wil skiet as om literêr met woorde om te gaan." Hy het my tydens ons volgende vergadering, in Februarie 1988, een van sy boeke gegee en van sy ma vertel.

Voor ons by die inhoud van die eerste gesprek kom, eers iets van 'n meer persoonlike aard: Die voordeel van die gesellige atmosfeer in die Compleat Angler was dat ons tussen gesprekssessies gemaklik kon gesels. Die gespreksgroep was klein en daar was genoeg tyd vir informele verkeer. Dié faset van ons interaksie was ongetwyfeld van deurslaggewende belang.

Die eerste aand reeds praat ek en Aziz Pahad alleen. Ek vertel hom dat ek van Laingsburg af kom en op 'n plaas grootgeword het. Ook dat my ma my pa se onderwyseres was, dat ek en Annemarie ses kinders het en sy haar doktorsgraad in wiskunde in 1978 verwerf het. Sy is ook 'n dosent. Pahad sê: "O, julle bou 'n stam ("tribe") om ons swartes se getalle-oorwig teen te werk!" Hy vertel dat hy Johannesburg baie goed ken, van die plek hou en goeie vriende in Roodepoort se Indiërgemeenskap het. Ek vra hom: "Ken jy die Desai-gesin?" Hy val amper op sy rug. "Dis van my goeie vriende. Hoe ken jy hulle? Ken jy vir Bahia? En haar suster?" Ek vertel hom die storie in detail. Besef vir die eerste keer in my lewe hoe die vertel van gedeelde stories brûe bou, voetpaadjies uit doodloopstrate uittrap en stewige toue vir hangbrûe oor afgronde vleg. My storie word 'n gevlegte tou tussen my en Aziz. Tony Trew kom later by en staan aandagtig en luister. Dis 'n lang storie wat ek hier net in breë trekke kan weergee.

By die destydse Universiteitskollege vir Indiërs op Salisbury-eiland in die hawegebied van Durban bied ek tussen 1965 en 1967 politieke wetenskap en filosofie aan: 'n Afrikaner uit die Karoo tussen studente waarvan die meeste met politieke aktivisme deurdrenk was. Bahia Desai is een van hulle, openlik vyandig. En briljant. Sy en my enigste student in die tweedejaar-filosofieklas van 1965, Munirah Lahki, was goeie vriendinne. Ek doen baie moeite om tot Bahia deur te dring. Sy vertel my later in my kantoor haar verhaal en van haar renons in die veiligheidspolisie wat haar familie treiter.

Ek besluit teen die einde van 1967 om my die volgende jaar by die nuwe Randse Afrikaanse Universiteit aan te sluit. Bahia Desai kom besoek my in my staatsdiensagtige kantoor, baie ontsteld oor my voorgenome vertrek. Ek laat my studente in die steek, sê sy in 'n stadium, en bars in trane uit. Ek voel ellendig oor haar verwyt en bied haar my sakdoek aan. Sy neem dit en droog haar trane af. Die volgende dag bring sy die sakdoek terug, gewas en gestryk, met die woorde: "Dankie. Dat jy jou sakdoek vir my aangebied het en ek dit aanvaar het, was 'n bevrydende ervaring. Ons kán van vooroordele ontslae raak."

In Johannesburg staan ek eendag op 'n parkeerterrein van die destydse tydelike RAU-kampus in Braamfontein. In die straat voor RAU sien ek Bahia angstig vanaf die Wits-kampus in die rigting van Hillbrow hardloop. Ek keer haar voor en sy skreeu dit uit: "Bring your car, bring your car. Take me to the hospital. My sister tried to commit suicide." Ek kry die Volkswagen, daar naby geparkeer. Toe sy my agter die stuurwiel in die motor sien, skreeu sy woedend: "Racist Afrikaner pig. Get out of my way." Ek probeer haar kalmeer. Alles tevergeefs. Sy hardloop in die rigting van die Johannesburgse Algemene Hospitaal.

Sy kontak my ná 'n paar dae. Vra nie verskoning nie, maar verduidelik haar gedrag. Toe sy my in die motor sien, het sy ook die veiligheidspolisie voor haar geestesoog gesien. Ek word 'n simbool van die stelsel. Die veiligheidspolisie het haar suster, 'n mediese dokter, en professor Blacking van Wits "uitgevang" ingevolge die bepalings van die Ontugwet, en die familie getreiter. Haar suster, 'n beeldskone mens, het onder die treitering geswig. Haar pa ook. Bahia se storie was een van die polities en moreel mees tragiese verhale wat ek in my lewe gehoor het, en ek vra háár om verskoning.

Aziz Pahad lê sy hand op my skouer en sê: "Weellie, thank you for telling me your story. We are brothers." 'n Soort verklaring van *common ground*, Roger Fisher se beklemtoning van die belang van 'n goeie begrip en erkenning van gedeelde belange, ook op persoonlike vlak. Munirah Lahki en Bahia Desai, saam met 'n ander student van my op Salisbury-eiland, Gunvantrai Govindjee, wat ook uit die Karoo gekom het en vlot Afrikaans gepraat het, het my goed voorberei.

★ ★ ★

Die gesprekke in die kelderkamer van die Compleat Angler Hotel het nie 'n vooraf uitgewerkte agenda gehad nie. Michael Young, die gesprekskoördineerder, het natuurlik sy eie idees gehad. Hy was immers in Consgold se diens. Hy het egter nie probeer om 'n agenda op ons af te dwing nie. Naas verduidelikende verklarings oor die situasie van uitgewekenes en ook in Suid-Afrika, het ons – al pratende en onbedoeld – die vernaamste punte van die agenda van volgende gesprekke uitgestippel.

Die keldergesprek was 'n besonder indringende gesprek en glad nie so spanningsvol of aggressief soos enkeles wat al hieroor as buitestanders geskryf het, beweer het nie, byvoorbeeld Robert Harvey in sy boek *The Fall of Apartheid*. Ons begin weliswaar tastend en ietwat huiwerig met mekaar praat, so asof die een vir die ander wag om iets spesifieks en dramaties te sê. Dit word 'n versigtige skaakspel met woorde. Intuïtief weet ons wat die sentrale tema van ons gesprek behoort te wees. Iemand – ek kan nie onthou wie nie – verwoord dié intuïsie: "methods facilitating transition". Dis asof ons almal 'n sug van verligting slaak: Die kernwoord is op die tafel – *transition*, oorgang. Drie elemente word onmiddellik hierna geïdentifiseer: die politieke proses; die rol van die ekonomie; en veiligheidskwessies. Die vraag wat die gesprek saambind, is wat ons, die gespreksgenote, hieronder verstaan en wat die struikelblokke is.

Daar is lank oor die politieke proses gepraat. Harold Wolpe het tydens 'n teepouse my eenkant toe getrek en gevra wat die kanse was dat die Afrikanerdom erger kon skeur as met die Onafhanklike Beweging. Hy het dié vraag in 'n sessie herhaal. Dit was duidelik dat dié vraag vir die ANC-lede van kardinale belang was. Hulle wou deurgaans weet wat werklik besig was om in die Afrikanergemeenskap en die NP politieke elite te gebeur. Die liberale Engelstalige koerante en Dakar kon hulle nie eintlik help om die dinamiek binne die sogenaamde Afrikaner-establishment te verstaan nie. Ek het onwillekeurig gedink aan iets waarvan Roger Fisher se beskouinge my bewus gemaak het: die verskil tussen persepsies van buitestanders ("outsiders") en die ervarings van binnegroepmense ("insiders").

Sampie Terreblanche het die ANC-ers laat regop sit: "Ten minste twintig persent van Afrikaners is ontnugter met die NP en wil geloofwaardige hervormings hê." Hy het dit nie bloot uit sy duim gesuig nie. Hy was, soos ek en Breytenbach, een van die ondertekenaars van die persverklaring van 8 Maart 1987, gebaseer op die memorandum wat Besprekingsgroep '85 op 1 Julie 1986 aan minister Chris Heunis oorhandig en toe op 20 Februarie 1987 met president PW Botha bespreek het. Die ANC-ers, gevangenes van persepsies oor Afrikaners wat deur Engelstalige koerante help vorm is, was stomgeslaan. Selfs die Marxis Harold Wolpe was skielik minder dogmaties en opreg nuuskierig. Ek het later gedurende die gesprek agtergekom waarom hy plotseling meer belangstellend was. "Is die magshegemonie wat rondom die NP en sy leier opgebou is, werklik aan die verbrokkel? Sal Magnus Malan en sy militêre nie ingryp nie? Hulle moet mos?" het hy my teetyd gevra. Ek verstaan aanvanklik nie sy vraag nie, maar begryp weldra dat hy op die moontlikheid van 'n militêre staatsgreep sinspeel. Ek het self nog nie aan so iets gedink nie en word yskoud: Waarom kan die apartheidsideoloë en -sekurokrate nie met so 'n "laaste uitweg" ter wille van "veiligheid en stabiliteit" vorendag kom nie? Wat sal die NI se houding wees? Hoe sal ek persoonlik so 'n optrede beleef?

Die eerste vraag uit die ANC-kamp was: Wat wil die 20 persent Afrikaners hê? Hoe moet die agenda lyk? Wat word met "ware" onderhandelinge bedoel? Wat is die eintlike kwessies? En wat wil die sekurokrate hê?

Willie Breytenbach maak toe 'n punt wat ek dink van fundamentele belang was. Rustig en beredeneerd, soos hy kan wees, sê hy: "Die partye tot die konflik moet aanvaar daar is 'n erge dooiepunt. Eers dan kan daar oor sentrale vrae en 'n skikkingsproses gepraat word." Hy vra: "Moet daar dalk nóg krisisse kom om ons tot 'n skikking te dwing? Of moet ons besef die proses moet begin vóór nog ernstiger en dalk katastrofale krisisse plaasvind? Is dit nie tyd dat ons 'n platform van netwerke ontwikkel om die onvermydelike katastrofe te verhoed nie?" Sy vrae laat my besef dat die NP-regering en die ANC mekaar se veto-magte is. Albei is reeds in strategiese en taktiese posisies waar hulle die ander party 'n oorwinning kan ontsê.

Breytenbach se vrae was 'n belangrike agendapunt. Om praktiese redes kon hy nie die volgende vergaderings van die kontakgroep bywoon nie, maar sy vrae was altyd in die gesprekke teenwoordig. Die ANC het besef dat die skikking met Afrikaners en hulle elite, en niemand anders nie, moet plaasvind. Hoe, op watter voorwaardes en wanneer, het die eintlike kwessies geword.

Aziz Pahad, reeds bewus van die Coetsee-Mandela-inisiatief, het toe ook iets gesê wat my, en veral Serote en Wolpe, verstom het. "Die ANC het nie net 'n militêre opsie nie. Daar is ook 'n politieke opsie," het hy met handgebare beduie terwyl hy na Wolpe kyk. Wolpe, eers stomgeslaan en toe vererg, hoor van Pahad: "Ware onderhandelinge is nooit deur die ANC verwerp nie. Die vraag is die hoe en presies waaroor."

Serote was sigbaar vies. Trew, soos meestal, het uitdrukkingloos sy notas neergeskryf. Ek skryf in my notaboekie neer: "As woorde iets beteken, sal ons die woord 'ware' ('genuine') moet uitpluis. Ons sal ook 'n goeie begrip van die strydende partye se verstaan van voorwaardes vir onderhandeling moet kry." Die ANC, deur die inspirasie van Thabo Mbeki, het toe al 'n belangrike rondte gewen. In Oktober 1987, 'n paar weke voor ons vergadering, het hulle 'n verklaring oor onderhandeling en die voorwaardes waaraan eers voldoen moes word, uitgereik.

Wolpe het gedurende die gespreksessie 'n vraag, opreg bedoel, op die tafel geplaas: "Wat sal Afrikaners en die verdrukte opstandiges oor 'n meer dinamiese onderhandelingsproses opgewonde maak?" Dit was 'n belangrike vraag. My houding teenoor hom het met dié vraag begin verander. Gedurende die gespreksessie in die kelderverdieping is baie tyd hierna aan die voorwaardes vir 'n skikkingsproses gewy. Trew, wat nie baie gepraat het nie, maar as ingeligte uit die Mbeki-binnekring altyd goeie vrae gestel het, wou onder meer van ons weet: "Wat van die grondwetlike kwessies? Julle kan dit tog nie sonder die ANC orkestreer nie? Aanvaar julle dat die belangrikste agent van verandering reeds buite die regime is? En waarom wil die regime nou skielik politieke gevangenes vrylaat? Wat is die agenda op kort en langer termyn? Julle moet aanvaar dat die eis om die vrylating van politieke gevangenes as 'n voorwaarde vir die begin van 'n onderhandelingsproses nou reeds 'n universele internasionale eis is." Pahad beklemtoon: "Die politieke regime in Suid-Afrika sal dit nie as 'n politieke speletjie kan gebruik nie. Verdeel en heers sal nie werk nie. Ook nie 'deals' met sogenaamde niegewelddadige swart mense en leiers nie."

Pahad se opmerking het my rustelose nagte besorg. Enersyds was daar die noodsaaklike en moreel-dwingende argument van 'n eventuele inklusiewe onderhandelingsproses waaraan álle politieke groeperinge moet deelneem. Dit was die implikasie van die droom van 'n nie-rassige, inklusiewe demokrasie. Dié droom moet begin by 'n ooreenkoms oor wie almal aan die onderhandelingsproses moet deelneem. Andersyds was dit ná dié vergadering vir my klinkklaar duidelik: Die primêre deelnemers aan die voorbereidingsproses was die ANC en mense na aan die regeringselite. Dis trouens wat die keldergesprek gesimboliseer het: 'n gesprek tussen mense van die ANC en "slegs" Afrikaners. Ek het toe reeds vir myself gesê dat dit ook die geval in die formele onderhandelingsproses sou wees. Dis Afrikaners (die NP) wat saam met die ANC die primêre onderhandelaars sou wees. As dié twee groeperings nie met mekaar kon saamstem nie, sou daar géén skikking wees nie.

Daar is by ons gespreksgeleentheid lank en indringend oor die ekonomiese dimensie van 'n moontlike oorgangsproses gepraat. Sampie Terreblanche en Harold Wolpe was die vernaamste deelnemers. Michael Young het ook sy mening gelug. Hy was immers van Consgold met sakebelange in Suid-Afrika. Terreblanche was in sy element. Hy het woorde gebruik soos "declining economy", "siege mentality" en "wrong allocation of public funds". En toe sy punt: "The main reason for the economic crisis is apartheid. We need a booming economy. Political reform is a precondition for economic growth."

Hy werp, onbedoeld, daarmee 'n teerling: die wenslikheid al dan nie van sanksies. Dit word 'n opwindende verbale affêre. Terreblanche, nie 'n kapitalis nie, trap op baie sensitiewe tone. Sanksies was vir die ANC 'n heilige koei, en Terreblanche, 'n sosiale demokraat, begin slag aan die koei. Wolpe roep in desperaatheid uit: "Waarom sal apartheid in 'n groeiende ekonomie afgetakel word? Dit sal tot verset teen politieke verandering lei. Die politieke stelsel moet onder steeds groter ekonomiese druk kom." Terreblanche, nie volledig teen druk en ekonomiese sanksies gekant nie, wil weet: "Volg julle 'n strategie vir 'n ekonomies verskroeide aarde? Dink julle die multinasionale maatskappye sal na so 'n aarde terugkeer? 'n Mens kan nie met ekonomiese as ("ashes") bou nie."

Wolpe gryp terug na die Vryheidsmanifes: herverdeling van rykdom; sosialisering; gemengde ekonomie. Hy verseker ons, ietwat halfhartig, dat die ANC nóg sosialisties nóg kapitalisties is. Terreblanche kyk hom skepties aan. Wolpe probeer weer: "Ons wil nie die ekonomie vernietig nie. Ons hét ekonomiese ontwikkeling nodig. Maar daar is 'n voorwaarde: Die ekonomie mag nie die politiek dikteer nie. Ons aanvaar wel daar moet 'money in the treasury' wees." Trew snel Wolpe te hulp: "Dis die ongelykhede wat verander moet word. Om te herverdeel, moet sommige bereid wees om rykdom prys te gee. Groei alleen sal nie help nie. En daar moet 'n oorgangsperiode wees."

Ek, Terreblanche en Breytenbach toon ons entoesiasme vir laasgenoemde idee. Trew beklemtoon: "We want whites to come over and share the [ANC's] aspirations." My entoesiasme verflou: Moet ons daarom almal ANC-ers word? Wolpe gaan selfs verder: "You should link up with the Mass

Democratic Movement and learn what it is all about." Terreblanche lyk méér skepties. Michael Young, 'n baie gedissiplineerde en rustige mens, kan nie help om te sê nie: "You terrify the outgoing order. You instil expectations on which you cannot deliver." Die woord "transitional period" het darem geval. Dit word in al ons gesprekke 'n soort venster op die toekoms. Ons begin gedurende latere vergaderings op die "hoe" daarvan fokus.

Pahad vra in die loop van die gesprek wat dreig om vas te val, 'n kardinale vraag: "Wat kan ons doen om 'n ekonomiese katastrofe te verhoed? Hoe moet die post-apartheidekonomie daar uitsien? En as sanksies opgehef sou word, wat sal dan die drukmeganismes wees om politieke verandering te bevorder?" Dit word 'n goeie gesprek. Ons kom nie by antwoorde uit nie, maar kry beter begrip vir mekaar se standpunte en veral die omvang van die ekonomiese probleme waarvoor Suid-Afrika reeds staan en wat ná demokratisering ook die toekoms ingedra sou word. Ek, Breytenbach en veral Terreblanche is goed oor die armoede van die onderdrukte massas ingelig. Ek kon dit "sien" en nie net uit verslae verneem nie, vanweë my betrokkenheid by die Stedelike Stigting. Die gesprek word in een opsig 'n belangrike keerpunt: Die ANC-groep aanvaar ons kwellings en ons erns oor die erge armoede onder die meerderheid van Suid-Afrika se mense, 'n meerderheid wat swart was. Serote, 'n goeie luisteraar, maar 'n man wat nie baie gepraat het nie, vra in 'n stadium: "Hoe vergelyk die hervormings wat die twintig persent van Terreblanche se Afrikaners wil hê met die behoeftes van swart mense?" Hy slaan my tussen die oë. Dis ook hy wat op die gewapende stryd wys. Dis 'n "sterk beweging" na 'n breë, buiteparlementêre posisie-inname. Dit bevorder "massa-mobilisasie".

Serote plaas ook die kwessie van Afrikanervrese op die tafel: "Hulle is 'n etniese minderheid, gewoond aan mag en sonder 'n uitvlugland. Hulle het hulle eie taal en eie instellings. En hulle is met rassisme grootgemaak – in die skool, kerk en staat. Hulle weet hulle kan baie verloor. Hoe moet teenoor hulle opgetree word sodat hulle nie in hulle fisieke en politieke voortbestaan bedreig word nie?" Ons besef almal dis 'n kardinale en baie sensitiewe kwessie. Die gesprek hieroor is huiwerig en versigtig en ons kom nie baie ver daarmee nie, behalwe om saam te stem dat daar in dié verband waarskynlik oor waarborge en regte van minderhede gepraat sal moet word.

Daar het hierna 'n merkbare versobering in die gesprek ingetree, veral ook toe een van die Afrikaners opmerk dat die volle mag van die staat nog nie teen die ANC se militêre en burgerlike verset ontplooi was nie. Die NP is ook nog nie besig om in duie te stort nie, al het die Konserwatiewe Party 'n politieke faktor geword. Al drie Afrikaners was dit ook eens dat die Onafhanklikes nie 'n alternatiewe regering sou bied nie en dat die Progressiewe Federale Party nie 'n kans gehad het om sy stemkrag beduidend uit te brei nie. Dis een van die redes waarom Van Zyl Slabbert dié politieke skip verlaat het. Daar moes daarom nie verwag word dat verdeeldheid in wit geledere 'n militêre magsoorname deur MK of 'n politieke waterskeiding wat die sogenaamde "Mass Democratic Movement" sou bevoordeel, in die hand sou werk nie.

Die ANC-manne, veral Wolpe en Serote, was opsigtelik teleurgesteld. Pahad het opgemerk hoe moeilik dit was om "unity" tussen die verskillende vryheidsbewegings en veral tussen Lusaka en die UDF te bewerkstellig. Hy was ietwat filosofies, so asof hy homself wou oortuig: "The eighties is different from the sixties. The political argument is predominant. Hence ungovernability should not be regarded as a type of anarchism. It is an experiment in and motivation for alternative forms of government."

Sonder dat ons 'n formele besluit neem of selfs ter opsomming van die gesprek daaroor praat, weet ons wat die eintlike kwessies is:

- Voorwaardes vir 'n skikkingsproses en die noodsaaklikheid van 'n "gesprek oor gesprek";
- Die kwessie van geweld as politieke magsmiddel en hoe dit gehanteer moet word;
- Die kwessie van sanksies en hoe 'n ekonomiese bedeling in postapartheid Suid-Afrika daar moet uitsien;
- Konsensus oor 'n oorgangsproses;
- Die vrylating van politieke gevangenes en veral die posisie van Nelson Mandela in hierdie proses; en
- Die hantering van, enersyds, die verwagtings van mense wat voorheen vanweë hulle kleur benadeel en onderdruk is, en, andersyds, die politieke werklikheid van die vrese van wit mense en veral die posisie van Afrikaners.

Harold Wolpe het hieroor ietwat terloops 'n bevrydende woord gespreek: Daar is nie 'n *Big Bang*-oplossing nie. Dis 'n moeisame proses. Hy was in die kol. Wat hy nie geweet het nie, is dat dié moeisame proses toe reeds in 'n hospitaal in Kaapstad begin het. Wolpe se bywoning van die gespreksessie in die kelderverdieping van die Compleat Angler Hotel in Marlow was die begin van 'n dimensie van dié proses waarvan die deelnemers nie geweet het hoe dit sou eindig nie: Ek het in daardie stadium nie hoë verwagtings oor die verdere verloop van die gespreksproses gekoester nie. Komende uit die Karoo is hoop 'n lewenswyse, maar 'n mens moet ook realisties wees: As die lug blou is, kán dit nie reën nie. Ons byeenkoms was slegs 'n eerste verkennings- en uitklaringskuif. Die ANC self, soos uitgespel in *Report of a Meeting Held in England on 1st and 2nd November 1987*, het 'n "crucial lack of clarity" oor die Afrikaners se status binne die heersende magselite en hulle moontlike invloed ervaar. Daar was wel die mening dat hulle groter "politieke invloed" binne die regerende elite as die Dakar-gangers gehad het. Ander insiggewende punte is ook gemaak: Eerstens, die pro-onderhandelingsgesindes binne die staat reken dat die buite-parlementêre proteste, die gewapende stryd en die impak van die ANC onder beheer is en dat 'n redelike mate van stabiliteit ingetree het. Tweedens, die staat kan nou stappe neem wat tot volskaalse onderhandelinge kan lei, "if properly responded to" deur die ANC. Dié punt was 'n sleutel, met as kritieke vraag: Sal die staat aan sekere pre-onderhandelingsvoorwaardes voldoen? Soos die vrylating van Nelson Mandela en ander politieke gevangenes?

Dié proses begin 'n paar dae ná ons eerste gespreksbyeenkoms met die vrylating van Thabo Mbeki se pa, Govan Mbeki. Ek bly egter skepties oor die volhoubaarheid van die gespreksproses, gedagtig aan die ambivalensie van die Kabwe-konferensie in 1985. Toe is baie spesifiek gesê dat daar geen betekenisvolle onderhandeling met "die vyand" sou wees nie "whilst he feels strong". Die vyand stel immers nie daarin belang nie en moet onder militêre en ander druk geplaas word om die NP-regering na die onderhandelingstafel te forseer. "Gesprek" is toe nog hoofsaaklik beskou as 'n manier om die regime te demoraliseer en verdeeldheid in wit geledere te saai. Thabo Mbeki het in Dakar nie net gesê dat hy 'n Afrikaner is nie, maar ook 'n sterk appèl gemaak: "We need white support." Die Suid-Afrikaanse Kommunistiese Party was die voorperd in 'n verdeel-en-heers-strategie. In 1987, 'n paar maande na die Dakar-byeenkoms, verklaar die *African Communist* dat die "splitting of the Afrikanerdom" een van die ANC se grootste prestasies was. Dit het PW Botha nog meer woedend vir die Dakar-gangers en mense soos Theuns Eloff gemaak.

My skeptisisme word kort na die eerste vergadering versterk: Generaal Bantu Holomisa voer 'n militêre staatsgreep in die "onafhanklike" Transkei uit en neem die bewind oor. Militantes in die ANC is in die wolke, want hulle beskou Holomisa as 'n moontlike bondgenoot. Dit was ook Holomisa wat later kort-kort geheime dokumente oor die Suid-Afrikaanse veiligheidsdienste se uitwissings- en moordkampanjes teen politieke vyande gelek het. Dit het die Suid-Afrikaanse staat en sy leidinggewende elite diep in die moeilikheid gehad.

5
Thabo Mbeki tree toe

Die jaar 1988 was vir ons land 'n jaar van monumentale historiese betekenis. Dit was 'n jaar van belangrike binnekringgesprekke oor die konflik in Angola-Namibië en uiteindelik ook die begin van ingrypende skikkingsprosesse in daardie geweste. Die skikkingsidee word daarmee onherroeplik op die agenda van Suid-Afrika se interne politiek geplaas as 'n manier om die heersende beperkte burgeroorlog tussen die histories bevoordeeldes en histories benadeeldes te besleg. Al was daar wit mense wat sy aan sy met die versetstryders geveg het en al is nie-rassigheid gepropageer, was die algemene politieke persepsie dat die beperkte Suid-Afrikaanse burgeroorlog 'n rasgeoriënteerde swart-wit-oorlog was, wat ook al die meer teoretiese verklarings oor byvoorbeeld Afrikanernasionalisme en swart nasionalisme. Wat Suid-Afrika se interne politiek betref, was 1988 'n jaar van politieke katastrofes en stygende politieke temperature. Twee voorbeelde kan ter illustrasie gebruik word, omdat hulle met mekaar verband hou.

Die eerste voorbeeld het sy oorsprong in September 1984 gehad. Swart woede in Sharpeville en die naasliggende Sebokeng het soos 'n sluimerende vulkaan uitgebars in wat ten diepste 'n opstand teen die regering se plaaslike owerheidstelsel was – nóg 'n stut van die apartheidstaat. Die opstand is bekragtig met brande, bloed en hewige botsings met die polisie. Afgesien van sterftes weens polisiekoeëls, is moorddossiere geopen vir sterftes veroorsaak deur mense in die woedende skare.

Die onderburgemeester van Sharpeville was een van die vermoordes. Hy het met sy rewolwer op die woedende skare losgebrand en met sy lewe geboet. Die onaanneemlikheid van die plaaslike owerheidstelsel waarmee die regering sy obsessie met etnisiteit en groepsregte eensydig wou deurvoer, is in Sharpeville, kragtige politieke simbool in die versetbewegings en in die internasionale wêreld sedert die sestigerjare, met woede uitgedaag. En 'n nuwe politieke simbool is geskep: die "Sharpeville Ses", waaronder die plaaslike sokkerspeler van Vaal Professionals Francis Mohkesi. Ses mense word gevange geneem en van moord aangekla. Daar is selfs swart staatsgetuies, waaronder Joseph Manete. Die Sharpeville Ses word daarmee "martelare" vir bevryding. Hulle moet, sê die staat by monde van sy regsplegende gesag, gehang word. Dit veroorsaak groot protes en oproer in swart geledere. Ook internasionaal. Die doodsvonnis word einde 1985 gevel. Ek was toe by die Stedelike Stigting betrokke en ervaar eerstehands die woede van swart mense hieroor. Politieke onrus kom nie tot 'n einde nie en in Junie 1986 word 'n noodtoestand afgekondig.[1]

Die ses word nie gehang nie, want daar is 'n appèl. Die bekende Sydney Kentridge en Denis Kuny is van die regspersoonlikhede wat om die lewens van die Sharpeville Ses veg. Dit word 'n uitgerekte affêre. Buitelands en binnelands styg die politieke temperature. Dis eers in Desember 1987 dat die appèl verwerp word. Dit veroorsaak internasionale opslae. Die lus van die galgtou hang hierna, by wyse van spreke, maande lank om die nekke van die ses simboliese politieke martelare. President PW Botha swig uiteindelik voor nasionale en internasionale druk. Die doodsvonnis word versag tot gevangenskap. Die regime se poging om dit as 'n daad van genade voor te stel, misluk op klaaglike wyse. Daar word al hoe meer gesê: Swart mense het geen vertroue in die howe nie. Amptelike geregtigheid is *slegs vir blankes*. Min kwessies het swart protes en woede teen die heersende stelsel in die tagtigs só geïnspireer as die staat se hantering van die Sharpeville Ses. Wat in 1988 gebeur het, is dat álle positiewe reaksies op die Suid-Afrikaanse regering se hervormingsinisiatiewe in swart en ook Westerse geledere in duie gestort het. Nog erger: ook die hoop op betekenisvolle vernuwing onder PW Botha. Die Totale Aanslag en Totale Strategie, soos deur die Suid-Afrikaanse regering en president PW Botha verstaan, se oortuigingskrag het in 1988 ook onder beduidende getalle Afrikaners ingekalwe. 'n Strategiese vakuum het ontstaan.

Die tweede voorbeeld van die verhoogde politieke temperatuur is die regering se reaksie op die voortslepende onrus, die woedereaksies van die verdruktes en die relatiewe sukses van wat later die Mass Democratic Movement (MDM) genoem is, oftewel die UDF, met sy ondersteunende organisasies en charismatiese leiers soos biskop Desmond Tutu, dr. Allan

Boesak en Mawlana Esack: Verbannings. Dit vind in dieselfde maand plaas as die tweede vergadering van die Afrikaner-ANC-gespreksgroep, ook die Consgold-gespreksgroep genoem as 'n meer neutrale naam met die oog op moontlike lekkasies. Die UDF word saam met 16 ander organisasies verban en Cosatu word beperkings opgelê ten aansien van aktiwiteite wat nie spesifiek vakbondgerig was nie. Die gesprek met Nelson Mandela gaan egter voort, al word dit vir Mandela 'n groter risiko. Ook die nie-amptelike kontak tussen Afrikaners en ANC-leiers gaan voort.

Intussen het die invloedsfere binne die regering en die mense wat die politieke kitaar geslaan het, ook verander. President PW Botha was, soos baie ander staatsleiers en politici wat verlief op mag is, ook polities arrogant. Mag en posisie doen dit aan mense. Hy het geweet sy politieke rakleeftyd staan einde se kant toe. Sy vertrouelinge en vriende in sy party het al hoe minder geword. En, soos 'n kabinetsminister wat self nie té hoë leierskapsaspirasies gehad het nie, dit eendag in 'n onbewaakte siniese oomblik aan my gestel het: "Die aasvoëls sit al in die takke van die NP-boom en loer wat hulle kan aas as Botha polities heengaan." Dit sou egter nog 'n tydjie neem.

Die uitgeweke ANC het ondanks wilde en propagandistiese openbare uitsprake deur veral militantes, ook sy eie interne probleme gehad. Moskou was nie meer 'n uitvoerder van revolusionêre drome na ander lande nie en was onentoesiasties oor 'n militêre oorname van mag in Suid-Afrika. 'n Onderhandelde skikking in Angola-Namibië was in die vooruitsig. Soos 'n Russiese gesant dit tydens 'n Pik Botha-onthaal in Kaapstad aan my gestel het: "Angola het nie Kubane nodig nie." As die ANC se militantes gedink het Moskou en Havana sou hulle met mannekrag versterk, het dié verwagting in 1988 gekwyn. Dit het die uitgeweke militantes nie minder militant gemaak of by Thabo Mbeki se diplomatieke en pro-onderhandelingsinisiatiewe laat inval nie. Vir hulle was hy kompetisie. Dit het toe al 'n politieke skeur in die skynbaar stewig geweefde ideologiese gewaad van die ANC veroorsaak wat nooit herstel kon word nie, maar mettertyd al groter geword het. Dis veral in die stormagtige 1988 dat Niel Barnard en sy NI-span sterker op die voorgrond tree in die gesprekke agter die skerms. Die gesprekke met Mandela word meer gefokus en Barnard word dié sleutelpersoon.

PW Botha, al meer geïsoleerd, sit dikwels in sy goed ingerigte situasiekamer eensaam en stoksielalleen en kyk wat op die skerms verskyn. Hy lees ook verslae. "Nie langer as twee bladsye nie en sonder spelfoute," was sy riglyn – so is ek meegedeel. Hy was veral baie geïnteresseerd in Pik Botha se doen en late. Volgens PW Botha was sy van-genoot energiek en intelligent, maar 'n "politieke sif" wat te veel dinge deurgelaat en te maklik gepraat het. Barnard, so is ek vertel, stap eendag by die kantoor van 'n jong en energieke NI-amptenaar, Theo de Jager, in Pretoria in en sê: "Pak jou goed. Jy gaan by die 'polisieman' in die president se situasiekamer oorneem." De Jager was 'n man wat ek in sy studentejare om een of ander rede oortuig het om filosofie te studeer. Barnard neem daarmee die binnebaan na Botha oor. Die militêre skuif polities en strategies na 'n buitebaan. Botha was teen 1988 nie net geïsoleerd nie. Hy was ook 'n eensame politikus, 'n slagoffer van 'n beleid – apartheid – wat sistemies immoreel en polities destruktief was. Sy persoonlikheid het natuurlik ook 'n rol gespeel. Beide Barnard en Mike Louw het hom as 'n "harde mens" beskou.

★ ★ ★

Mandela en Barnard se verhouding was aanvanklik nie baie spontaan nie. Suid-Afrika se beroemdste gevangene, en toe soms reeds "gasheer" in die gevangenis vir mense wat graag met hom gesprek wou voer, was gewoond aan Kobie Coetsee. Hy het Coetsee vertrou. Dié het immers baie gedoen om aan hom respek te betoon en, anders as Jimmy Kruger, die menswaardigheid van die politieke gevangenes te erken. Botha was oor dit alles ingelig en het nie met Coetsee ingemeng nie. Dit was mos 'n *private* aangeleentheid. Nie 'n *openbare* toenaderingsaksie nie, so is geredeneer, en natuurlik vertroulik, slégs 'n tweede spoor sonder 'n verbintenis met 'n eerste spoor. Mandela het 'n tydjie nodig gehad om Barnard se sleutelrol te aanvaar. Ek het later besef dat sy huiwering nie teen Barnard as persoon gerig was nie, maar dat hy sy posisie moes beskerm. Coetsee en sy amptenare was van die departement wat régstreeks met die politieke gevangenes gehandel het. Daar was genoeg goeie redes waarom hulle met mekaar kon praat as enige iets sou uitlek en verduidelikings gegee moes word. Maar Barnard? Hy was direkteur-generaal van die Nasionale Intelligensiediens en het sitting in die Staatsveiligheidsraad gehad. En hy was ook voorsitter van die Koördinerende Inligtingskomitee. Sy deelname sou 'n ander dimensie aan die tronkgesprekke verleen, 'n dimensie wat ander politieke gevangenes, die UDF en Lusaka dalk nie goed sou verstaan nie. Mandela het hom nietemin Barnard se betrokkenheid laat welgeval. Barnard was immers 'n sleutelfiguur in die binnekring. Mandela was uiteindelik vol lof vir Barnard en het hom as 'n intelligente persoon beskou, iemand met dissipline. Dit was iets wat Mandela baie hoog aangeslaan het.

Die "Groot Krokodil", in sy situasiekamer, begin al hoe meer op Barnard steun. Hy weet sy tyd raak min en hy is geïsoleerd. Van die jong politieke krokodille in die NP-waterpoel lê en loer vir hom. Hy stem in tot 'n skikking van die konflik in Angola, met die VSA 'n prominente bemiddelaar. Teen die middel van 1988, met Russiese verteenwoordigers as "waarnemers" om veral die Kubane in toom te hou, bereik Suid-Afrikaanse, Angolese en Kubaanse verteenwoordigers 'n ooreenkoms. Veertien beginsels word aanvaar en Suid-Afrika maak 'n belangrike toegewing: Die Kubane hoef nie eers te onttrek alvorens oor vrede onderhandel kan word nie. Hulle kan oor tyd heen uit Angola onttrek in die lig van die toepassing deur Suid-Afrika van Resolusie 435. Dié toegewing het later ook 'n effek gehad op Botha se onverbiddelike eis dat Mandela en die ANC eers geweld as politieke middel moes afsweer alvorens die onderhandelingsproses kon begin. Die resolusie en die vraag of Suid-Afrika dit sou respekteer word 'n belangrike besprekingspunt in die informele tweedespoor-gesprekke met lede van die ANC, buitelandse leiers en selfs onder progressiewe Afrikaners.

Dis bloot toevallig, maar dié verwikkelinge het 'n wesenlike invloed op die nie-amptelike gespreksgroep in Brittanje gehad: Dit het aan die gesprekke nuwe energie en rigting gegee. Op 1 September 1988, teken Suid-Afrika, Angola en Kuba die Geneefse Protokol wat 'n wapenstilstand in Namibië inlui.

Die agtergrond is 'n merkwaardige verhaal wat ook by die vertelling in dié boek aansluit. Generaal Magnus Malan en sy valke, die Suid-Afrikaanse Polisie en die sekurokrate op die hoër vlakke van die Suid-Afrikaanse staat, was oortuig dat die Totale Strategie alles onder beheer gehad het. Dié gemilitariseerde diskoers het gehelp om 'n valse persepsie van die konflik in Suid-Afrika en die hantering daarvan te skep. Tesame met dié diskoers, was daar ook iets anders: die reformistiese uitskakeling van apartheidsmaatreëls vanaf veral 1985, toe die Wet op Gemengde Huwelike en die Ontugwet op 19 Junie afgeskaf is. Daarna volg ander afskaffings, en op 1 Julie 1986 word 'n kernstuk van die apartheidsbedeling afgeskaf: die instromingsbeheermaatreëls wat swart mense se bewegingsvryheid op 'n diktatoriale wyse gereguleer het. Op 15 September 1986 word selfs verblyfreg in swart townships toegestaan. In Junie 1988 kry tersiêre onderwys 'n bonus: Die staat sal nie meer op gesegregeerde loseerinstellings aandring nie. Dié reformisme gaan gepaard met sterk veiligheidsmaatreëls, oftewel teenrevolusionêre aksies.

Dit alles bevorder 'n nuwe diskoers onder belangrike rolspelers in die burokrasie, veral by die NI, Buitelandse Sake en selfs elemente van die Suid-Afrikaanse Weermag. Dis in dié verband dat die name van Jannie Geldenhuys, Niel Barnard en Neil van Heerden opduik, die driemanskap wat baie nou by die skikkingsproses in Angola-Namibië betrokke was. Geldenhuys en Barnard was baie goeie vriende. Dié drie versimboliseer 'n diskoers wat ook die Suid-Afrikaanse Weermag se militantes met 'n spreekwoordelike bom getref het: Die streekskonflik waarby Suid-Afrika betrokke geraak het, sowel as die land se interne konflik, was nie militêr oplosbaar nie. 'n Politieke oplossing moes gevind word. Geldenhuys was in dié diskoerswending 'n sleutelfiguur. Hy was in 'n stadium self regstreeks by die konflik in Angola-Namibië betrokke.

Dis nodig om oor 1988 ook 'n paar ander sake aan te roer. As daar binne die Botha-regime 'n magstryd tussen die valke en die duiwe was, dan was dit ook die geval binne die buitelandse vleuel van die ANC. Oliver Tambo was nie meer jonk nie. Umkhonto weSizwe (MK) het meer kordaat geword en selfs gedink dat hy besig was om die gewapende stryd te wen. Thabo Mbeki sit toe reeds lankal in Tambo se binnekring. Chris Hani, nuwe stafhoof van MK, is vol selfvertroue: Die persepsie wat deur die NP-regime en sy propagandiste geskep is dat die ANC se militêre terugslae tussen 1985 en 1986 daarop dui dat die gewapende stryd 'n mislukking was, moet omgedraai word. En hý sal daarvoor sorg. Sagte teikens moet aangeval word. Thabo Mbeki, die sterk persoon saam met Oliver Tambo in die politieke vleuel, stem nie saam nie. Hulle weet van die tentatiewe gesprekke in

Pollsmoor en Brittanje. Hani en ander ANC-leiers is aanvanklik nie daaroor ingelig nie. Tambo probeer Hani temper, maar slaag nie. Dis nie net 'n geval dat Chris Hani dink hy kan die apartheidstaat militêr verslaan nie. Hy wil eintlik vir Thabo Mbeki as 'n moontlike opvolger van Tambo uit die pad kry. Dit word 'n felle magstryd wat later ook in Suid-Afrika voortgesit word.

Mbeki het nooit 'n hoë dunk van MK se militêre vermoëns gehad nie en het dit ook laat blyk. Hy was 'n onderhandelaar. Die spanning tussen hom en mense soos Mac Maharaj en Siphiwe Nyanda, later 'n generaal en ook 'n minister, kom van ver af. Om die magstryd in Lusaka in 1988 te probeer ontlont, is die uitvoerende komitee van die ANC vergroot tot meer as 30 lede. Die topbestuur van MK is daarin opgeneem. Mbeki reis van kongres tot kongres, seminaar tot seminaar, gesprek tot gesprek. Hy praat met Idasa en Van Zyl Slabbert, met Richard Rosenthal uit Suid-Afrika, talle Suid-Afrikaners en verskeie internasionale leiers. Hy weet wat in die wêreld en in Suid-Afrika aangaan. Hy luister en spreek nie sterk menings uit nie. As hy praat en sy mening gee, is dit beredeneerd en sonder slagspreuke. Hy word in Westerse hoofstede as 'n redelike mens en gesofistikeerde politikus beskou wat allerweë respek as 'n Afrika-politikus afdwing. Hy het ook die steun van president Kenneth Kaunda van Zambië.

Die magstryd binne die buitelandse vleuel van die ANC, iets waarop Mbeki soms in ons gesprekke gesinspeel het, het van 1988 af kort-kort opgevlam. Daar is min twyfel dat die Angolese skikkingsproses hierin 'n rol gespeel het. Die ANC het militêre kampe in Angola gehad. Hani was natuurlik ook 'n entoesiastiese ondersteuner van die SAKP en 'n hoog aangeskrewe lid. Ek het hom in 1990 in Lusaka ontmoet. Wit mense is veral beïndruk deur sy kennis van die klassieke Engelse literatuur, waaronder Shakespeare. Ek moet erken dat ek altyd bevooroordeeld was en eerder aan hom gedink het as iemand met 'n Russiese pistool in sy binnesak. Hy was 'n hoogs intelligente en charismatiese persoon, passievol oor die gewapende stryd en die droom van 'n militêre oorname. Ek het baie gou agtergekom dat die magstryd tussen hom en Mbeki nie bloot om opvolging was nie. Dit het ook gegaan oor óf onderhandeling óf 'n militêre magsoorname. En dié magstryd was nie eens tussen kommuniste en niekommuniste nie. Hani se "baas" was Joe Modise. Modise se vrou, Jacqueline Sedibe, was ook by MK betrokke as kommunikasiehoof. Hani se groot vriend Ronnie Kasrils was lid van MK se militêre intelligensie. En Steve Tshwete was MK se politieke kommissaris. Ek het later verneem dat Joe Modise 'n beskermende hand oor Mbeki gehou het, en het hom mettertyd redelik goed leer ken.

Dis binne dié konteks gesien belangrik om kortliks te let op die posisie wat die ANC ten aansien van onderhandelinge met die Suid-Afrikaanse regering ingeneem het. Tot 1985 was daar 'n ideologiese onverbiddelikheid, soos vertolk deur die ANC se *Strategy and Tactics of the South African Revolution* (1969). Marxistiese ideologie en kommunistiese politieke drome oor 'n magsoorname speel hierin 'n rol. Selfs die droom van 'n tweefase-revolusie. Dit word bekragtig tydens die ANC se Kabwe-konferensie, gekwalifiseer met 'n halfhartige noem van die moontlikheid van onderhandeling. Die primêre droom van die ANC was toe nog "take-over of power". Bevryding is as "net om die draai" beskou. Die vlam van revolusie het hoog gebrand. So ook die vlamme in swart woonbuurte met hulle township-oorloë. In Oktober 1987 reik die verbode ANC 'n verklaring oor onderhandelinge uit. Dis ongeveer agt maande ná Besprekingsgroep '85 se katastrofale vergadering met PW Botha in Tuynhuys, 'n klompie maande ná die stigting van die Onafhanklike Beweging en nie te lank ná Idasa se Dakar-konferensie nie. Dit was weer eens goeie tydsberekening deur die ANC. Om 'n denk- en strategiese skuif te maak, so het Thabo Mbeki my tydens ons eerste ontmoeting meegedeel, het moeilike en soms gevaarlike voetwerk geverg. Die militantes, verknog aan die idee van 'n revolusionêre oorname wat net om die draai is, het gereken die woord "onderhandeling" beteken dieselfde as "verraad". Dit was primêr die SAKP wat voorbrand vir 'n revolusionêre oorname van mag gemaak het. Tambo en veral Mbeki se standpunt was: Gegee die veranderende internasionale situasie én die denkskuiwe in Suid-Afrika was onderhandelinge nie in beginsel uitgesluit nie. Was die ANC daarop voorbereid? En gereed met 'n strategie én voorstelle?

Om die Suid-Afrikaanse regering in die stryd om die moreel sterkere posisie voor te spring, word daar in Oktober 1987 'n reeks voorwaardes vir 'n onderhandelde skikking bekend gemaak. Daar word nie verwys na die tweefase-revolusie nie. Ook nie na magsoorname nie. Die doelwit is 'n transformasie van Suid-Afrika in 'n verenigde en nie-rassige demokrasie, en 'n oordrag van politieke mag na "the people". Die Suid-Afrikaanse regering is op die agtervoet. Daar is geen onderneming om geweld af te sweer nie. 'n Komitee van die destydse Organisasie vir Eenheid in Afrika (OEA), nou die Afrika-unie (AU), praat eerder van "agreeing to a mutually binding cease-fire". So iets sou natuurlik erkenning deur die Suid-Afrikaanse regering aan die ANC se gewapende stryd gee. Die militêre kabaal, met Modise magteloos, begin nietemin op sagte teikens in veral wit gebiede fokus. Hani en Tshwete reik selfs verklarings aan koerante uit. Tambo en 'n paar ander probeer skadebeheer toepas en verklaar dat dit nie ANC-beleid is nie. Dit word 'n stryd tussen die "ou" en "nuwe" generasie, die "onderhandelaars" en "militantes". In Junie 1988 probeer die ANC se Nasionale Uitvoerende Komitee (NUK) in Lusaka die krisis ontlont. Tshwete word byvoorbeeld "herontplooi" in 'n pos in die NUK. Kasrils word die tweede wit lid van die NUK. Ook Jackie Selebi word lid. Dié verwikkelinge gee my nie enige hoop nie. In die idee van sagte teikens herken ek 'n baie aaklige gesig van die ANC: terreur in sy uiterste vorm. Ek het altyd 'n sterk morele standpunt teen geweld ingeneem, veral geweld wat daarop gemik was om politieke en ander vorme van mag oor mense te verkry. Daarom was ek dankbaar dat MK se aanvalle op sagte teikens die morele posisie van die ANC in die internasionale gemeenskap ondermyn het.

Druk op die ANC deur sommige swart Afrika-leiers, waaronder president Kenneth Kaunda, om die onderhandelingsopsie te bevorder, begin in dié tyd opbou. Die ANC se erkenning in Afrika as die belangrikste bevrydingsbeweging in Suid-Afrika was lank en moeisaam, veral in die Franssprekende lande. Die idee van "frontliniestate" was vir die ANC 'n politieke bonus. Ekonomiese en handelsbetrekkinge het dié bonus nie van baie groot waarde gemaak nie, behalwe om aan die ANC "adresse" in dié lande te gee. Lusaka was 'n belangrike adres. President Kenneth Kaunda van Zambië was egter nie baie entoesiasties oor die gewapende stryd nie. Hy was jare lank 'n voorstander van gesprek en het geen geleentheid laat verbygaan om in dié verband druk op die ANC-leierskorps uit te oefen nie. Sy waardering vir Mbeki was uitgesproke, soos geblyk het tydens 'n gebedsontbyt wat ek saam met Mbeki en ander mense op uitnodiging van Kaunda en die Fellowship

Movement, ná De Klerk se historiese toespraak in Februarie 1990, in Lusaka bygewoon het.

Daar was binne die ANC se leierskorps tog teenstand teen Hani se militantheid. Onder die meerderheid van meningsvormers in die wêreld ook, insluitend Michail Gorbatsjof. Hani en die ander militantes kry uiteindelik van Thabo Mbeki 'n politieke bloedneus wat hulle nooit sou vergeet of vergewe nie. Mbeki het natuurlik 'n strategiese en taktiese voordeel gehad. Soos baie jong swart mense wat die land om politieke redes verlaat het, wou hy aan die stryd deelneem deur homself daarvoor militêr in die Sowjetunie voor te berei. Sy kop het ook MK toe gestaan. Dit was Tambo wat hom beïnvloed het om eerder 'n politieke leierskapsrol te speel. Mbeki word uiteindelik die ANC-leier wat van hoofstad tot hoofstad, konferensie tot konferensie en gesprek tot gesprek reis en wat die politieke tendense in die wêreld van Moskou tot Washington waarneem en verstaan en wat 'n besondere netwerk van kontakte opbou. Dit was vir my gou duidelik dat Mbeki die Consgold-projek aangegryp het as 'n geleentheid om die onderhandelingsvlag stewig te plant. Dit was ook die rede vir sy entoesiasme om meermale die stroom van besoekers uit Suid-Afrika aan Lusaka te woord te staan. Hy het trouens die besoeke aangemoedig. Met die Afrikaner-ANC-gespreksgroep kon hy mettertyd prominente lede van die Afrikanergemeenskap van die ANC se redelikheid oortuig. As Hani en sy MK-kamerade met bomme in die strate hulle pad na Pretoria wou oopskiet, het Thabo Mbeki en sy onderhandelingsmakkers die pad na Pretoria in die koppe van veral Afrikaners help oopmaak deur dialoog te voer. Sy primêre doelwit was egter nie om net met Afrikanermeningsvormers te praat nie. Hy wou met verteenwoordigers van "Pretoria" praat.

Die ANC se voorbereiding vir onafwendbare onderhandeling met die Suid-Afrikaanse regering het veral in 1988 met groter erns begin. Tambo wys byvoorbeeld 'n klein taakspan aan om 'n werksdokument op te stel waarin die ANC se voorwaardes vir 'n onderhandelingsproses presies en onomwonde uiteengesit word. Dit word uiteindelik as die Harare-deklarasie bekend, op 21 Augustus 1989 deur die Organisasie vir Eenheid in Afrika (OEA) bekragtig en bekend gemaak. Dit het veral in die geledere van die ANC-valke groot beroering veroorsaak. Tambo, Mbeki en ander pro-onderhandelaars het hulle hande vol gehad om die dokument aanvaar te kry. Met die OEA aan Tambo en Mbeki se kant, verloor die militantes. Dit was 'n baie belangrike politieke skuif, en wat die res van die wêreld betref, nog 'n openbare diplomatieke oorwinning vir Tambo-Mbeki. Die Suid-Afrikaanse regering was toe nog nie bereid of gereed om 'n deeglike dokument oor onderhandeling binne partyverband te bespreek óf in die publieke sfeer ter tafel te lê nie.

★ ★ ★

Iets anders wat hier genoem moet word, is my deelname aan nog 'n nieamptelike tweedespoor-gesprek, ook in Brittanje: Die Jubilee-inisiatief of Newick Park-gespreksgroep wat deur die Jubilee-sentrum in Cambridge – 'n Christelike organisasie – georganiseer is. Dit het parallel met die Consgold-gespreksgroep geloop, maar sonder dat daar kennis van mekaar of die uitwisseling van menings was. Ook die Newick Park-inisiatief was vertroulik. Die uitvoerende direkteur was dr. Michael Schluter, iemand wat noue bande met Kenia gehad het. Een van sy sterk ondersteuners, en die voorsitter van die gespreksgroep, was Lord Brentford, die eienaar van die Newick Park-landgoed en iemand met goeie toegang tot die Thatcher-regime. Donald Anderson, 'n invloedryke lid van die Arbeidersparty met sterk ANC-bande, was ook teenwoordig. Die eerste vergadering is reeds in Maart 1987 gehou en die tweede in Maart 1988, waar die konflik tussen die UDF en Inkatha en die effek van Govan Mbeki se vrylating bespreek is. Op 'n verdere byeenkoms van 3 tot 5 November 1988 in Brittanje is onder meer gefokus op die uitbou van vertroue en riglyne vir 'n grondwetlike skikking. 'n Buitengewoon insiggewende besprekingspunt was: "The transfer of business ownership and control to Africans in independent African States: a study of Kenya, Tanzania and Zimbabwe". Dié kwessie sou in 1989 'n besprekingspunt op die Consgold-gespreksgroep se agenda wees en só was Newick Park tog van belang vir die Consgold gesprekke.

Die Newick Park-sessie is voorafgegaan deur 'n vergadering van 9 tot 11 Junie 1988 in Pietermaritzburg, wat spesifiek oor "Alternative constitutional settlements in South Africa" gehandel het. Die voordeel van dié tweedespoor-gespreksgroep was dat swart en bruin leiers uit Suid-Afrika en

Afrika daaraan deelgeneem het. Dit het ook 'n sterk navorsingskomponent gehad en studiestukke oor byvoorbeeld grondhervorming, onderhandeling en wit vrese is bespreek. Washington Okumu, 'n Keniaan, was 'n lid. Dit is hy wat Inkatha oortuig het om aan die prosesse wat tot die eerste inklusiewe verkiesing (1994) gelei het, deel te neem. 'n Ander voordeel was die deelname van leiers uit swart kerklike geledere. Twee van hulle het op my 'n diep indruk gemaak: Caesar Molebatsi en dr. Elias Tema. Enos Mabuza en Marinus Wiechers was ook leidende deelnemers.

Mabuza, vir wie ek oor baie jare goed leer ken het, was die hoofminister van die sogenaamde selfregerende staat KaNgwane. Hy het nooit enige geheim van sy steun vir die ANC gemaak nie en het 'n goeie verhouding met Thabo Mbeki gehad. Vroeg in die tagtigs het hy 'n afvaardiging van sy politieke party, die Inyandza National Movement, na Lusaka gelei, waar Oliver Tambo en senior ANC-amptenare hom te woord gestaan het. Mabuza was 'n baie rustige en beredeneerde persoon, maar fel gekant teen apartheid. Tambo, Mbeki en ander uitgeweke leiers het hom as 'n "comrade within the system" beskou. Dit was Mabuza wat my oortuig het dat die aanvaarding van 'n inklusiewe en betekenisvolle onderhandelingsproses 'n fundamentele, ononderhandelbare aanname veronderstel het: vrylating van gevange politieke leiers.

Ek kon dus aan twee gespreksprosesse in Brittanje deelneem, wat politieke kruisbestuiwing moontlik gemaak het. Die Newick Park-inisiatief het ook nie openbare verklarings uitgereik of publisiteit gesoek nie. Dit was eerder 'n soeke na konsensus binne die groep en sy netwerke oor 'n manier om uit Suid-Afrika se doodloopstraat te kom, erge en langdurige bloedvergieting te vermy, 'n inklusiewe onderhandelingsklimaat te bevorder en veral wit vrese te verstaan. Daar is ook gedebatteer oor voorstelle oor hoe, vanuit 'n Christelike perspektief op die politieke krisis in Suid-Afrika gereageer moes word. Dié konsensus was nodig, so is geredeneer, vóór daar openbare meningsvormende aksie kon wees. Die ekonomiese dimensie van die beoogde konsensus is deur beide die Consgold-gespreksgroep en die Newick Park-gespreksgroep sterk beklemtoon. Op 18 Junie 1988, twee dae ná die viering van 16 Junie, vind daar byvoorbeeld in Dube, Soweto, 'n ekonomiese adviesvergadering van die Newick Park-gespreksgroep plaas. Van die deelnemers was dr. Simon Brand, professor Sampie Terreblanche, dr. Sam Motsuenyane en dr. Elias Tema, wat as voorsitter opgetree het. Die groep was dit eens dat "ethnicity should play less of a role – as a prescriptive criterion, for social policy, and that 'melting pot processes' were needed to achieve this".

Dié idee is later ook baie sterk deur die ANC-lede van die Consgold-gespreksgroep beklemtoon. Groepsdenke, het Thabo Mbeki dit tydens die tweede vergadering van die Consgold-gespreksgroep gestel, is 'n "politieke anachronisme" – die "vernaamste dryfkrag" agter apartheid en die geweld in die land. Dit teer op middelpuntvliedende kragte terwyl die ekonomie middelpuntsoekend is, het hy daaraan toegevoeg. Laasgenoemde kragte sal vorme van groepsdenke "verpletter".

Tussen 15 en 19 Februarie 1988, enkele dae voor die Consgold-gespreksgroep se tweede vergadering, vind daar ook 'n belangrike byeenkoms in Wilton Park, Steyning, Wes-Sussex plaas. Die Wilton House-konferensiesentrum se geskiedenis slaan my asem as 'n liefhebber van die oue weg: Dit dateer uit die tyd van Willem die Veroweraar (1028-1087), die dae toe lojale volgelinge van die koning grond en ander voordele gekry het – 'n praktyk wat nie verander het nie en vandag net ander vorme aangeneem het. William de Braose was in hierdie geval die begunstigde. Daar is selfs 'n ou kerk waarin ek soms kon sit en nadink. Politieke mag met kerklike sanksie was 'n belangrike element van heersersukses.

Die tema van die konferensie was baie pertinent: "South and Southern Africa – Prospects for ending apartheid and restoring regional stability". Toe ek die program ontvang en die tema lees, weet ek: Margaret Thatcher is moeg vir die NP se gesukkel. Die konferensiesentrum, as buitelandse en Gemenebesprojek, was immers 'n belangrike dinkskrum en beïnvloedingsplatform van die Britse regering. 'n Baie konserwatiewe lid van die regerende NP, André Fourie, sou praat oor die regering se benadering tot hervorming. Ek en Sampie Terreblanche moes kort inleidings gee. So ook leidende Suid-Afrikaners soos Hermann Giliomee, John Kane-Berman, André Odendaal, Patrick Pasha, Aggrey Klaaste, Sebolelo Mohajane, Frederik van Zyl Slabbert en Vusi Khumalo, wat moes praat oor probleme rakende Suid-Afrika en die streek. Daar was ander genooides uit lande soos Kanada, Mosambiek,

Frankryk, Nigerië, Brittanje, Zimbabwe, die VSA, Nederland, Portugal en Duitsland. Patrick Fairweather, onderminister van die Britse departement van buitelandse sake, en Fleur de Villiers is ook teenwoordig. Die gesprekke, so word gestipuleer, is "off the record". Die konferensie is gedeeltelik deur Anglo American geborg. Dit word 'n robuuste debat – binne én buite die seminaarlokaal. Ons bly almal oor op die perseel van die konferensiesentrum en daar is genoeg tyd vir private gespreksvoering.

Aggrey Klaaste, wat ek deur die Stedelike Stigting leer ken het, sê in 'n stadium aan my: "Dis nooit te laat om te praat nie." Dit word 'n refrein in my bewussyn. Ek wil-wil vir Klaaste van my deelname aan die Consgoldgesprek vertel, maar besluit daarteen. Wil hom nie met kennis daarvan kompromitteer nie. Teen die einde van 1988 gee hy my 'n eksemplaar van die Transvaal United African Teachers' Association (TUATA) se Septemberpublikasie na aanleiding van dié organisasie se kongres. Daar is 'n artikel, "From paralysis to nation-building", waarin na Klaaste (redakteur van die *Sowetan*), Sam Mabe (assistent-redakteur) en Nomavenda Mathiane (artikel in *Frontline*) verwys word. Die redakteur van die tydskrif, P Rikhotso, skryf oor "The child in tomorrow's world", min wetende hóé dramaties die politieke veranderinge ná 1990 in Suid-Afrika sou wees. Klaaste, Mathiane en Mabe pleit vir "nasiebou" – ter wille van die nuwe geslag. Hulle is krities teenoor swart mense, veral teenoor swart meningsvormers en onderwysers wat nie standpunt teen byvoorbeeld halssnoermoorde inneem nie. Dis 'n pleidooi vir selfondersoek.

Iets hiervan het ook deurgeskemer by die Wilton Park-konferensie. Dit word egter nie goed gehoor deur baie van die wit Suid-Afrikaners nie, veral nie deur diegene wat nog reken dat die Botha-regering se stuksgewyse hervormingspad meer steun moet geniet nie. Anders as voorheen, stap die swart Suid-Afrikaanse konferensiegangers nie uit die konferensie toe hulle na 'n regeringsverteenwoordiger moet luister nie. Daar word wel protes aangeteken. Fleur de Villiers sê vir my: "Daar is 'n nuwe realisme by swart mense oor gesprekvoering soos dié." Later sou Thabo Mbeki dit aan my bevestig. Die ANC het aan sommige swart deelnemers en ook dié uit Afrika gesê dat deelname aan die konferensie om "pragmatiese redes" (onder meer die verwagte skikking in Namibië-Angola) nie "ongeoorloof" sou wees nie.

Swart deelnemers leef swaar ten opsigte van sanksies en die moontlikheid van 'n "wasteland". Die morele argument uit anti-apartheidsgeledere, naamlik dat dit die enigste niegewelddadige versetmetode teen apartheid is, word deur die "wasteland"-argument ontsenu, veral ook in die lig van die bandelose swart-teen-swart geweld in verskillende dele van die land. Oor "blanke vrese", waaroor die Zimbabwiese afgevaardigde gemor het, het Patrick Fairweather die laaste woord gespreek: "The best way to address white fears in South Africa is to make an economic success of Zimbabwe."

Die tweede vergadering van die nie-amptelike kontakgroep in Brittanje is geskeduleer vir 21 tot 24 Februarie 1988. Thabo Mbeki gaan optree as die leier van die ANC-teenwoordiges. Ons kom byeen in 'n indrukwekkende omgewing: die Eastwell Manor-hotel in Kent. Dié jaar was die ANC ook 75 jaar oud. 'n Konferensie in Tanzanië, met afgevaardigdes uit tientalle lande, vier die geleentheid. Coetsee, Barnard en Mandela se meer intensiewe gesprekke is in die vooruitsig. Mbeki dra kennis van die gesprekke via Tambo. Sy teenwoordigheid sou groter status en legitimiteit aan ons kontakgroep gegee. Die nuus van sy bywoning het my tegelyk opgewonde en bekommerd gehad. Hy was deel van 'n komitee van die ANC se NUK wat oor onderhandelinge en grondwetlike riglyne moes besin. Pallo Jordan was ook 'n lid van dié komitee. Mbeki was boonop die ANC se bekendste diplomaat, intelligent, welbelese en wydberese. Hy was nie iemand wat 'n mens moes onderskat nie. Hy was weliswaar bekend vir sy sjarmante en beheersde persoonlikheid, maar was ook beslis en doelgerig in sy doelwit om die apartheidstelsel te vernietig. Ek het voor die tyd gewonder of ons Afrikanerdeelnemers opgewasse teen hom sou wees. Van my NI-kontakte het gewaarsku dat ek nie te veel moes praat nie en eerder goed moes luister na wat hy sê. Koos Kruger het versoek dat ek deeglik notas moes neem, want Mbeki was 'n belangrike ANC-leier. Dit was ook Kruger wat ná my eerste ontmoetings met Mbeki gereël het dat ek Barnard in Pretoria ontmoet.

Michael Young, met Aziz Pahad wat ook nader gestaan het, stel my aan Thabo Mbeki voor. Hy is hartlik, steek sy hand spontaan na my uit en sê iets wat klink soos: "So, the professor of philosophy from Stellenbosch." My eerste gewaarwording is dat hy korter is as wat ek gedink het. Ek het 'n aantekening in my geheue gemaak: "Hy is kort, maar lyk beheersd en kordaat." Ek was baie gespanne en was verlig dat ek langer as hy was en meer fors gebou. Koos Kruger het my gewaarsku dat Mbeki goed ingelig oor die Afrikaner-gespreksgenote sou wees. En baie ervare in die kuns van kommunikasie. Ek het daarom voor die tyd besluit om vriendelik te wees, maar nie te veel te sê nie en hom eers goed deur te kyk. As dit 'n skaakspel was – wat dit in 'n sekere sin seker was, al was dit met woorde en liggaamstaal – verloor ek die eerste ronde.

Mbeki sê: "Ek het jou boek *Apartheid Must Die* gelees. Dit was 'n gewaagde boek vir jou om te skryf. Apartheid was sogenaamd bedoel om Afrikaners te beskerm, maar jou boek sê eintlik dat apartheid tot die selfvernietiging van Afrikaners gaan lei." Hy betrap my onverhoeds en dwing my om oor iets te praat wat my wel op 'n intense wyse beetgepak het: Apartheid as 'n politieke én morele sistemiese euwel. Die boek, toe tien jaar oud, was alreeds op baie punte agterhaal. Ek aanvaar dat hy wil sê: "Ek en jy het 'n gemeenskaplike doelwit: die einde van apartheid" – en ek vra my af: "Sal ons twee ook leer om oor die roete na dié doelwit eenstemmigheid te bereik, gegee die ANC se geweldsopsie?" Dié vraag, meer as enige iets anders, was die begin van 'n verhouding van vertroue en vriendskap wat baie verrykend was.

Die politieke klimaat in Suid-Afrika het intussen warmer geword. Niel Barnard het in 2004 erken dat Suid-Afrika teen Maart 1988 baie moeilike tye beleef het. Die minister van polisie, Louis le Grange, het die kabinet verseker dat alles onder beheer was. Die werklikheid was egter dat in baie gedeeltes van die land en in sekere townships dinge geheel en al buite beheer was. Die politieke risiko's het steeds toegeneem. Dis in dié tyd dat 'n komitee gevorm is om meer gestruktureerd met Nelson Mandela gesprek te voer. Dié pre-onderhandelingskuif was myns insiens deurslaggewend in die voorbereidingsfase. Die eerste gesprek met Mandela het op 28 Maart 1988 in die kantoor van die hoof van die Pollsmoor-gevangenis plaasgevind. Mike Louw was selfs van mening dat PW Botha vir homself 'n gat gegrawe het en dat dit die komitee se plig was om Botha uit sy gat te kry!

Thabo Mbeki se deelname het my voor 'n dilemma geplaas: Moes ek wag totdat Barnard die groen lig gee dat ek Mbeki kon inlig oor my kontak met die NI, of moes ek dit van meet af aan doen? Die gesprekke was nie-amptelik, maar wel vertroulik. Ek het in elk geval ook geen mandaat van die NI gehad nie. 'n Tussengangersrol en gesprekke waarin uitklaring van posisies en verkenning van opsies plaasvind, is meer ingewikkeld as wat soms gedink word. Vertroue en integriteit is op die spel. Ek besluit om Fleur de Villiers vooraf om advies te vra. Haar oë rek soos pierings oor my mededeling, sy uiter 'n kragwoord en wonder of ek weet waarmee ek rêrig besig is. Bedenkinge oor die NI is in liberale kringe primêr gevorm deur idees oor afluistering. Nadat sy van haar verbasing en selfs ontsteltenis herstel het, sê sy saaklik en beslis: "Jy kan Mbeki nie in die duister hou nie." Ek besluit om Mbeki in te lig.

Toe ons alleen is, onder 'n boom op die ysig koue terrein van die Eastwell Manor, vertel ek vir Mbeki dat ons gespreksgroep eintlik ook neerkom op 'n gesprek binne 'n gesprek: Een binne die groep self; die ander meer privaat en persoonlik tussen my en hom. Ek, so lig ek hom in, sal álles so korrek as moontlik aan Barnard en sy span rapporteer. As daar dalk vrae is wat "Pretoria" het, sal ek dit ook aan hom vir reaksie deurgee. Ek beklemtoon: "Ek het nog met niemand in die kontakgroep hieroor gepraat nie. Ook nie met Michael Young nie, en ek is ook nie van plan om dit te doen nie, al sou hulle dit dalk begin vermoed." En verder: "Ons is besig met eksperimentele verkennings. Dit moet 'n soort gesprek oor gesprek wees. En nie-amptelik en vertroulik bly."

Ek beklemtoon dat ek geen mandaat het nie, dat ek nie weet wat die NI se spelplan is nie en dat ek bloot 'n draer van boodskappe en inligting kan wees. Ek onthou dat ek daaraan toegevoeg het dat ek, as iemand wat hom ook met die filosofie bemoei, nie iets soos "naakte feite" aanvaar nie, maar dat feite ook met interpretasies verweef is.

Mbeki kyk my met donker oë aan. Hy lyk glad nie verbaas of selfs opgewonde nie. Hy steek sy pyp op: "Jy is bewus daarvan dat jy 'n risiko neem deur my in te lig? Waarom doen jy dit?"

Ek antwoord: "Dis 'n groter risiko om jou nié in te lig nie. Wat doen ek as die gesprekke uitlek, of ook as dit langer duur as wat verwag is en ons vordering maak?" As hy in die pers of van ander van my NI-konneksie verneem het, sou dit vir my 'n groot verleentheid gewees het. In prosesse van vertrouensbou is berekende risiko's ook onafwendbaar.

Hy sê: "Goed. Ek hoor jou."

Daar was by my min twyfel dat Mbeki 'n vermoede gehad het dat daar in die groep 'n Pretoria-verbintenis kon wees. Hy was immers bewus van die Coetsee-Mandela-gesprekskanaal en het, soos hy later aan my bevestig het, verwag dat daar die een of ander tyd informeel met die uitgeweke leierskap geskakel sou word.

Daar was by my min twyfel dat Mbeki my as 'n onwaarskynlike kandidaat vir kontak met "Pretoria" beskou het. Hy was reeds in verbinding met heelwat leidinggewende en meningsvormende wit mense uit verskillende sfere van ons samelewing, waarvan sommige hulle ook as tussengangers aangebied het. Baie van hulle sou dit ook goed kon gedoen het. My mededeling dat ek kontak met die NI het, en wat hy sonder enige emosie aangehoor het – sy selfdissipline in dié verband het my altyd verstom – was wel vir hom 'n groot verrassing. Hy het jare later spesiaal in die openbaar beklemtoon dat ek hom in my vertroue geneem het. Dit was moreel én strategies 'n wyse stap, weliswaar ietwat impulsief gedoen. Mbeki, so het ek gou vasgestel, het 'n kontakkanaal met "Pretoria" gesoek. Die vertroulike Coetsee-Mandela-kanaal was nie vir hom en Tambo in daardie stadium ál gesprekstoegang waarop hulle kon of wou reken nie. En Mbeki het ook geweet: Die uitgeweke ANC, gesetel in Lusaka, kon nie bekostig om nié deel van 'n tweedespoor-verkenningsgesprek te wees nie.

Die vergadering in die Eastwell Manor-hotel, Ashford, Kent is bygewoon deur Mbeki, Pahad, Serote en Trew. Benewens myself en Terreblanche, het Marinus Wiechers van die Universiteit van Suid-Afrika (Unisa) bygekom. Die kaggelvure, goeie kos en voortreflike wyn het vir 'n atmosfeer gesorg wat indringende, eerlike en op-die-man-af-gesprekke moontlik gemaak het. Ons het ook nie doekies omgedraai oor sensitiewe kwessies nie. Die mees sensitiewe was die kwessie van geweld as middel om politieke doelwitte te bereik. Dié kwessie, so het dit reeds tydens die eerste ontmoeting geblyk, was vir mense soos Wolpe en Serote 'n "morele stellingname" en 'n regverdiging vir die bestaan én funksionering van MK. Die Afrikaners moes katvoet om dié kwessie beweeg. Ons het geweet dat die afswering van geweld vir die Botha-regime met sy sekurokrate 'n ononderhandelbare voorwaarde vir 'n skikkingsproses was. Die geweld in daardie stadium tussen swart mense in Natal het dit vir ons makliker gemaak om oor die ANC se geweldsopsie in minder emosionele en meer rasionele en strategiese terme te praat. Die ANC-lede was oor dié geweld in groot verleentheid, al is geïmpliseer dat Inkatha "government-sponsored" en dus deel van die apartheidstelsel was. Thabo Mbeki, op sy rustige en beredeneerde manier, was nogal uitgesproke. Hy het sterk teen halssnoermoorde kapsie gemaak en gesê dat die ANC-leierskorps dit nóg aanbeveel nóg goedgekeur het. Die leierskorps sou dit egter nie in die openbaar afkeur nie.

Hy het vertel dat daar op 'n geslote vergadering in September 1987 in Harare aangedring is dat 'n einde aan dié praktyk gemaak word. Halssnoermoorde, waar motorbande wat in petrol geweek is om 'n slagoffer se nek gehang en aan die brand gesteek is, het tussen September 1984 en Desember 1989 baie swart mense se lewens geëis. Slagoffers is as *impimpis*, oftewel mense wat inligting aan die polisie en veiligheidsmagte van die staat oorgedra het, uitgekryt en deur massaoptrede vermoor. Ek was toe by die Stedelike Stigting betrokke en het by 'n paar plekke gestaan waar dié barbaarse moordmetode se merktekens op ons vaderland my baie bewoë oor my land en sy mense gemaak het. Winnie Mandela het groot nasionale en internasionale opspraak verwek toe sy, voortvarend en irrasioneel soos sy soms kon wees, in April 1986 gesê het dat die vryheidstryders in Suid-Afrika nie gewere het nie. Hulle het net klippe, vuurhoutjies en petrol; met hulle vuurhoutjies en halssnoere sou hulle die land bevry. Die buitelandse vleuel van die ANC en die UDF was in groot verleentheid, want dit het die aanspraak op die morele standpunt van die bevrydingsbeweging gesaboteer. Die ANC-leierskorps en mense soos biskop Tutu was egter nie in staat om dié barbaarse vorm van populisme summier beëindig te kry nie.

Die Totale Strategie het natuurlik in ons land gehelp om 'n donker nag van wantroue te skep. In ons gesprek oor geweld in die Eastwell Manor erken Mbeki dat geweld in Natal handuit geruk het. So ook op 'n paar ander plekke in die land. Hy reken dat die *warlords* in Natal deur die regering aangemoedig word om geweld te pleeg. Die regering wil met behulp van Inkatha die persepsie skep dat daar skeuringe in swart geledere is. Hy laat my, Terreblanche en Wiechers regop sit toe hy beweer: "Brigadier Buchner is na Pietermaritzburg gestuur om die geweld te orkestreer. Die Suid-Afrikaanse regering het gedink Inkatha sou die magstryd wen. Daarom word daar ook teen die UDF en Cosatu opgetree toe besef word dat die regering hom misreken het. Inkatha kan nie wen nie. Dis immers 'n *people's war*. Wat die regime gedoen het, was om die geweld handuit te laat ruk."

Dié byeenkoms by die Eastwell Manor was my eerste persoonlike blootstelling aan Mbeki. Ek het deeglik kennis geneem van dit wat ek oor hom te lese kon kry, soos byvoorbeeld sy Transkeise agtergrond en studieverblyf by die Universiteit van Sussex, Brittanje. Ek het ook met iemand wat hom tydens die Dakar-konferensie in Senegal ontmoet het, gepraat. Dié was vol bewondering: "Mbeki is 'n intellektueel én politieke strateeg. As gesprekke hom verveel, raak hy afgetrokke." My informant het bygevoeg: "Mbeki was by Idasa se Dakar-beraad veral beïndruk met Theuns Eloff, die Dopperdominee." By sy terugkoms in Suid-Afrika was Eloff diep in politieke en kerklike warm waters. PW Botha het hom veral uitgesonder. Hy moes uiteindelik heenkome buite die kerk vind. Dit was, agterna beskou, 'n soort bestiering. Eloff het later 'n sleutelrol gespeel in die prosesse wat amptelik ontvou het en tot die onderhandelde skikking gelei het.

Terwyl ek na Mbeki sit en luister, terwyl hy oor die geweld in KwaZulu en Natal praat en die staat daarby betrek, beleef ek sy skerp analitiese vermoë, gestroop van emosie, maar met 'n dodelike erns gevul. Daar was teen dié tyd al baie gerugte oor staatsgeorkestreerde geweld en moorde. Mbeki stel dit onomwonde: "Dis nie propaganda van linkses nie, maar harde feite, deel van PW Botha se sogenaamde teenrevolusionêre Totale Strategie, met Inkatha 'n politieke uitverkorene van die regering." Ek sê vir myself dat ek met oom Koos hieroor moet praat en wonder: Weet Leon Wessels, Dawie de Villiers en ander kabinetslede dat hier dalk 'n landmyn lê en wag om afgetrap te word? Ek aanvaar dié dag dat daar iets diabolies in die gerugte en beskuldigings van staatsgeorkestreerde geweld en moorde sit. Mbeki oortuig my. Ek skryf in my notaboekie: "Hoe is dit moontlik dat die idee van 'die vyand' geweld en moord deur die staat kan inspireer?"

Dit was nie die eerste keer dat ek moes hoor dat die primêre oorsaak van die geweld in werklikheid die apartheidstaat was nie. Die joviale Pahad het hom by geleentheid vir my vererg toe ek driftig sê dat beide die staat en die ANC aandadig aan die geweldskultuur in die land is en dat dit tyd geword het dat die ANC in die openbaar sy verantwoordelikheid daarvoor moet aanvaar en moet ophou om al die skuld voor apartheidsdeure te lê. Ek het daaraan toegevoeg: "Miskien moet die regering en die ANC juis met vertroulike gesprekke oor geweld begin en erken dat ons struktureel en prakties almal gevangenes van 'n geweldskultuur is." Ek en Pahad het later ons wanhoop oor 'n toekoms vry van geweld teenoor mekaar bely. Wiechers het dit in een van ons gespreksessies blatant gestel: "Die ANC is alleen nie in staat om die geweld in Natal stop te sit nie. Daar moet gesamentlik gepraat word oor 'n staking van geweld ("ceasefire") met die oog op dialoog." Toe die Afrikaners hiermee saamstem, was van die ANC-gespreksgenote opsigtelik verbaas. Ek het die indruk gekry dat hulle eintlik wou gehad het ons moes die idee van 'n "afswering" van die geweldsopsie verdedig het. Hulle was goed voorbereid om teen dié voorwaarde te argumenteer. Mbeki, bewus van gesprekke wat reeds oor streekskonflikte gevoer is en die gesprekke met Mandela, was meer begrypend. Die Afrikaners se punt dat daar nie net groeiende regse verset onder wit mense in Suid-Afrika was nie, maar ook 'n standpunt onder sekurokrate dat die regering militêr volledig in beheer was en selfs met méér mag kon toeslaan as dit nodig sou wees, was iets wat hy kon verstaan.

Mbeki gee tydens die gespreksessie 'n lang verduideliking van die belangrikste voorwaardes vir 'n skikking wat die ANC en ander versetbewegings stel. Wat hy sê, sou uiteindelik die grondslag vorm van die Harare-deklarasie. Twee voorwaardes word veral beklemtoon: vrylating van álle politieke gevangenes; ontbanning van álle verbode organisasies. Hy praat hieroor met groot gesag en selfversekerdheid. Ek vra hom later privaat daaroor. Dis 'n "boodskap" wat ek in Pretoria wil oordra. Hy sê: "Alle Westerse lande steun ons hierin. Daar is 'n internasionale konsensus." Dit word vir my duidelik dat Thabo Mbeki en diegene na aan hom die skikkingsdryfkragte in die res van die wêreld beter as die Suid-Afrikaanse regering gelees het. Hulle was natuurlik ook in 'n beter posisie om dit te kon verstaan. Ek is redelik moedeloos toe ek besef dat dié twee voorwaardes reeds die status van ononderhandelbaar bereik het en dat die Botha-regering nog baie ver van dié posisie is. Ek deel my pessimisme met Wiechers. Hy is ook nie optimisties nie, maar sê: "In situasies waarin onderhandeling die enigste opsie vir die belangrikste partye geword het, kan dinge baie vinnig verander. Onthou maar net hoe lank ons pessimisties oor SWA (Namibië) en 'n skikking daar was. En hoe selfvoldaan Botha en sy generaals ons verseker het dat hulle alles goed onder beheer in daardie geweste het."

Thabo Mbeki, toe ek met hom oor my pessimisme praat, bevestig die ononderhandelbaarheid van die betrokke voorwaardes. Hy sê ná 'n rukkie, toe ek hom net stilswyend aankyk: "Daar moet natuurlik oor die 'hoe' van die voorwaardes gepraat word. Die ANC sal graag oor die toepassing daarvan gesprek wil voer. Maar ons soek 'n aanvaarding in beginsel, al is dit nie deur middel van 'n openbare aankondiging nie."

Terwyl die sanksieswaard in Suid-Afrika dieper en skerper sny, reis Tambo en Mbeki van verhoog tot verhoog om die ANC se standpunt oor 'n skikking en voorwaardes daarvoor oor te dra. Suid-Afrika kon dit nie doen nie. Die VSA word byvoorbeeld 'n vername teiken. Later ook Brittanje en ander Westerse lande. Afrika is in elk geval in die ANC se kraal. En omdat hulle ingelig is oor die gesprekke wat toe reeds op 'n vertroulike basis plaasgevind het, verkry hulle 'n mededingende politieke voordeel. Thabo Mbeki buit dit nie uit nie. Dit help hom om in ANC-geledere in die buiteland die pro-onderhandelingsvlag te plant: Onderhandelinge word in breë kringe aanvaar as "a pillar of the struggle".

Dis tydens ons vergadering dat ek besef het hóé sterk Mbeki hom persoonlik tot die onderhandelingsopsie verbind het as énigste opsie om uit die uitkringende geweldspiraal te ontsnap en om te voldoen aan die vereistes vir geregtigheid en vrede. Hy het ál sy intellektuele en strategiese vernuf ingespan om dié opsie te bevorder. Ek teken in my notaboekie aan: "Hy laat my dink aan Martin Luther se posisie van 'hier staan ek, ek kan nie anders nie'. 'n Strategiese én morele posisie." Dit word ook vir my duidelik waarom hy die Dakar-konferensie waardeer het, maar nie optimisties oor die invloed daarvan op die bevordering van 'n onderhandelingsproses was nie. Alex Boraine was vir die ANC 'n tipiese "liberal". En Mbeki het eintlik kontak met die binnekring van die NP en die Afrikaners gesoek. Dié kontakpunte vind hy nie in Dakar nie.

Dis in die Eastwell Manor waar Mbeki met 'n voorstel kom wat van deurslaggewende belang was en ook sy strategiese vermoë geïllustreer het. Dis waarskynlik met Tambo en sy binnekring uitgeklaar. Aziz Pahad het sy kop telkens instemmend geknik. Serote het uitdrukkingloos geluister. Mbeki aanvaar die argument dat regse Afrikaners saam met die militêre valke van die Suid-Afrikaanse Weermag 'n politieke probleem kan skep.⁽²⁾ Dit sal die geval wees, sê hy, as die vrylating van politieke gevangenes deur hulle volgelinge met chaotiese jubelinge in die strate, uitdagende politieke betogings en saakbeskadiging begroet word. Die vraag is daarom: Hoe kan dit verhoed word en kan die ANC-leierskap daarin 'n rol speel? En hoe kan hulle 'n rol speel as hulle verban of nog uitgewekenes is? Hy troef ons. Relativeer onmiddellik sy troefkaart: Sy pa, Govan Mbeki, se vrylating het bewys dat die binnelandse leiers "die mense" in toom kan hou. Dit was baie positief. Govan Mbeki, 'n geharde Marxis, was veral onder radikales en in die Oos-Kaap 'n belangrike leiersikoon. Hy was die eerste belangrike politieke gevangene wat uit die tronk op Robbeneiland vrygelaat is. Nelson Mandela speel hierin 'n sleutelrol. Dit word 'n geslaagde skuif op die politieke skaakbord. Ook 'n sein aan die sekurokrate en die militêre fundamentaliste: Die spel is besig om te verander. 'n Politieke skikking moet mettertyd gesoek word en die vrylating van politieke gevangenes en die ontbanning van alle versetbewegings sal hierin deurslaggewend wees.

Die vrylatingskwessie was 'n onderwerp waarna Mbeki en Pahad telkens in die gesprek teruggekom het. Hulle het nie bloot gefokus op wie vrygelaat moes word nie, maar veral op die rol wat vrygelate politieke gevangenes kon speel. Die ANC het trouens aan Govan Mbeki opdrag gegee om hom nie as 'n leier van die ANC, een van die vryheidsbewegings, te posisioneer nie, maar as 'n nasionale leier. Hy moes ook die beperkings wat hom opgelê is, eerbiedig en 'n bydrae lewer tot die vrylating van ander gevangenes. Sy pa, vertel Thabo Mbeki, is eers kort voor die vliegtuig se landing in Port Elizabeth ingelig dat daar 'n "verwelkomingsgeleentheid" op hom wag. Hy was totaal en al onvoorbereid daarop en dit het 'n ernstige probleem by sy eerste perskonferensie veroorsaak. Thabo Mbeki meen dit was 'n beplande set van die regering. Hulle wou hê hy moes, as 'n selferkende Marxis, in 'n politieke strik trap. Die ANC was ten gunste van 'n "controlled re-introduction" van vrygelate politieke gevangenes in die gemeenskap. Dié frase sou telkens in al ons gespreksessies opduik. Kobie Coetsee, so vertel Mbeki, het deur middel van 'n tussenganger die ANC in Lusaka laat weet van

Govan Mbeki se beplande vrylating. Hy het egter geen detail gegee nie en ook nie weer 'n boodskap gestuur nie. Hy het wel met die eerste boodskap die indruk gewek dat Govan se vrylating 'n voorspel tot Mandela se vrylating sou wees.

Oor die rol van vrygelate politieke gevangenes kon ek die volgende "boodskap" aan die NI oordra:

- Hulle moet aanvanklik, ná die verwagte verwelkomings, 'n lae profiel hou. Dit sal hulle die geleentheid gee om beter te verstaan wat in die land aangaan sodat hulle in staat sal wees om hulle goed te posisioneer.
- Hulle moet 'n rol speel in die beëindiging van swart-teen-swart geweld en die uitskakeling van onderlinge swart verdeeldheid. Dit moet as 'n baie belangrike prioriteit in die lig van die regering se verdeel-en-heers-taktiek beskou word.
- Hulle moet help om die politieke beeld en funksie van die ANC sterk uit te bou. Die ANC is in die eerste plek nie 'n terroriste-organisasie nie, maar 'n politieke beweging. Die aksent moet val op wat Thabo Mbeki die "institutionalisation of the political process" noem.
- Hulle moet 'n bydrae lewer tot die aanvaarding van die "legitimacy and legality" van die ANC. Vrylating moet deel wees van 'n proses waarvan die doelwit die ontbanning van álle swart organisasies moet wees.
- Hulle moet binnelandse leierskap help voorsien, aangesien daar 'n vakuum en ander leemtes op bepaalde vlakke bestaan. Een so 'n leemte is dissipline.

Daar is in die lig van die voorafgaande op ons vergadering lank en indringend oor die kwessie van *quid pro quo* gepraat, oftewel die noodsaaklikheid van 'n gesindheid van gee-en-neem ten einde 'n volhoubare onderhandelingsklimaat te bemiddel en hoe om, soos Serote dit gestel het, "a measure of trust" te skep. Daaroor moes indringend gepraat word in die lig van die regering se hantering van die Nkomati-verdrag, die besoek van die EPG en die verbanning van legitieme swart organisasies. Wát die gee-en-neem in die praktyk sou behels, is by dié geleentheid nie volledig bespreek nie, veral nie ten aansien van die geweldsopsie soos deur die ANC uitgeoefen nie.

'n Belangrike aksent in die gesprek was die ANC-lede se sterk standpunt dat die ANC onderhandelinge *nie* net as 'n ander vorm van ANC-gedrewe magsoorname ("transfer of power") beskou nie. Onderhandelinge moet oor die vestiging van 'n inklusiewe, nie-rassige demokrasie gaan. Hiervoor is 'n geloofwaardige verkiesing nodig. Die verkiesingsproses en -stelsel sal trouens een van die belangrikste punte op die onderhandelingsagenda moet wees. Dis weer eens beklemtoon dat 'n oorgangstydperk noodsaaklik sal wees, veral ook in die lig van wit mense se vrese en die moontlikheid van regse verset. Daar is selfs instemmend gewag gemaak van "guarantees for minorities". Dit was opvallend hoe die ANC-gespreksgenote keer op keer oor regse verset gepraat het. Dit was ook tydens die amptelike onderhandelingsproses die geval. Ek dink dit was Tony Trew wat tydens 'n teepouse aan my gesê het dat ek regse verset nie moet onderskat nie. Ek moet dink aan wat met Abraham Lincoln gebeur het.

Die idee van 'n oorgangstydperk is ook vanuit 'n ander gesigspunt beredeneer: die noodsaak om 'n politieke kultuur van onderlinge vertroue in demokratiese prosesse en instellings te bou. Thabo Mbeki, wat in 'n stadium skerp gereageer het teen die standpunt dat die ANC nie gereed is om te regeer nie, was van mening dat demokratisering vir almal van ons, gegee die verlede, 'n leerproses sal wees. 'n Oorgangsproses kan ons met dié leerproses help, het hy nadenkend gesê. Dit was na aanleiding van dié bespreking vir my nodig om aan die NI te rapporteer dat daar by die ANC 'n diepliggende wantroue en selfs vrees is vir "Pretoria" se motiewe. Soos Mbeki dit gestel het: "Our perception is – we are dealing with a group of people interested only in maintaining the status quo."

Dié wantroue het wyd en diep aan albei kante geloop. In die publieke sfeer was dit egter veral die Suid-Afrikaanse regering wat die ergste daardeur getref is. Die Nkomati-akkoord (Maart 1984) tussen Suid-Afrika en sy buurland Mosambiek en die aktiwiteite van die rebellegroep Renamo was die skerp doring in die vlees. Op Woensdag, 24 Februarie 1988, die laaste dag van ons gespreksgroep se samesprekings in die Eastwell Manor, verskyn daar in die Britse koerant *The Independent* 'n volbladberig met die opskrif "Tearing Mozambique apart." Dit handel oor Renamo se poging om Mosambiek te destabiliseer en die Frelimo-regering van president Chissano omver te werp. Asof dit so beplan was, verskyn dit op dieselfde dag as wat die Suid-Afrikaanse regering 17 organisasies verban.

Renamo, gestig deur die destydse Rhodesiese intelligensiediens en volgens berigte ook gesteun deur Suid-Afrika se Militêre Intelligensiediens (MI), het ná die Nkomati-akkoord nie van die toneel verdwyn nie. In die berig in *The Independent* is daar 'n subhoof: "Renamo supply trail begins in South Africa". 'n Interessante brokkie inligting is die verwysing na twee ANC-spioene wat MI se Renamo-program, *Voice of Free Africa* – wat vanaf Hillbrow uitgesaai is, geïnfiltreer het. Die boodskap van die berig is duidelik: Suid-Afrika kom nie die Nkomati-akkoord na nie. Die Suid-Afrikaanse militêre voorsien nog steeds wapens aan Renamo. Dié twee ANC-spioene was Derek Hanekom en sy vrou. Ná ek dié berig gelees het, verstaan ek Van Zyl Slabbert se emosie tydens sy bespreking by Wilton Park van die wreedhede wat Renamo pleeg en die vermeende rol van die Suid-Afrikaanse militêre. Ek rapporteer aan die NI oor die "toenemende wantroue" by sleutelpersone dat die RSA nie die Nkomati-akkoord respekteer nie en nie "vir vrede en stabiliteit" kies nie, en maak melding dat daar openlik beweer word dat PW Botha en Pik Botha óf nie weet wat die Suid-Afrikaanse Weermag doen nie óf dit dalk sienderoë toelaat.

Dit word 'n vraag wat in veral die eerste helfte van 1988 oor en oor opduik: Kan die Suid-Afrikaanse regering vertrou word? Het dit die politieke wil om ooreenkomste na te kom en deur te voer? Kan die Suid-Afrikaanse regering eise aan omliggende lande se regerings oor die ANC se teenwoordigheid en aktiwiteite stel as met Renamo saamgewerk word? Dit word klinkklaar duidelik dat die beslegting van konflikte in die streek in noue verband staan met die beslegting van die burgeroorlog in Suid-Afrika. Saam daarmee word die goeie trou van die Botha-regering toenemend bevraagteken.

Een faset van die Eastwell-byeenkoms was vir die ANC-lede en selfs Mbeki 'n groot openbaring en het gehelp om groter begrip vir die wit onderhandelingsgesindes in Suid-Afrika te bevorder: Die drie Afrikaners was baie eerlik in hulle beskouinge van die wyse waarop die militêre die burgerlike samelewing en die politieke prosesse oorgeneem het. Tog, het ons geargumenteer, was daar tekens van 'n verskuiwing. Kontakte in die militêre omgewing was van mening dat die politieke leiers baie sterker na vore moes tree om 'n manier te vind om uit doodloopstrate te kom. Daar was ook generaals wat gesê het dat 80% van die oplossing by die politici lê en 20% by die militêre. Pahad het opgemerk: "Ons sê ook die antwoord op die stryd is hoofsaaklik van 'n politieke aard."

Terreblanche het ons almal teruggebring aarde toe en gereken dat die Suid-Afrikaanse Polisie (SAP) 'n baie groot probleem was en radikale politieke hervorming teenstaan. Thabo Mbeki het my stomverbaas aangekyk toe ek sê dat PW Botha binne twee jaar sou uittree. Met Wiechers teenwoordig is daar ook lank oor grondwetlike kwessies gepraat, onder meer oor die aandrang van die ANC op 'n stelsel van "een-mens-een-stem in 'n eenheidstaat". Mbeki het uit sy pad gegaan om die ANC se posisie te verduidelik. Dit was gou duidelik dat die idee van 'n multi-partydemokrasie in 'n eenheidstaat vir die ANC ononderhandelbaar was. Daar was sterk eenstemmigheid oor 'n *oorgangsproses*. By dié geleentheid in Kent het daar dus iets gebeur wat baie betekenisvol vir die aard van die proses self was: Daar is wegbeweeg van ontledings en verduidelikings oor die verlede na meer openhartige besinnings oor wat Pahad in 'n stadium "the way forward" genoem het. Teen die einde van die driedaagse gesprek besluit ons: Toekomstige gesprekke moet fokus op die tema "How to create a climate for negotiations". Vyf fasette moet aandag kry: "negotiation strategies; obstacles; aspirations of blacks; white fears; mechanics of change".

Op die laaste dag van ons byeenkoms, op 24 Februarie 1988, gebeur daar iets dramaties in Suid-Afrika: Die regering verban 17 organisasies, waaronder die UDF. In 'n private gesprek met Mbeki sê hy vir my die verbannings – totalitêr soos dit was – sal swart verset teen die apartheidsregime verenig en solidariteit bevorder. Hy voeg daaraan toe: "Die Botha-regime se aksie sal baie Afrikaners teen die NP laat draai. Dis polities onafwendbaar. Veral onder jong Afrikaners. Hulle is moeg daarvoor om vir 'n immorele saak te baklei. Die UDF, met meer as twee miljoen lede, sal nie verkrummel nie. Dis 'n beweging uit, en vir, die burgerlike samelewing. 'n Ware demokratiese protesbeweging." Hy merk ook met 'n mate van onsekerheid op: "Hoe die ANC (buiteland) met die UDF (binneland) op 'n gekoördineerde en geïntegreerde wyse kan saamwerk, is die groot strategiese vraag." Tambo, voeg hy daaraan toe, het by die ANC se konferensie in Kabwe in Junie 1985 die UDF groot lof toegeswaai. By dié konferensie is 'n *Decade of Liberation* aangekondig. Die UDF was volgens Tambo 'n uitstaande voorbeeld van die "political maturity of our people".

Mbeki plaas later 'n kort kanttekening by die gesprek: Die posisie van Inkatha en die toekomstige rol daarvan. Hy vra ietwat sinies: Is Inkatha nie verban nie omdat dit deel van Botha se koöpteringstelsel is? Of omdat Botha doelbewus die geloofwaardigheid van Buthelezi en Inkatha wou ondermyn, en die spanning met die UDF verhoog? Hy kyk my skepties aan toe ek sê dit is laasgenoemde. Vra my om te verduidelik. As 'n ondersteuner van dr. Buthelezi in dié tyd, sê ek dat die Botha-regime alles in sy vermoë doen om 'n wig tussen Buthelezi en sy Inkatha-party en ander swart leiers en hulle organisasies in te dryf. Die regime se beleid is een van koöptering en verdeel-en-heers. Buthelezi is vir die regime 'n verleentheid. Die regime kán hom en Inkatha nie verban nie. Buthelezi se aansien en invloed maak dit onmoontlik. Die voorwaardes wat hy en sy party vir onderhandeling stel, is ook soortgelyk aan dié wat Westerse leiers en die ANC stel. Inkatha en sy leierskorps is deel van die algemene internasionale konsensus téén apartheid en vír 'n inklusiewe onderhandelingsproses. Mbeki sê: "Dis moontlik dat jy reg kan wees."

In die loop van 1988 reageer Inkatha en sy leiers, waaronder Buthelezi en die gerespekteerde dr. Oscar Dhlomo, fel teen die verbannings en beperkings. Dhlomo was toe die sekretaris-generaal van Inkatha en die minister van onderwys en kultuur in die regering van Buthelezi. Hy maak 'n goeie punt tydens die gesamentlike byeenkoms in April 1988 van die Inkatha-jeugbrigade en die wit Jeug vir Suid-Afrika: Deur demokratiese organisasies te verban en in te perk terwyl swart leiers en buitelandse regerings ontbanning as 'n voorwaarde vir onderhandeling vereis, skep die Botha-regering 'n klimaat vir meer geweld. Die rol van Inkatha in die versetproses, en veral die toekomstige rol daarvan in 'n proses van onderhandeling, het hierna telkens in die gesprekke opgeduik. Inkatha is deur die ANC-gespreksgenote as 'n belangrike politieke speler beskou, maar nie as 'n invloedryke versetbeweging nie. Die konflik met die UDF het laasgenoemde uitgesluit. Die UDF het begin as verset teen die NP-regime se grondwetlike planne. Inkatha is nooit as 'n politieke speler in dié verset beskou of aanvaar nie. Thabo Mbeki was vaag toe ek hom vra of die ANC in die buiteland ingelig was oor die stigting van die UDF en Allan Boesak se leidende rol daarin.

Ek het tydens die Eastwell Manor-gesprek die meeste van my voorbehoude oor die betekenisvolheid van die Consgold-projek prysgegee. Die ANC het vir 'n geruime tyd tweedespoor-gesprekke geïnterpreteer as 'n manier om verdeeldheid binne die kamp van "die vyand" te skep. Wit mense, en veral Afrikaners, moes vir die saak van die ANC "gewen" word. Identifisering met die buiteparlementêre opposisie was daarom 'n hoë prioriteit. Selfs Thabo Mbeki was in September 1987 nog "amptelik" van 'n soortgelyke posisie oortuig. Sy deelname by Eastwell Manor het my egter oortuig dat daar by hom, Pahad en Trew 'n breër benadering was: Verdeeldheid by "die vyand" sou nie die vyand laat sneuwel nie. Daar was ander, meer ter sake "belange". Gesprek met "die vyand", soos wat toe reeds tentatief in die Pollsmoor-gevangenis begin is en in 1988 meer gestruktureerd geword het, was nodig vir 'n volhoubare onderhandelingsproses.

Mbeki het oor die Eastwell Manor-vergadering in die politieke warm water in Lusaka beland. Hani het daarvan te hore gekom. Hy maak sterk beswaar tydens 'n vergadering van die Nasionale Werkkomitee in Februarie 1988. Mbeki was nie aanwesig nie. Dit was die laaste dag van die Eastwell Manor-byeenkoms. Hani konstateer dat Mbeki met "Afrikaner-intellektuele" gesprek voer sonder 'n mandaat en sonder vooraf konsultasie. Joe Nhlanhla is éérs beswaard: Daar was nóg konsultasie nóg koördinering. Dit dui op 'n verlies van beheer. Tweedespoor-gesprekvoering loop altyd die gevaar om teen die eis van 'n institusionele mandaat vas te loop. Hani was onversetlik: Enige iemand wat só 'n vergadering wil bywoon, moet deur die "beweging" afgevaardig word om dit te doen.

Maar met Oliver Tambo as sy politieke beskermheer, oorleef Thabo Mbeki die Hani-salvo.

6
Mells Park: "Konsensus is nie net 'n droom nie"

Die derde sessie van die Afrikaner-ANC-gespreksgroep vind van 21 tot 24 Augustus 1988 by Mells Park plaas. Dit was somer in Engeland. In Suid-Afrika was dit winter. Ook polities gesproke – 1988 was een van Suid-Afrika se mees gewelddadige en bloedige jare.

Reeds in Maart dié jaar, toe die Newick Park-gespreksgroep op 2 en 3 Maart 1988 in Brittanje vergader, was die algemene gees een van terneergedruktheid. Die konflik tussen Inkatha en die UDF in die Pietermaritzburg-area is bespreek. Van die gespreksgenote was Inkatha simpatiek gesind. Dr. Mangosuthu Buthelezi het goeie verbintenisse met nasionale en internasionale Christelike netwerke gehad. Ook met die Amerikaans-georiënteerde Fellowship Movement, wat weer goeie kontak met belangrike Amerikaanse politici gehad het. Selfs tot in die Withuis.[1] Buthelezi het die belang van netwerke besef en was gewild by konserwatiewe Amerikaners.

Ons bespreek by Newick Park die gevolge van Govan Mbeki se vrylating op die swart gemeenskap. Baie tyd word aan die "dilemmas" van die NP se hervormingsproses afgestaan. So ook aan grondwetlike skikkingsprosesse en of die Suid-Afrikaanse regering met van sy pogings tot verandering nie dalk besig was om grondwetlik in 'n nog erger doodloopstraat te beland nie. Al die deelnemers dink dis die geval. Hulle reken dat die regime se poging om (etniese) plaaslike owerhede te laat funksioneer en selfs voorsiening vir 'n "Groot Indaba" of oorhoofse instelling te wil maak, futiel is. Dis immers gegrond op die rasgebaseerde Bevolkingsregistrasiewet. Dié sentrale pilaar in die apartheidstempel moes omgestoot word.

Ek kry 'n uitnodiging van die departement van buitelandse sake om die week ná die Newick Park-sessie die Suid-Afrikaanse missies in Bonn, München en Amsterdam toe te spreek. Een van die onderwerpe waaroor ek moes praat, was "Die demokratisering van Suid-Afrika". Buitelandse sake en minister Pik Botha en sy amptenare het uit hulle pad gegaan om onderhandeling te bevorder. Hulle is egter gekortwiek. Daar was nie 'n oortuigende beleidsvoorstel van die kant van die Botha-regering op die tafel nie. En Nelson Mandela se vrylating en die ontbanning van alle vryheidsbewegings was nie in die vooruitsig nie. Daar was toe reeds internasionale konsensus oor laasgenoemde twee elemente van 'n skikkingsproses. Buitelandse sake kon deur sy inisiatiewe slegs die hóóp op 'n skikkingsproses lewend hou.

Daar was 'n tweede hindernis: PW Botha en sy sekurokrate het baie lank nie vertroue in Pik Botha en die senior amptenare van buitelandse sake gehad wanneer dit gekom het by wat hulle as strategiese veiligheidskwessies geïdentifiseer het nie. PW Botha, gegee sy persoonlikheid, het ook sy eie, subjektiewe mening oor sy van-genoot gehad. PW Botha was natuurlik in 'n bepaalde opsig afhanklik van sy minister van buitelandse sake. Dié het uitstekende internasionale kontakte gehad, beter as enige iemand anders in die kabinet. En Pik Botha was op sy beurt weer afhanklik van PW Botha vir sy ministerskap. Die NI het ook soms voorbehoude oor Pik Botha gehad, veral omdat dié organisasie myns insiens ten regte die standpunt ingeneem het dat die beplanning, voorbereiding en aanvanklike inisiëring van 'n skikkingsproses met byvoorbeeld die ANC 'n strategiese veiligheidskwessie was. Dit was nie iets waartoe Pik Botha en sy departement op eie stoom 'n bydrae kon lewer nie, so is geredeneer.

Die besoeke aan Bonn, München en Amsterdam was hoogs insiggewend, al het die Nederlandse regering vir heelwat drama gesorg in die lig van 'n verskerpte sanksieveldtog. Dit was ná die besoek duidelik dat sakelui wat nog probeer het om handelsbetrekkinge met Suid-Afrika te bevorder en te onderhou, ook besig was om moed te verloor. Die "hassle factor", soos iemand in München dit gestel het, het net te groot en selfs te duur geword. Daar was 'n baie sterk konsensus: "Al hou ons nie van die geweld waarmee die ANC en die UDF die land teister nie, is 'n onderhandelde skikkingsproses die enigste roete uit die politieke doodloopstraat. Dié proses kan begin met die vrylating van Nelson Mandela en ander politieke gevangenes." Iemand in München het sinies opgemerk: "Jy kan mense in die tronk sit, maar nie die droom van vryheid nie. As PW Botha aangaan soos hy aangaan, sal daar nie genoeg tronke wees nie."

Intussen kom die moontlikheid van verskerpte sanksies teen Suid-Afrika al hoe sterker op die internasionale agenda, gedryf deur veral die VSA. Dit plaas Brittanje en veral eerste minister Margaret Thatcher onder groter druk. Ek bespreek dit uitvoerig met my NI-kontakte in 'n veilige huis in die noorde van Pretoria. Dit word 'n goeie gesprek en ons praat onder meer oor die strategiese gevolge van verskerpte ekonomiese sanksies. Ek bevind my teen Augustus 1988, ná die derde gesprek, in 'n onmoontlike posisie en wonder of ek die regte persoon vir die projek is. Annemarie, my vrou, sê wat sy altyd in sulke situasies sê: "Jy hou nie halfpad op met dit waarmee jy begin het nie." Ek probeer so kort as moontlik aan haar verduidelik: "Thabo is ongedurig. Hy verwag vordering, want hy en Tambo is onder druk van die ANC-valke. En Thatcher het ook moed opgegee." Annemarie hou van detail. Sy vra meer inligting. Veral oor Thabo Mbeki se verwagtings. Uiteindelik vergader ek weer in Pretoria met my NI-kontakte. Die nie-amptelikheid van die gesprekke in Brittanje bring my weer eens onder die besef van die delikaatheid van dié tipe gesprekke oor gesprek. Barnard het gewoonlik in ons gesprekke oor die Brittanje-byeenkomste alles gekwalifiseer, baie professioneel en korrek, met woorde soos "as ons dalk . . .". Ek verlaat die vergadering met die NI opnuut gemotiveerd.

In April 1988 skryf ek 'n artikel vir *Rapport* onder die hoof "Die sanksieswaard word weer geslyp", met verwysing na die bespreking van die "Dellums Bill" in die VSA. Oliemaatskappye, soos Mobil, en Japan se handelsbetrekkinge is in die sanksievisier. So ook akademiese en kulturele terreine. Ek stel die vrae: "Aanvaar ons dat Afrika ons wit mense nodig het? Weet ons wat om daaraan te doen?" Ek lewer ook in Mei 1988 'n lesing by die US se Bestuurskool wat onder meer in die *Financial Mail* gerapporteer word (6 Mei). Daarin beklemtoon ek dat Suid-Afrika iets vir Thatcher sal moet gee om haar vriendelike posisie teenoor Suid-Afrika te kan handhaaf. En Suid-Afrika doen dit nie op daardie oomblik nie. Dit wat ek skryf en sê, vertolk iets van my toenemende frustrasie met die stadige pas van vordering in die rigting van 'n onderhandelde skikking en die geweld in die land. Verskeie kerk- en geloofsleiers, soos biskop Tutu, Allan Boesak, imam Solomons en Nazeem Mohamed, het toe reeds die rol as segspersone oor sosio-ekonomiese regte vir swart mense oorgeneem. Die

Afrikaanse "blanke kerke" was ligjare agter dié ontwikkelinge. Ek was toe reeds oortuig dat alle hoop op 'n onderhandelde skikking binne die Afrikanergemeenskap op besigheidsleiers gevestig moes word. My NI-kontakte het nooit enige druk op my uitgeoefen wat betref my openbare standpunte en deelname aan konferensies en seminare nie.

Daar vind later die jaar ook 'n verjaardagviering plaas: Mandela word 70. Dié viering, met 'n konsert op 11 Junie in die Wembley-stadion, was 'n baie groot geleentheid. Belangrike kunstenaars tree op, waaronder een van my geliefkoosde sangers, Harry Belafonte. Ek het hom later by 'n Kersete van Thabo Mbeki ontmoet. Ook Miriam Makeba, Whitney Houston en andere tree op. Ek sê vir my NI-gespreksgenote: "Die regering kan nie wen nie. Die konsert word gereël deur 'Artists against Apartheid'. Het Suid-Afrika 'Artists for Apartheid' wat iets groots kan reël?" Die ANC word met dié konsert geprojekteer as 'n "civilised and cultured group of people". Die propaganda-oorlog teen die Suid-Afrikaanse regime is in 1988 finaal gewen. Nelson Mandela vier sy sewentigste verjaardag in die gevangenis met internasionale glorie. Coetsee en Barnard moet 'n groot haas uit die hoed te voorskyn haal. Die komitee is toe darem al hard besig met indringende gesprekke met die wêreld se mees bekende gevangene en die Suid-Afrikaanse regering se grootste "vyand".

In 1988 beleef ons ook iets waaroor nog nie baie gesê is nie: politieke Trojaanse perde binne die stelsel self. Hulle was die destyds verguisde hoofministers van die sogenaamde selfregerende state. Niks was 'n meer groteske uitdrukking van Afrikaner-volksnasionaliste se ideologiese verslawing aan die idee van etniese politiek as dié projek nie. Veral twee van die hoofministers het die stelsel en sy heerserselite male sonder tal woedend gehad. Hulle was egter magteloos om hulle woede te laat botvier. Dié twee was Mangosuthu Buthelezi van KwaZulu en Enos Mabuza van KaNgwane. Ek wil graag na laasgenoemde verwys, want hy was 'n besondere vriend wat ook aan die Newick Park-inisiatief deelgeneem het. Sy stewige bande met die ANC het sy posisie anders as dié van Buthelezi gemaak. Die Suid-Afrikaanse regering was afhanklik van Buthelezi en het gehoop dat hy in die regering se stryd teen die ANC sou help.

Op 28 Julie 1988 onderteken Mabuza, met die medewete van ander hoofministers van die "tuislande", 'n memorandum wat hy vir 'n vergadering op 1 Augustus 1988 met Chris Heunis, die minister van grondwetlike ontwikkeling en beplanning, opgestel het. Mabuza verskaf aan my die verklaring. Sê op sy bedaarde en nie-aggressiewe manier: "Die minister is die politieke hoof van 'n departement met 'n besondere naam. Hy en sy departement dink egter hulle kan namens en vir ander mense álles eensydig beplan. Hy ken ook nie die verskil tussen voorskriftelikheid, konsultasie en onderhandeling nie. Sal hy dalk eendag die hoofonderhandelaar van die regerende party met die ANC en PAC wees? Wat 'n droewige vooruitsig!" Die memorandum is op die man af. Die NP-regering se voorgestelde Nasionale Raad, wat swart leiers by regeringsprosesse moet betrek, is nog altyd op die rampspoedige beleid van afsonderlike state, ras en etnisiteit gebaseer. Die minister en sy amptenare het ook die agenda eensydig opgestel. Daar is nie vooraf gevra wat vir die hoofministers prioriteite is nie. Mabuza wys die NP-minister daarop dat hy wat Mabuza is al sedert 24 November 1986 afsonderlik en saam met ander *ad nauseam* die kwessies waaroor dit eintlik gaan, uitgelig het, kwessies soos byvoorbeeld die Bevolkingsregistrasiewet, die noodtoestand en die vrylating van Nelson Mandela. Alles tevergeefs. Die minister hoor nie.

Buthelezi het nie eens die byeenkoms bygewoon nie. Sy punt was kort en kragtig: Hoe kan hy so 'n vergadering met 'n eensydig saamgestelde agenda bywoon terwyl daar 'n noodtoestand met verbannings is? Dit kan mos nie "business as usual" wees nie?

Mabuza, wat altyd 'n sterk en goed geartikuleerde standpunt teen apartheid ingeneem het, draai nie doekies om nie. Hy skryf: ". . . we maintain that for any initiative to be acceptable and to hold the promise of eventual success, neither its agenda and participants nor its outcome can be unilaterally determined". Heunis was met sy hande in die hare. Swart leiers wat met sy planne wou meewerk, het skaarser as hoendertande geword. Hy was in 'n politieke doodloopstraat. Mabuza het male sonder tal tydens die besprekings by Newick Park die punt gemaak dat die styl van die NP-regering ook die áárd van die politieke stelsel vertolk het: outoritêr. Sonder die samewerking van swart leiers sou die regering óf eensydig met sy planne moes voortgaan óf daarvan moes wegstap. Albei moontlikhede was vir Heunis en sy regering ernstige politieke en strategiese minuspunte.

Die volgende vergadering van die Consgold-gespreksgroep word gereël vir 21 tot 24 Augustus 1988, ongeveer drie weke ná Mabuza se konfrontasie met Heunis. Vóór dié vergadering, tussen 9 en 11 Junie, vergader die Newick Park-inisiatief in Pietermaritzburg. Die besprekingstema is: "Alternative constitutional settlement in South Africa consultation". Uit swart kerklike geledere is Elias Tema, Caesar Molebatsi, Stanley Magoba en Richard Stevens teenwoordig. Mabuza woon ook die byeenkoms by. Theuns Eloff word 'n dryfkrag. Magoba speel later 'n groot rol in die Pan Africanist Congress (PAC). Ons ontleed nie net die bestaande klimaat vir onderhandelinge nie, maar ook kwessies soos grondhervorming, eienaarskap en bestuurshierargieë in die Suid-Afrikaanse ekonomie. Dit word as een van dié kwessies in 'n gedemokratiseerde Suid-Afrika geïdentifiseer.

In Augustus ontmoet die Consgold-gespreksgroep by Mells Park – 'n uitgestrekte landgoed naby die skilderagtige dorpie Mells en nie ver van die stad Bath met sy Romeinse ruïnes nie. Ons sou 'n hele paar keer daar vergader, ook die naweek van Nelson Mandela se vrylating (11 Februarie 1990). Daar is uitgestrekte grasvelde, paadjies en boomryke gedeeltes waar ons kon stap en meer van onsself en ons persoonlike ervarings met mekaar kon deel. Serote en Wolpe was toe reeds uit die ANC-groep uitgelaat en net Thabo Mbeki, Aziz Pahad en Tony Trew was teenwoordig. Dit was 'n teken dat Mbeki die gespreksgroep as belangrik geag het. Toe ons buite die herehuis staan en die omgewing bewonder, merk hy half terloops teenoor my op: "As ons hierdie naweek vordering maak, sal daar nog ander deelnemers moet bykom." Ek het hom nie gevra wat hy met "vordering" bedoel nie. Naas myself was Sampie Terreblanche en Willem (Wimpie) de Klerk die Afrikanergespreksgenote.

De Klerk, voorheen 'n professor aan die destydse Universiteit van Potchefstroom, lid van die kleiner Gereformeerde Kerk (Doppers), prominente meningsvormer, broer van FW de Klerk en 'n senior persoon in die Afrikaner Broederbond (AB), waaruit ek toe reeds bedank het, was 'n belangrike toevoeging. Hy het, soos ek en Terreblanche, hom ook in 1987 by die Onafhanklike Beweging geskaar. Pahad het aan tafel die Sondagaand ironiesspottend gevra: "Waar is die Nasionaliste? Het julle hulle uitgewerk of is hulle irrelevant? En wat van die Progge?"

Die vergadering by Mells word een van die mees deurslaggewende vergaderings van die nie-amptelike gespreksgroep. Dit begin twee dae ná my 53ste verjaardag op 19 Augustus en duur tot 24 Augustus 1988 met ons vertrek vanaf Mells net ná onbyt. Fleur de Villiers het my voor die byeenkoms op die Heathrow-lughawe ontvang. Ek bly by haar en haar ma tot Sondag 21 Augustus. Willem de Klerk arriveer Saterdag 20 Augustus, soos ook Sampie Terreblanche. Hulle word vanaf Heathrow-lughawe na die Connaught Hotel, Carlos Place, Londen geneem. Ons drie vertrek op die Sondag per motor na Mells Park House en arriveer laatmiddag. Die ANC-lede, Thabo Mbeki, Aziz Pahad en Tony Trew, kom in 'n ander motor. Ons verkeer die aand gesellig met mekaar.

Die aandete was altyd baie formeel: baadjies en dasse; Victoriaanse silwereetgerei. Mbeki stuur Pahad na sy kamer om 'n das aan te sit. Ons eet in klassieke styl. Mells Park het 'n amptelike "dining room". Ook 'n "library" en "recreation room". Ek en Michael Young het op twee "prosesse" afgespreek: formele byeenkomste in die seminaarkamer volgens 'n ooreengekome agenda; en informele samekomste daar buite, waaraan hy hom sou onttrek. Ek en Mbeki bly in die hoofhuis. Ons kamers neffens mekaar. Ons het vooraf ooreengekom op 'n program vir die gespreksessies. Ons noem dit 'n "bilateral programme" en die deelnemers kry dit voor die tyd. Soos tydens die vorige vergadering "kliek" ek en Mbeki van die begin af, al is ons verskillende persoonlikheidstipes. Ons deel, soos ons later meer sou uitvind, soortgelyke filosofiese en literêre belangstellings. Ek het ook nie aspirasies of vermoëns om in 'n nuwe bedeling enige leiersrol te speel wat hom of enige iemand anders na die kroon kan steek nie. En hy het geen begeerte om professor in filosofie op Stellenbosch te word nie. Ons kompeteer nie met mekaar nie. Ek besef op dié vergadering: As die Suid-Afrikaanse regering en die ANC en ander organisasies met mekaar skik, gaan dinge op ander vlakke lol. Daar gaan vermeerderde kompetisie om mag en invloed wees. Soos Aziz Pahad dit vir my in sy verduideliking van die strategiese belang van Dakar gesê het: "Daar is 'n 'big problem'. Almal wat daar was, is opgewonde om vorentoe 'n invloedryke rol te speel. En daar is baie wat nie in Dakar was nie, wat dit ook wil doen. Ons moet dié ernstige probleem bespreek." Ons het dit ongelukkig nooit gedoen nie. Ek dink hy was in die kol.

Die idilliese, maar besonder statige omgewing het 'n groot bydrae gelewer tot die sukses van ons interaksie. Die natuur en argitektuur het 'n atmosfeer van wellewendheid geskep waar harde woorde, arrogansie en onbeskoftheid nie tuisgehoort het nie. Ons was ook net ses gespreksgenote, min genoeg om die proses te laat vloei en te verdiep. Ons kon mekaar in die oë kyk en bespreek nie net ingewikkelde kwessies nie, maar gesels ook land en sand met mekaar, vertel grappies en ruil anekdotes uit. Ek vra Mbeki oor sy ma (Epainette) en haar winkel, en of hy darem partykeer hand bygesit het en nie net boeke gelees het nie. Sy gesig en oë helder op toe hy oor dié tyd in sy lewe vertel. Ek vertel hom hoe my ma 'n liefde vir boeke en lees by my gekweek het en hoe sy my pa gekeer het om my op die plaas nie te veel werkverpligtinge te gee nie, want ek sit met my boeke. Ek en hy is albei versot op Yeats. Hy wys my op swart skrywers wie se boeke ek behoort te lees. Ons vind mekaar nie bloot oor die belang van 'n onderhandelingsproses nie, maar ook persoonlik – die soort mens, soos ek vir die NI sê, wat ek bereid sal wees om met my lewe te vertrou. My opmerking was eerlik bedoel. Ek wou daarmee egter ook die konstruk van "terroris" ondermyn.

Die Mells Park-vergadering het duidelikheid oor ses kardinale kwessies gebring:

- Evaluasie van die vorige vergaderings, of daar vordering was en waaroor;
- Begrip van die interne politieke prosesse in Suid-Afrika en waar ons land min of meer was;
- Grondwetlike kwessies, soos veral deur die ANC gesien;
- Die geweldskwessie;
- Angola en wat die effek op Namibië en Suid-Afrika sou wees; en
- Die pad vorentoe.

Die vergadering vind plaas kort na sagte-teiken-aanvalle in Suid-Afrika, onder andere by die sportstadion van Ellis Park en in Hyde Park, Johannesburg. Dit word 'n redelik emosionele bespreking. In Suid-Afrika en by sekere kerkgroepe was daar ernstige vrae oor die wenslikheid en moraliteit van dié strategie. Die morele voordeel wat die ANC vantevore gehad het, was skielik in die gedrang. Die ANC-gespreksgenote, klaarblyklik nie ten gunste van aanvalle op sagte teikens en burgerlikes nie, was op die agtervoet. Mbeki, wat van die Coetsee-Barnard-Mandela-konneksie geweet het en sterk pro-onderhandeling was, doen toe iets wat 'n groot bydrae tot die bou van vertroue in die verkennende proses lewer. Dis ook so in "Pretoria" geïnterpreteer ná my terugvoering. Hy gee 'n lang verduideliking van die amptelike beleid van die ANC: Aanvalle op sagte teikens is nie beleid nie.

Die geweldsopsie was natuurlik van meet af aan 'n baie emosionele kwessie. Dis in Suid-Afrika en in lande soos Brittanje op die spits gedryf toe 'n motorbom op 20 Mei 1983 in Kerkstraat, Pretoria, voor die Nedbankgebou ontplof. Altesame 19 mense (12 burgerlikes en sewe lede van die Suid-Afrikaanse Weermag) is dood, terwyl 219 mense erg beseer of vermink is. Van laasgenoemde was net twee lede van die Suid-Afrikaanse Weermag en die res, 217, burgerlikes. As daar ooit sedert 1961, toe die ANC met sy stigting van MK tot gewelddadige aksies oorgegaan het, 'n standpunt was dat sagte teikens nie aangeval sou word nie, het dié standpunt in Kerkstraat gesneuwel. Oliver Tambo, wat Suid-Afrika in 1961 verlaat het, en mense soos Thabo Mbeki het groot moeite gehad om dié verskuiwing te probeer verduidelik. Hulle was nie suksesvol nie.[2]

Daar was by dié twee 'n geykte mening: Die apartheidstaat het die geweld begin. Die ANC was bykans 50 jaar lank 'n vreedsame bevrydingsbeweging. Weens die intensivering van die "people's war" was dit onvermydelik dat burgerlikes ook kon sterf. Soos Tambo dit op 29 Oktober 1985 aan die Britse Foreign Affairs Committee gestel het na aanleiding van 'n vraag oor swart-teen-swart geweld: "We think it is unavoidable in a way. It is a product of the violent system in which we live." Hy het wel by dié geleentheid toegegee: "I regret all these things. I regret them, but I would refuse to be asked to condemn . . ." Nelson Mandela het in sy boek *Long Walk to Freedom* ook sy "spyt" oor die Kerkstraatbom uitgespreek, maar die voorval soos Tambo verduidelik. Die geweldskwessie en die naweë daarvan sou lank 'n baie netelige kwessie bly, selfs ná die Waarheids-en-Versoeningskommissie – soos 'n sweer wat nie gesond word nie. Ek het sedert 1988 persoonlik tot die standpunt gekom dat Hani en sy valke vas oortuig was dat hulle Suid-Afrika deur middel van gewelddadige verset sou kon oorneem. Dit was nie bloot propagandapraatjies nie. Hulle droom van 'n militêre revolusie was sterker as wat die meeste mense gedink het. "Skikking" en "onderhandeling" was nie begrippe in hulle woordeskat nie. "Magsoorname" deur middel van wapengeweld was die oorheersende motief. En dié motief was by sekere elemente in die ANC selfs ná die begin van die amptelike skikkingsproses ook 'n politieke kwessie. Projek Vula was hiervan 'n illustrasie.

Ek, De Klerk en Terreblanche was eenstemmig en by tye selfs emosioneel: "ANC-inspired violence is counterproductive. It fuels right-wing solidarity and resistance against talks-about-talks. Most whites believe that the state should unleash its full security powers against the resistance movements. We are convinced that your violent revolution cannot succeed. Or do you actually want a scorched earth?"

Mbeki, ongestoord deur ons emosies, begin verduidelik: Daar is 'n drie uur lange gesprek met Hani gevoer. Hy *is* gerepudieer. Die ANC het egter 'n groot probleem met sy bevelstrukture en kontrole-meganismes. Daar is ook 'n ander probleem, naamlik die kwessie van opleiding. Opleiding van soldate buite Suid-Afrika is goed, maar die opleiding binne Suid-Afrika is nie so goed nie. In die buiteland word ANC-soldate bowendien polities én militêr opgelei. In die binneland is dit nét militêr. Dinge kan daarom verkeerd loop, soos wat dit selfs in die Suid-Afrikaanse Weermag en die Suid-Afrikaanse Polisie kan gebeur, en wel gebeur.

Dinge word, volgens hom, ook meer ingewikkeld gemaak deur die "self-defence units" wat in townships deur veral jong mense op die been gebring word. Die ANC, so erken Mbeki, is bekommerd dat dinge só handuit kan ruk dat 'n situasie van "violence for violence's sake" kan ontstaan. Vergaderings hieroor word in Lusaka beplan. Daar sal ook mense uit Suid-Afrika wees. Die ANC aanvaar as die binnelandse geweld handuit ruk, dit ernstige politieke gevolge sal hê. Soos Mbeki dit gestel het: Die "supremacy of the political leadership" sal ondermyn word en 'n swart eenheidsfront al moeiliker word om te bewerkstellig. Die standpunt van die politieke leierskap in Lusaka was onomwonde: "Violence is not an alternative to mass political struggle." Alles moes in werking gestel word om 'n situasie van geweld ter wille van geweld te voorkom.

Die gesprek neem hierna 'n onverwagse wending toe Mbeki sê die ANC sal bereid wees om die geweldsopsie te laat vaar as die politieke stryd onderhandelingsvrugte afwerp en ook doeltreffend blyk te wees om 'n nie-rassige grondwetlike bedeling ingestel te kry. Ek, Terreblanche en De Klerk sit behoorlik regop toe hy sê: "Violence can become unnecessary." Trouens, 'n staking van vyandelikhede is iets wat onderhandel kan word. Daar moet egter 'n sterk verbintenis tot 'n betekenisvolle proses wees wat tot 'n nie-rassige demokratiese skikking sal lei. Sy standpunt, so besef ek later die aand in my slaapkamer, verteenwoordig 'n onomwonde erkenning van die onderhandelingsopsie. Hy, Pahad en Trew het aanvaar dat gesprek met "die vyand" noodsaaklik is. Ek skryf in my notaboekie: "Ons is almal in dieselfde boot. Ek, Willem (de Klerk) en Sampie (Terreblanche) aanvaar dat volgehoue informele gesprek die enigste roete na 'n amptelike onderhandelingsproses is. Ons moet alles moontlik doen om binne ons invloedsfere toenemende steun vir die onderhandelingsopsie te bou. PW Botha en sy regering moet deur 'n pro-onderhandelingsgolf meegesleur word. Konsensus binne Afrikanerkringe oor voorwaardes vir onderhandelinge en veral die wyse waarop 'blanke vrese' gehanteer moet word, is 'n hoë prioriteit."

Mbeki roer ook die kwessie van die Sharpeville Ses aan. Doodsvonnisse vir politieke gevangenes, argumenteer hy, verhoog die politieke temperatuur onder swart mense. Hy kom met 'n voorstel: Die ANC is bereid om van die Suid-Afrikaanse agente wat gevange geneem is aan die Suid-Afrikaanse regering uit te lewer in ruil vir die versagting van doodsvonnisse vir politieke gevangenes. Die ANC het reeds met die Nederlandse regering hieroor gesprek gevoer. Daar was egter geen reaksie van die Suid-Afrikaanse regering nie. Mbeki verwys spesifiek na die geval van Olivia Forsyth in Angola. Die Zimbabwiese regering hou ook Suid-Afrikaanse agente gevange. Die ANC het hom bereid verklaar om oor hierdie sensitiewe kwessie gesprek te voer sonder om enige politieke voordeel te soek. Die boodskap uit Suid-Afrika was egter: President PW Botha se standpunt is dat geen ooreenkomste met die ANC aangegaan moet word nie. Intussen was daar gesprekvoering deur middel van tussengangers oor die ANC se posisie in Angola, en die ANC was bereid om sy kampe elders heen te verskuif.

Die kwessie van die uitruiling van gevangenes het sterk in die daaropvolgende gesprekke na vore getree. Daar was kennelik by die ANC-lede hoop dat dit die skikkingsproses sou bespoedig. Thabo Mbeki het privaat aan my gesê: "Die kwessie van amnestie sal ook bespreek moet word. Dit sal boaan die gespreksagenda met die Suid-Afrikaanse regering moet wees." In 1989 het hy dié punt herhaal en my versoek om 'n boodskap daaroor aan die NI oor te dra. Hy lig my ook kortliks in: "Die uitruiling van gevangenes tussen Suid-Afrika en Angola-Swapo in September 1987 in Maputo kan as voorbeeld dien." Wynand du Toit, in Angola gevang, is toe vrygelaat. So ook Klaas de Jonge, wat langer as 'n jaar in die Nederlandse ambassade in Pretoria geskuil het. Daar was ook 'n Belg, Helene Pastoors, wat tronkstraf vir haar politieke aktivisme teen apartheid in 'n tronk in Kroonstad uitgedien het. Kobie Coetsee het baie sterk kapsie teen haar moontlike vrylating gemaak. Meer as honderd gevange soldate van die stryders in Angola word uiteindelik vrygelaat. Mbeki sê: "Dis 'n manier om vyandelikhede te beëindig en vertroue te bou. As Suid-Afrika en Angola dit kon doen, waarom nie ons nie? Ons behoort immers aan dieselfde land." Ek sê, halfhartig, omdat ek dink dis nog nie moontlik in Suid-Afrika nie: "Ek sal die boodskap oordra." By 'n ander geleentheid opper hy ook die moontlike uitruiling van 'n ander Suid-Afrikaanse spioen, Odile Harrington, wat in haglike omstandighede in Harare aangehou is ná 'n besonder onprofessionele en naïewe spioenasiepoging.

Dit was in daardie stadium duidelik dat Mbeki, saam met Tambo 'n dryfkrag vir onderhandeling, selfs angstig was dat regstreekse informele gesprekvoering met regeringsamptenare moes begin oor die vrylating van Nelson Mandela en sy "controlled reintroduction into South African society". Dié bereidheid het baie te make gehad daarmee dat Mbeki reeds geweet het van die gesprekke met Mandela en sy geheime "besigtigingstoere" in die Wes-Kaap. Die ANC wou nie van dié proses uitgesluit wees nie. Nelson Mandela se vrylating staan daarom telkemale voorop. Ook dié van ander politieke gevangenes. Dit is 'n konsekwente posisie van die ANC: Die vrylating van politieke gevangenes moet 'n voorspel wees tot die ontbanning van alle vryheidsbewegings. Dit was die een kwessie wat Mbeki herhaaldelik beklemtoon het. In 'n stadium sê hy: "We need to act in a manner which will not complicate his release." En, vra hy: "How can we facilitate the process?" Van die gespreksgenote vra: "Moet daar dalk 'n internasionale mediasiespan saamgestel word?" Ek sê: "Definitief nié!"

Sampie Terreblanche werp 'n politieke teerling tydens die gespreksessie: Mandela se vrylating kan verongeluk word deur die geweld en onrus wat op plaaslike vlakke en rondom munisipale verkiesings plaasvind. Mbeki, Pahad en Trew maak almal aantekeninge. Mbeki, ietwat pessimisties, sê dat die onrus op plaaslike en munisipale vlak nie sal ophou nie, en gee onregstreeks toe dat die Lusaka-ANC nie beheer het oor wat op plaaslike vlak gebeur nie. Hy gee die eerste keer ook toe dat Mandela 'n indikasie gegee het van wat hy en Coetsee bespreek het. En hy hou voet by stuk: Die ANC is selfs bereid om daaroor 'n informele ooreenkoms met regeringsamptenare aan te gaan. Ek sê vir myself: Ons beweeg! Die ANC wil met regeringsverteenwoordigers praat. Al is dit net oor Mandela se vrylating. Ook die ANC weet dat onderhandelinge onafwendbaar is. Die burgeroorlog staan einde se kant toe.

Willem de Klerk, Sampie Terreblanche en ekself bring telkemale die ANC terug na die harde Suid-Afrikaanse werklikheid toe. Ons invalshoek is kort en kragtig: ANC-geïnspireerde geweld is teenproduktief. Dit versterk regse verset en die sekurokrate se obsessie om die magsmiddele van die staat op 'n brutale wyse aan te wend. Ons gee toe: Swart mense se politieke en buiteparlementêre mag gee aan hulle 'n vetoreg. Nietemin, betoog Terreblanche, die verswakkende ekonomie bevorder die groei van regse verset onder wit mense. Dis veral die landbouskuld wat ernstige probleme veroorsaak. Dié skuld groei immers, en die boere is in opstand. Mbeki is minder pessimisties. Hy meen dat prosesse van alliansievorming ons politieke en ekonomiese dilemmas sal oplos. Hy verwys in dié verband na die Suid-Afrikaanse Rugbyraad en sê dat die Suid-Afrikaanse Rugby-unie (Saru) nie moet "weghardloop" nie, maar eerder "common ground" moet soek. Dié punt word 'n belangrike kwessie: Watter soort gemeenskaplike grond moet gesoek word? Waaroor? Deur wie? Mbeki, aartsoptimis, sê dat ons álle prosesse wat tot skikking kan lei, moet bevorder. En daar is sulke prosesse waar "islands of nonracial co-operation" reeds geskep word. Dit moet geïdentifiseer én ondersteun word. Een so 'n proses, beklemtoon hy weer, is dié van die

Suid-Afrikaanse Rugbyraad. Hy wil weet of 'n proses van konsensusbou tussen swart en wit moontlik is oor "some basic principles". So 'n konsensus is nie net afhanklik van die Suid-Afrikaanse regime en die ANC nie. Dit moet deur partye, kerke, sakelui, vakbonde en ander organisasies bekragtig word. Dit moet berus op die groots moontlike deelname van "the people". Mbeki erken: Die NP-regime is 'n sleutelspeler. Dit kan nóg ontken nóg weggewens word.

Sampie Terreblanche sorg weer eens vir 'n teerling: Grond en die kwessie van grondhervorming is nie belangrik nie. Waaroor dit gaan, is die herverdeling van geleenthede. Hy was hieroor reg. Ná 1990, en veral ná 1994, het regstellende aksie 'n vername politieke beleidspunt geword. Die ANC-regering het natuurlik 'n obsessie oor grondhervorming ontwikkel. Dit sou jare later vir groot politieke onsekerheid sorg, asook 'n groteske rekord van mislukte grondhervormingsprojekte. Die ANC was by die betrokke gespreksessie egter meer geïnteresseerd in die wel en wee van die NP as in Terreblanche se belangrike punt. Dié belangstelling het op die uitgesproke aanname berus dat die ANC uiteindelik met die NP en die regering van die dag sou moes skik. Dit was 'n belangrike aanname, want die magsposisie van die NP is daarmee aanvaar, en dat 'n militêre oorname van mag deur die ANC nie op hande was nie. Onderhandeling was ál opsie.

Die idee van *onderhandelinge as al opsie* was iets wat oor tyd heen ontwikkel het. In die geval van die ANC was die deurslaggewende stukragte die veranderings in die Sowjetunie, die Angola-Namibië-skikkingsukses en die eskalerende swart-teen-swart geweld. Vanaf ons eerste gesprek, en veral tydens hierdie Mells Park-vergadering, het 'n ander aksent hom ook hoorbaar gemaak: Kan énige regering 'n ekonomiese ruïne regeer? Kan 'n oorlog teen armoede gevoer word as die burgeroorlog alles tot as verbrand? Dié ekonomiese en ontwikkelingsblik op die situasie waarin Suid-Afrika hom bevind het, het algaande sterker in die gesprek oor die toekoms na vore getree. Laat een aand tydens die Mells Park-vergadering het ek en Pahad saamgestem: Die enigste hoop vir Suid-Afrika was dat die burgeroorlog in die land en die sanksies teen die land gestaak word. "Die ANC," het Pahad filosofies gesê, "kan nie met niks aan armes se verwagtings voldoen nie. Die 'madness' moet gestaak word."

Willem de Klerk het die ANC hoop gegee. Hy het profeties opgemerk: "Ons bevind ons tans in 'n semi-diktatorskap, al is daar 'n uitbreiding van sosio-ekonomiese ontwikkeling vir swart mense. Dis eintlik 'n poging tot koöptering. Die NP is egter 'n oorgangsparty wat oor die volgende vyf tot tien jaar uitgefaseer sal word en uiteindelik sal verdwyn." Mbeki, Pahad en Tony Trew het hom ongelowig aangekyk. Vir hulle was die NP, soos Pahad gesê het, "invincible". Die gesprekke het gehelp om die mite dat die NP "invincible" was, te laat inplof. Daar is hierna lank en indringend oor die kwessie van 'n oorgangsfase gepraat. Thabo Mbeki was uitgesproke: "There will have to be a transitional stage," 'n standpunt wat hy ook later bevorder het tydens die Kodesa-proses. Dit was baie insiggewend wat hy in dié verband gesê het: "A process must take place which will take us away from the old South Africa. This process has to be based on all of us thinking together and acting together. If we succeed in doing this, it will change the issues, questions and fears."

Die gesprek oor die noodsaaklikheid van 'n oorgangsfase bring ons tot 'n konsensus: aanvaarding van 'n oorgangsfase. Dit sal help om 'n pro-onderhandelingskultuur te vestig en veral Afrikanervrese te besweer. Ek luister aandagtig na Mbeki, en besef dat dit nie maar net 'n vlieër is wat hy die lug instuur nie. Dis iets waaroor hy diep en lank gedink het. Ek vermoed ook dat dit nie 'n idee is wat hy al in breë ANC-geledere geopper het nie. Dis nie duidelik of hy al aan meganismes gedink het om aan die idee institusionele en politieke beslag te gee nie. Ons bespreek op die vergadering ook nie moontlike meganismes nie, maar ek teken tog aan: Wat bedoel hy met "acting together"? Sal hy dalk later in die gespreksproses hierop terugkom? Ek besef dat hy 'n vername spyker op die kop geslaan het: 'n Politieke alliansie met die oog op die toekoms sal vertroue bou en vrese besweer. Die doelwit en inhoud hiervan, sê ek vir myself, sal ons land se toekoms maak of breek.

Terreblanche reageer op Mbeki se punt. Hy meen dat hervorming in die sin van reële transformasie nog nie op die agenda van die regering of die meerderheid wit mense is nie. Omdat die regering bedreig voel deur die regse Konserwatiewe Party van Andries Treurnicht, 'n gewese kerkleier wat later 'n leier en ook kabinetslid van die NP geword het, het die Botha-regime met 'n propagandaveldtog begin om die regse verset te probeer keer. Daar is bowendien 'n ander probleem: "creeping poverty" en 'n verslegting van die land se ekonomiese situasie. Hy meen dat die disinformasie wat deur die Botha-regime versprei word, deur 'n program van heropvoeding van wit mense teengewerk moet word. Pahad is sigbaar stom van verbasing toe Terreblanche na Mbeki kyk en hom vra: "What role can the ANC play in the re-education of the whites?" Mbeki antwoord nie op dié vraag nie. Die gesprek vind natuurlik plaas met die vooruitsig dat die Namibië-Angola-konflik besleg sal word. Ons praat lank en baie daaroor tydens die gespreksessie. Brittanje, die VSA en die Sowjetunie het vertroue in die goeie bedoelinge van die RSA wat die beslegting van dié konflik betref. Die ANC, so sê Aziz Pahad, weet dat so 'n beslegting groot implikasies vir die Suid-Afrikaanse burgeroorlog sal hê. Die druk op onderhandeling sal groter word en Namibië se te onderhandelde grondwetlike model sal as voorbeeld voorgehou word. Die NP-regering en die ANC moet nie toelaat dat dit gebeur nie. Ons moet ons eie pad na volwaardige demokrasie vind. Die ANC is ook bereid om sy opleidingskampe uit Angola te verskuif om die proses van skikking te bevorder – selfs so ver as Ethiopië. Mbeki beaam wat hy sê. Ons Afrikaners ook.

Margaret Thatcher, beweer Mbeki gedurende die gesprek, is moeg vir Botha se manipulasies. Sy verkies om deel te neem aan 'n groter wordende en gekoördineerde Westerse opposisierol teen apartheid. Verhoudings met ander Westerse lande en selfs met die Sowjetunie is vir haar belangriker as dié met Suid-Afrika. Die vordering met hervorming in Suid-Afrika is, volgens wat hy verneem Thatcher daaroor sê, "inadequate and pathetic". Sy voel in elk geval baie sterk oor Nelson Mandela se vrylating en die ontbanning van organisasies soos die UDF. En sy soek "peace in the region". Mbeki sê, nie leedvermakerig of bombasties nie, maar as 'n feitelike stelling: "Die gety het sterk teen die Botha-regime gedraai. Thatcher se houding teenoor die Botha-regering gaan verhard." Hy sê later, toe ons privaat praat: "Ons sal ons probleme op ons eie manier uitsorteer. Die Britte kan nie betrokke raak nie. Sê dit aan jou vriende in Pretoria. Ons soek nie buitelandse tussengangers nie. En rapporteer aan my oor wat hulle dink." Ek rapporteer later: "Barnard stem saam met jou."

Tydens die gespreksessie word 'n lang bespreking gewy aan die ANC se grondwetlike riglyne. Aziz Pahad, wat dit inlei, fokus veral op die proses waarvolgens die riglyne opgestel is. Die regsdepartement van die ANC het meer as 'n jaar gelede met die proses begin. Verskeie werkdokumente is opgestel en gedurende interne seminare bespreek. Die ANC wou as organisasie ten volle voorbereid wees op uiteindelike grondwetlike onderhandelinge. Die riglyne sal so wyd moontlik bespreek word, ook binne Suid-Afrika, sodat 'n inklusiewe konsensus oor basiese beginsels en waardes kan uitkristalliseer. Ek maak vir myself 'n nota: "Wat gebeur binne die regering se departement van grondwetlike beplanning? En wat was die vordering met die Afrikaner Broederbond se inisiatief wat in 1986 begin is?"

Die Afrikanergespreksgenote wil weet hoe die konsensus-soekende proses daar sal uitsien. Pahad lyk ietwat onseker en meld dat die ANC en buiteparlementêre rolspelers betrokke sal wees. Dit moet uitloop op 'n grondwetlike konferensie. Thabo Mbeki beklemtoon veral die idee van 'n breed-opgesette konferensie waar geloofsgemeenskappe, besigheidsorganisasies, vakbonde en dies meer teenwoordig moet wees. Hy gebruik in 'n stadium die woorde "constituent assembly". Tony Trew beklemtoon die noodsaaklikheid van 'n devolusie van mag. Voeg dan haastig by: "Devolusie van mag beteken nie noodwendig 'n federale staat nie. Die ANC sal nie wegstap van die idee van 'n unitêre staat nie."

Willem de Klerk opper hierna die kwessie van "blanke vrese", iets waaroor die groep sukkel om 'n sinvolle gesprek te voer. Dit duik telkens soos 'n skaduwee in al die groep se byeenkomste op. Terreblanche meen dat die ANC se voorneme om van nasionalisering gebruik te maak, een van die redes vir "blanke vrese" is. Hy reken ook dat die ANC se idee van 'n "developmental state" nog nie duidelik geartikuleer is nie. Terreblanche is ten gunste van 'n "promoverende funksie" vir die staat. Die land het sommer baie werkgeleenthede en hoë ekonomiese groei nodig. Mbeki beaam dié punt. Dis asof ons almal intuïtief weet dat 'n politieke skikkingsproses nie onafhanklik van die ekonomie suksesvol sal kan wees nie, maar huiwerig is om dié kwessie onder 'n té skerp soeklig te plaas. Ek begin vermoed dat daar 'n goeie rede hiervoor is: Dis die een area waaroor ernstige dispute vorentoe kan ontstaan. Selfs binne die ANC. "Blanke vrese" het ook regstreeks daarmee verband gehou. Die protes en verset uit anti-apartheidskringe het nie bloot oor politieke regte gegaan nie, maar ook oor sosiaal-ekonomiese regte – oor politieke én ekonomiese verontregting. Soos Mbeki dit gestel het: "Die stryd gaan nie net oor stemreg nie."

Ek het baie vroeg in die gespreksproses tot die besef gekom dat die kwessie van "blanke vrese", meer as harde ideologiese oortuigings, 'n groot hindernis in die weg van 'n onderhandelde skikking was. En ek het ook aanvaar dat dié kwessie in samewerking met die ANC ontlont sou moes word. Daar is immers 'n bepaalde verband tussen vrede en vrees. Is laasgenoemde hoog, veral binne 'n elite- of etniese groep, is die kanse op 'n vredeskikking nie goed nie. Dis waarom identifiseerbare groepe grondwetlike waarborge soek. Vrees verswak gewoonlik namate daar sterk persepsies ontwikkel dat 'n onderhandelde skikking, en veral die grondwetlike uitkoms daarvan, 'n beter en meer regverdige staatkundige bedeling en politieke proses tot gevolg sal hê.

Die Mells Park-gesprek was 'n politieke kantelpunt. Terreblanche en De Klerk was op hulle beste: goed geartikuleerd, op die man af en krities teenoor die binnelandse én ANC-politiek. Dit was 'n hoëvlakdebat en buitengewoon openhartig. Die drie ANC-ers het ook nie probeer om propagandistiese punte te maak nie. Die bespreking was probleem- en oplossinggeoriënteerd, al het ons géén mandaat in die verband gehad nie. Oor iets anders was daar sterk konsensus: Konferensies binne die openbare domein is belangrik en moet gesteun word. Dis egter nie genoeg of al nie. Openbare konferensies moet ook nie die pogings tot 'n skikkings- en onderhandelingsproses kaap nie. Sterker pro-onderhandelingsteun en steun vir veral die vrylating van politieke gevangenes en die ontbanning van die vryheidsbewegings moet onder invloedryke netwerke, veral in die sakesektor gewerf word. Die ANC was ook beslis: Die organisasie soek nie "outside mediation" (van buitelanders) nie, veral nie van Amerikaners, Britte, Hollanders of Switsers nie. Ons stem almal entoesiasties met die uitkoms van die gesprek saam.

Ek sê later vir Wimpie de Klerk: "Konsensus is nie net 'n droom nie. Dit word 'n werklikheid as mense begin besef daar is groter ideale en belange as eng groepsgeoriënteerde kwessies. Ons praat nie meer as 'vyande' nie, maar as burgers van dieselfde land en dromers oor 'n vrye, nie-rassige Suid-

Afrika." De Klerk antwoord: "Ja. As ons hard werk aan die voorbereiding vir 'n skikking, sal die eintlike proses makliker en selfs vinniger verloop." Ek sê as 'n nagedagte iets waaroor ek in die vliegtuig 'n paar onsamehangende paragrawe skryf: "Willem, dalk sal ons eendag aan PW Botha erkenning moet gee. Dink jy die ANC en veral Thabo Mbeki sou oor onderhandelinge begin praat het as daar wel 'n kans was dat hulle die gewapende stryd kon wen? Het PW en Magnus se Totale Strategie nie dalk tog onbedoeld gewerk nie?" De Klerk antwoord: "Ek sal nie vir ander mense van jou vraag vertel nie." In die vliegtuig kry ek nie my gedagtes hieroor netjies ingespan nie. Ek besef dis nie 'n vraag waarvan ek hou nie.

7
Flittwick: Begrafnis vir apartheid?

Skaars drie maande later, tussen 17 en 19 Desember 1988, vind die vierde byeenkoms van die gespreksgroep in Flittwick, Bedfordshire, plaas. Mbeki, Pahad, Trew, Willem de Klerk, Terreblanche en ekself is weer teenwoordig. Die agenda het by die Flittwick-sessie onbedoeld die patroon van 'n tregterpunt aangeneem. Ons het met die eerste vergadering in 1987 wyd begin. Algaande het die fokus vernou: vrylatings en ontbannings, en prosedures en meganismes om dié doelwitte so te bereik dat die politieke klimaat in die land nie verhit nie. Die fokus word uiteindelik die skep van 'n klimaat bevorderlik vir onderhandeling. Dit word 'n baie intense gesprek, al het ons aanvanklik gekorswel oor die feit dat 16 Desember Geloftedag, vroeër Dingaansdag, in Suid-Afrika was. Pahad het gevra wie Piet Retief en wie Dingaan in ons gesprekgroep verteenwoordig! Ek probeer om korswel met erns te vermeng en sê dat ons gesprek nie oor grond nie, maar oor vrede en versoening vir ál ons land se regmatige burgers gaan.[1]

Ek woon die vergadering in Flittwick by in die wete dat twee pro-ANC-groepe uit Suid-Afrika gedurende Oktober in Lusaka gesprek gaan voer het: verteenwoordigende liggame van die Indiërs en van swart sokkerspelers. In die geval van eersgenoemde word nege punte bespreek: die politieke rol en belang van die ANC om 'n "peaceful and lasting solution" vir die Suid-Afrikaanse krisis te vind. Daarvoor is die ontbanning van die ANC, die vrylating van politieke gevangenes en die opheffing van noodmaatreëls 'n voorwaarde. Daar word ook gepraat oor die gewapende stryd, kommunisme, 'n post-apartheid ekonomie, sanksies, die kulturele boikot, godsdiens, onderwys en munisipale verkiesings. Ek besef: Die meerderheid van die Indiërgemeenskap sal nóóit die driekamerparlement, 'n variasie van apartheid, aanvaar nie. Hulle beskou hulleself as deel van die "verdruktes". Die sokkerspelers deel die verset teen die apartheidstelsel. Selfs rugby en sokker het die rasseverdeeldheid in ons land versimboliseer.

Onderliggend aan die besprekings by Flittwick was 'n onuitgesproke subteks: die begrafnis van apartheid met as voorspel die afskeid van 'n stuksgewyse of inkrementele hervormingsproses. Dit was in die bitter koue omgewing van Flittwick, toe ek op my eie gaan stap om van my frustrasie met die vordering van die gespreksproses ontslae te probeer raak, dat ek vir myself gesê het: Voordat "afskeid van apartheid" geneem kan word, moet daar eers afskeid van stuksgewyse hervorming geneem word. Ek het dié dag, terwyl my ore van die koue gebrand het, doelbewus en berekenend ook van die metafoor "afskeid" afstand gedoen en my aan 'n ander metafoor verbind: "begrafnis".

Die aand toe ons gesellig in 'n kaggelverhitte vertrek verkeer, het ek vir Thabo Mbeki gesê: "Die NP en die ANC, saam met ander rolspelers, moet gesamentlik die begrafnisondernemers van apartheid wees. Dalk sal ons dan begin om mekaar te vertrou." Hy het my aangekyk en gevra: "Jy sê eintlik ons moet 'n oorgangsperiode hê waar ons saam regeer en die een van die ander leer?" Ek het my kop in stomme verbasing geknik. Dit was die eerste keer sover ek kan onthou dat hy van "saam" regeer gepraat het. Dit was nie iets waaraan ek toe gedink het nie. Mbeki, getrou aan sy aard, het saaklik gesê: "Dis iets waaraan ons moet dink. Dit sal jou en Willem (de Klerk) se gedurige verwysing na 'blanke vrese' help beswer." Hy het ironies daaraan toegevoeg: "Maar ons moet natuurlik eers begrafnis hou. Jy kan nie begrafnisreëlings tref as daar nie 'n lyk is nie." Ons het albei aanvaar dat "oorgang" nie die geleidelike *uitfasering* van apartheidsmaatreëls sou behels nie. Dié moes vóór die formele onderhandelingsfase van die oorgangsproses *afgeskaf* word.

Die weke van November 1988 en die daaropvolgende drie weke in Desember was woelige en selfs uitmergelende weke. Ek moes 'n manier vind om tussen einde-van-die-jaar-universiteitsverpligtinge en tussengangersrolle 'n balans – en tyd – te vind. My gesin sien my omtrent nooit nie. Op 28 November 1988 gesels ek met Piet Muller van die tydskrif *Insig*. Hy was een van die eerste joernalistieke Afrikaner-verkenners wat die Lusaka-pad aangedurf het. Nogal 'n werknemer van Nasionale Pers. En soos Piet Cillié dit in een van sy sinies-ironiese oomblikke teenoor my gestel het: "Naas die Bybel en die NG Kerk is Naspers 'n bastion van die Afrikaner." As 'n nagedagte, terwyl ons in sy kantoor in Crozierstraat, Stellenbosch, laatnamiddag 'n brandewyntjie drink: "Jy sal natuurlik sê dit is 'n onheilige drie-eenheid." Sy kantoorgebou was neffens dié van die "filosowe". Bybelkunde het daarna gevolg. Piet Cillié, van wie ek baie geleer het, was 'n meester in ironie. Hy het veral gehou van my storie dat filosofie die balans vorm tussen die Bybel en *Die Burger*.

Piet Muller, wat ek as 'n buitengewoon entoesiastiese mens met baie vergesigte beskou het, help my om nóg beter as vantevore te besef: Stuksgewyse hervorming lê op sy rug. Daar is nóg die tyd nóg die bevrydende visie daarvoor. Wat ons nodig het, is *strukturele verandering, totále transformasie*, die sterfte van apartheid en die geboorte van 'n nuwe bedeling. Ek verstaan hierna Thabo Mbeki se beklemtoning by vorige geleenthede van 'n oorgangsproses anders as vantevore: Nié 'n uitfasering van apartheid nie. Ek ontmoet op Dinsdag, 29 November ook vir Koos Kruger en Hanna Langenhoven vroeg die oggend. Ons praat onder meer oor die beplande gespreksessie van die Consgold-groep in Brittanje. Daar is veral vrae oor die idee van 'n oorgangsproses en wat die ANC moontlik in dié verband op die tafel sou sit indien met onderhandelinge begin word. Kruger soek ook meer inligting oor Margaret Thatcher se houding ten opsigte van Suid-Afrika, die Botha-hervormingsinisiatiewe en veral die kwessie van sanksies. Daar is ook vrae oor haar en president George Bush van die VSA se interaksie oor Suid-Afrika, en of daar hieroor al 'n duidelike prentjie en tendens is.

Fleur de Villiers het op 1 Desember 1988 vyftig jaar oud geword en ek is vir 'n paar dae na Londen om die verjaardagpartytjie by te woon. Twee dae voor my vertrek ontmoet ek Robin Renwick, die Britse ambassadeur in Suid-Afrika, op sy versoek, en ons voer 'n lang en indringende gesprek. Dit word duidelik dat die Britse regering alle geduld met PW Botha verloor het en reeds oor "nuwe bloed" spekuleer. Die kort Londen-besoek bevestig Renwick se kwellinge oor Suid-Afrika. In Thatcher-geledere is daar nog die mening dat die gevolge van omvattende sanksies en disinvestering baie erger sal wees as die onreg waarteen geprotesteer word. Dit sal ook nie tot ingrypende politieke verandering lei nie. Sanksies en disinvestering sal op hul eie nie politieke transformasie en die einde van apartheid bewerkstellig nie. Die Suid-Afrikaanse regering, en veral die ANC as die grootste bevrydingsbeweging, moet aanvaar dat 'n onderhandelde skikking in die beste belang van die land en al sy mense is. Daar is kommer in Thatcher-kringe dat die politieke winste van die Konserwatiewe Party (KP) onder wit Suid-Afrikaanse kiesers in plekke soos Boksburg, Springs en Pietersburg op plaaslike owerheidsvlak tot 'n verharding in swart geledere sal lei.

Die grootste kwelling is egter dat die NP polities rem sal trap om sy ondersteunersbasis te beskerm. Daar word volgens Renwick selfs daaraan gedink dat Britse maatskappye met belange in KP-beheerde gebiede hulle belange beëindig. In Londen, 'n paar dae later, verneem ek 'n soortgelyke mening: "Laat hulle hul eie isolasie kies. Maak 'n voorbeeld van hierdie gebiede. Investeer in stede en dorpe wat apartheidsmaatreëls verontagsaam of verwyder." Vir die eerste keer begin ek wonder of burgerlike ongehoorsaamheid onder Suid-Afrikaanse wit mense, en veral sakelui, nie dalk die aangewese weg is om die apartheidstelsel se rug te help knak nie. Ek verneem ook dat daar "woede" in Whitehall (Londen) was oor die verleentheid wat die Suid-Afrikaanse spioen Olivia Forsyth vir die Britse regering veroorsaak het. Haar kodenaam was Lara, oftewel agent RS407. Ek het die eerste keer van haar by Patrick Fairweather gehoor, vantevore die Britse ambassadeur in Luanda, Angola, en bevorder tot Assistant Under-Secretary of State, Foreign and Commonwealth Office.

Forsyth, wat aan die Universiteit van Rhodes gestudeer het, is deur die Suid-Afrikaanse veiligheidspolisie gewerf. By Rhodes het sy haar as 'n vurige aktivis voorgedoen en linkse organisasies geïnfiltreer, waaronder die National Union of South African Students (Nusas). Sy is na Angola gestuur om die ANC te infiltreer. In 1988 word sy egter uitgevang en beland in 'n ANC-gevangenekamp, waar sy dit swaar gehad het. Sy slaag daarin om te ontsnap en soek skuiling in die Britse ambassade. Dit word 'n yslike verleentheid vir die ambassadeur en vir die Britse regering. Sy is mettertyd met haar pa herenig in Brittanje waar sy haar ook gevestig het. In 'n stadium is beweer dat sy "gedraai" is en vir die ANC begin spioeneer het. Mbeki het dit teenoor my ontken.

Afgesien van die gesprekke in Brittanje, was daar ook ander verskuiwings in die Britse hoofstad wat bevorderlik op 'n onderhandelde skikking ingewerk het. Die Britte se rol in die fasilitering van 'n skikking, moet nie onderskat word nie. Thatcher het byvoorbeeld haar houding teenoor die ANC "aangepas". Terwyl sy vantevore die ANC met die Ierse Republikeinse Leër (IRL) vergelyk het, sê sy teen die einde van 1988 dat dié vergelyking nie gemaak kan word nie. Die lede van die IRL het stemreg. Hulle kan hulle sê by die stembus sê. Die ANC het nie stemreg nie, van sy leiers, soos Nelson Mandela, is nog in die tronk, en die ANC en ander organisasies is verban. Sy dink ook dat president George Bush, wat haar goeie vriend Ronald Reagan opgevolg het, ongelukkig 'n "flexible backbone" oor sanksies en disinvestering as 'n drukmiddel teen Suid-Afrika het. Haar voorheen meer positiewe verhouding met president PW Botha begin al hoe strammer word.

Die RSA se beweerde betrokkenheid by Renamo steek haar dwars in die krop. Selfs die Helderberg-ramp, toe 'n Suid-Afrikaanse Boeing in die see neerstort, laat by haar en haar raadgewers vrae ontstaan wat dui op groeiende wantroue jeens die Botha-regering. In Whitehall word steeds krities standpunt ingeneem teen ANC-geïnspireerde geweld. Stemme dat die ANC 'n politieke organisasie is, word egter in Britse regeringskringe ál harder. Die Britte, soos die Amerikaners en die Russe, was immers in daardie stadium die sterk dryfkragte agter die skikkingsproses in Angola-Namibië. 'n Verkiesing in Namibië was die primêre doelwit, en Swapo – wat sy aan sy met die ANC in Angola teen die Suid-Afrikaanse Weermag geveg het – een van die vernaamste deelnemers. Dit gee die onderhandelingsgesinde ANC 'n stewige politieke en morele inspuiting.

★ ★ ★

Die Flittwick-gespreksessie begin met 'n somberheid wat nie net deur die winterweer veroorsaak word nie. Thabo Mbeki is nie sy ou, gedissiplineerde en saaklike, maar tog vriendelike self nie. Hy lyk nie entoesiasties vir die gesprek nie. Merk half afgetrokke teenoor my op dat hulle (Lusaka, Tambo) besluit het om "nuwe bloed" na die besprekings te bring. Maar ons moet eers privaat en binne die groep indringend oor die vraag praat: Waar staan ons met die gesprekvoering? Mbeki, nie iemand wat groot waarde heg aan sosiale geleenthede en triviale gesprekke nie, is opsigtelik ongeduldig. Hy soek van my tekens oor vordering. Ek beklemtoon weer eens: "Ek is net 'n tussenganger sonder enige mandaat of amptelike status." Hy sê, ietwat geïrriteerd: "Maar jy het wel verwagtings by my geskep. Dis tog logies. En menslik. Ek en Tambo soek duideliker seine. Daar is te veel verwarrende seine." Hy verwys in dié verband na al die "boodskappe" wat hy van Afrikaners by konferensies en seminare kry. Die boodskappe loop egter uit op niks. Al indruk wat hy kry, is dat daar nie meer Afrikanermeningsvormers is wat apartheid steun nie. Maar dis al. Selfs Idasa kry niks konkreets in die rigting van 'n daadwerklike skikkingsproses gefasiliteer nie.

Ek snap onmiddellik die probleem. Besef dat ek ruimte vir verwagtings geskep het toe ek hom van my Pretoria-konneksie vertel het. Verstaan ook dat sy medewete van wat in Angola-Namibië gebeur en die talle ander raakpunte wat hy met leiers en met Suid-Afrikaners soos Idasa, Rosenthal, lede van die Suid-Afrikaanse Rugbyraad, joernaliste en akademici het, noodwendig verwagtings skep. Maar dat die eintlike verwagting in sy kop informele kontak met amptelike verteenwoordigers van die Suid-Afrikaanse regering is. Hy weet dis waar die eintlike sleutel lê, en hy soek duidelike aanwysers dat dié kontakproses besig is om in plek te kom. Ons praat daaroor en kom ooreen dat dit ook in die groepsessie bespreek moet word, sonder om detail te gee. Dis immers in dié tyd dat Nelson Mandela na die Victor Verster-gevangenis verhuis en 'n goed toegeruste woning, deur Niel Barnard se mense ingerig, kry.

Die verdere gesprek by Flittwick verloop op 'n deurslaggewende noot: Dit het géén amptelike status nie. Dis blote gespreksvoering en nie onderhandeling nie. Niemand het enige mandaat namens 'n organisasie of, in die geval van die Afrikaners, 'n ondersteunende minister of staatsdepartement nie. In 'n stadium kom ek in die versoeking om die gespreksgroep volledig in my vertroue te neem. Gedagtig aan Fleur de Villiers se advies aan my, besluit ek egter dis nog nie die geleë oomblik nie. Wanneer so 'n "geleë oomblik" hom wel voordoen, is nooit aan duidelik omskrewe reëls onderhewig nie. Dit berus op 'n subjektiewe evaluering van die situasie, die ooreengekome doelwitte van die hoofrolspelers en veral die kwaliteit van die vertrouensverhouding wat tussen al die deelnemers bestaan.

Die partye tot die gesprek bereik by Flittwick verdere eenstemmigheid: Dit is die moeite werd om die gesprek te voer. Gesprekvoering is die voordeur tot moontlike formele onderhandelingsprosesse. Mbeki meen ook dat die gespreksgenote ten minste "twee nuwe gesigte" na die volgende ronde moet nooi. Hy voel baie sterk dat meer moeite gedoen moet word om 'n onderhandelingsklimaat te skep, soos onder meer deur politieke gevangenes vry te laat, die bevrydingsbewegings en binnelandse organisasies te ontban en vordering met die uitruil van gevangenes te maak. Ons, die Afrikaners, steun hom baie entoesiasties. Ek dink by myself: "Hoe sterk is die druk uit Moskou vanaf president Gorbatsjof in dié verband? Werk Thatcher, Kohl en die Russiese president dalk saam?" Mbeki verwys later na 'n ontmoeting tussen hom, Tambo en Gorbatsjof.

Tydens die oggendtee op die eerste dag trek Mbeki my eenkant toe en sê: "Het jy opgemerk dat daar 'n afname in geweldsaksies in Suid-Afrika is? Dit was 'n regstreekse opdrag uit Lusaka. Ons is besig om weer beheer te kry. Dra dit asseblief aan Pretoria oor." My hart gaan uit na Mbeki. Hy lyk vir die eerste keer ietwat weerloos, so asof hy homself wil oortuig, maar bevestiging by my soek. Ek besef: Ons twee het mekaar nodig. Ons is op 'n bepaalde manier interafhanklik. Die twee van ons ontdek, sonder dat ons sentimenteel daaroor is, dat ons nie as "vreemdelinge" teenoor mekaar staan nie, maar as vennote in 'n gemeenskaplike toekomsdroom oor vrede.

Die onvergenoegdheid vanuit ANC-geledere tydens die eerste fase van die gespreksessie het met ander kwessies verband gehou: Die "klein dividend" wat "Dok" Danie Craven van die Suid-Afrikaanse Rugbyraad se ontmoeting met die ANC opgelewer het; die swak reaksie op Idasa se Leverkusenberaad saam met Russiese kundiges; die mislukking van 'n "buitelandse regering se pogings om kontak tussen Lusaka en Pretoria te bewerkstellig". Dié ervarings was voorbeelde van gefrustreerde verwagtings, en ook 'n illustrasie van die ANC se onderhandelingsgesindes se begeerte om 'n deurbraak in die rigting van amptelike onderhandelinge te maak. Mbeki se verwysing na 'n "buitelandse regering" het betrekking gehad op die Rosenthal-Switserland-projek. Hy het dié projek met 'n mate van erns en hoop bejeën. Rosenthal was teen dié tyd al desperaat. Vas oortuig dat hy 'n mandaat van Botha en Stoffel van der Merwe het, wou hy nou vir Niel Barnard ontmoet. Hy laat selfs boodskappe by Barnard se kantoor. Twee lede van die NI ontmoet hom, Mike Kuhn eers alleen, en later ook saam met Koos Kruger. Rosenthal het gehoop dat hy Botha persoonlik kon ontmoet deur middel van Barnard. Hy berei 'n memorandum voor wat hy aan Botha wil voorlê. Dié memorandum is vroeg in November 1988 gereed, en hy en Kuhn reël 'n ontmoeting in die Holiday Inn, Arcadia, Pretoria.

Dit word materiaal vir 'n spioenasieverhaal! Rosenthal tref elke moontlike voorsorgmaatreël ingeval daar dalk iets met hom gebeur. Hy ontmoet die Switserse ambassadeur en lig hom in. Hy verskaf ook afskrifte van sy memorandum, waarin hy die projek uiteensit, aan Stoffel van der Merwe. Dié is natuurlik hoogs bekommerd oor wat dit alles vir sy eie toekoms inhou. Dit was immers hy wat iets aan die gang gesit het waarvoor hy nie werklik 'n mandaat gehad het nie. Hoe dit ook al sy, Kuhn en Kruger ontmoet Rosenthal in die hotelkamer. Die Switsers, opgewonde oor die sleutelrol wat hulle verwag om te speel, praat met Rosenthal vroeg in Desember 1988. Nog steeds oortuig dat hy (Rosenthal) 'n soort mandaat van PW Botha gekry het, al was dit deur Stoffel van der Merwe, is selfs die Switsers oortuig dat hulle hier inisiatief moet neem om die onderhandelingsproses aan die gang te kry. Rosenthal was ook baie bemoedig deur 'n brief wat die administratiewe sekretaris van Botha se kantoor op 11 November 1988 in antwoord op sy eie brief van 3 November 1988 en sy memorandum geskryf het. Daarin word gesê dat Botha ongelukkig te besig is om hom te woord te staan, maar dat hy met Stoffel van der Merwe moet skakel.

Of Botha ooit hierdie brief van die administratiewe sekretaris en ook Rosenthal se brief en memorandum onder oë gehad het, is hoogs te betwyfel. Dis eerder moontlik dat hier sprake was van verwarring, of dalk doelbewuste misleiding om watter redes ook al. Rosenthal en die Switsers het egter rede gehad om te dink hulle staan op die drumpel van 'n groot historiese oomblik. Barnard gryp op 6 Desember 1988 in die politieke fiasko in. Hy skryf dat hy Rosenthal se interessante dokument gelees het en kennis geneem het van die Staatspresident se brief van 11 November 1988. Hy waardeer Rosenthal se kwellings en sy pogings om iets aan 'n baie delikate kwessie te doen. Maar, skryf Barnard, "ek moet u vra om verdere aksies te vermy en die oordeel en vermoëns van die relevante amptelike instellings te vertrou". Toe ek later van hierdie verwikkelinge verneem, verstaan ek Mbeki se onbehae tydens ons byeenkoms.

★ ★ ★

Thabo Mbeki het privaat aan my 'n ander kwessie genoem wat hom onbehaaglik gemaak het: die uitruiling van gevangenes. Op die terrein buite die sentrum, terwyl dit bitter koud en triestig was, het hy my breedvoerig oor die lot wat die spioen Odile Harrington getref het, ingelig. Odile Harrington is rondom 1986 as 'n agent vir die veiligheidspolisie gewerf. Haar pa was 'n dokter en haar ma 'n kunstenares. Sy was naïef, maar ook avontuurlik. Na haar opleiding word sy na Zimbabwe gestuur van waar sy die ANC moet infiltreer. Sy meld haar as 'n politieke vlugteling aan en word in 'n veilige of deurgangshuis geplaas waar sy dopgehou word ten einde vas te stel of haar motiewe eg is. Sy doen 'n paar dom dinge, soos byvoorbeeld om in 'n posbus naby die huis briewe aan haar "hanteerder" in Suid-Afrika te pos. Sy word uitgevang en beland in 'n Zimbabwiese tronk waar sy uiterste vorme van vernedering ervaar.

Dit was een van die talle kere waar Mbeki sy hart gewys het. Ek was bitter ontsteld oor die menslike wandaad wat die veiligheidsdienste van Suid-Afrika én Zimbabwe dié naïewe mens aangedoen het en is met 'n ongekende mengsel van woede en walging vervul. As ek nou daaraan terugdink, raak ek van vooraf ontsteld, ook vanweë my onmag om iets daaraan te kon gedoen het. Mbeki het my gevra: "Kan jy iets doen? President Robert Mugabe het persoonlik hiervan kennis geneem. Daar is ook drie ander spioene wat in Zimbabwe die doodstraf gekry het. En dan is daar in Suid-Afrika ook die McBride-geval. As 'buigsaamheid' seëvier, kan ons dalk tot aanvaarbare reëlings kom." Mbeki, baie ontsteld, sê: "Dis 'n saak waaraan ons gesamentlik iets kan doen. Mugabe is bereid om haar en 'n paar ander vry te laat as Suid-Afrika die radiosender in die noorde van Transvaal wat anti-Mugabe propaganda na Zimbabwiërs uitsaai, sluit." Ek doen navraag daaroor, vir maande lank, maar sonder enige sukses. Selfs ministeriële hooggeplaastes weet nie van so 'n radiostasie nie. Baie maande later, met behulp van Mof Terreblanche – 'n latere gespreksgenoot – blyk dit dat daar wel so 'n sender is. Ministers is doelbewus hieroor in die duister gehou sodat hulle die moontlikheid van ontkenning gehad het en kon sê: "Ons het nie geweet nie," 'n tipiese maneuver in totalitêre state waar aanspreeklikheid noodwendig op baie losse skroewe staan. Ek maak van die Harrington-tragedie 'n baie persoonlike saak. Sy is, so sê ek vir Koos Kruger, vir die wolwe gegooi. "En nou ontken hulle alle morele en politieke verantwoordelikheid. Dis 'n skande en 'n klad op my naam." Kruger spreek my op my kodenaam aan: "Gert, jy moet jou hiervan losmaak. Jy ken nie die veiligheidspolisie nie. Daar is groter dinge waaraan jy aandag moet gee." Ek luister nie na hom nie en gaan gedurende 1989 voort om saam met Mbeki iets aan haar situasie te probeer doen.

President FW de Klerk was uiteindelik instrumenteel om Harrington se situasie te help beredder.

★ ★ ★

Ons praat tydens die gespreksessie indringend oor die politieke situasie in Suid-Afrika. Die sogenaamde munisipale verkiesings (Oktober) was toe net agter die rug. Daar was ook die moontlikheid van 'n nuwe party (die DP) en heelwat publisiteit oor die gebeure rondom die Delmas-verhoor. Die verhoor het in Oktober 1985 begin en eers in November 1988 tot 'n einde gekom. "Terror" Lekota en Popo Molefe van die UDF was van die leiers wat aangekla is dat hulle die staat met geweld wou omverwerp en dat hulle surrogate van die ANC is. Hulle skuldigbevinding word 'n jaar later op grond van 'n tegniese probleem ter syde gestel. Dan was daar ook die versagting van die Sharpeville Ses se vonnis. Soos te verstane, is die ANC-gespreksgenote opgewonde oor die moontlikheid van 'n nuwe party. Die ANC-lede het egter nie 'n hoë dunk van Denis Worrall nie. Hulle reken hy is 'n pragvoorbeeld van 'n politieke opportunis. Hy het, sê Mbeki, 'n paar weke voor ons vergadering in Londen met die ANC probeer kontak maak. Die ANC wou hom egter nie ontmoet nie. "Too liberal and English," sê Pahad. Esther Lategan en Wynand Malan word hoog aangeslaan. Maar nie die PFP nie. Dis 'n "sameswering met groot kapitaal", sê Trew met 'n skewe glimlag. Die volgende jaar, in April 1989, verdwyn die PFP en word die Demokratiese Party (DP) gebore.

Thabo Mbeki werp tydens ons vergadering 'n teerling: Sal die te stigte party, indien dit parlementêre verteenwoordiging verkry, die saak van buiteparlementêre opposisie in die parlement stel? Sal dit met parlementêre privilegie sê wat Cosatu en die ANC dink? En byvoorbeeld die grondwetlike riglyne soos deur die ANC aanvaar, in parlementêre debatte ter sprake bring? Terwyl hy na Willem de Klerk kyk, vra hy: "Sal die nuwe party bloot 'sisteem-politiek' bedryf, of sal dit bydra om die 'politiek van die bevrydingstryd' te bevorder?" Ons Afrikaners weet nie eintlik wat om te sê nie. Willem de Klerk wend 'n poging tot 'n afleidingsmaneuver aan en verwys na die regering se idee van 'n meer inklusiewe "Nasionale Forum" waarby swart mense betrek sal word. Die normaalweg besadigde en rasionele Thabo Mbeki klink verergd. Hy reken so 'n forum bestaan reeds: die buiteparlementêre opposisie. Pleks van 'n forum behoort progressiewe wit mense die bestaande buiteparlementêre bewegings te steun. Mbeki en sy makkers lyk hierna nie beïndruk met die vooruitsigte van die te stigte nuwe party nie. Hy sê privaat aan my: "Pretoria is die instansie met wie die ANC sal moet praat."

Die NI was altyd baie geïnteresseerd in wat die *profiel* van die ANC-gespreksgenote genoem is: hulle persoonlike karaktertrekke, die sake waaroor hulle sterk voel, gewoontes en veral redeneervermoë. Ek hou by die Flittwick-vergadering vir Thabo Mbeki baie goed dop. Hy is 'n goeie luisteraar en dink voor hy reageer. Aziz Pahad is meer spontaan. Praat ook met sy hande, veral wanneer ons informeel bymekaarkom rondom goeie Skotse whiskey en Suid-Afrikaanse wyn. Gedurende die formele vergaderings luister Mbeki aandagtig en maak, soos ek, aantekeninge. Voordat hy praat, stop hy sy pyp. Dis 'n ritueel wat soms 'n hele paar minute neem. Ek besef gou dis enersyds bedoel om sy gedagtes netjies en logies agter mekaar te sit en andersyds om die gespreksgenote se volle aandag te kry. Ons sit gewoonlik gespanne en kyk hoe hy tydsaam en sorgvuldig sy pyp stop. Almal weet dat wat hy gaan sê, gesaghebbend binne die breë verband van ANC-denke en ANC-beleid sal wees. Hy praat beredeneerd en baie logies. Breek dwarsdeur al die woorde wat ons in die soms wydlopig gesprekke gebruik het en gee die kern daarvan weer. Hy gee ook sy menings, altyd in terme van ANC-denke, ANC-beleidstukke en heersende internasionale denkrigtings. Word hy in die rede geval, luister hy geduldig en vervat daarna sy argument waar hy onderbreek is. Hy drink ook sy whiskey soos hy sy pyp stop: stadig en tydsaam; ritualisties.

Mbeki en Pahad lig ons by die geleentheid breedvoerig in oor pogings die afgelope twee jaar (1987-1988) om strategiese duidelikheid te kry oor die "broadening of the opposition against apartheid". Gesprekke hieroor vind met kerkleiers, gemeenskapsleiers, vakbondleiers, akademici en sakelui plaas. Twee vrae word gedebatteer:

- Hoe breed is breed? Moet dit byvoorbeeld ook Inkatha en sy leier, Mangosuthu Buthelezi, insluit? Dié organisasie word nog nie as aanvaarbaar beskou nie. Goeie skakeling en samewerking vind met Enos Mabuza en sy party plaas. Hy word reeds aanvaar as deel van die breë opposisie teen apartheid.
- Moet partye in die parlement, wat aan die politieke sisteem deelneem, ook ingesluit word? Moet daar nie selektief aan die stelsel deelgeneem word om dit van binne af te ondermyn nie? Dit onwerksaam te maak? Kan besigheidsorganisasies dalk gemobiliseer word, soos die Consultative Business Movement (CBM) van mense soos Christo Nel?

Daar is rondom dié vrae 'n breed-opgesette konferensie in Suid-Afrika beplan, maar dié beplande byeenkoms kon nie deurgaan nie. Dis onmoontlik gemaak deur die verbannings en beperkings op verskeie organisasies. Pahad meld dat daar nou gekyk word na die rol wat kerke kan speel. Hy kyk my met groot erns aan en vra: "Dink jy die NG Kerk sal 'n rol kan speel?" Ek, Sampie Terreblanche en Willem de Klerk kyk hom in stomme verbasing aan. De Klerk sê: "Wel, ek is gelukkig nie 'n lid van die NG Kerk nie."[2]

Thabo Mbeki was tydens die gesprekke nooit anti-Afrikaner nie. Hy het aanvaar dat die bemiddelings- en onderhandelingsproses primêr iets was wat tussen die ANC en die Afrikaner-regime moes plaasvind. Sy tweede droom was: Hoe kan die ANC en die Afrikaner met mekaar saamwerk om 'n nuwe Suid-Afrika te bou en van armoede ontslae te raak?

Hy het oor die kwessie van armoede en sosio-ekonomiese (rasse) ongelykhede 'n verstaanbare obsessie gehad. Dit was vir hom die vernaamste struikelblok op die pad na blywende versoening en vrede. Ek het hom gesteun in sy latere "tweenasie-toespraak", die een wit en ryk, die ander een swart en arm. By Flittwick het hy privaat aan my gesê: "Die teenstelling is die eintlike probleem. As ons dit nie eendag op 'n aanvaarbare wyse kan hanteer nie, sal swart mense, as hulle oor politieke mag beskik, énige manier vind om ook toegang tot welvaart te kry." Hy het by dié geleentheid ook iets aan my gesê wat my baie nagte laat rondrol het: "Bevryding van 'n diktatorskap bring noodwendig ook korrupsie mee. Suid-Afrika se bevryding sal deur korrupsie geteister word. Mense wat onderdruk en ekonomies benadeel is, redeneer dat hulle in die verlede baie verloor het. Daarom dink hulle hulle het 'n reg om 'op te maak'." Later het hy hierop voortgeborduur en na Afrika-state verwys waarvan die elite ná vrywording van kolonialisme hulleself ten koste van die armes verryk het. "Suid-Afrika," so het hy met drif in sy stem gesê, "moet dit ten alle koste verhoed as die land die dag vry word: Selfverryking en korrupsie sal verraad wees teen dit waarvoor die ANC gestry het. Maar hoe gaan ons in 'n demokratiese staat rykdom herverdeel en die agterstande wat apartheid geskep het, progressief uitwis?" Ek het hom 'n antwoord skuldig gebly. Dié gesprek het in kiemsel iets teenwoordig gehad wat jare later 'n ernstige krisis veroorsaak het: regstellende aksie en die ekonomiese bemagtiging van benadeelde (swart) mense.

Dominant in die gesprek by Flittwick was weer eens die kwessie van Nelson Mandela en ander politieke gevangenes se vrylating. Dit word hierdie keer nie net in verband gebring met die ontbanning van alle vryheidsbewegings nie, maar ook met die kwessie van geweld as middel om politieke doelwitte te bereik. Die Afrikanergespreksgenote verneem die eerste keer van die moontlikheid van 'n "tydelike opskorting van die geweldsopsie". Willem de Klerk kan nie sy opgewondenheid hieroor verberg nie. Mbeki sê, ietwat vaag, dat daar dalk in Januarie 1989 iets in dié verband deur die ANC gesê kan word. Ek sê vir myself: Michail Gorbatsjof se "sein" is opgevang. Sonder sy samewerking is die ANC verlore. En ek sê ook vir myself: As die gevange leierskorps van die ANC en ander organisasies eers vrygelaat is, kan die geweldskwessie ook hanteer word. Die sleutel is: vrylating van politieke gevangenes en ontbannings.

Ek praat privaat met Thabo Mbeki daaroor. Hy stem volmondig saam en vra my: "Sal jy dit aan Barnard rapporteer?" Ek sê: "Ek is net 'n tussenganger. As jy sê ek kan so 'n boodskap oordra, doen ek dit." Hy sê: "Doen dit." Toe ek met Koos Kruger hieroor praat, sê hy: "Dis tog duidelik dat die ANC hiermee binnelandse en buitelandse druk op die Botha-regering om politieke gevangenes vry te laat, wil verskerp. Die bal is daarom in die Botha-regering se hande." Ek sê: "Ja. Dis onafwendbaar. Die vraag is nie óf nie. Die vraag is wannéér." Kruger vra my waarom ek so dink. Ek huiwer om hom te vertel. Thabo Mbeki het my persoonlik iets meegedeel wat ek aanvaar het bloot 'n spekulatiewe moontlikheid was. Hy het nie gesê dis vertroulik nie. Die ANC het oorweeg om teen die einde van 1989 'n soort PBO (Palestynse Bevrydingsorganisasie) strategie teen "Pretoria" te probeer, hom ten gunste van onderhandeling te verklaar en terrorisme as 'n manier om politieke doelwitte te bereik af te wys. Die ANC sal hierna 'n vredeskonferensie met "Pretoria" vra en Angola-Namibië as 'n voorbeeld gebruik. Die Britte, Amerikaners, Russe, Duitsland en Frankryk sal dit steun en verdere druk op Suid-Afrika uitoefen. Mbeki voeg daaraan toe: "Die Britte en lande van die Europese Ekonomiese Gemeenskap is reeds besig om met verteenwoordigers van die PBO te praat. Dis deel van 'n proses om die PBO te legitimeer."

Ek kyk hom in stomme verbasing aan. Sê: "Ek glo jou nie." Hy antwoord onemosioneel: "Die ANC sal tussen 1989 en 1990 sterker internasionale legitimering as bevrydingsorganisasie kry. Die Angola-Namibië-skikking maak dit onafwendbaar. Dié onderhandelinge het apartheid gekelder. Sê vir jou kontakte: Hoe gouer ons praat, hoe beter." Ek bly skepties. Op 'n ietwat vaderlike wyse sê Mbeki: "Die ANC se vernaamste troefkaart is nie die gewapende stryd nie. Dis die politieke stryd – internasionaal en nasionaal. PW en Magnus kan nie wen nie. Al moet ons ons militêre kampe uit Angola skuif, sal dit géén uitwerking op die politieke stryd hê nie. Die Nkomati-verdrag met Mosambiek was slegs 'n tydelike politieke en militêre terugslag vir die gewapende stryd. Ons het ander toegangsweë gevind. Jy kan nie die vryheidsdroom in die tronk stop of met kanonne stukkend skiet nie. Het jy nie Gramsci gelees nie?" Ek sê met 'n uitdrukking van magteloosheid: "Ek hoor wat jy sê. En ek ken Gramsci, die Italiaanse kommunis wie se idees nie saam met hom in 'n tronksel opgesluit is nie." Ek dink ek boul hom uit: "As 'n verligte Afrikaner sluit ek my by Gramsci aan. Ons verligtes weet waaroor mag en kulturele hegemonie gaan. Dis tyd dat jy meer aandag aan die Afrikanernasionaliste as die liberaliste gee." Hy lag. "Dis presies wat ek doen. Ek weet dis met hulle wat ek dalk eendag sal moet onderhandel." Hy troef my: "Die Botha-regering soek op verkeerde plekke aanneemlikheid, soos PW Botha se besoek aan president Mobuto van Zaïre."

Ná die besoek het Mobuto probeer om Oliver Tambo te spreek. Hy was selfs bereid om na Lusaka te reis om die ontmoeting met Botha te verduidelik. Mobuto wou graag as bemiddelaar tussen Botha en die ANC optree. Tambo het egter geweier om Mobuto te woord te staan. PW Botha se staatsbesoek aan Zaïre was 'n politieke foefie. Mbeki, nie iemand wat met baie woorde speel om welwillendheid te veins nie, sê: "Afrika en die ANC het reeds 'n vetoreg oor wat in Suid-Afrika kan en moet gebeur. Daar is eintlik nie veel wat jou regering meer kan doen om uit die wurggreep waarin apartheid julle geplaas het, te kom nie. PW Botha weet dit. Hy wil egter nie die enigste hek uit sy dilemma raaksien én dit wyd oopmaak nie. Dié hek is die vrylating van alle politieke gevangenes en die ontbanning van vryheidsbewegings. Is jy bereid om dié boodskap sterk aan Nasionale Intelligensie oor te dra?" Ek laat blyk dat ek entoesiasties oor dié boodskap is. Dis immers reeds so oorgedra.

In die gespreksessie word een ding baie duidelik: Die ANC is vollédig ingelig oor álle interaksie tussen die Suid-Afrikaanse staat en lande in Afrika. Willem de Klerk sê half wanhopig: "Maar dink julle julle is die arbiter oor Suid-Afrikaanse aangeleenthede?" Pahad vra: "Waarom nie?" Mbeki kom hierna vorendag met 'n fassinerende storie wat ons, die drie Afrikaners, met politieke bomskok laat. "Die Britse Hoë Kommissaris in Lusaka en die ANC-leierskorps is in gesprek met mekaar. Boodskappe word reeds tussen Lusaka en Londen gestuur. Die ANC-verteenwoordiger in Londen sal op 'n keer ons gespreksgroep bywoon. Daar het reeds skakeling tussen hom en 'n senior Britse amptenaar plaasgevind." Ek vermoed later dit was my goeie vriend Patrick Fairweather. Dit is nie as "amptelik" beskou nie. Die verduidelikende frase wat gebruik is, was "functional to the interests of the relevant parties". Dié uitreikingsaksies het 'n belangrike motief:

Margaret Thatcher wil graag haar politieke loopbaan met 'n betekenisvolle bydrae in Suidelike Afrika afsluit, soos om 'n skikkingsproses in Suid-Afrika te help bevorder. Sy voel veral sterk oor die vrylating van Nelson Mandela. Trouens, daar word gesê: "She has passed this stage and is looking beyond the release of Mandela." Sy het selfs na aanleiding van haar frustrasies met PW Botha se halsstarrigheid gesê: "All degrees of patience with the RSA have been exhausted." En sy was in daardie stadium besig om haar voor te berei vir 'n reis na die frontliniestate. Sy het egter toe nog geweier om Oliver Tambo te ontmoet en was ook ongeneë om Suid-Afrika te besoek.

In die Flittwick-gesprek het dit vanuit ANC-geledere duidelik geword dat die internasionale konsensus ten gunste van die afskaffing van apartheid 'n hoogtepunt bereik het. Dié persepsie het natuurlik die ANC-verteenwoordigers baie selfvertroue gegee. Die Afrikanergespreksgenote was nie soseer op die agtervoet nie, maar eerder onseker oor hoe en wanneer aan die konsensus uitvoering gegee moes/kon word. Ons vernaamste argument was die kwessie van "blanke vrese", die aard van die oorgangsproses en kwessies soos regstellende aksie. Laasgenoemde was vir die ANC-verteenwoordigers 'n ononderhandelbare gegewe. Die Afrikanergespreksgenote het dit gesteun, maar veral die "hoe" daarvan beklemtoon. Die Flittwick-byeenkoms het vir my, Willem de Klerk en Sampie Terreblanche, toe ons daaroor nabetragting hou, één baie spesifieke kwessie binne internasionale verband na vore gebring: "The only way in which international recognition can come is on the back of majority rule," soos Mbeki dit opgesom het. Dié posisie was baie ver verwyderd van die Botha-regering en sy wit ondersteunerskorps. Möller Dippenaar het tydens een van ons gesprekke die geldige punt gemaak: "Die Botha-regering kan tog nie die vrylating van Nelson Mandela en ander politieke gevangenes oorweeg, en die ANC en ander organisasies ontban, as daar nie 'n redelike konsensus is oor die politieke pad vorentoe nie. PW Botha en sy party sal nóóit tot swart meerderheidsregering instem nie."

Hoe om die vrylatings- en ontbanningsproses te ontkoppel van 'n voorskriftelikheid ten aansien van die grondwetlike onderhandelingsproses, soos byvoorbeeld die vóóraf afwysing van die idee van swart meerderheidsregering, was hiermee op die tafel. Terreblanche was (profeties) in die kol: "PW Botha sal eers moet waai." Die idee van 'n swart meerderheidsregering in Suid-Afrika is teen 1988 in hoofstede soos Londen, Bonn, Parys en Washington aanvaar. Dit moes nog net in Pretoria aanvaar word.

In Londen en Washington is daar onomwonde gesê dat as Namibië onafhanklik is "under a Swapo-controlled government", dit die finale skrif aan die muur vir die "Botha/Heunis ethnic experiment" sou wees. Patrick Fairweather het dit duidelik gestel dat daar net op dié onafhanklikheidswording gewag is om op die "pressure points" in Suid-Afrika te begin druk. Thatcher, met haar sterk pro-Mosambiek-standpunt, was veral ontstoke oor Britse intelligensieverslae wat die Suid-Afrikaanse Weermag se betrokkenheid by Renamo bevestig het. Haar vraag, wat ek aan die NI deurgegee het, was kort en kragtig: "Sal Magnus Malan nie ook Resolusie 435 oor Namibië sónder PW Botha se medewete probeer saboteer soos wat hy en sy valke die Nkomati-akkoord saboteer nie?" Dié vraag het die fokus baie skerp gerig op die wil en vermoë van die Suid-Afrikaanse regering om ooreenkomste na te kom.

Ná die Flittwick-vergadering ontmoet ek, Mbeki en Pahad in Londen, saam met Terreblanche, vir Annemarie en my tienerdogter Liza in die woonstel wat Fleur de Villiers vir ons gereël het. Mbeki voer 'n lang gesprek met my dogter, wat aanvanklik gereserveerd was, maar mettertyd ontdooi. Ná sy vertrek sê sy: "Maar Thabo Mbeki kan tog nie 'n terroris wees nie? In *Die Burger* word ANC-terroriste voorgestel as swart mans met dik lippe, messe, handgranate en gewere. Hy is nie so nie. Hy is netjies, en hy praat met my oor wiskunde." Ek verstaan vir die eerste keer hoe koerante persepsies "skep". Liza het nóóit met haar beste vriendinne oor dié historiese ontmoeting gepraat nie, uit vrees dat sy in haar skool benadeel sou word. Mbeki vra ook vir Annemarie, wat 'n entoesiastiese ondersteuner en werker van die Onafhanklike Beweging was, of sy by die nuwe te stigte party gaan aansluit. Sy sê: "Nee, ek gaan by die ANC aansluit." Mbeki reageer vinnig: "Jy moet dit nie doen nie. Dit sal nie in Willie se belang wees nie."

★ ★ ★

Die Rosenthal-affère was teen die einde van 1988 nog nie uitgesorteer nie. Thabo Mbeki het tydens ons vergadering privaat net sydelings daarna verwys en ook Van Zyl Slabbert se naam genoem. Ek lei af dat hy en Slabbert oor die Rosenthal-Switserland-inisiatief gepraat het en dat my naam ook ter sprake gekom het. Ek vra hom egter nie uit nie. Slabbert was, volgens Rosenthal, baie positief oor die inisiatief. Hy was in daardie stadium bewus van die Afrikaner-ANC-gespreksgroep se aktiwiteite en het Mbeki selfs gepols oor die moontlikheid dat dié inisiatief met die Rosenthal-Switserland-inisiatief saamgesmelt kon word. Ek was stom van verbasing toe ek dit hoor. Dit het vermoedelik verband gehou met die wanpersepsie dat die Rosenthal-Switserland-inisiatief amptelike sanksie gehad het. Rosenthal het Slabbert volledig oor sy inisiatief ingelig gehou. Rosenthal, steeds oortuig dat hy 'n mandaat het vir wat hy doen, en entoesiasties gesteun deur die goedgelowige Switsers, skryf op 14 Desember 1988 'n lang brief aan PW Botha. Daarin verwys hy ook na die Switserse regering se bereidwilligheid om in Switserland 'n vergaderplek vir 'n geheime ontmoeting tussen regeringsverteenwoordigers en ANC-lede te voorsien. Dié ontmoeting moes verkieslik voor die einde van Januarie plaasvind, aldus die Switsers. Die ANC, so skryf Rosenthal, is bereid om so 'n ontmoeting by te woon. Daar was net 'n paar vrae wat hulle graag beantwoord wou hê, waaronder aanduiding dat die byeenkoms met erns bejeën sou word en moontlike agendapunte.

Dis toe dat Niel Barnard besluit: Genoeg is genoeg. Barnard, nie iemand wat doekies om woorde draai as hy reken vriendelikheid werk nie, skryf op 19 Januarie 1989 aan Rosenthal 'n egte brander. Hy verwys na sy vorige brief waarin hy Rosenthal op 'n "ordentlike" wyse versoek het om hom van verdere aksies te weerhou. Ten spyte daarvan, skryf Barnard, gaan Rosenthal voort met sy "inopportune initiative". Rosenthal noem selfs die name van die persone in die NI wat met hom gepraat het as motivering vir dit wat hy doen, maak Barnard beswaar. Barnard sê: "Ek het geen ander keuse as om baie reguit te reageer nie. Die aangeleentheid wat ter sprake is, is te delikaat en kompleks dat die regering dit deur derde partye sal hanteer." [Vertaal.] Toe kom die doodskoot vir die Rosenthal-Switserland-inisiatief: Veral nie met die "connivance of a foreign power" nie.

Dat die Switserse regering die Rosenthal-Van der Merwe-storie geglo en selfs teikendatums gestel het, is een van die merkwaardigste politieke en strategiese misrekenings van die tagtigerjare. Dieselfde geld vir Thabo Mbeki en Van Zyl Slabbert. Al verduideliking wat ek kon vind, was die mismoedigheid en magteloosheid wat baie rolspelers gedurende die tagtigerjare ervaar het. Strooihalms is vir politieke reddingsboeie aangesien. Die Switserse kontakte was by wyse van spreke met hulle broeke op die knieë. Die NI – en hiervoor moet Barnard krediet kry – het nie hieruit enige munt probeer slaan of vir PW Botha op hulle of selfs Stoffel van der Merwe losgelaat nie. Daar was belangriker sake op die agenda.

Barnard en die NI was sterk gekant teen wat hy soms "burgerlike diplomasie" genoem het: pogings van instellings, organisasies en mense uit die burgerlike samelewing om die staat en die ANC in kontak met mekaar te bring en aan die praat te kry. Dis as "inmenging" en 'n "irritasie" beskou. Waarteen Barnard en die NI dit gehad het, was nie openbare debat of selfs kontak nie. Dit was eerder, soos Koos Kruger dit eenkeer gestel het, die "arrogante aanspraak" dat "selfaangestelde organisasies en leiers" as "tussengangers" tussen die staat en "revolusionêre" kan en behoort op te tree.

Dis waarom een van die eerste "ooreenkomste" wat die NI en die ANC-verteenwoordigers gedurende hulle vertroulike Switserse gesprekke (12 September 1989) aangegaan het, oor die uitskakeling van persone en instansies "buite" die informele én formele skikkingsproses gegaan het. In die geval van die konflik in Suid-Afrika was daar géén kans of selfs geleentheid vir buitepartye om die Suid-Afrikaanse regering na die onderhandelingstafel te bring of te dwing nie. Daar is natuurlik druk uitgeoefen, maar sonder regstreekse bemiddeling. Dieselfde het vir die ANC gegeld, behalwe natuurlik dat die druk vanuit Moskou baie doeltreffend was. Toe die Suid-Afrikaanse regering en die ANC uiteindelik besluit om te skik, het hulle die ander, kleiner spelers in die dinamika en trekkrag van die ontvouende proses ingetrek – sommige al spartelend. Die twee hoofpartye tot die konflik, die regering en die ANC, wou egter álle fasette van die skikkingsproses beheer. Hulle het dit ook reggekry.

★ ★ ★

In die vliegtuig terug na Suid-Afrika dink ek oor ons byeenkoms en word weer eens bewus van die simboliese betekenis wat 16 Desember vir Afrikaners het. Ek het talle kere oor die hele die land en selfs tot in Suidwes-Afrika (Namibië) by herdenkingsvierings opgetree en die diep emosies waargeneem wat dié dag opgeroep het. Ek wonder oor iets wat my baie ontstel het: Het ons enige vordering gemaak sedert die grensoorloë en my voorgeslagte se lang en moeisame trek op soek na lewenskanse en vryheid? Sal ons ooit die storie agter Geloftedag en agter die Voortrekkermonument so in die psige van 'n apartheidlose vaderland kan integreer dat dit nie politieke verdeeldheid in die hand werk nie? Ek neem my voor om Mbeki te vra wat hy van Afrikanermonumente soos die Voortrekkermonument dink en hoe 'n swart meerderheidsregering oor Afrikaners se simbole, standbeelde en benoemings van dorpe en straatname gaan dink.

Maar ek laat na om hom dié vrae te vra. Ná hy president geword het, word ek daarmee gekonfronteer toe ek as 'n trustee van die Vryheidspark aangewys word.

8
PW Botha op 'n politieke glybaan

Teen die einde van 1988 was Suid-Afrika in 'n erge strategiese impasse vasgevang. Daar was toe weliswaar 'n sterk internasionale konsensus oor hoe uit dié impasse ontsnap kon word. Botha en sy regering was egter halsstarrig. Sy en sy regering se voorwaardes vir 'n skikkingsproses, soos veral die openbare afswering van geweld om politieke doelwitte te bereik en die posisie van die SAKP, was ononderhandelbaar. Dit moet beklemtoon word dat al die blaam vir die impasse nie net voor die deur van Botha gelê moet word nie, al het finale aanspreeklikheid by hom, as die staatspresident, berus. Die meerderheid van sy kabinet en koukus het hom sterk gesteun. Sy kieserskorps ook. Hulle politieke hakskene was baie diep in die sindroom van "Dis ons land dié" ingeslaan. Die propaganda van die Totale Aanslag, en die fokus op die Sowjetunie en die SAKP as die gevaarlikste van al die gevaarlike vyande, was onder die meeste Afrikaners baie doeltreffend. Dis waarom Magnus Malan en sy militêre gewild was.[1]

Nelson Mandela, sedert vroeg in 1988 in 'n meer gestruktureerde gesprek met Coetsee, Barnard en kie gewikkel, raak ook gedurende die laaste maande van 1988 ál meer ongeduldig. Hy wil nie net met Coetsee en Barnard praat nie, maar met president Botha self. Sy verskuiwing na die Victor Verster-gevangenis het ook verwagtings by hom geskep. Hy sê in 'n stadium vir Barnard: "Botha is die een met die eintlike mag. Nie jy nie. Ek wil met Botha praat." Die swart-teen-swart geweld ontstel hom boonop en hy word ook nie jonger nie. Al was die amptelike standpunt van die ANC dat die regime gesprek oor 'n skikking moes inisieer en nie die ANC-leierskap nie, was hy bereid om die risiko te loop om met Botha te praat. Toe die aanvanklike gespreksinisiatief deur 'n bewaarder aan Mandela se medegevangenes, Walter Sisulu, Raymond Mhlaba, Andrew Mlangeni en Ahmed Kathrada uitgelap is, was veral laasgenoemde erg ontsteld. Sisulu was ook nie ingenome nie. Mhlaba en Mlangeni was ondersteunend. Mandela, ingelig oor wat besig was om in die Sowjetunie te gebeur, die moontlikhede wat die skikkingsproses in Angola-Namibië geopen het en die strydlustigheid van die jong krokodille in die modderige ANC-poel, weet dat sterk strategiese inisiatiewe nodig is om 'n skikkingsproses in Suid-Afrika van stapel te stuur. Hy tree soos 'n visionêre leier op. 'n Moses-figuur. En hy aanvaar verantwoordelikheid vir sy inisiatief.

Mandela berei vanaf Januarie 1989 'n memorandum aan president PW Botha voor. Teen Maart was die memorandum gereed om aan Botha voor te lê. Dis belangrik om daarop te let dat die Mandela-memorandum en die inhoud daarvan nie met die leierskap van die ANC uitgeklaar of bespreek is nie. Barnard, toe al in tientalle gesprekke met Mandela betrokke, was goed bewus van die strekking van die memorandum. Een faset daarvan het my opgewonde gemaak toe ek dit uiteindelik te lese kry: die werklikheid van groepsvrese. Mandela is egter onwrikbaar oor die kwessie van meerderheidsregering in 'n eenheidstaat. Thabo Mbeki sê later aan my: "Dis waarvoor ons geveg het."

Groepregte, een van Botha en ook aanvanklik sy opvolger se politieke troeteldiere, maak Mandela nie opgewonde nie. Maar hy erken die vrese van wit mense oor meerderheidsregering in 'n eenheidstaat. In die Afrikaner-ANC-gespreksgroep het ons al sedert 1987 daaroor gepraat. Die memorandum beklemtoon iets wat ook in die gespreksgroep 'n konsensus geword het: strukturele of konstitusionele waarborge om te verhoed dat meerderheidsregering tot die dominansie van lede van minderheidsgroepe lei. Hóé was die groot vraag. Botha het baie sterk aan die idee van (etniese) groepsregte vasgeklou. Hy het nie van die woord "apartheid" gehou nie en het op sy manier 'n morele ongemak met rassediskriminasie gehad. Sy onderskeiding tussen "diskriminasie" en "differensiasie" het dié ongemak probeer vertolk. Oor groepe het hy sterk gevoel. Op 'n vergadering van die Broederbondkomitee, onder die voorsitterskap van Gerrit Viljoen en waarvan ek 'n lid was, en wat aandag aan 'n nuwe grondwetlike bedeling moes gee, is Botha deur Piet Cillié oor swart mense se politieke regte gevra. Hy het gesê: "Daar is nie swart mense nie. Net swart volke."[2] Ek het dit op 'n keer teenoor Thabo Mbeki gestel: "Wit mense het rede om vanweë apartheid se bevoordeling die moontlikheid van swart wraak en vergelding te vrees."

Hy het niks van dié opmerking gehou nie. Dié moontlikheid van wraak, so het ek geredeneer, sal vir baie lank deel van apartheid se nalatenskap wees. Dis betekenisvol om daarop te let dat toe 'n verkorte weergawe van die memorandum bekend geword het, Govan Mbeki baie vinnig op sy politieke perdjie gespring het. Hy wou nie eens hê dat UDF-mense Mandela in die Victor Verster-gevangenis gaan besoek nie.

★ ★ ★

In Januarie 1989, terwyl Nelson Mandela aan sy memorandum werk, gryp die noodlot in: PW Botha kry 'n beroerteaanval. Selfs sommige van sy ondersteuners het fluisterend gewonder of dit dalk 'n "beskikking van Bo" was. Sy greep op politieke mag was besig om te verswak. Sy opponente binne en buite die NP het om verskillende redes politieke sommetjies begin maak. Die meeste van sy politieke vriende en kollegas het na ander tuistes van mag en invloed begin kyk. Die sentrale vraag was: Wat sal gebeur as die Groot Krokodil uit die pad is? Gerugte begin selfs die ronde doen dat dit nie die eerste aanval was nie. 'n Vorige ligte aanval, so word beweer, is vir die publiek weggesteek. Die gerugte het waarskynlik ontstaan toe Botha, soos teenoor my beweer is, op 'n keer in nagtelike ure vir 'n trekking in sy wang ondersoek is.

Botha was in dié tyd onder baie groot druk. Margaret Thatcher, wat hom voorheen subtiel gesteun het, was persoonlik die hoenders in vir hom. Hy besef dat hy in 'n politieke hoek vasgeverf is. Hy is terdeë bewus van die sterk internasionale konsensus oor die voorwaardes vir 'n politieke skikking in Suid-Afrika. Hervormingsmaatreëls wat hy getref het, het hoë verwagtings geskep en die internasionale konsensus versterk. Botha weet dat daar op dié konsensus gereageer moet word op 'n wyse wat Suid-Afrika nie in 'n poel bloed sal laat instort nie. Hy kan egter nie kreatief reageer nie, want hy klou vas aan sý beheer oor die proses, die idee van inkrementele vordering en sý opvatting oor groepe wat by hom die noodsaaklikheid van 'n vorm van partisie laat posvat het.

Nasionale Intelligensie, met Barnard en Louw die sleutelfigure, word al meer bekommerd. Die NI het 'n bepaalde plan om uit die strategiese impasse in die land te kom. Daarvoor het die NI nie net die samewerking van die president nodig nie, maar ook van die Staatsveiligheidsraad (SVR) en die kabinet. Die president was van albei dié instellings die voorsitter. Daar is ook ander belanghebbendes: die parlement, die Suid-Afrikaanse Weermag, die Polisie en veral die Veiligheidspolisie. Regses, so word ek op 'n keer verseker, is gevaarlik, maar nie strategies deurslaggewend nie. Generaal Constand Viljoen, so deel my segspersoon my mee, sal vorentoe 'n sleutelrol speel.

Tree PW Botha om gesondheidsredes uit en 'n nuwe president word verkies, kan dit dalk die skikkingstrategie kelder of 'n lang tyd uitstel afhangend van wie die nuwe leier is. Dié wag-en-kyk-situasie word baie spanningsvol. Daarteenoor, so word in NI-geledere gesê, is 'n leierskapsverandering dalk net die regte medisyne. Mike Louw was trouens van mening dat daar geen vordering met 'n onderhandelde skikking sou wees met PW Botha aan die stuur nie. Botha het daarvoor nie die denk-elastisiteit, volgens Louw, gehad nie. Binne die NI het die debat oor die nasionale veiligheidsituasie en haalbare strategiese opsies verskerp. Elke intelligensiediens ter wêreld werk met 'n hiërargiese proses van inligtingsversameling, inligtingsverwerking, inligtingsevaluering en inligtingsintegrasie. Die persoon wat uiteindelik die resultaat van dié proses op sy of haar lessenaar kry, en wat die memoranda moet evalueer, moet self 'n kundige persoon met strategiese vermoëns wees. Hy of sy moet kan oordeel of die resultaat van die proses en die belang van die memoranda wat op die lessenaar beland, wél van strategiese veiligheidsbetekenis is. Onbekookte scenario's en onverantwoorde inligting kan immers tot ernstige fiasko's lei. Ek het self nooit aan die vermoë van Barnard, Louw, Spaarwater, Dippenaar en Hanna Langenhoven om oorwoë strategiese besluite te neem, getwyfel nie. Talle memoranda is eenkant toe geskuif.

Die topbestuur van die NI het ná Botha se beroerte aanvaar dat 'n leierskapsverandering op die hoogste vlak net 'n kwessie van tyd was. PW Botha het immers iets gedoen wat lotsbepalend vir sy politieke toekoms was, veral vreemd vir iemand wat smoorverlief op mag was: Hy bedank op 2 Februarie as hoofleier van die NP. Die man wat gevorder het van oorentoesiastiese partyorganiseerder wat baie vergaderings van die destydse Verenigde Party (die Sappe) in chaos laat opbreek het, tot mettertyd die magtige pos van hoofleier van die NP en president van die mees voorspoedige staat op ons kontinent, neem in Februarie 1989 'n besluit wat sy politieke val slegs 'n kwessie van tyd gemaak het. Dis moontlik dat hy sy hoop op Barend du Plessis, minister van finansies en een van sy lojale ondersteuners, geplaas het om die hoofleierskap oor te neem. Dit sou dalk vir Botha 'n politieke veiligheidsboei gewees het. Du Plessis, 'n oudonderwyser, was by baie sakelui egter nie juis gewild nie.

Dis ook moontlik dat Botha iets anders in gedagte gehad het: tyd en energie om 'n stewige en meer regstreekse politieke hand in die beginfase van die onafwendbare skikkingsproses te hê. Hy het van beheer gehou. Niel Barnard, wat die ontmoeting tussen Botha en Mandela op 5 Julie 1989 gereël het, het Botha trouens daartoe oorgehaal met die argument dat sy naam in die geskiedenis verewig sou word as hy Mandela ontmoet en meer regstreeks by die beginfase van die skikkingsproses betrokke raak. Dit was ook in Mei 1989 dat die NI my versoek het om Thabo Mbeki privaat in Londen te ontmoet om die weg vir regstreekse kontak met die NI te baan. Botha het hom egter misreken. In die stryd om die hoofleierskap van die toe reeds sukkelende NP, tussen Chris Heunis (grondwetlike sake), Pik Botha (buitelandse sake), Barend du Plessis (finansies) en FW de Klerk, seëvier De Klerk oor Du Plessis met agt stemme uit die totaal van 130 NP-parlementslede. De Klerk, 'n bedrewe en deurwinterde politieke strateeg, het ook in die konserwatiewe Treurnicht-rebellie teen Botha (1982) vir Treurnicht uitoorlê. Hy was, soos sy broer Wimpie dit eenkeer teenoor my gestel het, "bedrewe in én bedwelm deur die spel van mag".

Die Treurnicht-sage moet kortliks weergegee word. My kontak met mense van die NI het mettertyd tot indringende gesprekke oor 'n verskeidenheid temas uitgekring. Die konserwatiewe politiek in Suid-Afrika en die verregse verset het dikwels onder die loep gekom. PW Botha was vir baie konserwatiewe Afrikaners nie net 'n liberalis nie, maar ook 'n uitverkoper. Selfs Koos van der Merwe, later 'n parlementslid van die Inkatha Vryheidsparty, het destyds teen Botha in opstand gekom. Die driekamerparlement en sommige NP's en verligte Afrikaners se interpretasie dat dit tot vorme van magsdeling en selfs een regering in dieselfde land kon lei, gee 'n breekspul af. Treurnicht was die hoofwoordvoerder teen die idee van gesamentlike regering. Op 'n NP-koukusvergadering op 24 Februarie 1982 val daar harde woorde. 'n Mosie van vertroue in Botha word deur 100 koukuslede gesteun en deur 22 teengestaan. Treurnicht, leier van die NP in die (ou) Transvaal, dink hy sal dáár steun kan mobiliseer. De Klerk sien deur sy planne en oortuig Treurnicht om eers die Uitvoerende Raad van die Transvaalse NP byeen te roep. Sonder Treurnicht se medewete word Botha deur De Klerk genooi om die vergadering by te woon. Treurnicht verloor op 26 Februarie met 36 teen 172 stemme. De Klerk se pad boontoe was oop.

PW Botha bevind hom vanaf Februarie 1989, soos Treurnicht sewe jaar vantevore, ook op 'n politieke glybaan. En weer is dit De Klerk wat die deurslag gee. De Klerk het sy eie politieke aspirasies gehad. Hiërargies in denke ("die Leier") én in organisasie, ten spyte van 'n federale aanskyn, was 'n krisis in die NP onafwendbaar. Die ANC en die UDF, met hulle eie interne probleme, het oor dié verwikkelinge gejuig – al was die algemene standpunt dat De Klerk polities baie konserwatief was. Daar is in sommige ANC- en UDF-kringe geredeneer dat De Klerk se politieke konserwatisme 'n politieke bonus was: Dit sou verset teen "die stelsel" verder konsolideer. Botha was natuurlik nog altyd die voorsitter van die invloedryke en magtige Staatsveiligheidsraad, die sentrale senuweestelsel van die gemilitariseerde apartheidstaat. Toe ek vir Thabo Mbeki sê dat De Klerk nie 'n lid van Botha se binnekring was nie, was hy stomverbaas. Dit was 'n bonuspunt vir De Klerk, iemand wat vanweë sy regsagtergrond 'n bepaalde respek vir die idee van 'n regstaat gehad het – al het hy dié lig baie lank onder 'n apartheidsmaatemmer verberg. Soos dit maar met terugblikke en herinnerings gaan, het De Klerk baie jare later baie negatief gereageer oor die SVR wat die kabinet se verantwoordelikhede oorgeneem het. Die SVR, so moet onthou word, was nie Botha se maaksel nie. Dis deur sy voorganger, BJ Vorster, al in 1972 ingestel. John Vorster, 'n eerste minister wat aan sy eie leierskapsvermoëns getwyfel het, het egter nie veel van die SVR gebruik gemaak nie. Botha het uiteindelik die SVR na sy eie beeld geskape, 'n sentrum van gekoördineerde mag, 'n regering ván die regering. Niemand binne die invloedsfeer van Botha het, sover ek weet, hierteen geprotesteer nie. Veral nie sy ministers nie.

Die SVR, met sy groot verskeidenheid stutorganisasies wat soos 'n sorgvuldig geweefde web oor die land gespan is, was Botha se vernaamste magsmiddel. Self was ek op 'n keer byna in die moeilikheid by dié instansie. Daar is by geleentheid gerapporteer dat daar 'n vermoede is dat ek 'n koerier van die ANC is. Dit was nie heeltemal onwaar nie. Ek het op 'n keer 'n persoonlike brief van professor Johannes Grosskopf van die US se Departement Joernalistiek en sy vrou Santie aan Thabo Mbeki oorhandig om vir hulle seun Hein te gee. Hy het landuit gevlug en is onder meer deur Adriaan Vlok, minister van polisie in Botha se kabinet, van betrokkenheid by bomontploffings beskuldig. Die Grosskopfs is deur die Veiligheidspolisie geterroriseer. Toe ek daarvan verneem, het ek aangebied om 'n brief aan hulle seun landuit te neem. Generaal Johan Coetzee van die Veiligheidspolisie het my destyds beskerm. Ek het hom geken en baie respek vir hom as mens gehad. Hy het na aanleiding van die koeriervermoede gesê: "Die professor sal hom nie met staatsondermynende dinge besig hou nie." Toe ek hom eendag die storie oor die brief vertel, het hy hartlik gelag en gesê: "Dink jy ek het nie geweet wat jy alles gedoen het nie? Maar jy het nie staatsondermyning gepleeg nie. Selfs nie toe jy met Thabo Mbeki gepraat het nie."

Dis vanaf ongeveer September 1988 deur die baie gesprekke oor politieke kwessies dat ek 'n beter begrip van die primêre doelwit van intelligensiewerk gekry het: insig in prosesse en tendense en nie bloot mense nie om strategiese advies aan die staat en sy regering te kan gee. In Hanna Langenhoven se woorde: "Prof, ons versamel en bestudeer inligting om tendense beter te verstaan, te probeer bestuur en betyds teenmaatreëls met nuwe strategieë te tref as die staat bedreig word." Daar was min dinge wat vir my só duidelik geword het as die feit dat 'n oop samelewing en 'n demokratiese staat nie sonder goeie intelligensiedienste kan bestaan nie. Demokrasie skep geleenthede vir ondermyning. Selfs terrorisme. Möller Dippenaar het droogweg teenoor my opgemerk: "Proffie, die Veiligheidspolisie en die mense van Militêre Intelligensie wil weet wie waar 'n bom gaan plant sodat die persoon betyds gevang of uitgewis kan word. Ons wil dit natuurlik ook weet, maar ons is meer betrokke by die oorlog van idees." Iemand het op 'n keer iets teenoor my aangehaal wat in my bewussyn soos 'n opruiende slagspreuk vasgeheg het: "Intelligence is knowledge of the enemy." Daar is min woorde wat ek in dié tyd so baie gehoor het as die woord "vyand". Dit was nie 'n woord wat ek by my pa en ma, en later in my teologiese studie, oor mense gehoor het nie. Dis slegs gebruik om in godsdienstige terme "die Bose" aan te dui.

Tussen 1985 en 1988 het daar binne die Suid-Afrikaanse staat twee mededingende en kontrasterende posisies uitgekristalliseer: dié van die vegters en die vredemakers; die geweerdraers en die onderhandelaars. Met die sekurokrate en die militêre by PW Botha baie jare lank in 'n binnebaan, was die geweerdraers die krag agter die troon. En hulle vermoë was uitstekend. Een aand tydens 'n gesellige braaivleis by die Ou Sterrewag in Pretoria, het iemand uit die omgewing van die militêre my in detail vertel hoe hulle daarin geslaag het om geheime kodes te ontsyfer. Sommige buitelandse regerings maak selfs van hul dienste gebruik. Hy merk op: "Daar word nie te veel aan politieke leiers gesê nie. Hulle wil in 'n posisie wees om te kan sê 'ons het nie geweet nie'." Die moontlikheid van ontkenning, oftewel die handewassende onskuldverklaring, was 'n beplande maneuver. Dis in dié tyd dat aanspreeklikheid verder weggekalwe het en moordbendes van die staat, betaal met belastingbetalers se geld, vryelik op die "vyande" van die staat losgelaat is. Ondanks spekulatiewe berigte in die pers en ook talle gerugte in die openbare domein, is daar amptelik hierom 'n baie doeltreffende ystersirkel van stilswye getrek. Die kanse dat Botha niks geweet het van wat aan die gang was nie, was uiters skraal. As "vader" van die gemilitariseerde stelsel het hy die binnewerkinge daarvan soos die palm van sy hand geken. Hy is vermoedelik nooit "amptelik" ingelig nie, 'n spelreël van die sirkel van stilswye. FW de Klerk, soos die meeste van sy ander kollegas in die kabinet, het beslis nie geweet nie. Dis egter nie die eintlike vraag nie, maar eerder: Het hulle dit vermoed, en wat het hulle met hul vermoedens gedoen? Hulle het as kabinetslede immers kollektiewe aanspreeklikheid gehad. Gegee hulle vrees vir Botha het die moed om die regte vrae te stel vermoedelik ontbreek. Ek en Thabo Mbeki het soms ook oor die gebruik van geweld en moordbendes aan albei kante van die politieke strydperk gepraat. Ons konsensus was dat ons erg bekommerd daaroor was en dat dit oorbodig gemaak moes word.

Soos die NI, wonder ek en Mbeki later wat Botha se beroerte en sy prysgawe van die NP se leierskap aan die Suid-Afrikaanse politiek sou doen. Die toespraak waarin De Klerk sy hoofleierskap aanvaar, word met 'n vergrootglas vanuit alle hoeke bekyk. Ook van sy latere toesprake. Die NI was nie 'n napratende propagandamedium van die staat of die regerende party nie, al het dié faset soms in aanbiedings wat ek bygewoon het, deurgeskemer. Hiervan was veral die Totale Aanslag en die Totale Strategie baie opvallend. Dit word eenkeer aan my by die Ou Sterrewag verduidelik as 'n kernstuk van PW Botha se veiligheidsbeleid. Dít kan nie gekritiseer word nie. Kritiese geluide binne die NI en debat, veral onder die navorsingspersoneel, was egter glad nie vreemd of taboe nie. Dis in my teenwoordigheid aangemoedig. Maar die Totale Aanslag en die Totale Strategie het sekere parameters daargestel waaruit die NI nie kon beweeg nie. Botha, oudminister van verdediging, het 'n "love affair" daarmee gehad.

Dié kwessie word gedurende 1989 'n sentrale debatspunt na aanleiding van De Klerk se opmars na die hoogste politieke sport. In die kringe waarin ek beweeg het, is daar konsensus: De Klerk aanvaar Suid-Afrika het in 'n strategiese impasse vasgeval. Sal hy ons land uit dié strategiese impasse kan lei, gegee sy beheptheid met groepsregte? Ek, blootgestel aan die gesprekke met Thabo Mbeki, Pahad en Trew, verdedig telkemale die standpunt dat die anti-kommunisme van die NP en De Klerk se idee oor groepsregte nóg in 'n voorbereidingsfase vir onderhandeling nóg in die onderhandelingsproses self énige kans het om ernstig opgeneem te word. Dit sal eerder vóór die tyd van die tafel afgevee moet word. Dit blyk mettertyd uit die gesprekke dat die NP se idee van groepregte en groepsbeskerming nie die grootste probleem sou wees nie, maar eerder die betrokkenheid van die SAKP. Die NP se ondersteunerskorps, so word my meegedeel, is "in hulle harte en niere" met anti-kommunistiese propaganda geïndoktrineer. Ek besef dat die "mite van die vyand" 'n volstrekte en selfs laaste regverdiging geword het vir Afrikanermag en Afrikanerselfbehoud.

Daar was ook 'n ander, institusionele rede vir De Klerk se konserwatiewe beeld. Hy is in 1978 as minister in die NP-regering se kabinet opgeneem en het in verskillende portefeuljes gedien. In 1982 word hy die leier van die NP in die ou Transvaal. Dit was 'n magtige posisie. Toe word hy in 1986 aangewys as die voorsitter van die ministersraad van die "blanke" komponent van die driekamerparlement. Hy moes dus die leierskap oor "blanke sake" (belange) uitoefen. Dié institusionele struktuur, waarvan swart mense uitgesluit was, was in baie opsigte 'n tydbom wat gewag het om te ontplof.[2]

Die nuus van president PW Botha se beroerteaanval, sy abdikasie van die NP se hoofleierskap en FW de Klerk se verkiesing, wek in my 'n frustrasie wat ek aanvanklik nie kon hanteer nie. Ek dink by myself: Ons land stuur op meer bloedvergieting af. Die gistingsprosesse as voorbereiding vir 'n onderhandelde skikking gaan vertraag word deur 'n interne leierskapstryd binne die NP. Die gespreksinisiatiewe tussen Coetsee, Barnard en Mandela, en dié van die Consgold-groep sal geen vordering maak nie. Ek skryf in my dagboek op 1 Maart 1989: "Om soos mal-dronk mense op die rand van 'n afgrond te dans." Ek ontmoet dié dag ook vir Kruger. Die volgende twee dae moet ek lesings by die NI se hoofkwartier aanbied oor "Mutasies van Marxisme" en "Euro-Marxisme". Ek sê vir Kruger: "Daar hang 'n wolk van mismoedigheid oor my. Die moontlikheid van gesprek oor onderhandeling met die ANC word al kleiner. Dit voel vir my partykeer asof my brein in 'n dik kombers van paniek toegewikkel word. Ek weet nie herwaarts of derwaarts nie. Ek wil iets vir 'n koerant skryf, maar ek weet nie wat nie." Kruger lyk nie ontsteld nie: "Gert, jy moet jou eie mens wees. Skryf jou kop skoon. Ek vertrou jou. Moet net nie onnodig moeilikheid maak nie."

Op 5 Maart 1989 verskyn my artikel in *Rapport* onder die hoof: "Om met die ANC te praat". Die subopskrif is: "Die res van die wêreld beskou die ANC nie as 'n terroristeorganisasie nie, en in die toekoms sal die fokus al hoe meer op gesprek tussen die RSA en die ANC val". Ek sluit die artikel af met: "Koeëls en kruit mag wel soms 'n laaste uitweg wees. Dit los egter nie juis politieke probleme op nie, maar vererger dit in die meeste gevalle. Kortom, dit het tyd geword vir ernstige nuwe besinning en inisiatiewe." Ek kry 'n oproep van Kruger: "Jy steek jou kop te ver uit. Dit kan afgekap word. En jy gaan te ver as jy sê dat dit tyd geword het om oor die kwessie van afswering van geweld ten minste 'n gesprek te voer. Dis iets wat baie informeel en nie in koerante nie bespreek moet word. Maar dis jy wat dit gesê het. Staan by jou oortuigings." Ek bespreek die volgende maand tydens die vergadering van die Afrikaner-ANC-gespreksgroep die artikel met

Thabo Mbeki. Hy sê: "Ons [die ANC] weet wat jy dink. Jy hoef nie openbare verklarings te maak nie. Jy het belangriker werk om te doen."

Hoe sterk die internasionale konsensus was, besef ek tydens 'n konferensie by Wilton Park, Brittanje, tussen 7 en 10 Maart 1989. Dit vind plaas ná Botha se beroerte en sy bedanking as die hoofleier van die NP. Sonder dat enige iemand dit blatant en regstreeks as 'n belangrike agendapunt stel, is daar 'n onuitgesproke konsensus: Botha is op pad uit. Die vraag was wanneer en wat die politieke gevolge daarvan vir die onafwendbare skikkingsproses sou wees. 'n Sentrale vraag was ook hoe die konserwatiewe FW de Klerk op die internasionale konsensus oor 'n skikking sou reageer. Dié vraag duik telkens in die private gesprekke tydens die konferensie op. Die menings oor De Klerk se wil en vermoë om vir 'n deurbraak te sorg, is oorwegend negatief.

Die tema van die program sê alles: "Namibian independence as a dynamic element in the search for a regional settlement in Southern Africa and peaceful change inside South Africa". Toe ek die gastelys sien, sê ek vir Fleur de Villiers, wat ook genooi was: "Die koeël is deur apartheid se kerk." Onder die aanwesiges tel mense soos Chester Crocker van die VSA, wat 'n deurslaggewende rol in die Angola-Namibië-skikkingsproses gespeel het. Hy noem dat die "human factor" 'n belangrike bydrae tot die skikkingsproses gelewer het. En hy verduidelik: "Die onderhandelaars het ontdek dat hulle kan saamwerk, mekaar kan verstaan, almal iets kan wen en dat die VSA en die Sowjetunie ook konsensus het oor hoe daar opgetree moet word." Franca Van-Dunem, die minister van justisie van Angola en 'n eertydse professor in regsgeleerdheid, het vertel hoe hy en die Suid-Afrikaners soms in Nederlands en Afrikaans met mekaar gekommunikeer het.

Patrick Fairweather (Brittanje), Enos Mabuza (Suid-Afrika), Dikgang Moseneke (Suid-Afrika), Joeri Joekalof (Sowjetunie), Van Zyl Slabbert (Suid-Afrika), Pieter de Lange (Suid-Afrika) en verteenwoordigers uit Japan, Mosambiek, Zambië, Botswana, Zaïre, Tanzanië, Nigerië, Frankryk en Kanada was onder die konferensiegangers. By dié geleentheid het swart Suid-Afrikaners nie gedreig om uit te stap as verteenwoordigers van die Suid-Afrikaanse regering, soos Sheila Camerer, ook aanwesig is nie. Die versoek uit Lusaka se pro-onderhandelingskringe was: "Neem deel." Chester Crocker vra my: "Hoeveel maande voordat julle Afrikaners regstreeks met die ANC begin praat?" Ek sê: "Ek weet nie. Dit hang van te veel dinge wat nog nie duidelik is nie, af." Hy kyk my aan met 'n effens siniese glimlag om sy mondhoeke: "Onderhandelingsgeleenthede vereis strategiese tydsberekening. En die regte spelers. Botha is nie 'n speler nie. Hy is 'n 'loner'. Verwed jou toekoms op De Klerk." Ek verstaan toe wat hy met sy beklemtoning van die "human factor" bedoel het. Ook sy standpunt dat nóg die VSA nóg die Sowjetunie voorskriftelik kon wees. Hulle kon slegs "fasiliteer".

Vanaf Wilton Park verskuif die fokus van konsensussoeke na Bermuda waar die bekende Aspen-instituut, met sy hoofkantoor in Washington, 'n Southern Africa Policy Forum vir kongreslede en ander genooides aangebied het. Dit vind van 27 Maart tot 1 April 1989 by die Lantana Colony Club plaas. Die bedoeling van die konferensie was nie om debat te voer oor die verskillende standpunte en posisies oor Suid-Afrika nie, maar om verduidelikings te gee en inligting uit te ruil. Kongreslede, so sê Dick Clark, die direkteur van die instituut, moet in 'n posisie gestel word om ingeligte besluite te neem. Clark slaag daarin om 'n baie interessante groep mense byeen te bring, onder andere Paul Sarbannes, William Gray en Howard Wolpe van die Demokratiese Party. Constance Morella en John Danforth is van die lede wat die Republikeine verteenwoordig. Nancy Kassebaum (Republikein) en Ted Kennedy (Demokraat) kon nie teenwoordig wees nie, maar gee wel hulle steun aan die gespreksprojek. Die tema is: "South Africa – From conflict to resolution". Uit Suid-Afrika is daar mense soos Helen Suzman van die Progressiewe Federale Party, Koos van der Merwe van die Konserwatiewe Party en Piet Coetzer van die NP. Fikile Bam van die Legal Resources Centre in Port Elizabeth, Frank Chikane van die UDF en die Suid-Afrikaanse Raad van Kerke, Sam Mabe van die *Sowetan* en Van Zyl Slabbert van Idasa is ook onder die sprekers. Daar is ook ander prominente Suid-Afrikaners, soos byvoorbeeld Willie Breytenbach, Oscar Dhlomo, Geert de Wet, Helen Zille, Johan Maree en Ntatho Motlana, wat later my voorsitter van die direksie van Metropolitan Life sou word. Ek het in die Stedelike Stigting 'n besonder verrykende persoonlike verhouding met hom opgebou en baie by hom geleer. Johan Maree, die eggenoot van Helen Zille, het ek jare vantevore aan die Universiteit van Sussex ontmoet. Hy het uit die Vrystaat gekom en was saam met Peter Hain instrumenteel om die Springboktoer, waarvan my goeie vriend Dawie de Villiers die kaptein was, 'n nagmerrie-ondervinding te maak.

Bam moes praat oor die tema "Through black eyes: South Africa today", en ek oor "Through white eyes: South Africa today". Daar heers groot opgewondenheid, want die ANC, onder leiding van Thabo Mbeki, sal ook later by die konferensie opdaag. Mbeki sal 'n kort oorsig van die konflik in Suid-Afrika lewer soos wat die ANC dit ervaar en interpreteer. Dié nuus vóór die konferensie oor die ANC se beoogde bywoning veroorsaak 'n groot geskarrel: Hoe gemaak met die minister van die Botha-regering, Stoffel van der Merwe, wat ook een van die genooide sprekers was? PW Botha, toe nog president en voorsitter van die Staatsveiligheidsraad, tref 'n reëling: Die bywoning van die NP moet vanaf regeringsvlak na partyvlak afgegradeer word. Ministers mag nie konferensies bywoon waar ANC-verteenwoordigers aanwesig is nie. 'n Partyverteenwoordiger mag wel die konferensie bywoon. Die persoon moet egter uitvlieg sodra die ANC invlieg! Hulle mag die lugruim deel, maar nie die aarde nie.

Piet Coetzer, in daardie stadium die federale inligtingsdirekteur van die Federale Raad van die NP, die hoogste federale amp van die party, word versoek om die konferensie by te woon. Hy word deur Stoffel van der Merwe na sy kantoor in die destydse Verwoerdgebou in Parlementstraat ontbied. Van der Merwe lig hom oor die verwikkelinge in en sê Coetzer moet die Bermuda-konferensie bywoon. Coetzer word ook deur Van der Merwe oor die "verkennende" Coetsee-Barnard-Mandela-gesprekke ingelig. Hy sê ook: "Later vandag moet jy met die president oor jou deelname aan die konferensie praat." Hy spreek Botha ongeveer tien minute. Dié gee aan hom geen voorskrifte of enige detail oor wat hy op die konferensie moet sê nie. Baie insiggewend is die volgende versoek deur Botha, aldus Coetzer: Die ANC behoort geweld as 'n politieke middel af te sweer. Toets hulle. As hulle bereid is om geweld as politieke middel op te skort ten einde formele dialoog en uiteindelik onderhandelinge te begin, sal dit baie waardevol wees. Daar was by Coetzer nooit enige twyfel dat dit 'n "sein" was nie.

Die Bermuda-konferensie was die eerste openbare platform waarop ek en Mbeki saam verskyn het. Ons het egter net met mekaar in my kamer gesprek gevoer. Fikile Bam, met wie ek Afrikaans kon praat en wie se suster, Brigalia Bam, vir my oor jare persoonlik baie beteken het, het my in 'n stadium gevra: "Ken jy en Thabo mekaar?" Ek het ja gesê, maar bygevoeg: "Moet my nie vra hoe nie." Dis nie altyd moontlik om 'n persoonlike verhouding van vertroue om strategiese redes in die openbaar verborge te hou nie. Ek was dikwels hieroor in 'n innerlike tweestryd gewikkel. Dié tweestryd het in Bermuda byna breekpunt bereik.

Daar was hiervoor ook 'n ander, baie persoonlike en emosionele rede: Bermuda was een van my herinneringsimbole van 'n (verlore) vryheidstryd, die eerste op ons kontinent, wat mý taalgenote teen Britse imperialisme gestry het. Daarvan was die meer as 140 grafte van volwasse en jong Boerekrygers op 'n eiland van Bermuda die sigbare getuienis. Die besoek aan dié grafte was vir my 'n intens emosionele ervaring. "Wat 'n onmenslike ding deur sogenaamde beskaafde mense om aan ander mense te doen," het ek aan myself gesê. Om gevangenes uit byvoorbeeld die ou Transvaal op 'n skip te sit en na Bermuda te verskeep. Toe tref dit my soos 'n Transvaalse donderslag terwyl ek by die gedenksteen staan: Maar ons as Afrikaners het ook nie geleer nie. Apartheid was net 'n ander gruwelike vorm van kolonialisme en imperialisme. Koos van der Merwe van die destydse Konserwatiewe Party het ook vir drama gesorg. Hy was intens geïnteresseerd in die geskiedenis van die Boerekrygsgevangenes op Bermuda en ons het van die artefakte wat hulle destyds gemaak het, kon koop. Hy het egter nie "uitgevlieg" toe die ANC "invlieg" nie. Die KP het hom toe geskors.

Fikile Bam het na my gekom waar ek by die gedenksteen gestaan het. Sê: "Ek dink ek begin jou nou verstaan. Jy staan by die grafte van jou voorvaders. Miskien moet ons, eendag as ons land vry is, die beendere van ons voorvaders in vreemde lande, soos Angola en Bermuda, versamel en by die Voortrekkermonument begrawe. Dan noem ons dit die 'Vryheidsmonument'." Ons het weggestap. Sonder woorde. Stil. By die boot het ek Helen Suzman gehelp om aan boord te gaan. Ek wou vir haar sê: Helen, dankie vir wat jy vir ons land, sy mense en vir my gedoen het. Ek het nie. Baie jare later dien ek in die raad van trustees van die Vryheidspark, die postapartheidregering se vieringsimbool van die nuwe Suid-Afrika. Skaars 'n klipgooi vanaf die Voortrekkermonument. En ons kan nie konsensus kry oor die name van gestorwenes wat op die gedenkmuur moet verskyn nie. Die dag toe ek my bedankingsbrief uitskryf, dink ek terug aan my besoek aan Bermuda en die Boeregrafte. Sê vir myself: Ek bedank ter wille van julle.

★ ★ ★

Intussen het FW de Klerk sy politieke huiswerk goed gedoen. As leier van die NP brei hy sy politieke netwerke vinnig en wyd uit, nie net in die korporatiewe wêreld nie, maar ook internasionaal. Hy is nie net 'n goeie spreker nie, maar ook iemand wat die reëls van die logika baie beter bemeester het as PW Botha. En hy verloor nie sy humeur nie. Die kontras tussen hom en Botha word algaande groter. So ook die kloof in hulle onderlinge verhouding. Daar is niemand in die diplomatieke wêreld met wie ek kontak het wat dink dat Botha polities kan oorleef nie. Gedurende Junie, by 'n ete op die 18de verdieping van die Naspersgebou in Kaapstad, op 'n vergadering van die Stedelike Stigting in Johannesburg en in gesprekke met NP-LV's, is daar 'n onuitgesproke konsensus: PW se politieke dae is getel.

Daar is nóg 'n konsensus: Indien De Klerk dink dat inkrementele hervorming die politieke wa deur die drif sal trek, sal ook hy sy politieke Moses teenkom. De Klerk, so deel een van sy verligte partygenote my mee, is baie krities oor die lukrake manier waarop hervormings tot dusver toegepas is. Hy reken daar is nie visie of 'n duidelike plan nie. De Klerk, so hoop hy, sal met iets drasties vorendag kom om die impasse te breek. Toe ek dit vir Washington Okumu van die Jubilee-inisiatief vertel, is hy skepties. Hy vra: "Het De Klerk se kritiese houding nie dalk te make met die feit dat hy besef het dat die lukrake hervormings onbedoeld 'n kernstuk van die NP se beleid, naamlik groepregte, ondermyn het nie? Dis tog die eintlike krisis in die Suid-Afrikaanse politiek, naamlik die NP se verknogtheid aan sy begrip van groepregte." Ek besluit om hom nie te antwoord nie. Sê net daar is 'n proses van skikking aan die werk wat meedoënloos voortstu en wat ook van die NP se geykte idee van groepregte slegs 'n opdrifsel sal maak. In daardie stadium het ek natuurlik nie kon weet hoe die ANC te werk sou gaan om dit te bewerkstellig nie.

9
"Hier kom 'n ding": Die NI maak 'n skuif

Die jaar 1989 was een van Suid-Afrika se mees geskiedkundige jare vanuit 'n prosesperspektief gesien. Dis gedurende dié jaar dat die stukrag van die internasionale konsensus, tesame met interne politieke prosesse, 'n hele paar inisiatiewe aan die gang sit wat uiteindelik tot die val van apartheid sou lei. Dit het nie net vir die apartheidsregering en die formidabele sisteem van mag en stutorganisasies wat oor baie jare opgebou is nie, maar ook vir die ANC gegeld. Die vlam van die revolusionêre hoop op 'n militêre magsoorname in Suid-Afrika is toe uitgedoof. 'n Paar heethoofde het naarstiglik in die as geblaas op soek na revolusionêre kole. Dit was 'n tevergeefse toertjie.

Die jaar begin vir my en my gesin met 'n nuwe fase in ons lewe. Ek en Annemarie het in 'n huis neffens die studentekoshuis Goldfields ingetrek as die inwonende hoofde. Dié koshuis is vir "gekleurdes" gereserveer. Mans en vroue kon darem in dieselfde gebouekompleks tuisgaan. Die fondse vir die bou van dié koshuis is deur die goudmaatskappy Goldfields, 'n filiaal van Consgold, voorsien. Goldfields wou graag 'n nie-rassige kultuur deur dié koshuis help vestig, maar is verhoed om dit te doen. Mike de Vries, rektor, wat tekens van nie-rassige hoop op die kampus wou versterk, het hom teen ideologiese apartheidsmure vasgeloop, vertolk deur onder meer FW de Klerk en veral later die verkrampte Piet Clase, minister van onderwys in die Volksraad van die destydse driekamerparlement. De Vries is selfs met subsidie-afskaling gedreig.[1]

Op Maandag, 17 April 1989 ontmoet ek vir Robin Renwick, die Britse ambassadeur. Hy was in breë trekke oor die Afrikaner-ANC-gespreksgroep ingelig en het my meer as een keer van goeie advies bedien. Ek was toe net op pad na Brittanje vir nog 'n vergadering van die gespreksgroep en wou 'n paar dinge met hom uitklaar, waaronder die effek van Botha se afgeskaalde politieke posisie. Renwick was positief oor De Klerk en het profetiespeinsend opgemerk: "Selfs De Klerk kan nie meer teen die wêreldmening oor 'n skikking in Suid-Afrika wal gooi nie." Ons praat ook oor die volgende vergadering van die Afrikaner-ANC-gespreksgroep en moontlike agendapunte. Dit was 'n groot voordeel dat ek ook persoonlike betrekkinge met die Amerikaanse, Duitse en Nederlandse ambassadeurs gehad het. Hulle het gehelp om my goed ingelig te hou oor die standpunte van hulle onderskeie regerings ten aansien van die voorwaardes van 'n onderhandelde skikking, die dringendheid van 'n skikking en veral wie die hoofspelers in die proses moes wees.

In Februarie 1989 vind daar ook twee ander vergaderings plaas, een in Harare, Zimbabwe, en die ander een in Lusaka, Zambië. Van 31 Januarie tot 4 Februarie hou regsmense uit Suid-Afrika met lede van die ANC en Zimbabwiese regslui 'n konferensie oor "The Role of Law in a Society in Transition". By dié geleentheid word die ANC se ontwerpdokument oor "Constitutional Guidelines" bespreek. Daar is konsensus oor die rol van die reg vóór en ná die begin van 'n oorgangsperiode, die behoefte aan 'n nuwe grondwetlike orde, 'n handves van menseregte en 'n onafhanklike regsplegende gesag. Die ander vergadering (op 24 Februarie) fokus op sport en veral die verstewiging van die isolasie van Suid-Afrika in dié verband. Dié sanksie, so word tereg geredeneer, maak Suid-Afrika baie seer.

Tussen 21 en 24 April 1989 vergader die Afrikaner-ANC-gespreksgroep 'n vyfde keer, weer by Mells Park. Die eerste ding wat Thabo Mbeki sê toe ons alleen is, is: "Wanneer dink jy sal die amptelike gesprek kan begin?" Ek sê: "Ek weet nie. Dit hang alles van Niel Barnard af." Hy sê: "Ek het baie van hom gehoor. Mense praat graag oor hom. Afrikaners uit Suid-Afrika sê hy is 'n enigma. Ek sal hom graag wil ontmoet. Ons moet een of ander tyd vir Jacob (Zuma) by ons gesprekke betrek. Hy is betrokke by die ANC se intelligensiediens. MK het sy eie intelligensiediens, soos Magnus Malan dit ook het."[2] Willem de Klerk, broer van die nuwe NP-hoofleier FW de Klerk en 'n gespreksgenoot, was noodwendig die fokus van die ANC-lede se belangstelling. Mbeki, Pahad en Trew het laat blyk dat hulle oortuig was dat FW de Klerk by PW Botha as president gaan oorneem. Die vraag was net wanneer en hoe. Pahad, laat een aand ná 'n gesellige ete en wat alles daarmee gepaardgegaan het, het my op 'n ernstige manier probeer verseker:

"Die ANC het ook 'n probleem. Oliver Tambo is nie meer jonk nie. Nelson Mandela is in die tronk. Ons moet ook na opvolgers begin kyk." Daar was op die vergadering konsensus dat die NP in 'n verbete opvolgstryd gewikkel was. Die uitkoms van dié stryd sou die onderhandelingsproses se dinamiek en ritme bepaal.

Ek dink by myself dat 'n nuwe leier seker keuses sal kan uitoefen, maar dat die interne en internasionale konteks hom nie baie beslissingsvryhede sal toelaat nie. "Skiet-om-te-oorleef" was nie meer 'n opsie nie. 'n Punt wat Thabo Mbeki herhaaldelik privaat aan my beklemtoon het, was: "Dit maak eintlik nie saak wie die opvolgstryd in die NP wen nie. Daar is 'n internasionale konsensus oor die voorwaardes vir 'n ware onderhandelings-proses en die grondwetlike doelwit van 'n nie-rassige, demokratiese unitêre staat. Die vraag is alleen watter meganismes en prosedures benut moet word." Die sessie van April 1989 het dit ondubbelsinnig by my tuisgebring dat die skikkingsproses primêr 'n proses tussen Afrikaners (die NP) en die ANC sou wees – die vernaamste partye in die konflik én Suid-Afrikaanse magskonstellasie. Willem de Klerk, en dit moet hom ter ere gegee word, het by dié geleentheid uit sy pad gegaan om sy broer se beeld te poets. Hy het dit op 'n baie welsprekende wyse gedoen, want hy was iemand wat met woorde kon goël. Sy kontrastering van sy broer met PW Botha en die sekurokrate was uitstekend en nie vergesog nie. FW de Klerk, in daardie stadium 'n konserwatiewe politikus, het nie aan magswellus gely nie. Hy het, weliswaar op 'n beperkte wyse, respek vir die droom van 'n regstaat gehad. Nóg die meerderheid van die NP nóg Botha het iets van dié droom ver-staan. Dis wel so, en ek sê dit met huiwering, dat Willem de Klerk intellek-tueel sy broer se meerdere was. Dit het bepaalde spanninge tussen die twee verwek.

Willem de Klerk se positiewe beeld van sy broer het soms die indruk gewek dat hy namens sy broer, toe nog net die hoofleier van die NP, praat. Sy taktiek was duidelik: Hy wou Mbeki, Trew en Aziz uitlok. Hy het vier moontlike opsies vir sy broer uitgestippel:

- Min, indien enige verandering;
- 'n Regs-konserwatiewe skuif;

- 'n Links-progressiewe skuif, maar in berekende fases om nie politieke verset onder wit mense te veroorsaak nie; of
- Drastiese en radikale veranderings.

Hy kies die derde moontlikheid. Sy broer, so meen hy, is 'n pragmatiese politikus. Hy is konserwatief en wil "sy mense" by hom hou. Hy aanvaar dat drastiese verandering onvermydelik is. Dit sal egter "teen sy instinkte" wees om die rasse-model waarop die NP se politieke denke en stuksgewyse hervormingsinisiatiewe gebou is, summier te verwerp. Hy sal nie dié pilaar van die apartheidstempel plotseling omgooi nie. Hy verduidelik kort en kragtig: "Die NP, en ook Botha self, word deur groeiende regse verset onder Afrikaners in sy magsbasis bedreig. 'n Uitgerekte en bitter magstryd sal dié regse tendens bevorder. Daar is ook onsekerheid onder Afrikaners oor hulle toekoms binne 'n regeringstelsel wat vir swart mense voorsiening maak. FW de Klerk sal as hoofleier van die NP en as potensiële president nie die politieke pap te dik kan aanmaak nie. Die voortslepende geweld in die land bevorder in ieder geval nie 'n versnelling van die hervormingsproses nie." De Klerk se beklemtoning van regse verset was 'n goeie taktiese punt. Regses, en hulle invloed in die Staande en die Burgermagte, was 'n bron van groot kwelling vir die ANC.

Ek hou Thabo Mbeki dop. Sien hoe sy moed vir die toekoms al laer sak. Hy vra my later: "Stem jy saam?" Ek sê: "Ja, dis die vier moontlikhede. Maar watter moontlikheid werklikheid sal word, sal afhang van wat oor die volgende ses maande gebeur. FW de Klerk sal voor keuses gedwing word waarvan hy tans nie die vaagste benul het nie. Soos jy en ek ook. Ons is deelnemers aan 'n proses. Die krag van ons hoop en die ontginning van strategiese geleenthede kan dalk bepalend vir De Klerk se keuse wees." Hy kyk my skepties aan. Vra: "Hoe lank dink jy moet ons wag? Geduld het grense."

Die algemene verkiesing, beplan vir later dié jaar, was noodwendig 'n vername besprekingspunt. Ek noem teenoor Mbeki dat De Klerk en sy ondersteuners vóór die tyd sal probeer om PW Botha uit die verkiesingskampanje uit te hou. Een van die Afrikaners meen dat die verkiesing voor November, die maand waarin daar verkiesings in Namibië vir 'n Grondwetgewende Vergadering sal wees, moet plaasvind. 'n Goeie vertoning deur Swapo sal regse verset aanblaas. Terreblanche, 'n toegewyde ondersteuner van die nuwe Demokratiese Party, is baie optimisties oor dié party se verkiesingskanse. Dit kan genoeg stemme mobiliseer om selfs die Konserwatiewe Party as die amptelike opposisie te vervang en die NP oor sy groepsdenke en gebrek aan vordering met gesprekke oor Suid-Afrika se toekoms behoorlik op te dreun. Hy reken ook dat die binnelandse protesbewegings in die aanloop tot die verkiesing nuwe stoom sal opbou. Mbeki sê later privaat aan my: "As Sampie korrek is, sal De Klerk, as hy president word, in 'n baie goeie posisie wees. Hy sal vinniger kan beweeg, want die DP sal hom steun."

Dit was onvermydelik dat ons in ons gesprek hierna moes fokus op die vraag wanneer die tyd ryp sou wees vir die twee strydende partye om regstreeks met mekaar gesprek te begin voer. Die voorwaardes wat beide die ANC en die NP gestel het, was toe al geruime tyd duidelik omlyn met onder meer die vrylating van Nelson Mandela 'n ononderhandelbare voorwaarde vir die ANC. Vir Botha en sy regering was dit veral die aandrang op 'n afswering van geweld deur die ANC wat voorop gestaan het. Nie een van die aanwesiges het natuurlik die mandaat of bevoegdheid gehad om hieroor enige gesaghebbende mening te gee nie. Dit was iets waaroor die strydende partye self moes praat. Die Afrikaner-ANC-gespreksgroep kon wel 'n belangrike bydrae maak: Al is daar aan albei kante voorwaardes op die tafel, verhoed niks die strydende partye om informeel en vertroulik juis dáároor gesprek te voer en gesamentlik maniere te vind om dié kwessie amptelik te hanteer nie. Mbeki sê in 'n stadium: "Dalk moet Nelson (Mandela) eers vrygelaat word ná FW (de Klerk) oorgeneem het." Willem de Klerk, Sampie Terreblanche en ekself is geskok. Ek praat later met Mbeki daaroor. Hy is klinies: "Botha is polities in die moeilikheid. Sy tyd is verby. Mandela se vrylating moet nie misbruik word om Botha polities te red nie. Moenie sy obsessie met mag en publisiteit onderskat nie."

Die ooreengekome onafhanklikwording van Namibië kom weer eens op die agenda. Vir die ANC, 'n bondgenoot van Swapo, was die gladde verloop van dié proses van groot politieke belang. 'n Relatief rustige en geweldlose oorgang na meerderheidsregering op die grondslag van 'n demokratiese grondwet, sou vir die ANC 'n groot bonus wees. Dit sou onsekerheid in sommige internasionale kringe en veral ernstige twyfelvrae onder wit mense in Suid-Afrika help besweer. 'n Insident tussen Suid-Afrikaanse troepe en Swapo-guerrillas, wat die staakvuurgrens in die noorde van die land goedsmoeds oorgesteek het, lei tot ernstige vrae oor Swapo se vermoë om Swapo-guerrillas te beheer. Die Suid-Afrikaanse troepe, wat die inval verwag het, maai talle guerrillas af. Die krisis word egter afgeweer en die vredesooreenkoms oorleef. Mbeki vra: "Wanneer kan regstreekse gesprekke begin?"

Ek is deur die NI gewaarsku: Moenie positiewe geluide oor internasionale bemiddeling in die beslegting van die Suid-Afrikaanse konflik maak nie. Die pogings in dié verband was nogal verbete, soos in die geval van die Rosenthal-Switserland-episode. Die onderhandelingsgesindes van die ANC het in 'n stadium ook kontak met verteenwoordigers van die Nederlandse regering gehad. Daar was ook persone binne die Reagan-administrasie wat 'n bemiddelingsrol wou speel. Om van die Amerikaanse Demokrate nie te praat nie. Baie wou graag hulle bemiddelingsvlae in Pretoria plant. Michael Young wou ongetwyfeld ook nie net homself nie, maar ook sy land 'n guns bewys. Hy suggereer op die vergadering, heel subtiel, dat Brittanje en Margaret Thatcher 'n bemiddelingsrol moet speel. Die woorde wat gebruik word, is "internasionale mediasie". Ek sê vir myself, in die lig van my menings oor die Anglo-Boereoorlog: "Die Britte wil al weer kolonialiseer. Kan hulle ons nie uitlos nie? Ons sal ons probleme self oplos." Ek praat later met Aziz Pahad daaroor. Hy verstaan nie my probleem nie, want hy weet niks van my persepsie van die Anglo-Boereoorlog nie. Die meerderheidsgevoel in die groep is dat Thatcher 'n bemiddelingsrol kon speel. Ek dink by myself: "Sy kan druk uitoefen. Selfs vir FW de Klerk ontmoet. Maar dit is 'ons' wat moet leer om mekaar te vertrou en met mekaar moet bemiddel en onderhandel." Ek noem dit aan Mbeki. Hy sê: "Wat gaan jy daaraan doen? Want ek stem saam."

Dié Mells Park-vergadering was vir my van besondere betekenis. Dit was gesprek en dialoog op sy beste, sonder enige sweem van wantroue, selfs toe ons oor die netelige kwessies van geweld en groepsregte gepraat het. Daar was 'n uitgesproke begeerte dat ons (Afrikaners en ANC-ers) 'n manier moes vind om gesamentlik verantwoordelikheid vir die toekoms te neem.

Dié tipe verbintenis is 'n belangrike bousteen vir die skep van vertroue en selfversekerdheid, want dit vertolk 'n verskuiwing vanaf die idee van "die vyand" na die idee van "vennote". Die vennootskapsmodel verteenwoordig 'n opskorting van 'n verstaan van die ander as jou vreemdeling en vyand. Ek het na Mbeki, Pahad, Trew, De Klerk en Tereblanche gekyk en half verwonderd neergeskryf: "Ons is nie eens 'vriendelike vyande' nie, want ons vertrou mekaar met die toekoms, al weet ons nie hoe dit binne vyf tot tien jaar daar gaan uitsien nie. Ons sit en praat hier oor Botha, Mandela, De Klerk, Tambo, die geweld in die land, die vrylating van politieke gevangenes en onderhandelinge asof ons in dieselfde span speel. Ons aanvaar dat ons land deur konflik verteer word en dat 'n verskroeide aarde in niemand se belang is nie. En ons deel woorde soos 'vrede' en 'versoening' met mekaar."[3]

Dis ook by dié geleentheid dat ek weer eens Mbeki se *bona fides* as onderhandelaar bekragtig het. Uit verskeie geledere, selfs deur die NI, is daar soms gevra: "Koöpteer Mbeki nie maar net goedgelowige Afrikaners vir sy planne vorentoe nie? Wil hy nie maar net 'onderhandelinge' gebruik om te slaag waarmee MK nie kon slaag nie: politieke oorname van die Suid-Afrikaanse staat?" My antwoord hierop was onomwonde: "Mbeki beywer hom vir 'n skikkingsproses. Hy het wel in sy tas 'n grondwetlike voorstel maar hy het geen waarborg of vermoë om die uitkoms van die proses te dikteer nie. Dit sal bepaal word deur die heersende magselite in Suid-Afrika en ander deelnemers aan die proses."

Die geleentheid om iets hieraan te doen, duik gedurende Mei 1989 op. Die NI kontak my. Ek is totaal en al onvoorbereid op die versoek: "Tree met Thabo Mbeki in verbinding. Versoek hom om na Londen te reis waar jy en hy onder vier oë moet ontmoet. Niemand anders mag weet waaroor julle gepraat het nie." Ek bewe letterlik van opgewondenheid. Ek weet intuïtief: "Hier kom die eintlike ding," en ervaar selfs 'n emosie van angs. Moet ek betrokke raak by iets wat my só sal kompromitteer dat alles wat vir my moreel belangrik was, dalk in duie kan stort? Ek sê ook vir myself: "Oom Koos, Möller, Hanna, Maritz, Niel en die ander NI-mense wat ek ontmoet en leer ken het, is nie morele 'skarminkels' nie. Dis mense met integriteit wat 'n belangrike, weliswaar uiters komplekse, funksie vervul."

Later sou ek besef waarom die NI die inisiatief geneem het. PW Botha se tyd was aan die uitloop. Mandela se memorandum is in Mei 1989 na Botha deurgestuur en Mandela soek ook 'n afspraak met die president en kry 'n aanduiding dat dit in die vooruitsig is. Dit alles maak direkte kontak met die uitgeweke leiers van die ANC onvermydelik. Die Coetsee-Barnard-Mandela-gesprekskanaal was nie meer genoeg nie. Ek word op die hart gedruk dat Mandela niks van die NI-inisiatief weet nie. Ek moet dit teenoor Mbeki beklemtoon. Hanna, iemand vir wie ek dwarsdeur baie heinings sal loop, het glimlaggend opgemerk: "Prof, ons weet dat jy allerhande betrokkenhede en belangstellings in Londen het. Jy kan mos aan goeie redes dink waarom jy na Londen wil reis."

Ek tref die nodige reëlings, en besluit met 'n byna oordadige emosie dat ek en Mbeki mekaar op Woensdag, 31 Mei 1989 in Londen sal ontmoet. Dis mos Republiekdag, redeneer ek. Kan daar 'n meer simboliese dag wees om 'n belangrike boodskap aan 'n ANC-leier oor te dra? Ek weet toe reeds wat die boodskap is: "Ons (die NI) wil amptelik met die ANC begin praat. Dis natuurlik verkennend en vertroulik. Ons soek 'n telefoonnommer." Die NI gee my die kodenaam wat die persoon sal gebruik wanneer Mbeki gekontak sou word: John Campbell. Soos later met die eerste amptelike ontmoeting sou blyk, was hy vergesel van Jacob Zuma. Mbeki se kodenaam was John Semelane. Dit word 'n groot geskarrel om al die reëlings vir die ontmoeting in Londen te tref. Daar is nie baie tyd nie. Woensdag, 24 Mei praat ek met Robin Renwick. Die volgende dag met Koos Kruger. Later die week ook met professor Mike de Vries. Lesings sluit gelukkig op Vrydag, 2 Junie.

Ek het vooraf met Michael Young gereël dat ek en Mbeki mekaar in 'n lokaal van British American Tobacco (BAT) in Londen ontmoet. Young was toe by dié maatskappy betrokke. Die ironie hiervan het nie by my verbygegaan nie. Die Rembrandt-groep, met wie se dr. Anton Rupert ek 'n lang en leersame verbintenis gehad het, was 'n sterk mededinger van BAT. Rembrandt het in latere jare sy tabakbelange en van sy geboue aan BAT verkoop. Rupert, wat gedurende die veertigerjare van die vorige eeu met baie min korporatiewe spierkrag, maar 'n grootse droom begin het, was sterk ten gunste van 'n onderhandelde politieke skikking van die Suid-Afrikaanse konflik. En toe word 'n lokaal van BAT, sonder dat die bestuur van BAT daarvan weet, die adres vir 'n belangrike ontmoeting. Michael Young het ook nie geweet waaroor die ontmoeting gegaan het nie.

Ek vertrek soos gebruiklik met 'n Suid-Afrikaanse Lugdiens-vlug na Londen. My afspraak met Mbeki is vir elfuur op 31 Mei geskeduleer. In die taxi op pad na BAT se kantoor word ek deur 'n toenemende angstigheid oorval: Sal hy opdaag, gegee die risiko wat hy loop en sy berugte oorvol agenda wat hom dikwels nie betyds vir ontmoetings laat opdaag nie? Sal hy saamwerk en my gee wat ek soek? Sal hy snap dat "die uur gedaag het" en dat dit die staat is wat uiteindelik die inisiatief amptelik neem om met die buitelandse ANC gesprek te voer?

Die ontmoeting was hoogs geheim. In sensitiewe pre-onderhandelings-gesprekke is vertroulikheid onafwendbaar en 'n voorwaarde vir die inisiëring van die politieke proses. Dit verhoed dat partye tot die konflik die interne spanninge in hulle eie geledere, soos dit die geval met die NP en die ANC was, vir eie politieke gewin uitbuit. Dit bevorder bowendien 'n bepaalde verbintenis om mekaar se integriteit te respekteer en vertroue te bou. Dit verhoed ook wat ek naïewe optimisme en idealiserende politieke dagdromery noem: "Bevryding is net om die draai." Dis immers so dat pre-onderhandelingsinisiatiewe in situasies van diepgaande konflik nie net weerstand by sommige ontlok nie, maar ook verwagtings by ander skep. En daar is niks so destruktief as gefrustreerde verwagtings nie. Daarom het álle state klassifikasies en graderings oor geheimhouding en vertroulikheid.

Ek en Mbeki ontmoet net na elfuur in 'n luukse sitkamer van BAT. Michael Young begelei ons. Ons wissel 'n paar gemeenplase: "Hoe was die reis? Hoe is die weer in Lusaka? En in Stellenbosch?" Ek, haastig en opgewonde oor die boodskap wat ek wil oordra, moet geduld beoefen. Young verlaat uiteindelik die vertrek. Op die tafel wag Britse silwer en 'n fyn porseleinteeservies. Ek is 'n toegewyde koffiedrinker. Selfs in die oggend. Mbeki skink die tee en ek probeer die drink daarvan geniet. Hy is klaarblyklik tuis in dié Britse kulturele ritueel. Ek bied die silwerbord met koekies aan en praat oor koetjies en kalfies. Sê wel dat ek en hy hier in BAT se sitkamer op Republiekdag vergader. Hy toon geen emosie vir dié historiese gedenkwaardigheid nie en sê: "Julle Afrikaners se Republiekdag!" Ek sê: "Natuurlik. Dis mý dag. Dalk kry ons eendag 'n datum waarop ons saam fees kan vier. Maar jy verstaan tog dat vandag vir my 'n simboliese dag is?" Hy knik sy kop instemmend.

Ons interaksie sedert 1988 het 'n sterk persoonlike faset gevestig. Ons moes mekaar leer vertrou, gegee die sensitiewe aard van die gesprekke en ons afspraak dat dit nie aan die groot klok gehang mag word nie. Ons het ook baie gou ontdek dat ons baie deel: Die literatuur waarin ons geïnteresseerd is; die musiek wat ons waardeer; dit waarop ons hoop; die waardes wat vir ons belangrik is. En hy was ook lief vir die filosofie. Ek het trouens eenkeer vir hom gesê dat hy dalk 'n beter filosoof as politikus is.

In 'n stadium tydens ons tee-sessie merk ek op dat hy rusteloos en selfs afgetrokke begin word. Dis soos ek hom leer ken het. Tyd is kosbaar as belangrike kwessies op die agenda is. Dan moet daar nie gesosialiseer of oor koeitjies en kalfies gepraat word nie. Hy vind oppervlakkige gesprekke in elk geval 'n vermoeienis van die gees.

Afgesien van sy persoonlikheid en sy meer intellektuele instelling teenoor die lewe, selfs as kind in die destydse Transkei, het ek dikwels gewonder of sy blootstelling aan die leierskorps van die ou Sowjetunie en Oos-Duitsland nie ook 'n rol gespeel het nie. Dié state was rigiede samelewings. Streng hiërargieë is gehandhaaf. "Die Leier" was die sleutel tot die toekoms. Soos in die apartheidstaat. Daar kon ook nie te veel eg menslike emosies vertoon word nie. Dit was 'n teken van swakheid. Veral as jy bowendien as banneling in die vreemde lewe en gedurig oor jou skouer moet loer om te kyk dat 'n mededinger of apartheidsmoordenaar nie 'n mes in jou rug druk nie. In sulke omstandighede sukkel dit om Crocker se aksent op die "human factor" te bewaar. Voeg 'n mens hierby die feit dat talle ANC-leiers regstreeks of onregstreeks deur die Sowjetunie se KGB of die Oos-Duitse Stasi opgelei is, dan neem die kwessie van die ondermyning van die "human factor" selfs katastrofale vorme aan.

Ietwat geïrriteerd, vra hy: "Wat het jy hier kom maak? Jy praat oor kwessies wat ons reeds tydens ons April-vergadering bespreek het." Ek was vir hierdie oomblik gereed en sê: "Ja, dit is so. Maar daar is implikasies wat ons nog verder moet uitklaar." Die NI het my geadviseer om nie die boodskap in 'n plek oor te dra waar daar afgeluister kan word nie. "Doen dit in 'n kroeg," was die ernstige advies. "En kyk of jy 'n tafeltjie in 'n hoek kan kry." Ek het by myself gewonder waarom 'n boom in 'n park nie ook geskik kon wees nie. Gedagtig aan die NI se advies het ek twee handgeskrewe notas in Engels in my tas. Die een (in Afrikaans vertaal) is kort: "Die mure het ore. En soms het die ore ideologiese mure." Baie jare later het Mbeki baie groot plesier daarin gevind om my by 'n paar geleenthede in die openbaar hieroor te spot en te sê dat toe ek dié boodskap vir hom gegee het, hy besef het ek is 'n "ware Afrikaner". Afrikaners het afluistering goed geken.

Die ander nota was langer. Ek gee hier die Afrikaanse vertaling daarvan:

- 'n Baie senior persoon van die Nasionale Intelligensiediens wil graag met jou kontak maak om die moontlikheid van toekomstige gesprekke en agendapunte te verken. Ek is oortuig dat dit eerlik bedoel is. Dis op baie hoë vlak goedgekeur. Slegs 'n paar mense weet daarvan. Streng vertroulikheid word verwag. Dis gewaarborg wat Pretoria aanbetref.
- Ek benodig van jou 'n betroubare telefoonnommer waar jy persoonlik gekontak kan word. Jy sal 'n oproep van 'n John Campbell ontvang. Dié persoon sal met jou logistiek en ander kwessies bespreek. Ek weet nie wanneer hy sal skakel nie. Ek is gevra om jou te verseker dat die persoon wat met jou sal skakel, nie enige speletjies wil speel nie. Dit sal ook waardeer word as jy positief sal reageer.
- Ek wil graag die sensitiwiteit van hierdie kwessie beklemtoon. En ook die noodsaaklikheid van vertroulikheid. Ek is oortuig dat jy hierdie inisiatief as ernstig en goed bedoeld kan beskou, al is ek nie oor enige detail of doelwitte ingelig nie. Ek vermoed wel dat die inisiatief ook iets te doen het met Nelson (Mandela) se posisie. En ook met die kwessie van "gesprek oor gesprek" en onderhandelinge self.

Ek voeg daaraan met 'n groot NB toe:

- Sampie en die ander weet nie van my en jou ontmoeting nie. My reis is as "akademies" aangegee.
- Ek het baie spesifiek versoek om nie betrokke te wees by moont-

like gesprekke tussen jou en die NI nie – of om selfs vergaderplekke en datums te reël nie. Hoop jy verstaan. Ek moet 'n bepaalde distansie behou al is daar 'n goeie vertrouensverhouding tussen my en die NI. Indien 'n ontmoeting tussen jou en die NI plaasvind en jy is nie tevrede met die erns en eerlikheid van die NI nie, sal ek dit waardeer as jy my in die verband sal inlig. Soos ek al vantevore vir jou gesê het, sal ek jou integriteit en posisie beskerm.

Toe ek sy irritasie sien, gee ek aan hom dié notas, staan op en sê ek wil gou die badkamer besoek om hom kans te gee om die notas te lees. Terug in die BAT-sitkamer praat ons oor ons volgende gespreksgroepbespreking, agendapunte en mense wat ons die een of ander tyd moet nooi, veral uit die sakewêreld. In 'n stadium sê hy dat hy ook ander sake in Londen het. As daar geleentheid is, kan ons dalk weer bymekaarkom. Ons gaan groet Michael Young, stap uit die gebou en skud hande om totsiens te sê. 'n Tydjie later ontmoet ons mekaar in 'n Londense pub, The Albert, waarop ons afgespreek het. Daar is gelukkig 'n tafeltjie in die hoek.

Terwyl ons bier drink, dra ek weer aan hom die versoek van die NI oor. Ek beklemtoon: "Die uur het gedaag: Die deur is oopgesluit. En jy het 'n hand op die grendel." Hy skryf iets op 'n papiertjie en gee dit vir my. Heel bo staan in Afrikaans: "Allenlik Willie." (Só gespel.) Daaronder die telefoonnommer waar hy persoonlik bereik kan word. Daar is emosie in sy stem toe hy vir my sê: "Oliver Tambo het gesê: 'Sal die ANC die seine wat die NP-leierskorps vir onderhandeling uitstuur, reg verstaan?'" Mbeki bly 'n rukkie stil, en vra: "Hoe weet ek dis nie 'n strik nie?" Die ou wantroue tussen die ANC en die Afrikanerregime breek weer deur ten spyte van die feit dat hy ingelig is oor die Coetsee-Barnard-Mandela-gesprekke. Ek vervies my half en sê ek vertrou Niel Barnard en sy span. Kry selfs 'n stekie in: "Jy sal meer vertroue in Pretoria as in New York, Parys en Dakar kry. Barnard en sy span is besig met 'n proses ('process'). Nie 'n sensasionele gebeurtenis ('event') nie." Later, om my reaksie te temper, onderneem ek: "Ek gee jou my woord van eer dat ek my oor op die grond sal hou. As ek enige iets verdags hoor, sal ek jou laat weet. Ek sal ook 'n dokument opstel oor al ons samesprekings en ook vandag s'n, dit in 'n kluis laat bewaar waartoe 'n betroubare joernalisvriendin van my toegang sal hê. As enige iets met jou of my gebeur, sal sy dit openbaar maak." Hy sê: "Kom ons stap na buite." Ek sê aan hom, gedagtig aan Aggrey Klaaste: "Dis nooit te laat om te praat nie." Hy bevestig daarop weer eens dat ek sy telefoonnommer aan die NI kan gee. Ek herhaal die kodenaam. Ons groet. En hy kyk my met humor in sy oë aan: "Dalk ontmoet ek en jy volgende jaar op 31 Mei in Stellenbosch en nie Londen nie. Dink jy ons moet by die benaming 'Republiekdag' hou?" Byna as 'n nagedagte: "Ek vertrou jou." Jare later het hy dikwels in die aanwesigheid van sy partygenote na my onderneming verwys.

Op pad na die huis van my joernalisvriendin Fleur de Villiers en haar ma, verwonder ek my aan die lentegroen van 'n boom in 'n parkie. En ek sê vir die boom op dié 31ste Mei van 1989: "Vertroue tussen mededingers ís moeilik, maar moontlik! Soms méér moontlik as tussen bulle wat in dieselfde kraal staan en brul om gehoor te word, erken te word en invloed te verkry. Maar wat weet jy, boom, van dié soort tragiese mededinging tussen mense? Ná jou winter tooi jy jouself ongesteurd in lentegroen. As jy natuurlik nie vanself doodgaan of afgekap word nie. Want alles wat lewe, is gedoem om te sterf. Gelukkig nie alle idees en gedenkwaardige gebeurtenisse nie." Ek dink aan dr. Anton Rupert se woorde: "Vertroue is 'n risiko. Wantroue is 'n groter risiko."

Lee Blessing se *A Walk in the Woods*, 'n treffertoneelstuk uit die VSA oor ontwapening, word in Londen opgevoer met Alec Guinness in die rol van die Rus en Ed Herrmann in die rol van die Amerikaner. Ek, Fleur de Villiers en haar ma woon dit by. Ek identifiseer baie sterk daarmee en dit word vir my 'n venster waardeur ek na die Afrikaner-ANC-gespreksgroep se bydrae kyk. Die Rus en Amerikaner, geswore vyande, ontmoet mekaar in die woud as besorgde mense en kom tot 'n verstandhouding oor toekomstige vrede. Ek bly 'n paar dae in Londen om inligting by Chatham House en die International Institute for Strategic Studies oor voorbeelde van politieke mediasie tussen regerings en vryheidsbewegings in te win, en skryf daaroor 'n verslag in die vliegtuig terug na Suid-Afrika. Daarin sê ek onder meer: "Onderhandeling is slegs 'n deel van 'n meer omvattende proses ... 'n proses wat bekend staan as 'trust- and confidence-building' en waarin gemeenskaplikhede en verskille duidelik uitgeklaar moet word." Ek noem dat die NP-regering nóg hiervoor nóg vir amptelike onderhandelinge goed toegerus is. Reken wel dat mense soos Gerrit Viljoen, Dawie de Villiers, Stoffel van der Merwe, Tertius Delport en Leon Wessels 'n verskil kan maak. Ook amptenare soos Niel Barnard, Mike Louw, Neil van Heerden en Fanie van der Merwe. Ek skryf van Dawie de Villiers: "Een van sy groot bates is dat hy mense se vertroue kan wen en weet hoe om 'n goeie gesprek te voer."

Op Maandag, 5 Junie spreek ek in Johannesburg 'n konferensie van die maatskappy Anglo Alpha toe. Die tema is: "Socio-economic trends and future scenarios for South Africa". Dit kos dissipline om nie iets te sê oor my ontmoeting met Thabo Mbeki in Londen nie. Fleur de Villiers se advies aan my om nie vertroue te skend en op te tree asof jy meer as ander weet nie, het my by dié geleentheid baie goed te pas gekom.

10
Teeparty in Tuynhuys: Botha ontmoet Mandela

Na die opgewondenheid van 31 Mei 1989 het die groot wag begin: Enersyds op die ontmoeting van die twee "Groot Kapteins" in die lapa van ons interne politiek, naamlik Botha en Mandela. Botha was nog steeds die president van die land. FW de Klerk, hoofleier van die regerende party, was wel in beheer van die beleidmakende prosesse van die party. En Botha, sou hy lank aanbly, sou NP-beleid moes uitvoer. Andersyds was daar die telefoonoproep wat die een of ander tyd deur die NI na Thabo Mbeki gemaak moes word met die oog op 'n ontmoeting. Daar was tydsdruk. Die Botha-Mandela-ontmoeting was bepalend vir die Mbeki-ontmoeting. En dan was daar later ook die algemene verkiesing op 6 September 1989, met 'n FW de Klerk en 'n groeiende aantal NP-parlementslede wat in Botha se nek geblaas het.

Om sake te vererger, bly die Mass Democratic Movement (MDM) polities aktief. Die breë netwerk kon nie verban word nie. Politieke onrus duur voort. So ook sterftes en swart-teen-swart geweld. Die hoë vlakke van politieke onverdraagsaamheid tussen lede van die opstandiges self is veral ontstellend. Die politieke aktivisme en verset teen die regime word ook 'n verhaal van grusaamhede en barbaarse gewelddadigheid, soos die berugte halssnoermoorde waarteen mense soos biskop Tutu skerp beswaar maak. Dit was 'n geval van die revolusie wat sy eie kinders opgevreet het. Ek dink in hierdie tyd baie aan iets wat Thabo Mbeki eenkeer terloops aan my gesê het: "Inkrementele hervormings voed revolusionêre aktivisme. Wanneer laas het jy De Tocqueville gelees? En Hegel en Marx oor dialektiese verhoudings?" Ek begryp weer eens dat 'n onderdrukkende stelsel nie hérvorm kan word nie. Dit moet drasties ómvorm, getransformeer word. Inkrementele hervormings bevestig by verdruktes dat hulle benadeel is en die morele en politieke reg het om aktivisties in opstand te kom. Botha se hervormings het bepaalde pilare van die apartheidstelsel verswak, maar dit het ook aktivisme verhoog, 'n noodtoestand vir hom noodsaaklik gemaak en tot allerlei ander drakoniese maatreëls en veiligheidsoptredes gelei. Hy en sy sekurokrate het 'n politieke blindheid ontwikkel: Die aktiviste, die ANC en die kommuniste wil alle mag revolusionêr oorneem. Botha het gebulder: "Ek onderhandel nie met 'n geweer teen my kop nie." Sy hervormingsprojek het mettertyd tot stilstand geknars. Ek het baie keer gedink: "Die padblokkades van die polisie is simbolies van Botha en die NP se sielkundige struikelblokke."

Die noodtoestand was natuurlik toe nog steeds van krag, afgekondig in Julie 1985. Dis ook deur FW de Klerk gesteun, toe leier van die Transvaalse NP en sedert begin 1989 die hoofleier. In 1998, in *The Last Trek: A New Beginning*, kyk hy hierop terug en regverdig sy posisie. Hy reken dat die noodtoestand die revolusionêre gedwing het om 'n meer realistiese beskouing van die magsbalans tussen hulle en die regering te ontwikkel. Terwyl ek nie daaroor verskil nie, is hy té apodikties. Daar was ook ander, meer belangrike faktore: die heersende internasionale konsensus, die sterker posisie van die onderhandelaars teenoor die vegters in die ANC, Tambo en Mbeki se diplomatieke oorwinnings en die druk deur belangrike staatshoofde. Die gety het ten gunste van 'n onderhandelde skikking gedraai. Die ANC het geweet hy kan niks in hierdie proses verloor nie.

Coetsee, maar veral Barnard, slaag daarin om Botha te oortuig om Mandela te ontmoet. In daardie stadium was daar reeds by Barnard die vaste oortuiging dat 'n onderhandelde skikking strategies onafwendbaar was. Hy het ook aanvaar dat Mandela se rol in so 'n skikking van sleutelbelang sou wees, al was Mandela in daardie stadium nie 'n verkose leier van die ANC nie. Hy weet ook dat Botha op pad uit is, maar wil hom tog betrek by die verdere voorbereiding van die skikkingsproses. Dit sou Botha se opvolger in ieder geval voor 'n politieke gegewe stel wat nie omgekeer kon word nie. Barnard, strategies ingestel, dink toe alreeds baie verder as 'n ontmoeting tussen Botha en Mandela. Hy het Mbeki se telefoonnommer nie sonder goeie rede aangevra nie. Daar was 'n paar sake wat Barnard en die NI egter nog in plek moes kry. Een daarvan was amptelike sanksie vir die gesprek met Mbeki, verkieslik deur die Staatsveiligheidsraad en nie bloot as 'n goedkeuring deur Botha persoonlik nie. Barnard het altyd 'n baie korrekte en professionele verhouding met Botha gehad, maar tog ook 'n bepaalde empatie teenoor Botha en sy vrou geopenbaar. Botha het baie respek vir Barnard gehad. Hy het eenkeer teenoor my opgemerk: "Barnard is 'n ordentlike mens." Volgens Barnard het hy vir Botha gesê dat hy wat Botha is niks kon verloor deur Mandela te ontmoet nie. Selfs al loop die ontmoeting verkeerd, sou Botha onthou word as iemand wat ten minste probeer het om vordering te bespoedig. En as die gesprek positief verloop, sou dit die begin van Suid-Afrika se skikkingspolitiek wees. Die geskiedenis sou Botha daarvoor erkenning gee. Barnard, saam met sy goeie vriend generaal Jannie Geldenhuys en Neil van Heerden, was diep betrokke by die Angola-Namibië-skikkingsproses. Hy was in dié verband Botha se oë en ore. Daar is baie uit die proses geleer.

Wat in Angola-Namibië gebeur het, het nie alleen die internasionale konsensus oor 'n skikkingsproses in Suid-Afrika versterk nie, maar ook by Barnard en sy span die mening laat posvat dat tyd nie meer aan die kant van Botha en sy regering was nie. Botha was egter in een opsig 'n belangrike struikelblok: Sy anti-kommunistiese gevoelens het 'n godsdienstige kwaliteit aangeneem. Ek het soms gedink dat dié gevoelens, eerder as sy voorskrif dat Mandela en die ANC geweld moes afsweer, die sterkste emosionele en politieke struikelblok was. Botha het in ieder geval geweld met kommunisme en die Sowjetunie geassosieer. Dit was nie ten onregte nie. Daar was die Kubaanse betrokkenheid in Angola. Hulle het sy goeie vriend Jonas Savimbi onder druk geplaas en Swapo 'n militêre slaankrag gegee.

Dit was egter nie die eintlike rede nie. Botha het 'n wrok teen die Sowjetunie gehad. Gedurende ons gesprek oor Chester Crocker, waarna reeds verwys is, was Botha baie beslis dat die ANC 'n surrogaat-agentskap van die Sowjetunie was. Die ANC, so het hy gereken, is uiteindelik deur die Sowjetunie en die Staliniste tot 'n gewelddadige revolusionêre beweging omskep. Sonder Sowjetsteun sou die ANC nêrens gekom het nie. Hy het dus die Sowjetunie as die eintlike bron van al die onrus en geweld in Suid-Afrika beskou. Ek het ten dele met Botha hieroor saamgestem. Die ANC se doelwit van 'n revolusionêre oorname van mag was die regstreekse gevolg van die invloed van die Sowjetunie, toe nog vasgeknoop in die Bresjnjef-doktrine se sentralistiese en totalitaristiese aspirasies, en die KGB en Oos-Duitse Stasi se magsdrome. 'n Mens moet trouens Chris Hani, Mac Maharaj, Siphiwe Nyanda en selfs Lindiwe Sisulu se politieke gedrag vanuit dié perspektief verstaan. En al het Michail Gorbatsjof dié soort drome in die politieke vullisblik gegooi, het Angola-Namibië dit in die revolusionêre kringe van die ANC wakker gehou. "Oordrag van mag" was vir hulle die eintlike droom. Maharaj en Nyanda het Suid-Afrika nie in 1988 geïnfiltreer en projek Vula gevestig om 'n demokratiese vredesproses te begin nie.

Botha was byna paniekerig oor die moontlikheid dat die kommuniste 'n vastrapplek in Suid-Afrika sou kry. Dit sal "my mense" se toekoms in die gevaar stel, was sy argument. Mandela se lojaliteit teenoor die kommuniste was vir hom 'n rooi-rooi vlag. Dit was nooit vir my duidelik of Botha Mandela se memorandum gelees het nie. Ek is wel redelik seker dat hy ten minste goed daaroor ingelig was. Hy sou Mandela se lojaliteitsverklaring teenoor die SAKP as 'n bitter pil ervaar het. Trouens, in die latere dispuut met De Klerk en Barnard oor die vernietiging deur Barnard van die geheime opname wat van Botha se gesprek met Mandela gemaak is, was dit veral sy waarskuwing aan Mandela teen kommunisme wat redelik sentraal gestaan het.

Ek het self later, toe die ANC en ander organisasies al ontban was en aan die skikkingsproses deelgeneem het, Botha se bitterheid oor die SAKP se posisie as 'n medespeler ervaar. Ek bemiddel dat Zanele Mbeki, Thabo Mbeki se vrou, by 'n NG predikantekonferensie op Stellenbosch in die HB Thom-teater optree. Zanele, wie se pa en ma geestelike leiers in die Johannesburgse township "Alex" was, en self 'n toegewyde Christen, praat met die dominees. Haar teenwoordigheid laat Botha met groot ontsteltenis oor die telefoon uit die Wildernis sê: "Die Mbeki's is kommuniste. Nou het hulle ook my kerk oorgeneem." Botha het die propaganda van sy Totale Aanslag en Totale Strategie, wat veral teen die Sowjetunie en die kommuniste gemik was, soos evangelie geglo.

Die historiese ontmoeting tussen president PW Botha, die Groot Krokodil van die regime, en Nelson Mandela, die Groot Ikoon van bevrydingsdrome in die wêreld, vind plaas op 5 Julie 1989. Volgens Niel Barnard duur dit vanaf tienuur die oggend tot net ná elf. Dis 35 dae ná my ontmoeting met Thabo Mbeki in Londen. Nie een van my goeie vriende in die NI het my vooraf oor die beplande Botha-Mandela-ontmoeting ingelig nie. Ek hoor later dit was as "hoogs geheim" geklassifiseer.

Om Mandela via Roelandstraat – waar daar in apartheidstye 'n berugte tronk was waar Tony Trew ook aangehou is – ongesiens in Tuynhuys te kry, was 'n fyn beplande operasie wat al vroegoggend begin het. Die veiligheidsmaatreëls van die NI, in noue samewerking met "IB", 'n ekspert in die veilige vervoer van BBP's, is met militêre presisie uitgevoer. Dit was nie net om 'n regse sluipmoord te fnuik nie, maar ook om te voorkom dat veral die SA Veiligheidspolisie en Magnus Malan se Militêre Inligtingsdiens snuf in die neus kry. Trouens, die polisiewag by die huis op die Victor Verstergevangenisterrein moes ontwyk word. "IB" se span van ongeveer tien is op twee na nie ingelig oor wie die BBP was nie. "IB" het sélf die Mandela-Barnard-motor bestuur. Soos hy dit aan my gestel het: "Motorbestuurders het ook oë en ore. Hulle weet wat in 'n motor gepraat word."

Die reis van die Paarl na Tuynhuys en terug was potensieel baie gevaarlik. Selfs Jack Viviers, PW Botha se kommunikasie-regterhand, is in die duister gehou, iets waaroor hy later baie afgehaal was.

Mandela word via 'n hyser vanuit die parkeergarage Tuynhuys letterlik binnegesmokkel. Hy is 'n "politikus van 'n Afrika-staat", so word by die goed bewaakte hek van die terrein rondom die kompleks gesê. Die veiligheidsmense by die hek is beïndruk: 'n Konvooi van motors, vyf in getal, bring die Groot Ikoon die terrein binne om die Groot Krokodil te ontmoet. Hulle weet natuurlik nie wié die "Afrika-leier" is wat in die middelste motor van die konvooi in sy netjiese snyerspak sit nie. Dié pak is nommerpas deur die gevangenis se kleremaker aangeskaf. Mandela was ook uitgedos in 'n nuwe hemp, das en skoene. Hy moes vroeg gereed wees vir sy reis vanaf die Paarl na Kaapstad. Sy das is deur 'n bewaarder netjies herknoop omdat hy dit nie goed genoeg kon doen nie.

Opvallend was dat daar baie moeite gedoen is om hom netjies te laat lyk. "Soos 'n leier en nie soos 'n prisonier nie," volgens 'n NI-segspersoon. Mandela se opmerking later dat dit alles 'n aanduiding was van hoe bang die amptenare vir Botha was, is myns insiens 'n verkeerde lesing. Hy het daarmee eerder erkenning gekry deur mense wat aanvaar het dat 'n nuwe politieke daeraad besig was om deur die duisternis van apartheid te breek, en dat Mandela daarin 'n rol sou speel.

Op pad na PW Botha se kantoor merk Barnard op dat een van Mandela se skoenveters losgewikkel het. Hy stop Mandela, kniel neer en bind die veters vas. Dié "kniel-episode" het, soos te verstane, tot baie simboliese spekulasies aanleiding gegee. Daar is selfs beweer dat toe Barnard voor Mandela gekniel het, hy skielik besef het hy kniel voor 'n toekomstige president. 'n Eenvoudiger en meer gepaste verduideliking is dat Mandela, wat nie skoene met veters in die tronk gehad het nie, die kuns om veters te knoop verleer het. Barnard doen die logiese: Hy buk en knoop die veters. Persoonlik het ek Barnard leer ken as iemand met 'n "sense of common decency", om dié Engelse verwysing na beskaafdheid te gebruik – al kon hy soms op 'n reguit en selfs brutale manier met mense swaarde kruis.

Daar was twee uitstaande ooreenkomste tussen Botha en Mandela: Albei het beskik oor 'n wil van yster; albei het lafhartigheid en manteldraaiery verfoei. En hulle was natuurlik albei hartstogtelik lief vir hulle vaderland, patriotte by uitnemendheid. Daar was ook verskille: Botha was 'n politieke inkrementalis, 'n stuksgewyse hervormer, en fel anti-kommunisties. Sy magsbeheptheid was nie net 'n persoonlike streep nie. Hy het ook sonder feil gedink aan "my mense" (Afrikaners). Mandela was 'n passievolle politieke omvormer: alles (nie-rassige meerderheidsregering in 'n eenheidstaat) of niks nie, met hoogstens tydelike oorgangsmaatreëls. Die idee van groepregte het hom mateloos geïrriteer omdat dit hom onder meer aan apartheid en verdrukking laat dink het. En Mandela het sy vriende oor baie jare, soos die kommuniste, gerespekteer. Lees 'n mens Mandela se memorandum aan PW Botha en plaas dit langs die NP en sy leierskap se beleidstukke en uitsprake sedert die begin van 1989, was die ontmoeting tussen Botha en Mandela eintlik 'n historiese wonderwerk. Groepsbeskerming, afswering van geweld en die posisie van die kommuniste was dié drie kwessies wat vir Botha soos 'n politieke evangelie voorop gestaan het. In dié tyd het hy ook 'n ander beheptheid met die kommuniste ontwikkel: Joe Slovo, inkarnasie van alles wat boos was. Een van die bitterste pille wat hy na sy uittrede moes sluk, was om Joe Slovo, met sy rooi sokkies, op 'n groepsfoto by Groote Schuur te sien staan, geneem tydens die eerste formele gesprekke tussen die regering en die ANC in Mei 1990.

Botha se ontmoeting met Mandela verloop buitengewoon suksesvol. Hy poseer selfs vir 'n foto, al het hy aanvanklik teenoor Barnard sy kommer uitgespreek oor wat "my mense" sou sê as hy Mandela te woord sou staan. Die gesprek is vriendelik en vind op 'n ontspanne wyse plaas. Dis egter nie indringend nie. Mandela se belangrike memorandum kom nie juis ter sprake nie. Barnard wou nie omstrede kwessies aanroer nie. Hy het slegs 'n ontmoeting gesoek, 'n politieke ysbreker. Botha, sy ou self, het natuurlik vooraf aan Barnard opdrag gegee om in die geheim 'n opname van die gesprek te maak. Hy wou weer daarna luister en homself veral teen kritiek verskans as die ontmoeting rugbaar sou word. Barnard doen dit baie teensinnig. Dis nie wat hy met Mandela afgespreek het nie. Toe ek die storie hoor, dink ek aan Mbeki se reaksie op my kwellings oor afluistering. Mandela raak tog een baie sensitiewe punt aan. Hy versoek Botha om sy goeie vriend Walter Sisulu, reeds bejaard, vry te laat op grond van humanitêre redes. Botha reageer nie regstreeks nie, maar sê eerder dat Barnard aan dié versoek aandag moet gee. Barnard, nie iemand wat doekies om moeilike kwessies draai nie, vat Mandela op die terugreis na die Paarl aan. Dis nie iets waaraan hy in hierdie stadium kan of wil aandag gee nie. Die politieke klimaat in die land is baie gespanne en daar is 'n verkiesing om die draai. Mandela sê Barnard is 'n amptenaar en hy moet die versoeke van die president uitvoer. Sisulu is uiteindelik op 15 Oktober 1989 deur president FW de Klerk vrygelaat. Dis nie altyd maklik om soos die NI op 'n groter strategiese prentjie te fokus ten koste van meer individuele of insidentele morele kwessies nie.

Die foto wat tydens die geleentheid geneem is, was simbolies gesien werklik histories: Die leier van die apartheidstaat, in die persoon van die Groot Krokodil, staan saam met die Groot Ikoon van die bevrydingsbeweging, Nelson Mandela, op dieselfde foto. Almal is besonder vriendelik. Niel Barnard staan tussen hulle, so asof hy 'n distansie tussen die twee moet definieer. Kobie Coetsee staan langs Botha. Generaal Johan Willemse, Kommissaris van Gevangenisse, en iemand wat 'n reuse-rol gespeel het om verhoudinge met Mandela en senior politieke gevangenes te ontvries, staan langs Mandela. Ters Ehlers, werksaam in Botha se kantoor, het die foto van die vrolike groepie geneem. Baie jare vantevore het HF Verwoerd, Suid-Afrika se groot apartheidsideoloog, nie eens ontvangs van 'n memorandum wat Mandela aan hom gestuur het, erken nie. In 1989 stuur Mandela weer 'n memorandum aan 'n apartheidsleier, en poseer uiteindelik saam met dié leier vir 'n foto.

Die foto, soos wat my vertel is, lei amper tot ernstige konsternasie. Tydens 'n funksie die volgende dag op 'n wildplaas in die noorde van die land is Botha laterig die aand vol selfvertroue en op soek na al die aandag. Hy is omring deur sy naaste kollegas en mense wat hy gedink het lojaal aan hom is. Hy verklaar dat hy iets in sy sak het wat al die teenwoordiges stom sal verbaas. Met al die aandag nuuskierig op hom gevestig, haal hy die foto van die vriendelike groepie in Tuynhuys uit sy sak. Dis vir sommige van die aanwesiges 'n skok. Iemand sê agterna aan my: "Terwyl ons teen die terroriste veg, gesels Botha ewe vriendelik met hulle leier."

Barnard het die ontmoeting tussen Botha en Mandela in groot geheimhouding georganiseer. Die NP-kabinetslede, wat vir PW Botha gesit en wag het om sy presidentstoel te ontruim, word onverhoeds gevang. Barnard, nie iemand wat besluite oor mag en strategie met morele regverdigings probeer verduidelik nie, was hierdie verrassende historiese gebeurtenis aan Botha verskuldig. Hy het natuurlik ook geweet dat as dié ontmoeting nasionaal en internasionaal bekend sou word, daar geen terugdraai sou wees nie. Botha se opvolger was gekompromitteer. Al waaroor hierna gepraat kon word, was die tydsberekening van Mandela en ander politieke gevangenes se vrylating en die parameters van die skikkingsproses vorentoe. Botha kon nie hieraan deelneem nie. Sy tyd was ná die teepartytjie in Tuynhuys vir goed verby. Die teepartytjie was egter een van die belangrikste gebeurtenisse in Suid-Afrika se skikkingsgeskiedenis, soos ook Mandela se memorandum aan Botha.

Barnard se verhouding met Botha het later versuur. Botha was toe al afgetree in die Wildernis, maar het nie sy vegtersinstinkte verloor nie. De Klerk, toe die president van Suid-Afrika, vind dit nodig om hom op Botha te beroep en verklaar dat hy maar net Botha se beleid verder voer. Myns insiens nie heeltemal ten onregte nie. Toe Botha vir Mandela in Tuynhuys ontvang het, het hy in werklikheid Mandela as leier bevestig, sy vrylating onregstreeks bekragtig en die noodsaak van skikkingspolitiek aanvaar. Hy was net nie die persoon wat dit sou of kon deurvoer nie. Hoe dit ook al sy, Botha ontplof oor De Klerk se aanspraak en soek die geheime bandopname by Barnard. Dié sê hy het dit persoonlik vernietig, want dit was nie korrek om die opname te gemaak het nie. Al wat hy het, is die notas wat hy self opgestel het. Botha ontplof toe eers. Sy wrewel teenoor De Klerk en uiteindelik ook die NP, het geen perke geken nie. Dit het tydens die Waarheids-en-Versoeningskommissie (WVK) se sittings selfs vererger. Konserwatiewe en gegriefde Afrikaners wat sy verset teen en uitsprake oor onder meer die WVK entoesiasties omhels het, het hom in sy wrewel versterk. Hy is as 'n verbitterde mens oorlede.

Thabo Mbeki, toe die president van die land, het my ná Botha se dood geskakel en gevra of hy die begrafnis moes bywoon. Ek het hom aangemoedig deur te sê: "Jou, my en alle Suid-Afrikaners se bevryding het onkeerbaar geword die dag toe Botha en Mandela soos goeie en beskaafde Suid-Afrikaners met mekaar kon praat. Dié kort gesprek was 'n sprong die potensiële nuwe Suid-Afrika in." Ek het dit baie waardeer dat hy, ten spyte van kritiek, die begrafnis bygewoon het. Botha het van die apartheidstrein se belangrike trokke begin agterlaat in die vorm van die skrapping van bepaalde wetgewing. Hy kon of wou egter nie die lokomotief met sy oorblywende trokke na die politieke skrootwerf karwei nie. Toe hy Mandela ontmoet het, het die stoomketel van die apartheidslokomotief in die visier gekom: groepregte soos deur die NP verstaan. Dié ketel, so het ek op 'n keer vir Mbeki gesê, sal nog vir baie jare vir warm stoom onder Afrikaners sorg.

Ek begin intussen angstig raak oor die moontlikheid van 'n ontmoeting tussen die NI en Thabo Mbeki. Dis iets waarmee ek my nie moet bemoei nie, word ek meegedeel. Daar is nog 'n paar dinge wat in plek moet kom. Tussen 27 en 29 Julie woon ek 'n vergadering van die Jubilee-inisiatief in Brittanje by. Ek probeer om so min as moontlik te sê en nie oor die toekoms te spekuleer nie uit vrees dat ek my mond verby sal praat. Botha se ontmoeting met Mandela en die leierskapstryd binne die NP is belangrike besprekingspunte. Ook die onrus en geweld in die land. My goeie kontak in regeringskringe sê my op 13 Augustus 1989 dat 'n maak-of-breek-situasie tussen Botha en sy kabinet ontstaan het. My kontak sê: "Dit word

D-dag. Botha se steun in die kabinet het verdwyn." FW de Klerk lei die rebellie op 'n nat, koue Maandagoggend, 14 Augustus. Hulle is deur Botha na Tuynhuys ontbied na aanleiding van die Kaunda-affêre: Die Zambiese president het aangekondig dat hy De Klerk op 28 Augustus sou ontmoet. Botha is woedend en sê hy is nie daaroor geraadpleeg nie. Of dié besoek 'n berekende skuif van De Klerk en Pik Botha was, is nie kontroleerbaar nie, maar wel waarskynlik. Die besoek was vir 28 Augustus beplan, skaars 'n week voor die verkiesing. 'n Besoek aan Kaunda, dié president van die frontliniestate, sou 'n reusagtige politieke bonus vir De Klerk in die Westerse wêreld, onder swart mense en onder progressiewe wit mense wees. Dit sou bowendien plaasvind kort ná Botha se aardskuddende ontmoeting met Nelson Mandela. Die rebellie vind sewe dae voor die ANC se Hararedeklarasie oor onderhandelinge plaas. Dit was perfekte tydsberekening deur die ANC.

Die beplande besoek van De Klerk en Pik Botha aan president Kaunda word 'n laaste strooi in die voortslepende magstryd. Die vergadering in Tuynhuys, om 08:30 die oggend, word deur Dawie de Villiers met gebed geopen. Ons het albei filosofie en teologie gestudeer. De Villiers, iemand wat weet hoe om sy woord te doen, probeer met sy gebed 'n atmosfeer van kalmte en versoening skep. De Villiers was toe die minister van minerale en energiesake. Botha het vir hom respek gehad, al het hy later in De Anker, Botha se huis in Wildernis, De Villiers se poging om versoenend te wees van die hand gewys, en De Villiers min of meer die deur gewys – saam met die geskenk wat De Villiers hom aangebied het.

Die vergadering duur ongeveer drie uur. Botha was aanvanklik kalm. Soos dit maar in die politiek op dié vlak gaan, het die ministers begin deur pryssange oor Botha te sing. Hy is 'n groot leier wat baie vir "sy mense" gedoen het. Botha luister daarna sonder om die pryssangers in die rede te val. Hulle is vol waardering en bewondering vir hom, verseker hulle hom. Botha, wat nie van skynheiligheid gehou het nie, wag geduldig op die pryssangers se "maar", veral toe hulle begin praat oor hulle besorgdheid oor sy gesondheid. Hulle dink dat dit in sy belang en ook in die belang van die land en sy party is dat hy vakansie moet neem. Hy kan dan moontlik 'n waarnemende president tot ná die verkiesing aanwys. Dit was 'n manier om te sê: Jou tyd is verby. Botha ontplof uiteindelik soos net hy kon ontplof.

Hy het dit veral teen De Klerk, nasionale leier van die NP en potensiële president. Dit word 'n erge konfrontasie in Afrikanergeledere tussen 'n leier van die regering en die lede van die kabinet of binneste kern. Dié konfrontasie was 'n duidelike aanwyser van wat Sampie Terreblanche die verbrokkeling van die NP genoem het. Dit was 'n verdere fase van die proses van mags- en institusionele erosie binne Afrikanergeledere ná die gebeure rondom die Onafhanklike Beweging. Botha vaar emosioneel teen De Klerk uit. Hy reken De Klerk is 'n lafaard om sy (Botha) se gesondheid op te haal. Hy daag De Klerk uit en vra of hy dink hy wat Botha is kan nie vir homself dink nie. Waarom sê De Klerk nie so nie? De Klerk protesteer. Botha, sy ou self en beslis nie in sy aanvals- en denktegnieke aangetas nie, vra De Klerk waarom hy dit dan met 'n glimlag op sy gesig en 'n dolk in sy hand insinueer. In 'n stadium het hy selfs gesê dat De Klerk sy verhouding met God in orde moet kry. Magnus Malan, een van Botha se goeie vriende en in beheer van die militêre faset van die Totale Strategie, stap ook van Botha weg. Hy het later as die "Brutus" van dié episode bekend gestaan. Botha, sonder enige ondersteuner in 'n kabinet wat hy self aangewys het, weier om 'n waarnemende president aan te wys. Hy neem die regte besluit en bedank as president. De Klerk het die magstryd gewen. Hy word op 15 Augustus 1989 as waarnemende president aangestel.[1]

Die NI was voorbereid op hierdie verwikkelinge. Op 16 Augustus, 'n dag ná De Klerk as waarnemende president ingesweer is, is hy die voorsitter van die magtige Staatsveiligheidsraad (SVR). Dit was Botha se eintlike instrument van mag. De Klerk ken hierdie omgewing nie goed nie, want daar was 'n binnekring waartoe Botha hom nie wou toelaat nie. De Klerk was bowendien 'n regstaatmens – weliswaar nie in die volle sin van die woord nie. Op die agenda van die vergadering dien daar 'n sorgvuldig geformuleerde voorstel van die NI (nommer 13 van 1989). Dit beklemtoon dat meer inligting oor die ANC ingesamel en verwerk moet word. Dat die doelwitte, alliansies en toenaderingsmoontlikhede van die ANC se leiers en groeperings ondersoek moet word. Om dit te kan doen, moet spesiale regstreekse aksies onderneem word, veral met behulp van die NI.

De Klerk, nie een van die ingeligtes oor die tweespoor-kontak wat reeds geruime tyd plaasgevind het nie en veral nie oor die 31 Mei-ontmoeting nie, steun die voorstel. Die NI het eintlik nie 'n ander keuse gehad as om hom op hierdie wyse te kompromitteer nie. Botha is van die toneel af, 'n verkiesing is om die draai en 'n nuwe president sal na die verkiesing die politieke leisels oorneem. Die NI kon nie bekostig dat jare se geduldige voorbereiding vir 'n onderhandelde skikking op die lange baan geplaas word nie. "Kollega Möller" sê vir my: "Proffie, tyd is kosbaar. Veral in die politiek. Ons het nie meer baie opsies nie." Met die NI se voorstel deur die Staatsveiligheidsraad aanvaar, het die NI nou 'n mandaat gehad om Thabo Mbeki persoonlik te ontmoet. Die meeste SVR-lede, De Klerk inkluis, was van dié implikasie salig onbewus. Ekself weet ook nie wanneer die eerste ontmoeting tussen die NI en die ANC sal plaasvind nie. Ek wag al sedert 31 Mei 1989 op 'n sein. Mbeki wag ook, soos ek later agtergekom het, met groter geduld as ek. Hy was geskoold in wat ek in 'n stadium die "politiek van geduld" genoem het. Dit word soms ook "tydsberekening" genoem, deurslaggewend in politieke prosesse. Die wag kom uiteindelik tot 'n einde.

Möller Dippenaar wys my later op die ironie. 'n Dag voor De Klerk die voorsitterstoel van die Staatsveiligheidsraad as waarnemende staatspresident inneem, en 'n dag na PW Botha na die Wildernis vertrek, op 15 Augustus 1989, lewer De Klerk 'n tipiese verkiesingstoespraak. Hy looi die ANC en verklaar dat die NP se houding teenoor die ANC nie verander het nie. Die NP sal net met mense onderhandel wat nie by geweld om politieke doelwitte te bereik betrokke is nie. Die ANC diskwalifiseer homself. 'n Dag ná dié toespraak aanvaar hy 'n mosie wat die hek vir onderhandeling met die ANC oopsluit. Maar hy het dit toe nie geweet nie.

11
"Aartsvyande": Die politieke ys word in Switserland gebreek

Die hele land én buitelandse regerings wat 'n belang by Suid-Afrika gehad het, leef in groot verwagting ná PW Botha se vertrek. Veral die VSA, Brittanje en die Sowjetunie kyk met politieke arendsoë na ons land. Die Mass Democratic Movement (MDM), met die UDF en ander organisasies steeds verban, sit die stryd met verhoogde passie en energie voort. Die verkiesing wat op 6 September 1989 moet plaasvind, is veral in die MDM se visier. Dit word afgemaak as 'n politieke bedrogspul wat slegs daarop gemik is om apartheid se ideologiese beheptheid met ("blanke") groepsregte te versterk en nie demokrasie sal bevorder nie. Ds. Simon Adams van die Volkskerk op Stellenbosch verklaar op 'n groot vergadering by die Universiteit van Wes-Kaapland: "Ses September sal alles belemmer."

Die MDM kon nie verban word nie. Dit het geen duidelike strukture met 'n bestuur gehad nie en was eerder 'n wydverspreide netwerk van gemobiliseerde energie. Almal het egter geweet dat dié energiebron verteenwoordigend van die UDF, Cosatu en ander verbode organisasies was. Soos Jan Steyn van die Stedelike Stigting ironies opgemerk het: "Hoe verban jy energie?" Dit was raak gesê. Daar was min twyfel dat die hernude ywer waarmee die binnelandse verset opgevlam het, 'n impak op die post-Botha-regime sou hê. Op 2 Augustus 1989 begin die MDM, nog voor Botha se vertrek, met 'n reeks protesoptogte. Dit is veral gemik op apartheid in hospitale, op strande en ten aansien van openbare vervoer. Byna drie miljoen mense neem deel aan 'n staking teen die verkiesing van 6 September. Die mag van die staat en sy regering, in 'n interne magstryd gewikkel, word uitgedaag. Dit word 'n oproerige affêre met die veiligheidsdienste wat hulle hande meer as vol het. Die proteste gedurende die eerste helfte van 1989 het myns insiens ook 'n rol gespeel in die kabinet se rebellie teen Botha. Vernuwende leierskap was nodig. Daar word in die kringe van die intelligensiediens gevra of die MDM in samewerking met die ANC nie dalk 'n "Leipzig-opsie" beoog nie, verwysende na Oos-Duitsland, waar 'n vreedsame massabeweging die kommunistiese diktatuur van dié land met brandende kerse in die strate tot 'n val gebring het.

Intussen was daar ook 'n briljante politieke skuif deur die ANC. Vroeg in 1989, en veral ná my ontmoeting met Thabo Mbeki op 31 Mei 1989, begin 'n groepie binne die ANC intensief werk aan 'n meer gefokusde dokument oor grondwetlike onderhandeling. Dit vind plaas onder die leiding van die president van die ANC, Oliver Tambo. Die militantes in die ANC word nie eintlik hieroor ingelig nie. Daar was toe natuurlik al geruime tyd 'n debat en beleidsdokumente oor grondwetlike kwessies binne die ANC. Thabo Mbeki is die eintlike dryfkrag agter die nuutste dokument. Mbeki het 'n belangrike oogmerk: Hy wil die Organisasie vir Eenheid in Afrika (OEA) se steun werf en so die militante revolusionêre kompromitteer. Hy weet dat president Kenneth Kaunda 'n onderhandelingsopsie steun en wil ook die NP-regering vooruit wees deur iets op die tafel te hê wat die bestaande internasionale konsensus versterk. Dié konsensus is immers iets waarvoor hy gewerk het.

Die NP, op pad na 'n verkiesing vir die driekamerparlement (wit; bruin; Asiër), het nóg die tyd nóg die kapasiteit om ernstig oor die voorfase van onderhandelinge te besin. Al was 1989 die ANC se "jaar van massa-aksie", was Mbeki se eintlike prioriteit 'n deeglik ontwikkelde strategiese plan vir onderhandeling. Op 21 Augustus sien die Harare-deklarasie die lig. Dit was vir die ANC 'n strategiese *coup*. Die enigste instansie wat hierop voorbereid was, was die NI. Dié instansie kon nie veel in die openbaar doen nie, want daar was 'n verkiesing wat eers afgehandel moes word. Thabo Mbeki weet egter dat as hy die dag met die NI moet praat, daar 'n dokument is wat reeds openbaar gemaak en wyd aanvaar is. Hy kon bekostig om te wag. Daar vind bowendien kort voor hierdie deklarasie op 19 Augustus – my verjaardag – 'n baie betekenisvolle ontmoeting plaas: dié tussen die ANC en die Kongres van Tradisionele Leiers van Suid-Afrika (Kontralesa).

Ons spekuleer binne die NI-kontakgroep baie oor die moontlike uitkoms van die verkiesing. Daar is uiteenlopende menings. Sommige dink die Konserwatiewe Party met sy uitgesproke rasgeoriënteerde beleid gaan baie goed vaar. Die manier waarop van PW Botha ontslae geraak is, so word geredeneer, gaan baie konserwatiewe wit mense van die NP vervreem. Iemand anders dink die Demokratiese Party gaan goed vaar. Baie Afrikaners, veral die nuwe geslag, wil 'n einde aan die konflik in Suid-Afrika sien. Talle van hulle het in Namibië-Angola militêre diens gedoen. Hulle vra: "Waarvoor? In Angola het ons met bruin en swart mense in die loopgrawe sy aan sy gelê. Terug in Suid-Afrika moet ons weer aparte ingange gebruik." Iemand van die NI was selfs meer uitgesproke: "Apartheid is die dood in die pot vir Afrikaners." Ons kry 'n soort konsensus: As die KP én die DP goed vaar, sal die NP bloed sweet. Sy volstrekte meerderheid kan in die gedrang kom.

Die DP vaar redelik goed, maar die KP struikel. Wit kiesers gee hulle meerderheidsteun aan De Klerk se leierskap. Ek besef dat die meeste kiesers aanvaar het dat 'n nuwe bedeling op hande was. Hulle het net nie geweet wat die bedeling sou wees nie. Daar was trouens nie eens klinkklare duidelikheid oor beleid nie. Hulle het daarom hulle vertroue in 'n nuwe leier, FW de Klerk, geplaas, al was sy beeld op daardie tydstip besonder konserwatief vanweë sy vertolking van groepsregte. Almal was ook oortuig dat die goeie prestasie van die DP teenoor die ou PFP 'n politieke bonus was. Dit sou nie net die NP op sy tone hou nie, maar vir De Klerk 'n buffer teen regse verset verskaf as hy meer progressief wou optree.

Die wrede hardheid van die Suid-Afrikaanse politieke werklikheid word ná die verkiesing geïllustreer: Anton Lubowski word kort ná die verkiesing in Windhoek vermoor. Dit veroorsaak 'n nasionale en internasionale kabaal, met baie vingers wat na Magnus Malan en sy militêre wys. Daar word uit dié kringe beweer dat Lubowski vir die militêre gewerk het. Ander beweer dit was aanvanklik dalk so, maar hy is polities bekeer en het 'n ANC-mol geword. Hy moes toe vermoor word om sy mond toe te hou. Sy moord onderstreep andermaal met bloed die morele en politieke moeras waarin Suid-Afrika weggesink het. Al my subtiele en minder subtiele navrae by van my kontakte oor die moord het op niks uitgeloop nie.

Dié moord het op dieselfde dag as 'n ander baie betekenisvolle gebeurtenis plaasgevind: die ontmoeting op die aand van 12 September tussen Mike Louw en Maritz Spaarwater van die NI en Thabo Mbeki en Jacob Zuma van die ANC. Dit vind plaas in die Palace Hotel, Switserland, sonder die medewete van die Switserse regering.

Die vergadering in Luzern is doelbewus ná die verkiesing en vóór De Klerk se inhuldiging op 20 September in Pretoria gereël. Ek was nie vooraf daaroor ingelig nie. Mbeki lig my agterna in. Die NI was haastig dat daar 'n pen vir onderhandeling in die vinnig verskuiwende politieke landskap ingeslaan moes word. Nelson Mandela was ook ongeduldig. Die verset in die land was reeds endemies. Politieke momentum was nodig in die proses wat toe alreeds aan die gang was. De Klerk is nie vooraf oor die ontmoeting op 12 September ingelig nie. Hy het ook ander belangrike kwessies ná die verkiesing op sy agenda gehad. Die polisie het op 'n groep betogers in 'n bruin gemeenskap naby Kaapstad geskiet en 'n paar mense is gedood. Woedeuitbarstings volg. Kerkleiers soos biskop Tutu en Allan Boesak sê genoeg is genoeg. Hulle staan op die voorpunt van 'n aksie om 'n reuseprotesoptog deur die strate van Kaapstad te lei. My vriende in die NI sê dat daar groot moeilikheid wag. As die protesoptog verbied word, sal De Klerk 'n prys betaal. Gaan dit voort ondanks 'n verbod, soos wat vermoed word die geval sal wees, en die polisie gryp weer hardhandig in en skiet op mense, sal De Klerk in die internasionale wêreld "ge-Botha" word.

De Klerk neem 'n uitstekende strategiese én morele besluit: Die beplande optog word nie verbied nie, maar samewerking word met die kerklike leiers daarvan bemiddel. Dié slaag daarin om 'n geskatte 30 000 demonstrante vreedsaam deur die strate van Kaapstad tot by dié stad se stadsaal te lei. Dit was een van De Klerk se mees waagmoedige besluite: Laat die anti-apartheidstryders toe om vreedsaam te betoog. Nasionaal en internasionaal stap hy weg van Botha se ystervuisbenadering. Hy het vir die leiers van die protesoptog laat weet dat sy deur vir hulle oopstaan. Hulle hoef dit nie oop te skop nie.

Iemand anders, so verneem ek kort daarna betroubaar, het ook 'n rol gespeel: Johan Heyns, 'n professor in dogmatiek van Pretoria en 'n leiersfiguur in NG Kerk-kringe. In 1987 is hy gevra om aan die Afrikaner-ANC-gespreksgroep deel te neem, maar het nee gesê. Heyns praat met die kerkleiers wat die protesoptog wil reël. Ook met De Klerk. Biskop Tutu wou in daardie stadium nie met De Klerk gesprek voer nie. Heyns het wel toegang tot die kerkleiers. Mense soos Boesak en Tutu was hekwagters. Die meeste Afrikaners en die Botha-regering het niks van hulle gehou nie. Dié leiers is eerder in die parlement en deur die Afrikaanse media gedemoniseer. Hulle was egter invloedryk, uiters bekwaam en leiersikone in eie reg. Nie revolusionêre militantes nie. Heyns fasiliteer 'n besluit wat van groot strategiese belang was. Toe ek die storie hoor, sê ek vir myself: Suid-Afrika in die algemeen en Afrikaners in die besonder se toekoms gaan beduidend deur toegewyde fasiliteerders bepaal word. Hulle is die mense wat die onderhandelingspad moet voorberei.

Die vraag op almal se lippe is hierna: Wat gaan De Klerk aan die konflik in Suid-Afrika doen? Daar is 'n paar datums wat dié vraag se belangrikheid in rooi onderstreep: Namibië se onafhanklikheid in Oktober 1989; en die Statebondskonferensie in Oktober. Die Statebond was moeg vir die gesukkel om 'n skikking in Suid-Afrika aan die gang te kry en hoogs geïrriteerd met Margaret Thatcher se onentoesiastiese houding teenoor sanksies. Ek ontmoet Robin Renwick op 13 September 1989 om hieroor en oor ander kwessies te praat, soos Mandela se verwagte vrylating. Die vorige aand is daar ook hieroor in Luzern gepraat. Die proses van skikking wat toe reeds begin ontvou het, moes versnel word. Dramatiese inisiatiewe was nodig wat vir opwindende en hoopvolle oomblikke moes sorg.

Hiervan was die ontmoeting op die aand van 12 September 'n belangrike merker in ons oorgangsgeskiedenis. Barnard, wat redelike oop kaarte met Mandela gespeel het en met agting na hom as "die ouman" verwys het, het Mandela oor die Switserse projek – "Project Flair", soos dit genoem is – in die duister gehou. Barnard het later erken dat dit die een kwessie was wat hy nóg met Mandela bespreek het nóg toestemming voor gevra het. Hy en Mandela het toe al baie gesprekke gehad en mekaar goed leer ken. Trouens, Barnard het soms Afrikaans en Mandela Engels gepraat. Mandela het dit verwelkom, want hy wou met Afrikaners 'n goeie verhouding opbou. Mandela het Barnard reeds vroeg in hulle gesprekke daarop gewys dat die NI nie agter sy rug met die leierskap in Lusaka moet kontak maak nie. Dit was sý prerogatief. Mandela wou vermoedelik self die tentatiewe gespreksprojek beheer en sy stempel daarop afdruk. Hy het Thabo Mbeki nie geken nie en het hom na alle waarskynlikheid ook nie vertrou nie. Mbeki was 'n baie lojale Tambo-ondersteuner. Tambo se vrou, Adelaide, was Mbeki se tweede ma. Hy het selfs by geleentheid etes in die Tambo's se kombuis voorberei. Daar was ook 'n ander, meer fundamentele rede, iets waaroor Mbeki my dikwels uitgevra het. En dit was wat die eintlike motiewe van Botha en Coetsee se tentatiewe toenadering tot Mandela was en veral wat Barnard se oogmerke ("game plan") was. Mandela en Mbeki het 'n belangrike voorbehoud oor die gesprek oor gesprek gedeel: Was dit nie dalk 'n strategiese plan om Mandela van die buitelandse vleuel van die ANC te isoleer, tweedrag en twyfel te saai, en veral die militantes binne die ANC die harnas in te jaag nie? Die aanvanklike negatiewe reaksie op 'n verkorte weergawe van Mandela se memorandum, selfs deur iemand soos Allan Boesak, was 'n aanduiding van hoe sterk die winde van wantroue gewaai het.

Die ANC-leierskap in Lusaka was ook verdeeld oor wat onder skikking en onderhandeling verstaan moes word. Maharaj en Nyanda se infiltrasie om Projek Vula van stapel te stuur, is deur Tambo gemagtig. Dié projek was nog geweek in die revolusionêre droom van 'n gewelddadige magsoorname. Persoonlik het ek ook gedink dat Mbeki en Mandela se vrese oor 'n "verdeel-en-heers-strategie" deur die Botha-regime nie sonder enige gronde was nie. Botha het van verdeel en heers gehou. Botha, en veral Coetsee, Barnard en die lede van hulle span, het egter al in 1988 besef dat 'n verdeel-en-heers-strategie nie sou werk nie. Dit was een van die redes waarom Barnard in 1989 die inisiatief geneem het om vir die betroubare telefoonnommer te vra. Daar is geredeneer dat tyd nie aan die kant van die Suid-Afrikaanse regering was nie. Hul magsbasis kon verswak, en dit sou 'n negatiewe effek op bedingingsvermoë hê. Daar moes uit 'n posisie van mag onderhandel word. Dié punt is oor en oor deur Barnard en die NI gemaak. Dit was nie 'n morele punt nie, maar 'n strategiese punt: In die onafwendbare skikkingsproses moes die regering nie aan die verkeerde kant van die magsbalans staan nie.[1]

Mandela, op sy beurt, het ook nie Botha se anti-kommunistiese posisie goed begryp nie. Mandela en selfs Thabo Mbeki het met veral twee argumente geredeneer. Die een was die lojaliteitsargument: Die ANC en die SAKP kom 'n lang pad. Daar was stewige historiese en persoonlike bande. Slovo het 'n groot rol in MK gespeel. So ook Hani. Hulle veg vir 'n gemeenskaplike saak. Die tweede argument was van 'n ander aard: Botha en sy regering was bereid om met kommuniste in Mosambiek (die Nkomati-akkoord) en in Angola-Namibië te onderhandel. Waarom nie ook in Suid-Afrika self nie? Barnard het dié vraag op 'n keer op sy tipiese sterk, een-sin-manier beantwoord: "Suid-Afrika is nie Mosambiek of Angola-Namibië nie." Toe ek Mbeki hieroor inlig, het hy gesê: "Barnard het 'n punt, maar ons kan nie die SAKP van 'n skikkingsproses uitsluit nie."

Daar het teen die tyd al heelwat gerugte gesirkuleer dat die NI reeds voelers na buitelandse ANC-leiers uitgesteek en kontakte gesoek het. Van dié gerugte het selfs binne Britse en Amerikaanse intelligensiekringe opgeduik. Dit was te verstane. Die NI het goeie verhoudinge met die Zambiese intelligensiediens en 'n paar ander Afrika-lande se dienste gehad. Barnard, soos Spaarwater, het soms in Afrika gereis. Daar is so iets soos kontak tussen intelligensiedienste. Waaroor daar egter nie kontak was nie, was oor hoe, wanneer en deur wie 'n onderhandelde skikking in Suid-Afrika geïnisieer moes word. Die Britte het wel in Lusaka 'n "spoor gekry" van my en Mbeki se ontmoeting op 31 Mei in Londen. In Tambo se binnekring, gesteun deur die Mandela-gesprekke, was daar ongetwyfeld ná Mei 1989 'n reële verwagting dat iets meer dramaties kon gebeur. Mbeki was ook vanaf Mei telefonies bereikbaar deur "John Campbell". Die eerste ontmoeting is deur telefoniese kontak voorafgegaan. Die uitgeslape Britte het dié "spoor" in Lusaka geïdentifiseer sonder om egter die detail van die implikasies daarvan te kon vasstel. Hulle sou dit in elk geval ook nie laat uitlek het nie, want Brittanje het 'n belang by 'n skikkingsproses gehad.

Barnard, na sy aard, het saam met sleutelkollegas van die NI die hele projek vanaf 1988 haarfyn beplan. Niks is aan toeval oorgelaat nie. Daar is selfs aan skynbaar nie-essensiële kwessies gedink. Mandela se verskuiwing na 'n gerieflike woning op die Victor Verster-gevangenisterrein is deur die NI, wat die woning ingerig het, gehanteer. Mandela, gewoond aan tronkselle, moes aan 'n leefwyse binne 'n totaal ander omgewing – 'n woonhuis – blootgestel word. Hy moes selfs, aldus Barnard, leer hoe om met geld te werk. En dan was daar ook veiligheidsoorwegings: Regse fanatici kon sy bloed soek.

Die NI het die hele proses ook in duidelik gedefinieerde fases beplan. Die eerste fase was volgens Barnard deurslaggewend: inligtingversameling en die evaluering daarvan.[2] Die NI moes onder meer weet hoe Mandela oor sekere kwessies dink en voel. Uit dié fase het noodwendig die fase van vertrouensbou voortgevloei. Albei partye moes ervaar dat hulle nie met 'n politieke speletjie besig was nie. Dit was alleen hierna dat 'n derde fase, volgens Barnard, kon inskop: verkenningsgesprekke oor toekomstige moontlikhede en opsies buite 'n rigiede wen/verloor-model om. Die vierde fase, 'n sleutelfase, het hierna gevolg: Oordrag van die gespreksproses na meer, maar tog goed kontroleerbare gespreksgenote. Die ANC-Afrikaner-gespreksgroep was natuurlik op 'n nie-amptelike wyse by al hierdie fases betrokke. Daar was nie regstreekse kontak tussen die NI en die groep nie, en veral nie terugvoering deur die NI oor die verloop van die proses nie. Geformaliseerde oordrag vind egter met die ontmoetings in Switserland plaas.

Op 12 September 1989, met die eerste amptelike ontmoeting tussen mense van die regerende elite en leiers van die uitgeweke ANC, begin Barnard se vierde fase. Switserland word gekies vir die ontmoeting hoewel die Switsers Rosenthal geborg het en Barnard daarna as "connivance of a foreign power" verwys het. Daar is op Switserland besluit omdat die NI-amptenare as Suid-Afrikaners nie visums nodig gehad het nie. Louw en Spaarwater word vergesel van drie ander NI-lede wat die terrein moet verken en as waghonde sal optree. Die twee reis met paspoorte wat die name Michael James en Jakobus Maritz dra. Alles baie professioneel soos 'n goeie intelligensiediens dit doen. Hulle vlieg van Zürich na Luzern en bespreek hulself in kamers 338 en 339 van die hotel in. Dit was 'n suite met 'n sitkamer. Die twee NI-amptenare wat die eerste vergadering bygewoon het, was senior in rang en mense met lang ervaring. Louw was Barnard se adjunk en het oor tyd heen binne die NI na dié pos gemigreer. Volgens Louw het hy verkies om in kleingroepverband te funksioneer. Hy het sterk op sy instinkte gesteun en was iemand met 'n goeie strategiese aanvoeling. Hy het Barnard in die negentigerjare as direkteur-generaal van die NI opgevolg, nadat Barnard direkteur-generaal van grondwetlike sake geword het.

Maritz Spaarwater was 'n ou hand in die NI, iemand met baie goeie kontakte op hoë vlak in Afrika, waarheen hy dikwels gereis het. Hy het byvoorbeeld kontak met president Kenneth Kaunda van Zambië gehad. As Louw 'n instinktief-intuïtiewe persoonlikheid gehad het en soms die indruk gewek het dat hy skugter was, was die lang en lenige Spaarwater 'n bondel energie en 'n persoon met 'n besondere humorsin. Hy was in daardie stadium die hoofdirekteur van operasies. Dit het onder meer behels dat hy beheer oor die veiligheidsmaatreëls vir die ontmoetings moes uitoefen. Namate die gesprek gevorder het, het die klem op veiligheid groter en meer uitdagend geword. (ANC-lede moes byvoorbeeld later letterlik die land binnegesmokkel word, soos op 21 Maart 1990. Die ontbanning van die ANC het toe nog nie vrywaring van vervolging beteken nie.) Louw en Spaarwater was 'n goeie span, die regte een op die regte tyd.

Die ander drie lede van die NI-span wag Mbeki en Zuma op die lughawe van Genève in. Hulle wou seker maak dat daar nie ook ander lede van die ANC by is nie en dat alles volgens plan verloop. Trouens, dié drie agtervolg Mbeki en Zuma na Luzern. Die twee ANC-leiers reis per motor na Luzern. Die bestuurder is 'n ANC-verteenwoordiger in Switserland. Daar is niemand anders nie. Nie eens 'n enkele veiligheidswag nie. Hulle bereik Luzern vroegaand, vra doodluiters by die ontvangstoonbank na die kamernommers van James en Maritz, neem die hysbak en stap na die suite waar James en Maritz op hulle gewag het. Mbeki vertel later dat hy en Zuma geleer het hoe om met vrees en selfs die moontlikheid van dood te lewe. Hulle was maar te deeglik bewus van die Suid-Afrikaanse regering se goed opgeleide en baie doeltreffende soldate en agente. Maar hy weet teen dié tyd ook dat die uurglas vir die borgskap van die ANC deur die Sowjetunie besig was om vinnig uit te loop. Hy en Zuma móés met "die vyand" praat. Dit was nie 'n morele besluit nie, maar 'n strategiese besluit.

Louw en Spaarwater aan die een kant, en Mbeki en Zuma aan die ander kant, was om verstaanbare redes opgewonde én gespanne.

Louw en Spaarwater het die deur tot hulle suite oopgesluit om die ANC-ers 'n soort verwelkoming en versekering van goeie bedoelinge te gee. Thabo Mbeki, iemand wat goed nadink oor hoe netelige situasies gehanteer moet word, praat eerste toe hy die vertrek binnestap. Dit was 'n tipiese Mbeki ysbreker: "Hier's ons, die terroriste, en vir al wat julle weet ook nog verdomde kommuniste." Meesters in ironie en humor weet hoe om spanning te ontlont. Hulle eie én dié van die teenparty. Dit was ook een van Spaarwater se sterk punte. Die viermanskap praat tot lank na middernag. Die gespreksagenda was lank voor die ontmoeting reeds bepaal deur kwessies wat toe al in die openbare arena 'n konsensus was: Die noodsaaklikheid van 'n onderhandelde skikking, Mandela se vrylating, die noodtoestand met sy verbannings, die geweldsopsie en die ANC se alliansie met die SAKP. Daar is soos in die geval van die Afrikaner-ANC-gespreksgroep ooreengekom dat die betrokke gesprek verkennend en uitklarend sou wees: Gesprek oor gesprek. Barnard soek eintlik net 'n versekering: Die ANC is gereed om te praat en te onderhandel. Daar is toe al reeds beleidsdokumente in Lusaka aanvaar. Louw en Spaarwater kry dié versekering.

Daar was ook 'n tweede agenda van Louw en Spaarwater: Diegene van buite en binne Suid-Afrika wat hulleself as tussengangers en bemiddelaars aangebied het en waaroor die NI nie beheer gehad het nie. Barnard het hierin 'n groot renons gehad. Dis nie iets wat die regering kon toelaat nie. Die regering is die enigste rolspeler teenoor die ander partye tot die konflik, was sy konsekwente posisie. Louw se advies aan Mbeki was om almal wat 'n tussengangersrol wou speel, uit te skakel. Slegs regstreekse gesprek sou vordering maak. Mbeki het daarmee saamgestem. Die NI was toe nog van mening dat al die ontmoetings deur die ANC met Afrikaners 'n poging was om 'n wig tussen Afrikaners in te dryf. Dié standpunt het 'n groot rol gespeel in die voorbehoud teen 'n tussengangersrol vir Idasa en sy twee leidende figure, Alex Boraine en Frederik van Zyl Slabbert.

Soos dit maar in die hervertelling en herdinking van besondere historiese oomblikke gaan, het daar oor hierdie gedenkwaardige ontmoeting heelwat anekdotes ontstaan. Een daarvan is wat Mbeki in Zoeloe vir Zuma sou gesê het op pad na die *suite*: "My maag draai in my om as ek daaraan dink dat ons binne sekondes twee aartsvyande gaan ontmoet." Dié anekdote vertolk die heersende politieke gevoelens en persepsies presies. "Aartsvyande" dui op iets in die verlede wat só destruktief en ingrypend op mense se waardigheid, selfrespek en regte ingewerk het dat selfs die moontlikheid van vrede in die slag gebly het. Die gedissiplineerde Mbeki, wat nooit sy persoonlike wrokkighede en woede in die weg laat kom het van sy doelwit nie, reageer op 'n tipies menslike wyse in die anekdote. Die ontmoeting wás immers histories: tussen aartsvyande. Die eerste uitreikaksie. Terselfdertyd ook 'n reusesprong in die rigting van vrede. Wat primêr bedoel was as 'n uitklaring van posisies, word in werklikheid ook 'n nie-amptelike verklaring van voorneme: "Ons moet vrede met en onder mekaar maak." Hoe sterk dié voorneme was, blyk as 'n mens daarop let dat binne ses maande Nelson Mandela vrygelaat is, die ANC en ander organisasies ontban is en die vredesproses in alle erns begin het.

Die sukses van die Luzern-ontmoeting kan aan heelwat redes toegeskryf word, waarvan ek die volgende wil uitsonder:

- PW Botha was 'n blok aan die been. Toe die NI al lankal geredeneer het dat Nelson Mandela nie die probleem is nie, maar in werklikheid deel van die oplossing, het Botha halsstarrig vasgeskop: Mandela, sy houding teenoor geweld en die SAKP, is die eintlike probleem. Die NI se posisie in die verband was vir Mbeki en Zuma 'n groot versekering, soos ook die wete dat die ANC, saam met Mandela, deel van die oplossing moet wees.
- Ontdekking deur die "aartsvyande" dat hulle oor die noodsaaklikheid van 'n vredeskikking saamstem en ook oor die belangrikste voorwaardes daarvan.
- Ontdekking van mekaar as mede-Suid-Afrikaners. In die geval van Suid-Afrika het dié faset van die proses 'n baie groot rol gespeel, sonder om in sentimentele romantiek te verval. Vredesprosesse gaan egter nooit buite persoonlike verhoudinge om nie, of wat Hannah Arendt sou noem, die vermoë van mense om wel te vergewe én om nuwe "geloftes" ("covenants") met mekaar aan te gaan. Louw, Spaarwater, Mbeki en Zuma het nie as "vyande" met mekaar gepraat nie, maar as (potensiële) vennote in 'n nuwe toekomsprojek.

Vyf dae ná die ontmoeting in Luzern, op 17 September – drie dae voor De Klerk se inhuldiging – ontmoet Louw en Spaarwater die nuwe president in Tuynhuys. Sy presidentstoel was toe nog nie eens warm gesit nie. Hy moes toe al, soos oor die protesoptog 'n paar dae vantevore, belangrike besluite neem. En soos iemand dit aan my gestel het: "Botha se gees het nog swaar oor die stoele, lessenaars en ander artefakte van Tuynhuys gehang. Dit was sy kasteel, die plek waar hy Mandela ontmoet het." Dis hier waar Louw en Spaarwater die verslag oor hulle Luzern-besoek aan die niksvermoedende De Klerk oordra. De Klerk, eers verbaas en toe vererg, wil weet waar hulle die mandaat gekry het. Hy is dan nie ingelig nie. Louw, ongesteurd deur De Klerk se houding, plaas die Staatsveiligheidsraad se besluit van 16 Augustus 1989, waar De Klerk die waarnemende voorsitter was, op die tafel. De Klerk, óók ongesteurd, sê Louw en Spaarwater moet voortgaan met hulle verslag en hom alles vertel. Die warm patat wat hy gekry het, verander hy terstond in 'n bal waarmee hy kon hardloop.

Dit was De Klerk se sterk punt. Sy politieke instinkte laat hom strategiese geleenthede raaksien. De Klerk het die moontlikheid gesien om politieke inisiatief te neem. Dié besluit was 'n politieke kantelpunt. Dit het sy toespraak van 2 Februarie 1990 moontlik gemaak. Dit moet ook onthou word dat die betrokke byeenkoms met Louw en Spaarwater drie dae voor sy inhuldiging as president was: Toe De Klerk in die kerk sit en luister na die emosiegelade "preek" van sy goeie vriend, die Dopper-dominee Pieter Bingle, na aanleiding van Jeremia 23:16 en 22 oor nuwe weë wat verken moet word, het hy van die ANC se ontmoeting met Louw en Spaarwater geweet. Min ander mense in die gehoor het daarvan geweet.

Ek het nooit gedink dat daar by De Klerk 'n soort politieke Damaskuservaring was nie. Dis om drama te soek waar daar nie drama was nie. Hy het 'n strategiese besluit geneem. En hy kon eintlik nie anders nie, want daar was 'n heersende internasionale konsensus. Hy móés vra: "Hoe kan ek binne so 'n omgewing die inisiatief neem en dit behou?" Dit was nie 'n morele besluit nie. Die moraliteit het eers later gekom as 'n retrospektiewe regverdiging van iets wat nie omgekeer kon word nie. Met Botha se inkrementele benadering aan skerwe, was iets anders nodig om inisiatief te verkry: Doen van die onverwagse en dramatiese ten einde op die heersende internasionale konsensus in te speel. Dit was ook nie onberekenend nie. Dit was nie 'n kwessie van onder druk swig nie, maar eerder 'n geval van hoe om die druk bestuurbaar te maak en aan wit mense, veral Afrikaners, die geleentheid te gee om deelgenote aan 'n nuwe bedeling, pleks van verstotelinge, te wees.

Thabo Mbeki het op 31 Mei 1989 in Londen 'n kort en kragtige vraag aan my gestel, naamlik in hoeverre die NP en veral FW de Klerk se idee oor "groepsregte" 'n struikelblok tot 'n onderhandelde skikking sal wees. Ek het gereken dat dit 'n belangrike kwessie is en daarom hoog op die uiteindelike onderhandelingsagenda sal moet staan. Dit wil sê, nie iets wat in 'n pre-onderhandelingsfase die deurslag moet gee nie. De Klerk se posisie, kort na sy verkiesing as leier van die NP in Februarie 1989, was toe nog onomwonde dat 'n nie-rassige samelewing nie in 'n veelrassige omgewing moontlik is nie. Hy was ook van mening dat oorheersing deur 'n etniese meerderheid net so onaanvaarbaar is as oorheersing deur 'n etniese minderheid. Hy het in dié verband selfs na die Nazi's verwys. De Klerk, tot die ANC se verligting, het egter reeds in Maart 1989 die wind sterk van voor gekry. Die Suid-Afrikaanse Regskommissie kelder in 'n werksdokument die juridiese aanvaarbaarheid van sy idee van groepsregte. Mandela en Mbeki was hoogs in hulle skik.

Op 15 Oktober 1989, skaars drie weke ná sy inhuldiging, doen De Klerk iets dramaties. Dis iets wat tussen Louw, Spaarwater, Mbeki en Zuma bespreek is: Vrylating van politieke gevangenes ten einde 'n klimaat bevorderlik vir onderhandeling te skep. Vroeg op Sondag, 15 Oktober parkeer polisiemotors voor die huise van ses ANC- politieke gevangenes wat lewenslange tronkstraf gekry het. Walter Sisulu was een van hulle. Al ses word vrygelaat. Jafta Masemola, wat die PAC se militêre vleuel gestig het, word ook vrygelaat. Sisulu was toe reeds 26 jaar in die tronk. Van sy en Albertina se kinders was ook in die tronk of verban van deelname aan politieke aktiwiteite. Nog 'n seun en dogter was landuit. Soweto is in vrolike rep en roer oor die vrylatings. Die ANC en veral Thabo Mbeki se aandrang dat die vrylating deur "die mense" bestuur moet word, word eerbiedig. Sisulu maak die aand tydens 'n byeenkoms in die Holy Cross Church 'n baie versoenende toespraak waarin hy die noodsaaklikheid van 'n demokratiese stelsel beklemtoon en ook sê 'n swart of wit mens kan in 'n demokrasie president word. Die ANC het vir alle praktiese doeleindes toe 'n stem in die strate van Soweto, in die koerante en in die publieke domein gekry. Ook Margaret Thatcher was in haar politieke noppies. Die vrylatings vind plaas enkele dae voor die Statebondskonferensie in Koeala Loempoer, Maleisië. De Klerk ry op 'n golf.

Thabo Mbeki kon nie dié golf keer nie. Hy was die leier van die ANC-afvaardiging na dié Statebondskonferensie. Dit veroorsaak 'n diplomatieke geskarrel: Hy en sy afvaardiging is in dieselfde hotel as Margaret Thatcher bespreek. Sy hou niks van die idee nie. Die gasheerland het nie 'n ander keuse as om alternatiewe reëlings vir die ANC te tref nie. Mbeki, wat al lankal nie waardering vir Thatcher gehad het nie, was oortuig dat die Ystervrou nie 'n hotel met "terroriste" wou deel nie. Hy het haar houding as 'n belediging ervaar.

12
Voorbladnuus in die *Sunday Times*

Op Vrydag, 29 September, laat die aand en toe ek al by Mells Park vir ons volgende vergadering aangemeld het, kry ek 'n dringende oproep uit Suid-Afrika. Dit is my redakteursvriend Tertius Myburgh van die grootste Suid-Afrikaanse Sondagkoerant, die *Sunday Times*. Hy was in breë trekke oor die gespreksprojek ingelig, veral om behulpsaam te kon wees in geval van lekkasies aan die pers. Myburgh klink ontsteld. Iemand het besonderhede van die projek aan joernaliste van die *Sunday Times* uitgelap. Dit word as groot nuus beskou en hy kan dit nie keer nie. Ek moet my gereed maak vir 'n voorbladberig op Sondag, 1 Oktober 1989, waarin die name van diegene wat ons vergadering sal bywoon, bekendgemaak sal word. Myburgh sê dat ek kan aanvaar die inligting is vanuit die gespreksgroep self beskikbaar gestel. Jare later sou hy bevestig dat 'n joernalis wat bande met *Vrye Weekblad* gehad het, die inligting bekom het van iemand uit die gespreksgroep. Dis toe aan die *Sunday Times* as 'n "scoop" beskikbaar gestel. Hy adviseer my om skadebeheer toe te pas.

Ons het twee jaar lank die projek geheim en uit die pers gehou. Myburgh voorsien later aan my 'n afskrif van die berig. Die eerste ding wat ek doen, is om vir prof. Mike de Vries, US-rektor wat die byeenkoms 'n tydjie lank as waarnemer sou bywoon, in Londen te skakel en sy reis na Bath die Saterdag te kanselleer sodat, wanneer die berig die Sondag verskyn, hy ten minste sou kon sê hy het nié die vergadering bygewoon nie. Dit sou vir hom 'n verleentheid gewees het. Ek lig ook vir Mbeki en die ander gespreksgenote, wat toe al gearriveer het, in. Hulle is nie ontsteld nie. Dis Saterdag, ons hoef nie onmiddellik te reageer nie en het tyd tot Sondag om te dink. Ons spreek af dat die ANC, by monde van Thabo Mbeki en die ANC-verteenwoordiger in Londen, dit wat na hulle kant toe kom, hanteer. Ek sal namens die Afrikaners 'n verklaring uitreik en die nie-amptelikheid van die gespreksgroep beklemtoon.

Ons vergadering vind minder as drie weke ná die NI-ANC-vergadering in Luzern plaas. Die Afrikaners sluit, benewens myself, De Klerk en Terreblanche, 'n hele paar nuwe gesigte in: Louis Kriel van die sagtevrugtebedryf en iemand wat alles van sanksies af geweet het; Ebbe Dommisse, aangewese hoofredakteur van *Die Burger*; en Ernst Lombard, 'n Stellenbosse dominee uit die NG Kerk. Die ANC het spesifiek gevra om kontak met iemand uit dié kerklike geledere te maak.[1]

Willem de Klerk woon aanvanklik nie ons eerste sessie by nie. Hy was rusteloos, anders as wat ek hom leer ken het, en daar was redes voor. Kort ná FW de Klerk se inhuldiging op 20 September kry ek besoek van die NI. Die volgende vergadering van die gespreksgroep was toe reeds gereël vir die naweek van 30 September tot 1 Oktober 1989. My NI-segspersoon lyk ongemaklik. Die NI, sê hy, meng nie in oor wie die genooides moet wees nie. Daar is egter 'n groot probleem: Willem de Klerk is die broer van die nuwe president, FW de Klerk, en FW is uiters ongemaklik oor sy broer se deelname. Daar kan onnodige verleentheid wees. Ek onderneem om met Willem de Klerk te praat, reeds genooi en met alle logistieke reëlings in plek. Dis egter sy keuse of hy wil onttrek, deel ek hom mee. Willem de Klerk is onverbiddelik: Hy gaan die gesprekssessie bywoon. Hy skakel my later en sê: "Doktor Niel Barnard het my gekontak. Hy wil graag hê ek moet om my broer se onthalwe onttrek. Daar is te veel politieke risiko's." Ek beklemtoon weer eens: "Dis jou besluit." Voeg daaraan toe: "Thabo waardeer jou bydraes, respekteer jou en sal nie die situasie, soos dit verander het, misbruik nie." Hy woon uiteindelik die vergadering by.

Die Vrydag ná ons by Mells Park aangekom het, stap die twee van ons op die terrein rond. Noudat sy broer die president van die land is, sê hy, moet hy 'n nuwe manier vind om hulle verhouding te hanteer. Hy voel baie sterk oor die noodsaaklikheid van nie-amptelike gesprek met die ANC-SAKP, die vrylating van politieke gevangenes, die opheffing van die noodtoestand en 'n vrye demokratiese verkiesing. Hy gaan ook deur 'n persoonlike krisis. Ons praat lank en kom ooreen om één punt deurgaans te beklemtoon: "Gee FW 'n kans!" Ek sê ook vir hom: "Jy is FW se broer. Nie sy politieke handlanger nie." Ek reël 'n huurmotor en moedig hom aan om op 'n uitstappie na Bath te gaan, die Romeinse ruïnes te besoek en sy kop skoon te probeer kry. Ek was toe al 'n hele paar keer in Bath en kon hom vertel van die agtergrond van dié Romeinse ruïnes en waarna hy moes kyk.

Jacob Zuma is 'n nuwe ANC-gesig. Ek het toe al baie van hom gehoor en geweet hy is in beheer van die ANC se intelligensiediens. Hy en Mbeki is baie spontaan met mekaar en ek aanvaar dat hulle goeie vriende is. Ons kom reeds Vrydag, 29 September op die landgoed saam en, soos gebruiklik, geniet ons in egte Britse styl 'n keurig voorbereide aandete. Die aand verkeer ons gesellig sonder 'n agenda, ruil menings uit en praat oor alles en nog wat, behalwe politieke kwessies. Die sakeman Louis Kriel het pakke Suid-Afrikaanse vrugte saamgebring, waarvoor die ANC besonder dankbaar was, die vrugteboikot ten spyt. Hoewel die NI nooit voorgeskryf het wie genooi moes word nie, het ek hulle wel voor die tyd ingelig oor wie die aanwesiges uit Suid-Afrika sou wees. Koos Kruger was nie beïndruk met my lysie Afrikaners nie. Hulle was te veel en te uiteenlopend. Dit sou beheer oor wat ná die tyd gesê word moeiliker maak, so beweer hy. Kruger, pligsgetroue dienaar van die staat, was ook baie ongelukkig oor Willem de Klerk se deelname. "Té sensitief noudat sy broer ons land se president is. Die ANC sal dink hy praat namens sy broer. En hy sal dalk ook so optree." Hy is veral bekommerd oor die teenwoordigheid van "die pers". Ek belowe dat ek 'n volledige verslag oor die gesprek sal gee, en lig Thabo Mbeki ook so in. Dié vra: "Maar doen jy dit nie volledig oor ál ons sessies nie? Jy kan mos nie 'n betroubare tussenganger wees as jy gesprekke filtreer nie?" Ek bly aanvanklik in gebreke om hom te antwoord en sê uiteindelik: "Dis nie 'n kwessie van filtreer nie, maar eerder 'n plig om selfs as tussenganger tussen rede en emosie, sin en onsin, die werklike kwessies en afleidingsmaneuvers te onderskei."

Die Afrikaners wás 'n uiteenlopende groep. Hulle het pas uit 'n verkiesing gekom waar die messe behoorlik deur die NP vir mense soos Wynand Malan, Sampie Terreblanche en Willem de Klerk geslyp is. Dit was waarskynlik die rede waarom iemand vertroulik met die joernalis gepraat het wat toe die storie uitgelap het. Ebbe Dommisse was die aangewese hoofredakteur van *Die Burger*, 'n koerant wat met sy spotprente oor Malan en Terreblanche baie lesers plesier gegee het en ander kwaad gemaak het.[2]

Kriel het net een hooffokus gehad: Die omseiling en bestryding van sanksies, iets waarmee hy groot sukses behaal het. Ek wou hê die ANC-ers moes iets van die diversiteit van Afrikaners ervaar. Die sakeman Kriel en redakteur Dommisse se teenwoordigheid was vir die ANC 'n belangrike toevoeging, want hulle het ander perspektiewe na die tafel gebring. Ernst Lombard het hulle vir die eerste keer iets laat verstaan van die spanninge wat daar ook binne die NG Kerk bestaan het. Dié kerk was vir hulle 'n bastion van apartheid. Mbeki, Zuma, Pahad en Trew reageer op die Afrikaners asof hulle ou bekendes is. Ek noem dit aan Pahad. Hy sê: "Maar julle ís ou bekendes. Julle is Afrikaners."

Die ANC-ers het natuurlik van die Luzern-vergadering geweet. Dit het 'n positiewe gesindheid by die ANC geskep. Die Afrikanergespreksgenote was nie daaroor ingelig nie, want dit was toe 'n uiters delikate en geheime spoor wat, as dit sou uitlek, baie negatief vir die vredesinisiatiewe sou wees. Ek en Mbeki praat ook nie in detail met mekaar daaroor nie. Hy bevestig net dat dit goed gegaan het en dat daar nou 'n pad vorentoe is. Ek soek detail oor waaroor gepraat is en is baie gefrustreerd dat ek dit nie kry nie. Soos te verstane, is die ANC baie geïnteresseerd in die Afrikaners se interpretasie van die verkiesing. Ons praat die Saterdag daaroor. Daar is 'n merkwaardige konsensus onder al die gespreksgenote dat die verkiesing 'n keerpunt was. Die konserwatiewe FW de Klerk is in 'n sterk politieke posisie, groter getalle Engelssprekendes het vir die NP gestem en die kiesers soek verandering, al weet hulle nie presies wat dit moet behels nie. Die DP, redeneer die ANC, het 'n belangrike rol as fasiliteerder in 'n skikkingsproses te speel. Dis egter nie 'n potensiële leiersparty nie. Die NP sit met die mag. Die DP kan egter De Klerk se posisie verstewig as hy 'n progressiewe sprong sou maak. Maar kán hy en sál hy, gegee die aard van die verkiesingstryd wat die NP gevoer het en wat meer op die KP as op 'n progressiewe toekoms gemik was?

Willem de Klerk, wat laat opgedaag het omdat hy die nag in Bath oorgebly het, doen moeite om sy broer se belangrike leierskapsrol vorentoe te verduidelik. Hy is 'n ondersteuner van die DP, maar aanvaar dat die skikkingsproses primêr tussen die NP en die ANC sal afspeel. Hy verbaas my. Die verkenningstog na Bath het hom goed gedoen, want hy praat nie oor "my broer" nie, maar "die president", die leier van die NP. Hy maak 'n punt wat hy uit die literatuur oor die onderwerp verdedig: 'n Leier met 'n konserwatiewe beeld het in tye van dramatiese politieke veranderingsprosesse 'n mededingende voordeel bo iemand met 'n liberale of linkse beeld. So 'n leier slaag makliker daarin om progressiewe wendinge te inisieer, verset by konserwatiewes te bestuur en die middelpuntsoekende kragte te inspireer en te mobiliseer. Ek hou my ANC-vriende dop. Hulle knik instemmend. Die drie nuwelinge, Dommisse, Kriel en Lombard, stem ook saam. Dommisse sê later in die gesprek: "Die kern van dit waaroor dit gaan, is 'n skikking tussen Afrikanernasionalisme en swart nasionalisme. Die nuwe generasie wil onderhandel." Niemand betwis sy standpunt nie.

Willem de Klerk draai oor een kwessie geen doekies om nie: Die rassebasis van die NP se beleid en hoe "die president" groepsregte verstaan. Dié is die groot politieke turksvy wat nog ontdoring sal moet word, want dit vra méér as bloot 'n netjieser styl as dié van Botha. Dis in dié stadium dat daar weer 'n mate van gereserveerdheid by die ANC-lede opduik: Sal FW de Klerk doen wat baie mense hoop hy sal doen? Jacob Zuma plaas die vraag later op die tafel: "Wat presies is FW se agenda?" Louis Kriel antwoord vinnig – té vinnig, want hy wil oor sanksies praat: "Om die proses van verandering wat reeds aanwesig is, te bevorder. Ons wag op positiewe reaksie van julle kant af." Zuma antwoord hom nie.

Dit was ook Zuma wat in die loop van die naweek, en na aanleiding van die fokus op FW de Klerk se toekomstige leierskapsrol, twee kwessies uitgesonder het: Die posisie van die KP; en De Klerk en die veiligheidsmagte. Die ANC het altyd 'n bepaalde vrees vir regse Afrikaners gehad. Hulle is as "gevaarlik" en "tough" gesien, selfs later deur iemand soos Moeletsi Mbeki wat aan Afrikanermans gedink het as mense met kortgeknipte hare in kort kakiebroeke en lang kouse wat in bakkies en met gewere rondgery het. Hy was stomverbaas toe ek hom kort na sy terugkeer na Suid-Afrika aan boere in Ceres voorgestel het. Vandaar die dringendheid in Zuma se stem toe hy wou weet of die KP sou onderhandel en wat die houding vorentoe oor "blanke selfbeskikking" sou wees. Die Afrikanergespreksgenote het gedink die KP se vermoë om Afrikaners te mobiliseer, was baie beperk. Dommisse het wel gemeen dat regse verset, selfs gewelddadig, uit die geledere van kleiner regse groepe kon kom. Zuma se vraag of FW de Klerk die militêre en die veiligheidspolisie sou kon beheer en selfs transformeer, was moeiliker om te beantwoord. Ons besef almal dat dié antwoord vorentoe van sentrale belang sou wees. As die Suid-Afrikaanse Weermag en MK nie die proses aanvaar en help beskerm nie, kon die opskorting van beperkende veiligheidsmaatreëls geleenthede vir erge chaos en bloedvergieting skep. Mbeki en Zuma is veral bekommerd oor die militêre vleuel van die PAC, die African People's Liberation Army (Apla). Dié is nie goed georganiseer en gedissiplineerd nie. Intussen neem die gerugte oor en bewyse vir staatsgesubsidieerde moordbendes en destabiliseringsaksies toe.

"Ons het 'n geskiedenis van bloed," merk Zuma, komende uit Natal, ietwat depressief op. Dit word, soos Klaaste se "Dis nooit te laat om te praat nie", nóg 'n refrein in my bewussyn. Hy maak 'n tweede waarneming wat my ook soos 'n skaduwee agtervolg het: "Afrika het 'n siekte. Daar is te veel 'one-man shows'. En baie korrupsie. Militêre staatsgrepe gee Afrika 'n slegte naam. Hoe kan die militêre beheer word?" Niemand het 'n antwoord nie. Ons weet dat ons ontdekking van mekaar se menslikheid en verantwoordelikheid vir die toekoms nie die norm is nie. Etniese groepskonflik is 'n werklikheid in Suid-Afrika.

Ons bestee baie tyd aan die *Declaration of the OAU Ad Hoc Committee on Southern Africa on the Question of South Africa*, die Harare-deklarasie van 21 Augustus 1989, aanvaar 'n paar dae ná PW Botha se val. Mbeki en Zuma is die hoofsprekers. Mbeki praat met 'n rustige oortuiging in sy stem, sonder enige geskrewe nota. Hy is immers die vader van die dokument waarin die voorwaardes vir 'n skikking uitgestippel is met 'n internasionale konsensus, en ek weet dat daar baie min is wat FW de Klerk sal kan doen om dié konsensus in die wind te slaan of die basiese riglyne van die dokument verander te kry. Mbeki kyk in 'n stadium na Willem de Klerk en vra: "Dink jy FW dink daar is baie tyd vir 'n skikking?" De Klerk antwoord: "Ek dink nie so nie. Die meeste van sy partygenote en baie van sy ministers dink wel so." Hy wag voor hy verder gaan en sê dan: "Ek dink FW weet hoe gouer hy skik, hoe beter is sy posisie. Dié sal verswak as hy te lank wag."[3]

Zuma steun Mbeki se beklemtoning van die deklarasie. Hy is geartikuleerd in sy spreekbeurt en vermy ingewikkeldhede. In 'n stadium maak hy 'n goeie punt: Die bedoeling van die dokument is ook om wit vrese te ontlont, soos byvoorbeeld die idee "that we are only interested in a revolutionary take-over of power. We want to show that this is not the case. We are interested in a negotiating process." Daarbenewens wil die deklarasie die "hoofkwessies" vanuit die ANC se gesigspunt gesien, definieer: "We South Africans never really had the opportunity to discuss these issues that we have to talk about." Die Afrikaners is aangenaam verras oor dié redelikheid, veral toe Zuma beweer dat die dokument ook 'n geleentheid geskep het: Hoe moet hiervandaan verder gegaan word? Vir Mbeki is die groot vraag: Is die regering gereed en bereid om betrokke te raak by 'n skikkingsproses? En wat kan gedoen word om die proses te laat verloop volgens afgesproke spelreëls? Die ou wantroue duik weer op: Sal die regering bereid wees om die dokument te bespreek?

Dit klink soos 'n versugting, maar dis in werklikheid 'n uitdaging. Ek weet dat die NI dié dokument reeds baie goed bestudeer het. Mbeki, asof hy my gedagtes lees, sê met oortuiging in sy stem: "Die dokument is 'n voorstel. Nie 'n voorskrif nie."

Die bespreking hierna oor "mutual trust" is lank en intens. Dit laat my stomverbaas om die eerlikheid daarvan te ervaar. Ek sê later vir Mbeki dat eerlike gesprekke natuurlik 'n vorm van vertrouensbou is. Die hel hóéf nie ander mense te wees nie, beklemtoon ek met verwysing na die Franse filosoof en Marxis JP Sartre. Hy lag net instemmend.

Dommisse, Kriel en Terreblanche voel sterk oor die kwessie van sanksies en die feit dat daar eers oor die "lifting of sanctions" gepraat sal word ná die verwagte afloop van die onderhandelingsproses. Dis toe dat Mbeki, gesteun deur Zuma, Pahad en Trew, hulle erns oor 'n onderhandelingsproses, maar ook hulle besef van die ingewikkeldheid en delikaatheid daarvan, baie eerlik en opreg op die tafel sit. Mbeki maak 'n punt waaroor ek en hy al vantevore gepraat het: Daar is verskillende fases in die proses van skikking. Die eerste fase, dié van kontak, gesprek oor gesprek en uitklaring van posisies, sluit soos al die ander fases – byvoorbeeld die aktiewe onderhandelingsproses self – informele en formele fasette in. Daar is, so het ek dit dikwels vir myself gesê, ongeformaliseerde en geformaliseerde spelreëls; nie-amptelike en amptelike afspraken. Mbeki verduidelik hierdie onderskeid aan die hand van wat hy die beleid (teorie) en die praktyk noem.

Teoreties en beleidmatig is die ANC tot sanksies verbind. Dit kan eers opgehef word by wyse van 'n formele besluit as die onderhandelingsproses ten minste "irreversible" blyk te wees. In die praktyk kan daar wel ooreengekom word om sanksies nie doelbewus te dryf nie. Die VSA, so lig hy my later in, sal byvoorbeeld nie met verdere sanksies voortgaan nie. Tydens 'n ontmoeting met die "State Department" van die VSA is dit beklemtoon dat sanksies nie opgehef sou word nie, maar dat daar ten minste ses maande lank 'n wag-en-kyk-houding ingeneem sou word. Dieselfde verduideliking word van die baie emosionele kwessie van geweld, oftewel die ANC se gewapende stryd, gegee. Ernst Lombard het hieroor 'n kort betoog gelewer en verduidelik wat min of meer die NG Kerk se standpunt was. Hy doen dit op 'n rustige en besadigde manier. Vertel hóé fel die NG Kerk teen die ANC se geweldsopsie gekant is, maar hy gebruik nooit die woord "terroristies" nie. Hy verduidelik ook die NG Kerk se sterk anti-kommunistiese veldtogte wat oor baie jare gevoer is en sê dat daar so gou as moontlik versoening en vrede in die land moet kom. Die NG Kerk is egter nog nie hierin 'n leidende lig nie, al is daar tekens van 'n nuwe benadering.

Ons keer telkens terug na wat die Harare-deklarasie te sê het. Dié deklarasie, so besef ek, is die ANC se "grondteks". Dit word ook die Afrikaners se "grondteks" in die sin dat ons gedwing is om daarop te reageer. Die regering het toe nog nie rêrig so 'n teks nie. Die dokument sê "if discussions start to take place", dan kan daar in die praktyk 'n hele paar dinge informeel gebeur, soos byvoorbeeld die opskorting ("suspension") van geweld. Dis dan iets wat later formeel onderhandel kan word, in die Harare-deklarasie vervat in die woorde "deemed to have formally terminated". Die ANC was by dié geleentheid dus bereid om te onderneem dat die bomme sou ophou ontplof, sou hulle reken dat die eerste fase van die skikkingsproses op dreef was. Mbeki, gesteun deur Zuma, Pahad en Trew, het dit baie pertinent gestel: "Put yourself in our shoes. There is mistrust. In fact, a history of mistrust and a history of broken agreements." Hy verwys in dié verband weer na Mosambiek en Namibië. In 'n stadium selfs na John Vorster se "gee my ses maande".

Mbeki is baie spesifiek: "To safeguard our interest in view of the history of our region, we are of the opinion that informally and in practice we can suspend violence and things like that, but not formally. That is something that can come at a later stage." Een van die probleme wat die ANC het met 'n formele ooreenkoms vir 'n onmiddellike opskorting van die geweldsopsie, is hoe so iets gemoniteer sal kan word. Wie moet die ANC moniteer? En wie die Suid-Afrikaanse Weermag en Suid-Afrikaanse Polisie? Dis vrae wat deur die partye tot die konflik baie deeglik bespreek sal moet word. Buitelandse instansies kan dit nie doen nie. Zuma sluit by dié punt aan en sê: "The government has everything on its side. We have very little. We can't give up on the little muscle we have." Die "spiere" waarna hy verwys is sanksies, Suid-Afrika se isolasie en buitelandse steun vir die ANC. Daarom, sê Zuma, sal die ANC dit nie in die openbaar by buitelandse regerings aanbeveel om Suid-Afrika nie te isoleer nie. Die ANC sal wel nie verdere isolasie bevorder nie. Hy vra: "If the isolation stops and the government says, 'go to hell!', what can we then do?"

Hy maak hierna 'n strategiese sterk punt: "The South African problem is a political problem and it needs a political solution. In getting a political solution the South African government should not be unchecked. Isolation, and sanctions and international pressure are the methods by means of which a check can be kept on the government." Hy voeg daaraan toe: "Time is limited." Wat gedurende die gesprek opval, is die ANC-gespreksgenote se houding van: "Dis dringend dat met die regering gepraat moet word." Dit het ongetwyfeld in noue verband gestaan met president Michail Gorbatsjof se druk op die ANC en die snel veranderende situasie in die toe nog Sowjetunie. En dan was daar ook nog die UDF en MDM wat al meer en meer 'n protesbeweging in eie reg begin word het. Beide Mbeki en Zuma was duidelik senuweeagtig hieroor. Om van die voorgenome verkiesing van die ANC se Nasionale Uitvoerende Komitee teen die middel van 1990 nie te praat nie. Vir die Pan-African Congress (PAC) was daar by die ANC-lede 'n uitgesproke afkeer. Jeens die Azanian People's Organisation (Azapo) en die National Council of Trade Unions (Nactu) was die gesindheid positief. Hulle het immers met die ANC se posisie oor onderhandeling saamgestem.

Mbeki praat oor Mandela en sy posisie, 'n kwessie wat telkens in al die gesprekke opgeduik het. Oliver Tambo, selfs ná sy beroerteaanval in Augustus 1989 en sy opname in 'n Sweedse kliniek, was nog steeds die verkose president van die ANC. Binne die formele strukture van die ANC het Mandela nie hoër as 'n provinsiale leier in Transvaal beweeg nie. Hy het wel 'n hoë posisie in MK gehad. Mandela is nie die vanselfsprekende volgende president van die ANC nie, maar slegs 'n moontlike aanspraakmaker wat in 'n demokratiese proses verkies kan word. Zuma beklemtoon dat as Mandela vrygelaat word, hy moet kan sê "dit en dit is wat vorentoe gaan gebeur". Hy moet dus toegelaat word om openbare leierskap uit te oefen om te keer dat daar nie chaos in die land uitbars as hy vrygelaat word en verbode organisasies ontban word nie. Só 'n chaos sal die militêre en die polisie 'n rede gee om gewelddadig in te gryp. Dit sal ook die internasionale aansien van die ANC en sy onderhandelingsdoelwit skade aandoen.

Mbeki beklemtoon dat daar by Mandela duidelikheid moet wees oor wat hy toegelaat sal word om te doen en wat presies sy rol sal wees. Die regering moet hom nie oningelig in 'n vakuum vrylaat, soos wat met Govan Mbeki, sy pa, gedoen is nie. Dis daarom beter dat Mandela onder FW de Klerk vrygelaat word as onder PW Botha.

Pahad roer die sanksiekwessie aan. Handeswaaiend soos altyd kom hy met die geykte ANC-formule: druk op die Suid-Afrikaanse regering. Daar is wel 'n "maar": As daar duidelike tekens is dat die politieke onderhandelingsproses op dreef is, kan die sosio-ekonomiese proses ook aan die gang kom. Terreblanche, met 'n frons wat oor sy voorkop kerf, het Pahad baie skepties aangekyk. Die volgende dag (Sondag) roer Terreblanche weer die kwessie van sanksies aan. Hy beklemtoon met al twee hande en nadruklike woorde: "Wanneer die skikkingsproses begin, móét 'n duidelike teken gestuur word wat die ekonomie aan die gang kan kry. Ons durf nie daarmee wag nie."

Ek sien Mbeki maak aantekeninge. Hy het reeds vroeër gedurende die naweek oor "obstacles to rapid change" gepraat: Die Suid-Afrikaanse Weermag; die Suid-Afrikaanse Polisie; die KP; en "blanke" vrese. Mbeki se sentrale argument was dat Suid-Afrika polities en ekonomies 'n hoërisikoland was. Dit plaas 'n baie belangrike verantwoordelikheid op De Klerk: Hy moet die buiteland en die buiteparlementêre opposisie op 'n baie kragtige en besliste wyse van sy integriteit met betrekking tot die skikkingsproses oortuig. Hy moet veral laat blyk dat hy die hoërisiko-situasie verstaan en 'n manier gevind het om dit te hanteer. Mbeki verwys in dié verband veral na die bankiers. Hulle is senuweeagtig. Finansiële sanksies byt. Hank Cohen, 'n senior amptenaar in die State Department (departement van buitelandse sake) van die Bush-administrasie, het aan Mbeki dié boodskap oorgedra: "Sanksies werk. Ons sal die pas markeer. As daar nie vordering met 'n skikkingsproses in Suid-Afrika binne die volgende ses tot nege maande is nie, sal ons met sterker maatreëls kom."

Mbeki druk hom hierna baie duidelik uit: "Ons gaan nie meer na beloftes luister nie. Wat moet die boodskap aan bankiers wees?" Hy is nietemin tegemoetkomend en verstaan dat De Klerk nie die noodtoestand onmiddellik kan ophef nie. Hy reken selfs dat De Klerk reeds besig is om in die praktyk die noodtoestand oorbodig te maak. Hy maak die politieke proses oop en laat selfs protesoptogte toe. Mbeki meen egter De Klerk kan dié informele proses versnel. "Hy kan Maandag (2 Oktober) sterker leiding neem. As De Klerk sê: Hier is 'n paar dinge wat ek gedoen het, kom laat ons gaan sit en ook oor geweld en sanksies praat, sal ons dit aanvaar. Ons soek duidelike seine. Nie beloftes nie."

Baie opvallend tydens die twee dae lange sessies was die ANC-leierskap se aandrang om ingelig te wees oor wanneer Mandela vrygelaat sou word en om 'n rol te speel in die hantering van sy vrylating. Daar was hiervoor myns insiens twee redes: Enersyds die buitelandse vleuel se vrees dat die vrylating gebruik sou word om 'n wig tussen dié vleuel en die binnelandse protesbeweging in te dryf, en andersyds die opregte kommer dat Mandela se vrylating tot ongebreidelde en anargistiese chaos sou lei indien daar nie sterk solidariteit binne die protesbeweging was oor die manier waarop die vrylating gehanteer moes word nie. Mbeki se standpunt was onomwonde: "Die manier waarop hy tydens en ná sy vrylating optree, sal die vrylating van alle politieke gevangenes en die verloop van die onderhandelingsproses bepaal." Zuma het ook 'n punt gemaak waarmee ek volmondig kon saamstem: "Die manier waarop gepraat word en dit wat in die openbaar gesê word, sal deurslaggewend wees."

Die byeenkoms bestee weer eens tyd aan die rol van Margaret Thatcher.

Met Bush, die opvolger van Ronald Reagan as Amerikaanse president, kon sy nie meer reken op steun vir haar anti-sanksiestandpunt nie. In haar eie geledere was daar ook mense wat na haar politieke hakskene begin hap het. Sy was al te lank aan die bewind. Thatcher was fel teen Renamo gekant. Sy het gedink Renamo is "a bunch of bandits". Die oliepyplyn was bowendien Zimbabwe se lewenslyn. Haar geduld, waarvan sy nie baie gehad het nie, het ten aansien van Suid-Afrika begin opraak. Sy stuur 'n duidelike boodskap: As die SAW, met Magnus Malan, weer moles veroorsaak, sal sy en Brittanje hulle hande in onskuld was. Dit het bygedra om Malan se lot as toekomstige rolspeler te verseël. Sy het intussen ook van president George Bush verneem dat die Bush-administrasie 'n bepaalde vlak van kontak met die ANC wou bewerkstellig. Bush laat hom nie deur haar intimideer nie. En dan was daar ook nog president Gorbatsjof. Dis nie net die politieke situasie in Suid-Afrika wat drasties verander het nie; die globale en internasionale konteks het ook drasties verander. De Klerk, anders as Botha, verstaan dit. Daar was ná die gespreksbyeenkoms konsensus dat die buiteland moet aanvaar dat Suid-Afrikaners die reg en plig het om hulle eie politieke probleme op te los. Die welwillendheid wat geheers het, is goed deur Thabo Mbeki weergegee: "We are listening to what FW is saying. We want to be confident that all participants are serious and not playing games. The way in which the ANC deals with (Mandela's) release must also be a signal. The other side must also feel confident." [4]

Op Sondag, 1 Oktober 1989, die laaste dag van ons vergadering, basuin die *Sunday Times* dit op sy voorblad uit dat 'n ontmoeting "today" tussen "the Broederbond and ANC leaders ... at an undisclosed venue in England" plaasvind. Die koerant is in sy element: Van die Broeders, so word gesê, is mense wat noue bande het met die nuwe minister van grondwetlike beplanning, dr. Gerrit Viljoen, wat die opdrag het om die proses van onderhandeling met swart mense oor 'n toekomstige grondwet aan die gang te kry. Die name van die deelnemers aan die gesprek word ook genoem, behalwe dié van Lombard. Daar word gesê: "Amongst the ANC officially at the talks will be the chief of information, Mr Thabo Mbeki, a moderate who is widely tipped to be successor of the ailing Mr Oliver Tambo. Mr Mbeki, who cannot be quoted in this article, made a number of conciliatory remarks in a recent TV debate on the BBC. He has hosted previous meetings between the ANC and cultural and academic leaders."

My kommentaar, vooraf gevra, word korrek weergegee: "My bewegings is my eie verantwoordelikheid. Ek hoef aan niemand te rapporteer nie." Met behulp van Ebbe Dommisse stel ek in berigformaat 'n verklaring op vir *Die Burger* wat na die *Sunday Times* se verskyning beskikbaar gestel word. Dit lui as volg:

> 'n Gesprek oor sienings van 'n vreedsame oplossing vir Suid-Afrika se probleme waarby ook 'n groep Suid-Afrikaners en die ANC betrokke was, is die afgelope naweek in Engeland gevoer. Dit was deel van 'n reeks van akademiese besprekings wat reeds 'n paar jaar aan die gang is.
>
> 'n Woordvoerder vir die groep Suid-Afrikaners, professor Willie Esterhuyse, het gister 'n verklaring oor die bespreking uitgereik nadat onakkurate berigte daaroor in Suid-Afrika verskyn het.
>
> Professor Esterhuyse het dit duidelik gestel dat die gesprek nóg namens die regering nóg namens die Afrikaner Broederbond gevoer is. Trouens, hy is nie lid van die Broederbond nie.
>
> Die rektor van die Universiteit van Stellenbosch, professor Mike de Vries, was in geen stadium by die bespreking betrokke nie.
>
> "Ek en ander Suid-Afrikaners neem al enkele jare op eie verantwoordelikheid deel aan gesprekke met die ANC. Ons doen dit namens onsself en namens niemand anders nie. Dit is niks meer as verkennende gespreksgeleenthede nie en ons vind dit onnodig om gedurig openbare verklarings daaroor uit te reik. Ek betreur dit dat sommige mense en instansies te na gekom is," het professor Esterhuyse gesê.
>
> Een van die lede van die ANC-groep is meneer Thabo Mbeki. Doktor Willem de Klerk van Johannesburg was onder die groep Suid-Afrikaners. Meneer Ebbe Dommisse, assistent-redakteur van *Die Burger*, wat op die oomblik op 'n reis in Europa en Amerika gesprekke met meningsvormers voer, het die bespreking op uitnodiging as waarnemer bygewoon.[5]

Die gespreksgroep kom ooreen dat daar uit een mond gepraat moes word. Thabo Mbeki, wat vanweë sy posisie en openbare profiel noodwendig in die kollig sou wees, sou saam met die ANC se verteenwoordiger in Londen medianavrae hanteer. Ek sê vir Mbeki: "Wel, ons besluit oor hoe die lekkasie gehanteer moet word, is die eerste onderhandelde skikking tussen die ANC en Afrikaners. En dit was nie eens moeilik nie!" Mbeki antwoord: "Ja, maar ons het 'n gemeenskaplike 'vyand' gehad, die 'Engelse pers'!" Ons het dit toe nie geweet nie, maar by ons volgende vergadering in Februarie 1990 kom ons ook tot 'n ander onderhandelde skikking.

Die lekkasie word ietwat van 'n affêre in veral die Britse media. *The Daily Telegraph* (3 Oktober 1989) noem dat die ANC die gespreksessie bevestig het, maar dat die ANC ontken dat die afgevaardigdes uit Suid-Afrika die "invloedryke Broederbond-organisasie" verteenwoordig het. Die Londense verteenwoordiger van die ANC noem dat die gesprek wedersydse begrip bevorder het. Dit het wanopvattings oor die ANC uit die weg geruim. Hy sê: "People who come expecting to find bushfighters, their faces twisted in terror, in fact find sensible human beings who care about the future of their country."

Ook die *Financial Times* lewer interessante kommentaar onder die opskrif "Inching across the South African divide" (3 Oktober 1989). Die koerant gebruik selfs die Afrikaanse woord "toenadering". Dis 'n woord, sê die koerant, wat ryk is aan politieke betekenis en waarvoor daar nie 'n goeie vertaling in Engels is nie. Die naaste wat Engels daaraan kan kom, is "coming closer together". 'n Diplomaat met wie die twee joernaliste Michael Holman en Jim Jones, wat die artikel geskryf het, gepraat het, verwys na "talks about talks about talks". Daar was by my altyd die sterk vermoede dat dié diplomaat Robin Renwick, die Britse ambassadeur in Suid-Afrika, was. Dié frase – in Afrikaans *gesprek oor gesprek oor gesprek* – is doelbewus gekies om te vertolk dat daar nie van onderhandelinge sprake was nie én om ons van politieke verleentheid te vrywaar, as 'n lekkasie sou plaasvind. Dit wás immers 'n informele nie-amptelike proses. Renwick was hieroor ingelig. Die *Financial Times* sleep ook die kwessie van die Broederbond by. Ook hier word 'n paar Afrikaanse woorde die Engelse taal ingebring: "broederbond", "boererepubliek" en "volk".

Die artikel in die *Financial Times* was in een opsig belangrik: Dit het die dryfkragte uitgespel wat die pas van vordering na die konferensiefatel sou versnel. Dié dryfkragte was eerstens die totstandkoming van gemeenskaplike grond tussen Washington en Moskou oor strategie ten opsigte van Suider-Afrika. Ten tweede was daar die ontmoeting tussen PW Botha en Nelson Mandela in Tuynhuys. 'n Derde dryfkrag was onvoldoende buitelandse kapitaal vir Suid-Afrika en die negatiewe gevolge van handelsanksies. Dit, tesame met die herlewing van die binnelandse protes en die rol van Cosatu, het die stelsel onder groot druk geplaas.

Thabo Mbeki reageer ook op die lekkasie. Mbeki beklemtoon dat die gesprekke nie-amptelik was. Hy stel dit duidelik: "The people that were there were not representing anyone except themselves. They were not representing the Broederbond, and they were not representing the government." Hy word deur die ANC se verteenwoordiger in Londen gesteun. 'n ANC-verteenwoordiger maak selfs die punt dat die ANC nie met die Broederbond as organisasie sal vergader nie. "It's possible some were members, but this was a meeting with Afrikaner intellectuals, not the Broederbond." Mbeki het baie gehad om te verloor as die persepsie sou ontstaan dat hy amptelik met die Broederbond praat. Die ANC-valke het immers gesit en wag om hulle kloue in hom te slaan. Chris Hani was weer op sy perdjie. Tydens 'n spesiale vergadering van die Nasionale Werkkomitee op 13 Oktober 1989 maak hy heftig beswaar, veral ook omdat hy en van sy kamerade nie ingelig was oor die gesprekke nie.

FW de Klerk, pas ingehuldig as Suid-Afrika se nuwe president, reik ook op 2 Oktober in Pretoria 'n verklaring uit. Hy distansieer homself en sy regering ten sterkste van die gesprek. De Klerk reken dat die ANC dié soort gesprekke uitbuit ten einde sy ware natuur as revolusionêre organisasie te verberg. Hy verklaar dat sy regering nóg regstreeks nóg onregstreeks by die byeenkoms betrokke was. *The Daily Telegraph* (3 Oktober 1989) bied dit vir sy lesers onder die opskrif "Pretoria attack on Afrikaners' talks with ANC" aan. Die *Independent* (3 Oktober 1989) se opskrif is: "De Klerk gives ANC talks the seal of disapproval". Nie baie dae ná sy verklaring nie, doen ek verslag van die ontmoeting met Mbeki en sy makkers aan die NI.

13
'n Nuwe gelofte: 2 Februarie 1990

Na die Mells Park-byeenkoms woon ek tussen 2 en 3 Oktober 1989 'n byeenkoms by van die Jubilee-inisiatief, waaroor die *Sunday Times* se informant ook ingelig was. Daar heers kommer én opgewondenheid onder die Jubilee-deelnemers. Washington Okumu is veral bekommerd én opgewonde: Sal die projek kan voortgaan noudat dit in die pers bekend geword het? Dis 'n "wonderwerk van God" dat Afrikaners en die ANC met mekaar praat, reken hy. Ek is nie so seker oor dié wonderwerk nie en sê: "Wonderwerke gebeur nooit vanself nie. Jy moet daarvoor werk. Dis waarom die Afrikaans vir 'miracle' ook die woord 'werk' insluit." Almal lyk beïndruk. Ek noem dat die lekkasie 'n bedekte seën was. Dit het dit vir my en Mbeki moontlik gemaak om saam in die openbaar te begin optree. Die gespreksprojek sal nie afgestel word nie, maar voortgaan. Goeie skadebeheer is toegepas.

Walter Kansteiner, 'n amptenaar van die Amerikaanse State Department, woon ook die byeenkoms by. Hy noem dat 'n ontmoeting tussen president George Bush en Oliver Tambo afgestel is as gevolg van Tambo se siekte. Bush, so beweer hy, vind nie die ANC se onderhandelingsplan onaanneemlik nie en is gekant teen 'n Resolusie 435 vir Suid-Afrika deur buitestanders. Hy vertel dat president George Bush sy aansien onder swart kiesers in die VSA wil verhoog en ook 'n goeie beeld in Afrika wil vestig deur 'n meer tegemoetkomende houding teenoor die ANC in te neem. In Bush-kringe, so beweer hy, word gesê dat Thatcher se dae verby is en dat die VSA 'n sterker standpunt oor skikkingsprosesse in Suid-Afrika sal inneem. Hank Cohen van die State Department sal hierin 'n rol speel. As Chester Crocker sy vlag oor skikkingsprosesse in Angola-Namibië geplant het, wil Cohen dit in Suid-Afrika plant. Dit sal egter fasiliterend wees tot die proses wat deur die Suid-Afrikaners geïnisieer en bestuur moet word.

Daar is baie vinnig in die VSA planne beraam om aan die ANC 'n goeie openbare profiel te gee, gemotiveer deur die Botha-Mandela-ontmoeting. Die "keerpunt in Namibië", soos Chester Crocker dit by geleentheid gestel het, het nuwe uitdagings en nuwe moontlikhede vir Suidelike Afrika oopgemaak. Dit is trouens aanvaar dat 'n skikking onafwendbaar was en dat die ANC met Nelson Mandela een van die hoofspelers daarin sou wees. Die VSA wou nie buite in die koue staan nie. Een so 'n inisiatief was dié van Dick Clark se Aspen-instituut, wat die Bermuda-kongres gereël het. Ek het hom weer op 9 Oktober 1989 in Kaapstad ontmoet. Hy het intussen 'n konferensie oor die Suider-Afrikaanse streek in Switserland gehou. Amerikaanse kongreslede steun sy inisiatief baie sterk, vertel hy my.

'n Ander inisiatief wat geneem is gedurende die eerste week van November 1989, was 'n konferensie gereël deur die Africa-America Institute (AAI) in Tarrytown, New York. Ek en Mbeki moet 'n sessie deel oor die "nuwe regime" onder De Klerk en sy denke oor die pad vorentoe, met as tema-vraag: "A Climate for negotiations?" Ons spreek af om deel te neem, maar nie te praat oor ons gespreksgroep se aktiwiteite nie. Ons het toe alreeds lankal aanvaar dat die Britse en Amerikaanse intelligensiedienste daarvan geweet het. Die groot vraag waaroor dit wesenlik by dié konferensie gaan, is of daar reeds 'n "klimaat vir onderhandelinge" in Suid-Afrika bestaan het. Die Harare-deklarasie was natuurlik toe al in die VSA bekend. De Klerk het intussen ook allerlei positiewe geluide gemaak en 'n paar politieke gevangenes vrygelaat, maar nog nie met Mandela vergader nie. My sekretaresse, Lulu Botha, moet fyn beplan om my betyds in New York te kry. Sy was vir baie jare 'n belangrike "tussenganger" om die reëlings vir die Afrikaner-gespreksgenote se betrokkenheid te tref.

Die konferensie word bygewoon deur baie mense, ook uit Suid-Afrika. Die saal is stampvol. Thabo Mbeki stel my voor die tyd aan die ANC se verteenwoordiger in Washington, Lindiwe Mabuza, voor. Ons groet mekaar op die Afrika-manier met 'n omhelsing. Sy is 'n vriendelike, mollige vrou. In New York het ek vir my 'n geruite blou baadjie gekoop met sy uitgevoer om respektabel en netjies te lyk. Mbeki is altyd netjies en ek wil nie by hom afsteek nie. Ons dra by die geleentheid albei 'n wit hemp met 'n das. Ek sê aan hom: "Ek sien jy dra ook 'n wit hemp. So 'wit' is nie uit nie!" Hy lag en sê: "Dit hang alles af van wat jy vandag gaan sê." Self was ek uiters gespanne. Ek weet dis vir my 'n maak-of-breek-optrede. Daar is nie net verwagtings onder lede van die gehoor nie, maar ook weerstand teen my teenwoordigheid, veral onder van die Suid-Afrikaners. Een, 'n bekende liberaal, het my voor die tyd skepties in Afrikaans gevra: "En wat maak jy hier?"[1]

Ek is eerste aan die woord en verdedig die standpunt dat dit "premature" is om van 'n onderhandelingsklimaat in Suid-Afrika te praat. Suid-Afrika is ten beste by die aanvang van 'n pre-onderhandelingsfase. Die De Klerk-regering wend ook 'n eerlike poging aan om vertroue en vrymoedigheid uit te bou. Daar word byvoorbeeld aanvaar dat 'n skikking van die konflik in Suid-Afrika nie die ANC en die MDM kan uitsluit nie. Hoe om die proses te fasiliteer, die fases daarvan te identifiseer en 'n strategie te ontwerp waarby ten minste die belangrikste partye sal inval, is die eintlike vraag. Die vrylating van Nelson Mandela, en veral sy toekomstige rol, asook die ontbanning van die ANC en ander organisasies, sal uiteindelik deel vorm van 'n gestruktureerde proses om 'n onderhandelingsklimaat te skep. 'n Vername struikelblok is die hantering van diskriminerende wetgewing, veral die "Unholy Trinity": Groepsgebiede, bevolkingsregistrasie en wetgewing oor grond en eiendomsreg – wetgewing wat wit politieke dominasie gewaarborg het. Die onttrekking van die veiligheidsmagte aan swart townships was 'n ander struikelblok. Ek verduidelik ook dat die De Klerk-regering 'n tweevlakkige strategie volg: Aksies op die formele vlak; aksies op die informele vlak. Laasgenoemde sluit die bou van kontakte oor 'n breë spektrum in, asook 'n poging om "unsigned protocols" tussen belangrike rolspelers en partye gevestig te kry.

Ná my voordrag, waarna hy aandagtig geluister het alhoewel hy my interpretasie van die De Klerk-regering se oop-deur-benadering goed geken het, staan Mbeki op en stap na my toe. Hy haal sy ANC-lapelwapentjie af en steek dit aan my nuwe, duur baadjie se lapel vas. Sy stem kom met droë humor oor die mikrofoon: "Die professor het die ANC se standpunt goed uiteengesit." Die gehoor is stomverbaas oor dié vriendelike interaksie. Hy fluister in my oor: "Die Amerikaners is geskok. Hulle het vreemde idees oor Afrikaners. En hulle weet nie ons ken mekaar en het al baie gepraat nie."[2] Hy lewer daarna sy toespraak, beredeneerd en kalm soos altyd. Ook hý reken ons kan nog nie van 'n "climate for negotiations" praat nie. Daar is nog te veel dinge wat moet gebeur, soos byvoorbeeld die vrylating van Nelson Mandela en ander politieke gevangenes, en die ontbanning van die ANC en alle politieke organisasies. Hy gee ook baie aandag aan die kwessie van geweld en sanksies. Die opskorting hiervan as 'n voorwaarde vir onderhandeling is nie vir die ANC 'n opsie nie. Oor groepsregte trek hy 'n baie duidelike streep in die grond: "It is our view that De Klerk is committed to the notion of groups and group rights. What he would be negotiating for is the survival of a system based on the notion of groups. If the National Party came to negotiations saying the notion of groups is non-negotiable, and therefore we must produce a constitution which is based on groups, then of course negotiations could not take place. That would be an affirmation of apartheid." Die gehoor is hieroor baie instemmend. Ek besef Mbeki maak 'n kragtige, emotiewe punt: Die "notion of groups" word regstreeks met apartheid verbind. Wie oor groepe en groepsregte wil praat, sal eers hierby verby moet kom. Hy is ook die redelikheid self: Die ANC kan nie van die De Klerk-regering verwag om eers die Vryheidsmanifes te aanvaar alvorens gepraat kan word nie.

Ons toesprake verskyn later in *Africa Report* (November-Desember 1989). Ons kon praat soos ons gepraat het, want ons het toe al baie lank deur 'n informele gespreksproses gegaan. Hy was toe ook al regstreeks in kontak met die NI. Die lapelwapentjie-episode laat my later byna in die warm water beland. Op Woensdag, 8 November 1989 bied ek 'n kursus in sake-etiek by die Universiteit van Stellenbosch se Bestuurskool aan. Ek dra my nuwe baadjie. Soos die lesing vorder, merk ek die studente in die voorste ry is rusteloos. Een vra: "Professor, kan u die lapelwapentjie op u baadjie vir ons verduidelik?" Ek kyk af, en besef dit sit nog daar waar Thabo Mbeki dit vasgespeld het. Ek behou my teenwoordigheid van gees en sê: "O dit? Dis 'n goeie vriend se manier om my in die moeilikheid te probeer bring." Ek haal die wapentjie af, steek dit in my sak en gaan voort met die lesing.

Daar vind 'n goeie bespreking by die AAI-konferensie plaas. Die gesindheid van die konferensiegangers is oorwegend pro-ANC. Ek en Mbeki voer ook 'n paar gesprekke tydens die konferensie. Hy is die hoofrolspeler in die deeglik beplande en goed gedirigeerde AAI-konferensie. Die platform is vir hom voorberei, besef ek na 'n gesprek met een van die organiseerders.

Mbeki is haastig dat daar so gou as moontlik verdere ontmoetings met die NI moet plaasvind en sê in 'n stadium: "Hoe langer FW wag met 'n duidelike en rigtinggewende boodskap van hoop, hoe sterker gaan die politieke en geweldsdruk in Suid-Afrika oplaai. Hoe en wanneer gaan hy dit ontlont?"

De Klerk was toe natuurlik druk besig om sy eie strategie in plek te kry. In Desember 1989 begin dié planne vorm aanneem tydens 'n bosberaad. Die NI, bewus van alles, was nog nie gereed vir 'n volgende ontmoeting nie. Daar is egter 'n verstandhouding en informele kontak.[3]

Ek en Mbeki, soos baie ander, weet dat die stappe wat geneem moet word om 'n onderhandelingsklimaat te skep nie die eintlike probleem is nie. De Klerk kan die stappe "môre" neem, merk hy meermale op. Die probleem is die oproer en geweld in die land, die ANC se verbintenis tot die gewapende stryd en die moontlikheid van 'n wit trugolf. Dis onderwerpe wat kort-kort in ons gesprekke opduik. By ons laaste vergadering in Brittanje sê Mbeki in 'n stadium: "Ons hoef nie vrede te hê om oor vrede te praat nie. 'n Mens praat juis oor vrede omdat daar nie vrede is nie." Hy weet ook dat die ANC se geweldsopsie vir die internasionale gemeenskap 'n toenemende bron van kommer is, selfs onder die "vriendelike" gehoor van die AAI-konferensie. Daarom dat hy by hierdie geleentheid uit sy pad gaan om te redeneer dat die ANC, vanaf sy stigting in 1912, ten gunste van vrede was. Dit was 'n punt wat Walter Sisulu, ná 26 jaar in die tronk, ook na sy vrylating deur De Klerk in Oktober 1989 gemaak het: "We call on the rank and file of all organisations to work together for peace. The ANC has consistently throughout its history been committed to the politics of peace and negotiations." Volgens die ANC was dit die regering wat nie hierdie stem wou of kon hoor nie, verpersoonlik deur voormalige eerste ministers soos DF Malan, Hans Strijdom en HF Verwoerd wat nie op die ANC se skrywes gereageer het nie. Soos bekend, was die NP na die "Kongres van die Mense" by Kliptown uitgenooi.

Geweld, en die rasionalisering daarvan deur die ANC en mense soos Sisulu en Mbeki, het natuurlik in 1989 in regstreekse verband gestaan met dit waarmee die ANC gekonfronteer was: Die township-oorloë en die swart-teen-swart geweld. Mbeki gebruik in die verband 'n baie oortuigende argument: As die ANC toegelaat word om soos enige ander politieke party te funksioneer, sal die geweld ook hanteer kan word. Dit word vir hom 'n saak van groot dringendheid. Ek was nie optimisties dat dit gou sou gebeur nie. Ten spyte van al die positiewe seine was daar nog te veel ingewikkelde struikelblokke. Die NI het toe nog net een keer met die ANC vergader. Die verkiesing het hoop gebring dat dinge onder De Klerk sou verander. Sy oop-deur-benadering en bereidwilligheid om gesprek te voer, was vir my persoonlik iets baie positief. Hy het egter nog nie vir Mandela ontmoet nie. Ek en Willem de Klerk het positiewe verwagtings oor die toekoms gehad, maar nie een daarvan het die moontlikheid van dit wat Sampie Terreblanche by Mells Park 'n "dramatiese simboliese gebaar, 'n kwantumsprong" genoem het, ingesluit nie.

My NI-kontakte help ook nie met mededelings of brokkies inligting oor toekomstige verwikkelinge nie. Selfs Mbeki, toe hy my by die AAI-konferensie vra wat ek "hoor", het teleurgesteld gelyk toe ek sê: "Niks." Barnard en die NI was natuurlik gewoond daaraan om hulle kaarte baie naby aan die bors te hou. Dit was hulle werk. Hulle het nie eens vir PW Botha volledig ingelig gehou oor al die gesprekke nie. Daar was teen 1988 al die gevoel in dié geledere dat die kans op 'n skikking 'n geleentheid duisend was en dat nóg Botha nóg enige iemand anders toegelaat moet word om dit te verongeluk. Teen Desember 1989 bemerk ek darem baie positiewe aanduidings by my NI-kontakte dat De Klerk "die man vir die oomblik" is. 'n Senior lid sê selfs dat dit "gelukkig" was dat Chris Heunis, Pik Botha en Barend du Plessis vroeër die jaar gesneuwel het.

De Klerk se politieke selfvertroue het na sy inhuldiging al sterker geword. Möller Dippenaar reken selfs dat die val van die Berlynse Muur kort ná De Klerk president geword het, 'n deurslaggewende moment in die groei van sy selfvertroue was. Hy het geweet Mandela en die ANC, en veral ook die kommuniste in die ANC, sal op die agtervoet wees en minder veeleisend en militant as vantevore.

De Klerk ontmoet Mandela vir die eerste keer op 13 Desember 1989. Dié ontmoeting was nie vergelykbaar met die gesellige Botha-Mandela-teepartytjie nie. Dit was veel meer substansieel.

De Klerk het natuurlik Mandela se memorandum aan PW Botha deeglik gelees. Die NI het toe ook 'n goed voorbereide profiel van Mandela en sy standpunte gehad. Mandela het die netelige kwessie van groepsregte aangeroer. Dit was nadat hy 'n lang relaas gegee het van hoe 'n swart kollega van hom met De Klerk, toe nog 'n prokureur, te doene gekry het. Mandela, getrou aan sy gewoonte om 'n goeie persoonlike atmosfeer te skep, meld dat sy kollega waarderend oor De Klerk gepraat het. Mandela was ook waarderend teenoor De Klerk: Die politiek was in sy bloed en hy stam van leiers af. Of Mandela daarmee De Klerk wou sag maak of dalk, as leier teenoor leier, baie eerlik was, is nie duidelik nie. Duidelik was sy vaderlike toon: Hy was twintig jaar ouer as De Klerk. Hy roer daarom ook De Klerk, en die NP, se politieke troetelidee aan: groepsregte. Hy adviseer De Klerk om die idee prys te gee. Dit klink na 'n "moderne" uitgawe van apartheid.

De Klerk, vermoedelik verbaas en oorweldig deur Mandela se selfvertroue, sê dat groepsregte 'n manier is om wit mense se vrese te hanteer. Veral oor swart oorheersing. Toe Mandela sê dat dit juis by swart mense vrees en antagonisme inboesem, ontlont De Klerk dit met sy versekering dat dit iets is waaroor daar gepraat kan word. Mandela was tevrede. Groepsregte sou deurlopend 'n sentrale kwessie in die skikkingsproses bly. Mandela het wel waardering gehad vir die feit dat De Klerk 'n goeie en intelligente luisteraar was. Die ontmoeting was egter nie die begin van 'n stabiele verhouding van vrymoedigheid en vertroue tussen die twee nie.

Wat baie min mense toe geweet het, ek ook nie, is dat De Klerk reeds besig was om met 'n betroubare span 'n pad na 2 Februarie 1990 te karteer. Dit was, so word my ná sy ingrypende toespraak van 2 Februarie vertel, 'n lang, indringende en intense voorbereidingsproses ten einde nie net 'n sterk konsensus tussen hom, sy adviseurs en sommige senior staatsamptenare te ontwikkel nie, maar maksimale internasionale en nasionale impak te hê. Die Rubicon-debakel het die destruktiewe gevolge van 'n swak toespraak oor Suid-Afrika se toekoms, gepaardgaande met onbeholpe kommunikasie, goed tuisgebring. My NI-kontak sê ná 2 Februarie vir my: "Die inhoud van die toespraak moes nie net 'n politieke triomf wees nie. Dit moes ook 'n kommunikasietriomf wees." Die toespraak self, en alles rondom die toespraak, was 'n goed beplande spanpoging oor tyd heen – nie 'n wonderwerk nie en ook nie 'n individualistiese ingewing van die oomblik om vir 'n groot gehoor te speel nie. Dit was 'n grootse projek, uitgevoer deur toegewyde en kundige mense.

Toe ek later meer van die detail hiervan hoor, sê ek vir myself: "Hoe is dit moontlik dat niks voor die tyd uitgelek het nie?" Mike Louw het gereken dat die vertroulikheid van die projek 'n noodsaaklike voorwaarde vir die sukses daarvan was. Die deelnemers het dit geweet. Hulle was ook ten volle verbind tot die projek. Dit het vir hulle, insluitende De Klerk, "die regte ding" geword om te doen, méér as bloot 'n strategiese besluit, soos wat ek geneig was om daaroor te dink. Daar was, as ek Hannah Arendt kan byhaal, nie bloot 'n erkenning van apartheid se mislukking en onreg nie, maar ook die bereidheid om tot 'n nuwe "gelofte" ("convenant") met voorheen onderdruktes toe te tree. De Klerk se historiese toespraak het nie net 'n onderhandelingsklimaat nie, maar ook 'n nuwe "gelofte" geskep. Daar was tot op die laaste minuut wel groot verskil van mening oor die SAKP. Magnus Malan was veral sterk teen die ontbanning daarvan gekant. Hy het immers oorlog teen die kommuniste se Totale Aanslag gevoer. Niel Barnard, wat baie naby die ontwikkeling van die toespraak was, het anders gevoel. Ontbanning moes vir alle verbode organisasies geld. Dit sou die SAKP na die skikkingsproses bring en aan openbare kritiek en evaluering blootstel. Die SAKP was eintlik die ANC se probleem, nie die regering s'n nie. De Klerk, wat die vorige aand 'n verjaardagviering van sy vriend Fanna Malherbe 'n tydjie lank bygewoon het, het later die aand sy toespraak afgerond en met vertroue gaan slaap.

Ons het in NI-geledere, na aanleiding van openbare kommentaar en regse verset, dikwels oor die vraag gepraat of De Klerk "geen ander keuse" gehad het nie. Regses was in rep en roer oor die ontbannings, veral oor dié van die SAKP. Dit was volgens hulle immers 'n hoofrede vir die Totale Strategie en waarom jong mans Angola toe gestuur is om "die kommuniste van ons grense weg te hou". By al die risiko's wat De Klerk geloop het, was dít een van die ergstes, ingebed in emosies wat wyer as die politiek gestrek het en ook kulturele en godsdienstige dimensies ingesluit het. Die Afrikaanse kerke en Afrikaner-kultuurorganisasies se jare lange geloofsartikel dat Suid-Afrika 'n "Christelike staat" is, met 'n dik Calvinistiese sous daaroor gegooi, het ook op 2 Februarie 1990 in die niet verdwyn. Was sy besluit, in die lig hiervan, onafwendbaar of 'n goed beredeneerde keuse? Die ANC, en veral Thabo Mbeki, was oortuig dat buitelandse en binnelandse druk hom voor geen ander keuse gelaat het nie. By die AAI-konferensie sê Mbeki aan sy gehoor, waarvan die meerderheid hulle instemming opsigtelik toon: "The impact of the struggle is very gravely underestimated. The political struggle, the armed struggle, and sanctions have obliged the regime to move. It has had to move. Look at the release of the eight political prisoners on the eve of the Commonwealth conference. The reason is obvious." Dit was 'n slim strategiese posisie wat Mbeki by dié hoëvlak-konferensie ingeneem het. Hy wou veral die gehoor motiveer: "The struggle must continue, the pressures must continue."

Hoe dit ook al sy, De Klerk se toespraak, gegee die omstandighede, was die regte besluit op die regte tyd, 'n historiese oomblik in ons land se geskiedenis, waarvoor De Klerk welverdiende krediet gekry het. Dat hy anders kon besluit het indien hy wou, is natuurlik korrek. Maar hy wou nie. Hy wou uit die "siklus van geweld" na "vrede en versoening" uitbreek. Die tyd en omstandighede was daarvoor ryp.

Die impak van die toespraak op die ANC was dramaties, en nie bloot omdat die ANC graag vooraf ingelig wou wees oor byvoorbeeld Nelson Mandela se vrylating en die ontbannings nie. Daar was ook die verwagting by ANC-leiers dat De Klerk stuksgewyse 'n onderhandelingsklimaat sou skep. Baie Afrikaners het dit verwag. Ek het persoonlik gedink De Klerk, versigtig soos hy polities was en gegee sy konserwatiewe wortels, sou nie die moed hê om wat Terreblanche 'n kwantumsprong noem, te maak nie. De Klerk bewys die ANC en baie ander mense verkeerd. En wat hy veral bewys, is dat hy nie die regses vrees nie en nie sal toelaat dat hulle die politiek dikteer nie. Met een enkele toespraak skep hy alles wat vir 'n onderhandelingsklimaat nodig was: die onvoorwaardelike vrylating van Nelson Mandela, die ontbanning van organisasies en die terugkeer van bannelinge.

Ook Mbeki is onverhoeds gevang deur die tydsberekening en omvang van De Klerk se aankondiging. Daar is niks in die toespraak waaruit die ANC en UDF enige politieke wins kan behaal nie. De Klerk is die man van die oomblik. Die ANC weet ook nie presies wanneer Mandela vrygelaat sal word nie. De Klerk het die ANC aan die raai. Mbeki, so vertel hy my kort na

De Klerk se toespraak, het ook in dié tyd met Van Zyl Slabbert ontmoet en hulle het die aard en implikasies van De Klerk se aankondiging bespreek. 'n Mening wat hierna in omloop gekom het dat Mbeki hom as't ware "wit geskrik het" by die aanhoor van De Klerk se aankondiging en onseker gevra het: "Wat nou?", was oordadig dramaties. Hy was verras deur die tydsberekening en omvang van die aankondiging, maar nie onseker nie. Ek het trouens al in Oktober 1989 vanaf Brittanje met 'n boodskap van Thabo Mbeki aan die NI teruggekom: "Unban one, unban all."

Vier dae na De Klerk se aankondiging, op 6 Februarie, is Louw en Spaarwater weer in die Palace Hotel, Luzern, vir 'n volgende ontmoeting met ANC-verteenwoordigers. Die reëlings vir die byeenkoms is voor die tyd met die oog op 2 Februarie se historiese aankondiging getref. Hierdie keer word Mbeki deur Aziz Pahad, een van die Afrikaner-ANC-gespreksgroep se permanente lede, vergesel. Die kwessies op die tafel is duidelik gedefinieer en met De Klerk se toespraak bekragtig: Hoe word alles toegepas? Hoe kry jy mense op wie deur die veiligheidsmagte jag gemaak is en wat vir alles en nog wat gesoek word, veilig die land binne? Mbeki het al voorheen die kwessie van vrywaring teenoor my genoem. So ook wie almal politieke gevangenes is. Dit was die begin van 'n harde bedingingsproses. Van gee en neem. Werkskomitees word uiteindelik saamgestel om die amptelike gesprek oor gesprek aan die gang te kry en in kleingroepverband moeilike kwessies uit te klaar. Dié komitees kry selfs spesiale name: Alpha (Mandela se vrylating); Charlie (gesprekke op die politieke vlak); Delta (kontak tussen die NI en die ANC se intelligensiedienste); Bravo (vrylatings)!

Twee weke later is daar weer 'n ontmoeting in Switserland, hierdie keer in die Bellevue-Palace Hotel in Bern, want die Switserse intelligensiediens het vermoedelik begin belangstel in die vergaderings in Luzern. Niel Barnard en Fanie van der Merwe, gespreksgenote van Mandela, is ook aanwesig. Almal reis onder skuilname. Joe Nhlanhla, in latere jare in beheer van die nuwe Suid-Afrika se intelligensiediens, is saam met Mbeki en Pahad teenwoordig namens die ANC. Fanie van der Merwe, 'n amptenaar en regskenner, was 'n insiggewende toevoeging tot die span. Hy het binne die staatsdiens en tydens die PW Botha-era baie aandag aan grondwetlike modelle gegee. In 1988 word hy 'n lid van die span, saam met Barnard en

Louw, wat meer gestruktureerd met Nelson Mandela gesprek gevoer het. Van der Merwe was by alle fases van die skikkingsproses teenwoordig, waaronder byvoorbeeld die onderhandeling van die Groote Schuur Minuut, die Pretoria Minuut en die DF Malan Akkoord. Hy was ook 'n sleutelpersoon by Kodesa 1 en Kodesa 2, en het veral met Mac Maharaj 'n besondere verstandhouding opgebou. Dié twee het 'n groot rol gespeel in die proses om die Waarheids-en-Versoeningskommissie grondwetlike status te gee. Dis ook hy wat 'n hand daarin gehad het om jare later die eerste gesprekke tussen die IRL (Ierse Republikeinse Leër) en die Lojaliste in Suid-Afrika van stapel te stuur. Tydens die amptelike onderhandelingsproses het hy gehelp om De Klerk en sy regering in die rigting van aanvaarding van meerderheidsregering in 'n eenheidstaat te stuur.

Die Bern-byeenkoms word 'n belangrike en redelik intensiewe vergadering, met die terugkeer van die bannelinge hoog op die agenda. Daar word ook 'n hoërisiko-besluit geneem: 'n Groot byeenkoms moet binne Suid-Afrika plaasvind. Die Uitvoerende Nasionale Komitee (NUK) van die ANC en die regering moet hierby betrokke wees. Ernstige meningsverskil ontstaan toe oor die posisie van Joe Slovo van die SAKP. Dis iets wat ek vroeg reeds in die Afrikaner-ANC-gespreksgroep besef het: Slovo se moontlike deelname gaan 'n groot turksvy wees. Hy was immers die verpersoonliking van die Totale Aanslag. Barnard is oor Slovo se deelname onmiddellik op sy perdjie: Slovo kan nie die beoogde vergadering bywoon nie. Hy is nie aanvaarbaar nie. Mbeki skop egter vas: Slovo is 'n lid van die ANC se NUK. Sonder Slovo kan daar nie 'n vergadering plaasvind nie.

Mbeki meen dat die regering nie kan voorskryf wie in die afvaardiging ingesluit moet wees nie. Barnard skakel sy president, FW de Klerk, in Suid-Afrika. Dié is ewe onversetlik: Slovo is nie welkom nie. Hy kan as hoof van die staat nie die leier van die SAKP in die land toelaat nie. Barnard is teen dié tyd meer tegemoetkomend. Nadat hy weer met Mbeki gepraat het en dié weer eens beklemtoon het dat daar nie deur die regering voorgeskryf kan word wie deur die deelnemende partye aangewys of uitgelaat moet word nie, skakel Barnard weer vir De Klerk. Die beginsel moet wees dat elke party op 'n outonome wyse sy deelnemers kan aanwys. As die regering byvoorbeeld vir Eugène Terre'Blanche wil aanwys, kan die ANC nie protesteer nie. Dit was 'n belangrike deurbraak.

Twee weke later word die vierde vergadering van die kontakgroep in die Noga-Hilton, Genève, gehou. Die loodskomitee, in Bern saamgestel, kon hierna met sy werksaamhede binne Suid-Afrika begin.

Die NI, wat 'n leeue-aandeel aan alles gehad het, het angstige ure belewe. Die groot probleem was vrywaring. Daarvoor was wetgewing nodig. En dié is doelbewus deur sommige van De Klerk se konserwatiewe parlementslede vertraag. Die tweede probleem was selfs van 'n meer ernstige aard: Lede van die staat se moordbendes en regse militantes. Insidente wat die uiters sensitiewe en toe nog brose proses kon saboteer, moes vermy word. Die NI moes sy intelligensie-fokus ook hierop vestig. Dit was 'n uiters ingewikkelde en sensitiewe kwessie. Trouens, vroeg in 1990 het ek besef dat die sukses van die skikkingsproses in 'n baie hoë mate van doeltreffende intelligensiewerk sou afhang. Barnard en sy span was meer as opgewasse hiervoor. Die NI kon gelukkig veilige huise aan die leierskap van die uitgeweke ANC verskaf en ook vervoer- en ander reëlings tref. Die organisasie het oor die nodige fondse en vermoëns beskik om so 'n delikate operasie op 'n diskrete en professionele wyse te hanteer. En die uitgeweke leierskap het die NI vertrou.[(4)]

Die ANC-verteenwoordigers het op 21 Maart 1990 per vliegtuig vanaf Lusaka na Suid-Afrika gereis. Jacob Zuma, Penuell Maduna en Gibson Mkanda was die ANC-verteenwoordigers. Hulle is deur twee binnelanders, Mathews Phosa en Curnick Ndlovu, bygestaan. Dié komitee, waaroor in Switserland ooreengekom is, moes saam met die NI die eerste openbare byeenkoms tussen die De Klerk-regering en die ANC beplan. Dit was 'n baie delikate beplanningsvergadering wat in die strengste geheimhouding moes plaasvind. Louw en Spaarwater het die ANC-ers op die aanloopbaan ontmoet. Spaarwater, van wie ek die indruk gehad het dat hy dié tipe operasie terdeë geniet, moes help om die besoekers ongesiens verby doeane te kry. Hulle is eers na 'n veilige huis geneem en van daar na 'n kleinerige hotel, die Hertford Hotel, noord van Pretoria. Omdat daar nog nie amptelike vrywaring was nie, moes dié besoek baie streng beheer word. Tussen die NI en die uitgeweke leierskap (Zuma, Maduna) was daar toe al 'n onuitgesproke, maar goed funksionerende ooreenkoms of kompakt om mekaar se goeie trou te respekteer. Die NI het sy woord gestand gedoen.

Jacob Zuma vertel oor een van sy besoeke 'n staaltjie. Hy is deur Basie Smit, toe hoof van die veiligheidspolisie, in 'n regeringsmotor vanaf die lughawe vervoer. Smit het in 1994 bedank toe De Klerk se Goldstone-kommissie van ondersoek hom geïmpliseer het in die moontlikheid van pro-Inkatha destabiliseringsaksies teen die ANC vanuit die veiligheidsdienste. Smit het hom langs Zuma in die motor tuisgemaak, terwyl laasgenoemde in die oë van die polisie nog 'n terroris was wat gevang of uitgewis moes word. Soos ander ANC-ers is Zuma op 'n besigtigingstoer per motor deur Pretoria geneem. Zuma is onder meer deur Smit na die Voortrekkermonument geneem, dié simbool van Afrikaners se stryd om oorlewing en vryheid – in hierdie geval teen die Zoeloes, Jacob Zuma se etnies-kulturele tuiste.

14
Krieket, ekonomiese turksvye, en Mandela vry

Dis merkwaardig hoe toeval dikwels 'n rol in delikate en informele tweedespoor-kontakte speel. Sulke "toevalle" kan soms op die persoonlike en soms op die meer saaklike vlak plaasvind. Ek en Pahad het byvoorbeeld 'n aansluiting gehad: die Desai-familie van Roodepoort naby Johannesburg. Kobie Coetsee en Pieter de Waal was saam by die destydse Universiteit van die Oranje-Vrystaat. Vader Theodore Hesburgh, wat die gespreksknoper was om die Rus Wasilij Emeljanof en die Amerikaner John McCone bymekaar te bring om tot 'n ooreenkoms ná baie jare oor atoomontwapening te kom, was goed met Emeljanof en Leonid Zamjatin, latere hoof van die Russiese Tass, bevriend. Dié "onmoontlike vriendskap" (watter Westerlinge kan of wil met kommuniste bevriend wees?) voorkom 'n moontlike Armageddon. "Toeval" het baie kante en hou verband met netwerke, maar daar is ook onbeplande, onvoorspelbare en ongereguleerde insidente wat op 'n spesifieke moment histories-dramatiese dimensies aanneem. Dit word gewoonlik beskryf as iets wat "op die regte tyd deur die regte mense" gebeur, al was dit nie berekend nie.

Lank voor De Klerk se 2 Februarie 1990-toespraak, is daar ooreengekom dat die gespreksgroep van Vrydag, 9 Februarie tot Sondag 11 Februarie by Mells Park bymekaar sou kom. Dit was 'n "gelukkige toeval". Niemand het 'n idee gehad van wat voor dié naweek sou gebeur nie. Daar is ook, op versoek van die ANC-gespreksgenote, ooreengekom dat dié sessie hoofsaaklik Afrikanersakelui moes verteenwoordig. Die sakesektor, so het Mbeki telkens beklemtoon, sou 'n sleutelrol in die oorgang na 'n inklusiewe demokratiese bedeling en ook daarna moes speel. Dit was iets waarop hy telkemale teruggekom het: "Sonder samewerking van sakelui en sonder 'n groeiende ekonomie, gaan ons met die demokratiseringsprojek struikel." Ek onthou dat hy by geleentheid aan my min of meer die volgende gesê het:

"Die politieke oorgangsproses na 'n inklusiewe demokrasie met internasionale aansien behoort nie te moeilik te wees nie. Ons sal dit kan bestuur. Die sosio-ekonomiese oorgangsproses is die meer komplekse kwessie. Daar is verskriklike armoede en die nalatenskap van apartheid is orals sigbaar. Daar is ook hoë materiële verwagtings onder die verdruktes. Die gaping tussen ryk en arm is baie groot. Hoe gaan ons meer as 30 miljoen swart mense, meestal arm, in 'n ekonomiese proses integreer wat tans deur 'n ryk, wit elite beheer word? Stemreg gaan nie ons probleem wees nie. Sosio-ekonomiese regte, toegang tot die ekonomie en 'n aandeel in Suid-Afrika se natuurlike hulpbronne, waaronder grond, sal die eintlike kwessie wees. Jy kan nie stemreg eet nie. Jy kan dit egter gebruik om by sosio-ekonomiese regte uit te kom. Afrikaners, gegee hulle geskiedenis, behoort dit te verstaan."

In al die gesprekke van die groep, vanaf die keldergesprek in 1987 tot die byeenkoms in September/Oktober 1989, was die ekonomie 'n gesprekspunt. Hiervoor was daar veral twee redes: die wurggreep van sanksies en die beperkte vermoë van sakemanne om uit te brei; en die besef by al die gespreksgenote dat 'n skikking nie 'n kans op volhoubare sukses sou hê indien die ekonomiese enjin nie energiek aan die gang kom nie. Mbeki, wat in Sussex, Brittanje, studeer en baie van ekonomiese aangeleenthede geweet het, het male sonder tal in die gesprekke en teenoor my persoonlik opgemerk dat sakemanne by die gespreksprojek betrek moes word. Die vraag was wel: Wanneer en wie? De Klerk se verkiesing het 'n antwoord op die eerste vraag maklik gemaak. Waar Botha sakelui vir sy planne wou koöpteer, wou De Klerk "koöpereer", saamwerk. Hy het 'n beter begrip van die belang en werking van die vryemark-ekonomie gehad as Botha. Hy was nie net 'n regstaatmens nie, weliswaar binne die beperkinge van sy groepsregdenke, maar ook 'n vryemarkmens wat die deurslaggewende rol van sakelui in die ontwikkeling van die land goed begryp het. Hy het hieroor selfs "lesse" van sakelui soos Wim de Villiers, vanuit die Sanlam/Gencor-stal, en mense van Barlow Rand gekry en sakelui is by sy kabinet betrek. Dis ook hy wat Jan Steyn van die Stedelike Stigting oortuig het om, met die steun van die staat, 'n ontwikkelingsinisiatief in Februarie 1990 van stapel te stuur.

Die groot vraag was wie verdere gesprekke by Mells Park moes bywoon. Die ANC-ers wou met Afrikaners uit die sakewêreld praat.[1] Nie met Engelssprekendes nie. Daar was dus 'n bepaalde voorkeur, iets wat ek eers later beter verstaan het. Dit het nie bloot gegaan oor Afrikaners se nabyheid aan die kern van politieke mag nie, maar ook oor hulle verlede. Hulle moes, soos Aziz Pahad dit aan my gestel het, hulself ná die Depressie aan hulle eie skoenveters optrek. En daar was ook nog die Anglo-Boereoorlog. Daar was baie wat swart mense van Afrikaners kon leer. Hoe is Sanlam en Volkskas byvoorbeeld begin? Waar kom Anton Rupert vandaan? En die Sasols?

Ek het besluit om net mense uit die Sanlam-stal te nooi en nie mense uit mededingende groepe nie. Dit sou vertroulikheid waarborg. My kontak in dié verband was Willem Pretorius, 'n vriend en geesgenoot. Hy was die besturende direkteur van die versekeringsmaatskappy Metropolitan Lewens en het op Stellenbosch gewoon. Pretorius was in alle opsigte die inkarnasie van integriteit. Ek het reeds vantevore met hom saamgewerk in pogings om sakelui te laat verstaan dat apartheid besig was om graf toe te gaan en dat 'n onderhandelde skikking al uitweg was. Hy was onmiddellik entoesiasties en het Marinus Daling, die grootbaas van Sankorp en ook Sanlam, voorgestel. Daling was meer as gewillig solank dit vertroulik bly "en die regering nie moeilikheid maak nie". Ons het besluit om een van sy senior kollegas, 'n broer van minister Barend du Plessis, ook uit te nooi: Attie du Plessis. Ek het hom geken en my altyd aan sy netjiese voorkoms en blink skoene verwonder. Du Plessis was huiwerig en wou eers vir Daling en sy broer raadpleeg, maar het kort daarna die groen lig gegee.

Ek wou ook die finansiële pers betrek en het Gert Marais, redakteur van *Finansies en Tegniek*, genooi. Soos 'n joernalis wat 'n goeie storie ruik, het hy dadelik ja gesê. (Ek kon later op sy versoek baie lank 'n rubriek in *Finansies en Tegniek* hanteer, 'n betekenisvolle ervaring in my lewe.) Die ANC het spesifiek gevra dat iemand oor die effektebeurs praat. Hulle het niks daarvan geweet nie. Ek moes iemand vind wat sou inskakel by die Sanlamgroep en het besluit om Mof Terreblanche, 'n aandelemakelaar met goeie verbintenisse met Naspers en Sanlam te nooi. Dié soort besluite, binne die verband van 'n nie-amptelike en vertroulike tweedespoor-proses, is nie altyd maklik nie. Fleur de Villiers het my van goeie advies in dié verband bedien: Die belang van die doelwitte van die gespreksprojek en die behoeftes van die "ander party" in die projek is deurslaggewend.

Thabo Mbeki was oortuig dat die moderniserende Suid-Afrikaanse ekonomie en die opkoms van die Afrikaner in die ekonomie 'n deurslaggewende rol in die erosie van apartheidsideologie gespeel het. Ons het saamgestem dat daar 'n botsing tussen die middelpuntvliedende politieke kragteveld van apartheid en die middelpuntsoekende kragteveld van 'n moderniserende ekonomie was. Hy het opgemerk dat PW Botha se afskaffing van die berugte instromingsbeheermaatreëls nie 'n morele besluit was nie. Dit was 'n strategies onvermydelike besluit in belang van die moderniserende Suid-Afrikaanse ekonomie. Afrikaners, het hy daaraan toegevoeg, het bowendien na middel- en hoërstand-posisies gemigreer. Hulle was nie meer die Afrikaners van 1948 nie. Sanksies maak hulle seer. Hulle hou ook nie daarvan om die muishond van die wêreld te wees nie.

Ek vertrek op Donderdag, 8 Februarie 1990 van Kaapstad na Johannesburg en van daar na Londen. Dis een van my gewoontes om vroeg aan boord te gaan, want ek hou nie daarvan om in mensetoue te staan nie. Ek is van die eerstes wat aan boord gaan. Ná 'n rukkie kom 'n lugwaardin vra of ek professor WP Esterhuyse is. Ek moet dringend na die BBP-sitkamer gaan. Iemand van die lughawebestuur sal my begelei. Sy weet nie waaroor dit gaan nie. Ek sê ons vlieg binne 15 minute en ek moet 'n aansluiting na Londen haal. Sy stel my gerus – ons vlug sal vertraag word. Die persoon wat my begelei, sê dat minister Pik Botha dringend met my wil praat. By die BBP-sitkamer aangekom, skakel hy die minister se kantoor. Dié is so vriendelik en sjarmant oor die foon soos net hy kan wees. Vra verskoning vir die ongerief. Hy moet egter later die aand saam met Thabo Mbeki aan Ted Koppel se wêreldbekende program *Nightline* deelneem en vra of ek nie met Mbeki kan afspreek dat die gesprek welwillend en beskaafd sal verloop nie.

Hy slaan my vir 'n ses. Ek was onder die indruk dat my besoek saam met die sakelui aan Brittanje nie bekend was nie. Botha sê: "Gebruik sommer die foon in die sitkamer."

Ek skakel Mbeki in Londen en dra aan hom die versoek oor. Dit sou die eerste keer wees dat 'n ANC-leier met 'n NP-kabinetsminister in gesprek tree, en nogal in 'n bekende program. Mbeki bly 'n oomblik stil en sê toe:

"Sê vir Botha ek sal hom as 'minister' aanspreek." En toe, met 'n laggie: "Sê hom as die ANC die regering oorneem, sal ek hom my adjunk maak." Ek skakel Botha en deel hom slegs die eerste helfte van die boodskap mee. Botha en Mbeki het daarna dikwels telefonies met mekaar gepraat. Ek het later na 'n opname van die uitsending gekyk en ook met Mbeki daaroor gepraat. Een van die dinge wat hy gesê het, het soos 'n ligbaken in my bewussyn veranker geword: "We are at the beginning of a process", met as doelwit "a political settlement to end apartheid". 'n Faset van dié proses was ons gesprekke vanaf 1987.

Ons kom op Vrydag, 9 Februarie 1990 by Mells Park byeen. Soos gewoonlik sorg Michael Young dat ons in gerieflike motors met 'n bestuurder betyds opdaag. Die vergadering is voor De Klerk se toespraak van 2 Februarie 1990 gereël en daar heers groot opgewondenheid en verwagtings onder die Afrikaners. En natuurlik ook 'n sterk dosis selfvertroue, want De Klerk het die deur na onderhandelinge oopgesluit. Ek is die enigste persoon in die groep wat al vantevore met die ANC gesprek gevoer het. Soos dit maar met toegewyde sakemanne gaan, is hulle skerp gefokus op dit wat hulle sakebelange ten diepste raak: sanksies en nasionalisering. Dié moet so gou as moontlik iets van die verlede word. Dis 'n hoë prioriteit, sê een van hulle. Wanneer Nelson Mandela vrygelaat sal word, is byna 'n nagedagte.

Met De Klerk se toespraak skaars 'n week oud en wêreldwyd ontleed om aanwysers te kry van wat wanneer sal gebeur, vind ons ete die Vrydagaand in 'n baie gemoedelike gees plaas. Uit ANC-geledere is Thabo Mbeki, Aziz Pahad en Tony Trew weer teenwoordig. Joe Nhlanhla, wat betrokke was by die ANC se guerrilla-aktiwiteite en ná 1994 'n belangrike posisie in die ANC se regeringselite ingeneem het, is ook teenwoordig. So ook iemand van die ANC se Londense kantoor wat nie baie gepraat het nie. Mbeki is sy sjarmante self, netjies soos altyd. Aziz Pahad, die joviale lid van die ANC se span, doen besondere moeite om die sakeleiers op hulle gemak te stel. Dis nie eintlik nodig nie. Hulle is in Suid-Afrika gewoond aan luukse omgewings en simbole van sukses en rykdom. Nhlanhla kyk ons almal ondersoekend en met broeiende oë aan. Hy trek my op 'n vreemde wyse aan. Ek weet iets van sy agtergrond en vra my af óf en hóé ek verby sy oë by hom kan uitkom. Hy is nie so vriendelik en joviaal soos Jacob Zuma nie, maar afsydig.

Hy sou ongeveer 'n week ná ons byeenkoms in Switserland saam met Mbeki en Pahad gesprek voer met Louw, Spaarwater, Fanie van der Merwe en Niel Barnard, die grootbaas van die NI.

Mbeki, wat vanaf Switserland, waar hy met die NI vergader het, na Brittanje vir ons vergadering gereis het, verklap niks van die NI-byeenkoms nie. Hy sê net later aan my: "Daar was goeie vordering. Dinge gaan van nou af baie vinnig beweeg." Ons praat almal oor De Klerk se toespraak. Een en almal besef dat 'n nuwe era met moeilike uitdagings aangebreek het. Daar is konsensus dat De Klerk iets moedigs gedoen het. Dis 'n keerpunt in ons land se geskiedenis, al weet ons nie wat dit alles sal behels nie. Willem Pretorius sê privaat aan my: "De Klerk sal hierná nie swart meerderheidsregering binne 'n eenheidstaat kan verhoed nie. Wit dominasie én wit politieke invloed is verby. De Klerk besef dit dalk nie vandag nie, maar dis wat sal gebeur."

Ná die aandete vergader ons in 'n gerieflik gemeubileerde rookkamer/biblioteek. Die kaggel brand vrolik. Soos die afgesproke praktyk was, praat ons nie oor ernstige en omstrede sake nie, maar oor algemene kwessies en persoonlike wetenswaardighede. Die bedoeling met dié Vrydagaandbyeenkomste was om te sosialiseer en 'n vorm van samehorigheid te bewerkstellig. Die atmosfeer was ontspanne en die sakelui en ANC-ers kon meer van mekaar te wete kom. Hulle het immers nog nooit vantevore met mekaar gepraat nie. Eerste ontmoetings tussen tradisionele "vyande" is gewoonlik seremonieel en kunsmatig vriendelik. Dis nodig, maar nie van wesenlike belang nie. 'n Mens moet hieroor nie té sentimenteel wees nie, maar dit as 'n gevoel vir "common decency" vóór die begin van die skaakspel beskou. Ek is egter verstom oor die gemak en openheid waarmee gepraat word en die sigbare tekens van welwillendheid. Daling sê aan my: "Ons (die sakelui) sal met hierdie manne kan saamwerk." Hy vra: "Almal in die ANC dink seker nie soos hulle nie?"

Teen ongeveer tienuur die aand vra Mof Terreblanche 'n vraag vir Mbeki wat laasgenoemde sigbaar laat verstyf. Terreblanche, 'n fanatiese sportliefhebber, wil weet of die ANC nie iets kan doen om die protes en oproer rondom die rebellekriekettoer, onder aanvoering van die Britse speler Mike Gatting, onder beheer te kry nie. Hy woon nie ver van Nuweland se krieketveld af nie, sy kinders gaan in die omgewing skool en dinge begin onveilig raak. Terreblanche was 'n baie goeie vriend van De Klerk. Die rebelletoer was 'n groot kopseer vir die regering en het orde-reëlings onder groot druk geplaas. Dit was nie net 'n omseiling van die sportboikot, gesteun deur Westerse regerings nie, maar ook 'n emosionele en doeltreffende mobilisasiefokus van die MDM. Daar was woede in dié kringe.

Terreblanche se vraag het my yskoud laat skrik. Ek kyk na Joe Nhlanhla en verbeel my sy oë word donkerder en sy gesig meer broeiend. Ek en Pahad, iemand wat gou was om 'n moeilike situasie te ontlont, sê byna gelyktydig dat ons miskien die situasie moet "discuss" al is dit delikaat. Terreblanche, self 'n joviale mens, maar 'n nuweling by die vergadering, is natuurlik salig onbewus van die ietwat gelaaide atmosfeer. Daling, wat nie van lang stories gehou het nie maar oplossings soek, sê onmiddellik dat ons 'n manier moet vind om die situasie rondom die kriekettoer te ontlont. Suid-Afrika, so sê hy, het belangriker dinge om aandag aan te gee as 'n rebelletoer. Mbeki knik sy kop instemmend. Nhlanhla ook – selfs met 'n flikkering in sy oë. Hy, Pahad en Mbeki weet toe al waaroor die gesprekke met die NI gegaan het en dat daar binne enkele dae weer in Switserland gesprek gevoer sal word.

Dit word 'n intense, baie eerlike en reguit-praat-gesprek – in werklikheid 'n onderhandelde skikking van 'n baie delikate probleem. Die rebelletoer was immers die fokus van 'n landswyd georganiseerde protesbeweging uit die geledere van die MDM onder leiding van die aktivis Krish Naidoo. Daar was ook geld op die spel: Die rebelle is goed betaal en 'n tweede toer was reeds op die agenda. Vanweë die sportboikot moes speelgeleenthede vir Suid-Afrikaanse krieketspelers "gekoop" word. Die ANC-ers verduidelik die redes vir die sportboikot. Dit word 'n goeie inleiding vir die volgende dag se beoogde gesprek oor sanksies. Mbeki se punt kom rustig oor, maar ek weet hy is onverbiddelik: Apartheid, die regering en die mense wat bevoordeel word, moet daar geslaan word waar dit die seerste maak. Isolasie is 'n belangrike wapen. Sou die skikkingsproses in Suid-Afrika op dreef begin kom, kan daar met verdrag sekere boikotverligtings kom.

Daling, wat die toon aangee en na 'n oplossing wil beweeg, sê dat Sankorp goeie verbintenisse met die bekende regspersoonlikheid Michael Katz het. Dié het weer verbintenisse met die Suid-Afrikaanse krieketbeheerliggaam en dr. Ali Bacher. Hy dink die toer moet verkort en die tweede been daarvan gekanselleer word. As daar koste hieraan verbonde is, sal Sankorp dit bereder. Pretorius, Terreblanche en die ander Afrikaners is openlik entoesiasties. Mbeki lyk aanvanklik verbaas, en sê toe dis nie 'n slegte idee nie. Daar wag groter kwessies waaraan aandag gegee moet word as goed betaalde rebelle. Hy draai na Pahad en sê hy moet vir Sam Ramsamy, wat vanuit Londen aan die spits van die ANC se baie suksesvolle sportboikot teen Suid-Afrika gestaan het, skakel. Pahad moet hom inlig oor dit waartoe ooreengekom is. Ramsamy moet op sy beurt vir Krish Naidoo inlig. Naidoo en Bacher moet nog die naweek met mekaar in Johannesburg konfereer en tot 'n reëling kom oor hoe hulle die ooreenkoms gaan toepas.

Die sakelui, Mbeki en die ander ANC-ers het natuurlik toe nog nie geweet dat Mandela die Sondag vrygelaat sou word nie. Pahad, 'n groot krieketliefhebber, het een versoek: As die sportboikot opgehef is, moet die eerste amptelike wedstryd teen Indië wees. Die land was een van apartheid se felste antagoniste. Du Plessis word versoek om met Michael Katz te skakel. Hy bly tot diep in die nag met die telefoon besig. Dit was 'n bitter koue nag. Hy kry eers lank na middernag vir Katz in die hande en vertel hom van die gespreksgroep se besluit, waarvoor daar natuurlik nie 'n amptelike mandaat was nie. Soos Du Plessis gesê het: "Vir my persoonlik was dit hoogs stresvol; die opdrag kon boemerang." Du Plessis het later 'n sleutelrol in die vorming van Besigheid Suid-Afrika gespeel en in ander gesprekke na 1994 om institusionele eenheid in die sakesektor te bevorder.

Dat dié inisiatief geneem is gedurende die naweek van Nelson Mandela se vrylating, maar sonder dat die groep op die Vrydagaand daaroor ingelig was, was 'n besonder gelukkige sameloop van omstandighede. Dit het ongetwyfeld die ontmoeting en gesprek tussen Bacher en Naidoo vergemaklik en van Sondag, 11 Februarie 'n buitengewoon besondere dag gemaak. Ek kry vroeg op Saterdag, 10 Februarie 'n boodskap uit Suid-Afrika dat ons groep later die middag na die televisie moet kyk. De Klerk gaan 'n aankondiging maak. Terreblanche kry 'n soortgelyke oproep van 'n ander bron uit Pretoria. Op Sondag, 11 Februarie was Mandela 'n vry mens. Suid-Afrika se krieketbevryding het ook dié dag begin. Die rebelletoer is afgelas soos ooreengekom en die demonstrasies teen die oorblywende vier wedstryde is gestaak. In Engeland, waar ons vergader het, het die krieketwêreld die besluit verwelkom. Maar die groot nuus was natuurlik Nelson Mandela se vrylating.

Die storie oor die afstelling van die rebelletoer het nie in Suid-Afrika begin nie, maar in die land van waar die leier van die rebelle gekom het. En dit het begin toe Mof Terreblanche uit sy beurt gepraat het terwyl ons gesellig goeie Suid-Afrikaanse wyn en Skotse whiskey geniet. Op 10 November 1991 speel die nasionale krieketspan van Suid-Afrika sy eerste internasionale wedstryd ná die sportboikot. Dit vind plaas in Indië! Die sportboikot was verby. So ook demonstrasies teen Suid-Afrikaanse sportspanne. Pahad se wens is vervul en dié wedstryd word 'n simbool van Suid-Afrika se verwelkoming in die wêreld.

Na ontbyt op Saterdag, 10 Februarie vergader ons formeel in die seminaarkamer. Dis die eerste keer dat ons foto's toelaat, waaronder 'n groepfoto. Op die agenda is twee netelige kwessies: Ekonomiese sanksies en nasionalisering. Twee van my seuns, De Waal en Friedrich, het vanaf Londen gekom en sit eenkant en luister na die bespreking. Dis 'n openhartige, maar taai gesprek. Die sakelui, te verstane, is haastig dat sanksies opgehef moet word. 'n Suid-Afrika sonder apartheid het 'n groeiende ekonomie nodig. De Klerk se toespraak van 2 Februarie maak sanksies oorbodig, is die sakelui se argument.

Mbeki en die res van sy groep skop egter vas: Die onderhandelingsproses het nog nie begin nie. Ekonomiese sanksies is vir die ANC 'n belangrike drukmiddel en wapen. Die opheffing daarvan, soos ook die kwessie van geweld, is deel van die beplande onderhandelde skikking. Dit kan nie 'n voorwaarde vir die proses wees nie. Die ANC is bowendien ook seker dat die internasionale wêreld op 'n sein van die organisasie sal wag alvorens sanksies opgehef sal word. As 'n soort nagedagte: Dit beteken nie dat daar nie informeel sekere verligtings van sanksies in werking gestel kan word nie. Daaroor kan egter eers gepraat word sodra aan ander voorwaardes voldoen is: Sigbare vrylating van politieke gevangenes, veral Nelson Mandela; terugkeer van uitgewekenes; definitiewe reëlings oor die spelreëls en meganismes van die onderhandelingsproses. Die sakelui lyk nie opgewonde nie. Hulle fokus is op die ekonomie, nie politieke kwessies nie. Die ANC se fokus is egter veral op die politieke proses. Ons kom tog tot 'n soort verstandhouding: 'n Onderhandelde politieke skikking en die totstandkoming van 'n demokratiese staat sal gestut moet word deur 'n gesonde en groeiende ekonomie. Armoede-verligting en werkskepping sal 'n hoeksteen vir sosio-ekonomiese stabiliteit wees. Een of ander tyd sal die sakesektor by die skikkingsproses betrek moet word. Die ANC-lede is ook baie optimisties dat daar 'n "dividend" sal wees met die val van apartheid. Ek kry selfs die indruk dat hulle dink daar is 'n reg op so 'n dividend.

Die kwessie van nasionalisering word 'n groot turksvy. Van die ANC-gespreksgenote klou verbete aan die letter van die Vryheidsmanifes vas. Die myne is die groot teiken. Landbougrond ook. Die sakelui maak hulle rûe styf. Daar is twee argumente: Beleggersvertroue sal ondermyn word; en die staat en staatskorporasies kan nie werk en welvaart skep nie. Die kundigheid hiervoor lê in 'n dinamiese vryemarkstelsel. Die kloof tussen die twee partye is groot. Ek besef dat die bevoorregting van wit mense deur die apartheidstelsel ook die aanneemlikheid van die vryemarkstelsel in swart geledere gesaboteer het en dat dit lank sal neem om die wantroue en selfs verset teen 'n vryemarkstelsel te verander. Thabo Mbeki herhaal toe iets wat hy vantevore gesê het: Die ANC is nie kommunisties of sosialisties nie, maar in wese sosiaal-demokraties.

Min van die sakelui verstaan wat hy sê toe hy opmerk dat die Vryheidsmanifes nie 'n sosialistiese staat in gedagte het nie, maar 'n ontwikkelingstaat. Die (her-)interpretasie van hierdie basisdokument van die ANC was in daardie stadium egter nie op die agenda van die ANC se interne debat nie, in ieder geval nie ná Nelson Mandela se vrylating en tydens en ná die 1994-verkiesing nie. 'n Ontwikkelingstaat sou later Mbeki se passie word toe hy eers as adjunkpresident en toe as president van die land oorgeneem het. Mbeki was persoonlik nooit ten gunste van nasionalisering nie. Sy idee destyds van 'n "sagte" ontwikkelingstaat, gebou op onderhandelde vennootskappe met die private sektor, was 'n doelbewuste poging om 'n "harde" ontwikkelingstaat te vermy, dit wil sê 'n staat wat in alles en nog wat inmeng en dink dat dit die ekonomie kan dryf.

Die kwessie van regstelling duik op. Daar is 'n sterk konsensus by die ANC-lede dat armoede en sosio-ekonomiese ongelykhede deur en deur die skuld van apartheid is. Politieke en ekonomiese mag is doelbewus in die hande van wit mense gemonopoliseer. Apartheid was magskonsentrasie ter wille van wit oorheersing op alle fronte. Dis waarom ekonomiese sanksies so hard geslaan het. Die vraag is daarom: Wat gaan die private sektor, gegee sy bevoordeling in die verlede, aan die sosio-ekonomiese benadeling van swart mense doen? En wat is die plig van die staat in dié verband?

Die sakelui is sigbaar ongemaklik. Ek gooi êrens die frase "regstellende geregtigheid" ("restitutive justice") in teenoor "vergeldende geregtigheid" ("retributive justice"). Dit maak geen indruk nie. Almal weet intuïtief dat dié kwessie vorentoe al hoe sterker op die voorgrond sal tree. Pretorius is die een wat na die "skade" en "nalatenskap" van apartheid verwys. Ek sê vir Mbeki dat wit mense in die algemeen en Afrikaners in die besonder dit baie moeilik sal vind om die idee van kollektiewe aanspreeklikheid vir apartheid te aanvaar of selfs net te erken. Daling, Pretorius en Du Plessis voel baie sterk oor die ontwikkeling van vaardighede en die skep van opleidingsgeleenthede. Dié drie word later die dryfkrag, saam met mense soos dr. Motlana, adv. Dikgang Moseneke en Franklin Sonn, om Metropolitan Lewens as eerste groot korporatiewe bemagtigingsaksie van stapel te stuur. Ek dien toe in die direksie van Metropolitan.

Na middagete kom ons weer in die seminaarkamer bymekaar en probeer die oggend se gesprek in hooftrekke opsom. Ons identifiseer ook probleemareas. Dit was iets wat die gespreksgroep tydens al ons besprekings baie onbevange en onemosioneel kon doen, myns insiens een van die groot pluspunte van die gespreksproses. By dié betrokke vergadering was dit veral die geval. Die gesprek was minder op die verlede en sterker op die toekoms gefokus. Terreblanche, so het ek en hy afgespreek, onderbreek in 'n stadium die gesprek en sê dat ons na die televisiekamer moet verdaag, want De Klerk gaan aankondig dat hy Nelson Mandela die volgende dag (Sondag) gaan vrylaat. Daar heers 'n verstomde stilte, veral by die ANC-ers. Pahad sê: "Daar trek hy al weer die matjie onder ons voete uit." Die ANC het toe al lank daarop aangedring dat Mandela se vrylating vóóraf met die ANC-leierskap bespreek moes word. Hulle wou ook oor die vrylatingsdatum ingelig wees.

De Klerk en sy raadgewers, in die hoop dat die verrassingselement vir hom en sy regering die inisiatief in die hele skikkingsproses kon verseker, doen toe weer die onverwagse. Ons verdaag na die televisiekamer en luister, Afrikaners en ANC-ers, sáám na De Klerk se toespraak, baie van ons met trane in die oë. Ons is later in 'n vrolike luim en drink sjampanje. Dit word 'n feestelike geleentheid van 'n intens ervaarde broeder- en kameraadskap. De Klerk se waagmoed word deur almal besing. Almal vra: Hoe sal Mandela lyk? Wat gaan die massas doen? Mbeki bly op die telefoon na Lusaka en ook na Suid-Afrika. 'n Groot byeenkoms word op die Parade in Kaapstad gereël en Mandela sal daar sy eerste openbare toespraak in 27 jaar lewer. Mbeki sê aan my die groot vraag is hoe die opgewonde skare gaan optree en of die ANC/MDM en ander organisasies in staat sal wees om 'n ordelike gang van sake te verseker.

Ons aanvaar ons samesprekings is verby. Laat die aand spoor 'n Britse TV-stasie my op. Dié bied aan om 'n motor te stuur om my en my twee seuns na Londen vir 'n TV-onderhoud te neem. Die TV-joernalis vra of ek dalk weet waar Mbeki is. Hy wil hom ook by die onderhoud betrek. Hy sal reël dat ek en hy saam na Mandela se vrylating kyk. Mbeki staan langs my en skud sy kop om aan te dui dat ek nie moet sê waar hy hom bevind nie. Ek raai die joernalis aan om die Londense ANC-kantoor te skakel. 'n Afspraak word vir Mbeki in die TV-ateljee gereël. Sondagoggend vertrek ons almal terug na Londen. Dit word 'n amusante situasie. Ek en my twee seuns word met 'n motor gehaal. Die res van die groep, Mbeki inkluis, moet per trein reis. Dit was 'n baie koue dag. Willem Pretorius het 'n bottel Kirsch waarmee hulle die koue probeer verdryf.

Mbeki, Aziz Pahad, my twee seuns en ekself ontmoet mekaar weer in 'n Londense TV-ateljee. Ons gesels nie baie nie, maar kyk op TV na wat by die Victor Verster-gevangenis plaasvind, waar die mense-menigte opgewonde wag vir Mandela om sy eerste openbare verskyning in 27 jaar te maak. Mbeki sê-vra half saaklik aan Pahad: "Ek wonder of hy baie anders sal lyk as die foto's wat ons van hom het?" Ekself sê aan my twee seuns in Afrikaans: "Hou Mbeki dop wanneer Mandela sy verskyning maak. Julle sal dan kan aflei of julle 'n toekoms in Suid-Afrika het." Ons weet toe al dat Mandela saam met sy vrou, Winnie, die huis waar hy toe op die Victor Verster-gevangenisterrein gewoon het, sou verlaat. Hy het daarop aangedring om daar, en nie in Pretoria soos die regering wou gehad het nie, vrygelaat te word. Dit neem langer as bepland en die vyf van ons kan nie ons ongeduld verberg nie. Uiteindelik verskyn Nelson Mandela met Winnie aan sy sy. Mbeki suig rustig aan sy pyp en sê uiteindelik: "Now there is hope for the country. Now there will be peace."

Ons word kort daarna geroep vir die TV-onderhoud. Terwyl ons nader stap, sê ek, gedagtig aan die eerste landing van 'n mens op die maan, vir Mbeki: "A few steps out of prison. A huge leap forward for our people." Hy kyk my aan, glimlag effens en sê: "Thank you, comrade. We will meet in Pretoria."

15
Swanesang in Brittanje

De Klerk en sy raadgewers het ongetwyfeld op 2 Februarie 1990 die wind uit die seile van die ANC gehaal. Om die inisiatief wat so verkry is, te versterk, doen De Klerk iets baie gewaagds: Hy nooi Mandela na Tuynhuys en, sonder dat Mandela daarop voorbereid was, sê hy bloot dat hy Mandela gaan vrylaat. Die aankondiging sal op Saterdag, 10 Februarie geskied. Mandela, so verneem ek later – dis ook in sy outobiografie bevestig – was glad nie gelukkig oor dié prosedure nie. Hy wou tyd hê om hom op sy vrylating voor te berei. Hy sê trouens vir De Klerk dat hy daarvoor 'n week nodig het, en hy wil nie in die noorde van die land nie, maar by die Victor Verster-gevangenisterrein vrygelaat word. Hy het gedink De Klerk tree outoritêr op. Hoewel die twee later tot 'n werkbare verstandhouding gekom het, was daar vanaf dié dag min vertroue tussen hulle. Dié vertrouensarmoede het mettertyd groter geword, en wat in die literatuur as "low trust" (teenoor "high trust") beskryf word, het ontstaan. De Klerk en sy adviseurs het met die wyse waarop hulle die vrylating van Mandela georganiseer het slegs 'n korttermyn-voordeel behaal. Die skade op lang termyn is nie verreken nie. Joernaliste is voor Nelson Mandela oor sy vrylating ingelig. Dit was 'n onbesonne strategiese fout.

Mandela se aandrang op meer tyd om sy vrylating te beplan, het sin gemaak. Hy moes 'n toespraak voor 'n internasionale gehoor lewer. Skares mense sou hom inwag en daar moes orde wees. Die ANC/UDF wou 'n hand in die proses hê. Sy vrylating, 'n grootse internasionale gebeurtenis, was, soos Möller Dippenaar dit raak opgesom het, 'n "groot veiligheidsrisiko". Ook vir De Klerk. Wat gebeur as die skare handuit ruk?

Ek en Mbeki kyk, soos miljoene ander mense, na dié historiese geleentheid in die Paarl op televisie. Mandela, wat sy eerste openbare toespraak ná 27 jaar in die tronk en as die wêreld se mees geliefde politieke gevangene vanaf 'n balkon van die Kaapstadse Stadsaal teenoor 'n skare op die Parade moes maak, is byna vyf ure laat. Winnie, wat hom by die Victor Verstergevangenis moes ontmoet, was ook laat. Die ANC/UDF sou vir orde- en veiligheidsreëling help sorg. Veiligheidsmense van die staat is egter ook nieopsigtelik teenwoordig. Een van hulle vertel later van hulle kommer en selfs angs: Die ANC/UDF se orde- en veiligheidsmaatreëls, inderhaas getref, kom nie die mas op nie. Die opgewonde skare verswelg byna-byna die motor waarin Mandela en sy vrou vervoer word, en ook ander motors in die stoet. Ek en Mbeki kyk in Londen afsonderlik na die verdere verloop van die gebeure: Hy saam met sy ANC-kamerade en ek saam met my Afrikanergespreksgenote in 'n Londense hotel.

Op die Parade is daar chaos. Mandela kan nie by die balkon uitkom nie. Daar breek selfs oproer uit en die polisie skiet. Terwyl ek kyk, begin ek twyfel of die droom van vrede ooit 'n werklikheid sal kan word. Ek het egter nie later die vrymoedigheid om my twyfel teenoor Mbeki te lug nie. Dit kon die indruk wek dat ek as wit Afrikaner nie werklik glo dat swart mense die land doeltreffend kan regeer nie. Mbeki, wat op 'n keer vir my vertel het dat die bekende (swart) Amerikaanse politikus Andy Young gesê het dat die ANC eendag kan bewys dat swart mense 'n gesofistikeerde land kan regeer, het hieroor 'n verstaanbare sensitiwiteit gehad. Dit was vir hom 'n faset van wit rassisme en die uitgesproke én onuitgesproke vertroue in "witheid" en die "voortreflike eienskappe" wat dit inherent vertolk.

Mandela lewer uiteindelik sy toespraak met 'n geleende bril. Hy lees dit af terwyl belangrike ANC/UDF-lede die balkon beset. Wie almal insette vir die toespraak gemaak het, is later nie vir my duidelik nie. Ek sit en luister met toenemende teleurstelling wat soos 'n donker wolk om my vou: 'n Protes- en versetverklaring; in die toon en trant van ANC/UDF-retoriek; vyand teen vyand, al word ietwat sydelings na De Klerk se "integriteit" verwys. Twee weke later, ná 'n gesprek met iemand van die NI, besef ek: De Klerk en sy raadgewers se maneuver om Mandela onvoorbereid by die diep kant in te gooi, het gewerk. Mandela se eerste openbare optrede was eintlik 'n politieke fiasko. Die retoriek was op sy ondersteuners gerig, nie op die breë Suid-Afrikaanse gemeenskap en die internasionale wêreld nie. Wou De Klerk en sy raadgewers dalk die keiser kaal laat staan?

Die volgende dag, in die teenwoordigheid van aartsbiskop Desmond Tutu, is dit 'n totaal ander storie, soos 'n joernalisvriendin wat teenwoordig was my vertel. Mandela is sy ware self: Vredesoeker; versoener; gematigd; nie-rassig. Die aanwesige joernaliste is stomverbaas oor sy welwillendheid teenoor veral die Afrikaners en hulle vrese. Die "linkses", so word my vertel, is ontsteld. Hulle het gehoop Mandela sou meer aggressief wees, maar nou praat hy weer positief oor De Klerk, dat hy vertrou kan word om die pad vorentoe voluit te loop en dat hy wat Mandela is, nie self 'n kommunis is nie. Die nasionalisering van die myne, soos in die Vryheidsmanifes voorsien, moet wel oorweeg word. Die NI, waarvan sommige van die lede oor baie jare gesprek met Mandela gevoer het, is hoogs tevrede met dié gematigdheid van Mandela op Maandag, 13 Februarie 1990. Dis soos hulle hom leer ken het. Maar, soos iemand tereg sê: "Hy is nou tussen sy mense en 'n openbare figuur. Sal hy die militantes se druk kan weerstaan? Sal ons 'n middelgrond kan skep?"

As dit so is dat daar uit die geskiedenis "lesse" te leer is, is daar iets wat ek in dié tyd terdeë besef: Vryheid bring nie noodwendig vrede nie. Dit open moontlikhede vir nuwe magstryde. Niemand het dié risiko beter as De Klerk en sy veiligheidsraadgewers verstaan nie. Swart-teen-swart geweld neem vanaf 1990 die afmetings van 'n volskaalse burgeroorlog aan. Tussen 1990 en 1994 sterf baie mense in die township-oorloë en landelike oproer, veral in die destydse Transvaal en natuurlik in KwaZulu en Natal. Hier is dit veral die ANC-gesindes en die (tradisionalistiese) Inkatha-ondersteuners wat mekaar die stryd aansê. Die klap van skote en hordes mense wat dreigend met skerp geslypte pangas en assegaaie die strate inval, word iets "normaals".

Inkatha was ná Mandela se vrylating op die politieke agtervoet. Wie kan nou eintlik met Mandela, aangewys as vise-president van die ANC om die siek Tambo by te staan, kompeteer? Die NP-regering, naarstiglik op soek na swart ondersteuners, was Inkatha en sy leier, dr. Mangosuthu Buthelezi, besonder goedgesind. So ook die militêre en die veiligheidspolisie. Wit steun alleen, so het almal geweet, sou nie by die eerste een-mens-een-stem-verkiesing 'n noemenswaardige impak hê nie. Dit lei in KwaZulu en Natal tot 'n baie bloedige affère. Daar word gou gefluister dat die regering se veiligheidsmagte Inkatha steun. As, soos in kerklike geledere gesê word, die bloed van die martelare die saad is waarmee die kerk groei, dan het baie sakke saad in ons demokrasie se ontstaan en groei ingegaan.

'n Voorbeeld hiervan kry ons in April 1990. De Klerk en Mandela kom uiteindelik ooreen dat die eerste gesprek tussen die regering en die ANC op 11 April 1990 sou plaasvind. Heelwat werk en beplanning het toe al met behulp van die NI in die hele proses ingegaan. 'n Demonstrasie in die swart woonbuurt Sebokeng, naby Vereeniging, waar De Klerk diep politieke wortels gehad het, eindig in bloed met verskeie mense wat dood is en ook baie gewondes. Die polisie het op die demonstreerders losgebrand. Mandela, uit protes, stel die beoogde vergadering af. De Klerk se voetwerk is egter baie goed en hy stel 'n geregtelike kommissie van ondersoek aan. Dit blyk later dat die polisie te vinnig geskiet het. Hulle was nooit in skare-beheer opgelei nie. In die ystervuisbenadering van apartheid was koeëls en knuppels die enigste uitweg, soos "kollega" Möller dit gestel het.

Op 2 Mei 1990 ontmoet die eerste afvaardiging uit ANC-geledere uiteindelik by Groote Schuur, Joe Slovo ingesluit. Mbeki sê later aan my dat hy gewonder het wat Cecil John Rhodes en Hendrik Verwoerd sou gesê het as hulle na die mense rondom die blink gepoleerde tafel gekyk het. De Klerk se span, wat hy reeds op 29 Maart 1990 bekend gemaak het, sluit Pik Botha, Gerrit Viljoen, Dawie de Villiers, Kobie Coetsee, Barend du Plessis, Adriaan Vlok, Stoffel van der Merwe en Roelf Meyer in. Nelson Mandela se span lok heelwat verbasing uit: Joe Slovo, Beyers Naudé, Thabo Mbeki, Alfred Nzo, Walter Sisulu, Ahmed Kathrada, Joe Modise, Ruth Mompati, Archie Gumede en Cheryl Carolus. In sekere konserwatiewe Afrikanerkringe word gefluister dat Naudé 'n lid van MK was. Iemand uit die ANC-groep het ook gewonder of die byeenkoms dalk kontrasteer met dié van Piet Retief in Dingaan se kraal!

Die geweld in die land het intussen vir die NI 'n groot kopseer geword. Ek word gevra om oor twee kwessies advies te gee: Mandela en die PAC.

Oor Mandela, in daardie stadium die leier van die ANC in die binneland, is daar veral vrae met betrekking tot sy posisie binne die geledere van die ANC se Nasionale Uitvoerende Komitee. Oliver Tambo is siek. Hy was binne die buitelandse en binnelandse vleuels van die ANC 'n belangrike samebindende faktor. Kan Mandela dit wees? Kan Mandela, gegee sy lang verblyf in die gevangenis, sterk leiding gee binne 'n organisasie wat van 'n versetbeweging na 'n politieke party verander word? Die NI wil ook weet of Mandela 'n mate van eenheid in swart geledere sal kan help skep. Of sal die magstryd in swart geledere vererger? Daar is ook 'n ander, groter probleem. Talle uitgewekenes moet na die land terugkeer. Die NI, in samewerking met sy ANC-gespreksgenote, het hieroor reeds maatreëls, waaronder logistieke reëlings, getref. Hoe dié "exiles" met die "inziles" geïntegreer moet word, veral op leierskapsvlak, is egter 'n groot kwessie. Wat sal Mandela se rol hierin wees en sal daar dalk gou 'n ANC-konferensie en verkiesing vir leierskapsposisies wees? Dit word aanvaar dat die ANC die alleenmandaat het om die integrasieproses te bestuur. Die NI kan slegs hulpverlenend wees. 'n Konferensie en verkiesing sal egter deurslaggewend wees. Dis alles baie goeie vrae en ons bespreek dit in diepte. Ons slotsom is dat Mandela die sleutelfiguur is en dat sy leierskapsrol baie vinnig gaan groei.

Oor die PAC is niemand opgewonde nie. Een kwelling is die moontlike voortgesette geweld deur die PAC se militêre vleuel. Niemand reken dat Afrika-state sal voortgaan om die PAC finansieel en militêr te steun nie. Die Organisasie vir Eenheid in Afrika sal dit ook nie doen nie. Die kanse is skraal dat die ANC en die PAC sal saamwerk. Hulle is immers in 'n magstryd gewikkel.

FW de Klerk en Nelson Mandela het intussen op reis gegaan om die boodskap oor die Suid-Afrikaanse regering en die ANC se vredesinisiatief, soos wat dit by Groote Schuur vlees en bloed begin aanneem het, die wêreld in te dra. Möller Dippenaar van die NI sê aan my: "Dis net De Klerk en Mandela wat reis. Dié twee is die politieke swaargewigte in die kryt." De Klerk besoek verskeie lande. Sy sleutelpunt is dat die skikkingsproses onomkeerbaar is. Mandela se reis is 'n triomftog soos die wêreld lanklaas gesien het. In die VSA, waar hy president Bush ontmoet, daag bykans een miljoen mense in New York op. Hy ontmoet ook vir Margaret Thatcher en dié twee voer 'n goeie gesprek. Die nogal aggressiewe verhouding wat tussen haar, Tambo en veral Mbeki geheers het, is iets van die verlede.

Mandela lewer in April ook 'n kort toespraak by Wembley-stadion in Londen. Sy verjaardag is die vorige jaar op uitbundige wyse daar gevier. Hy was toe nog in die tronk. Op die verhoog, met die ANC se bekende vlag as agtergrond, staan hy voor die podium tussen Winnie Mandela en Adelaide Tambo. Aartsbiskop Trevor Huddleston, een van apartheid se mees vurige aartsvyande, staan aan Winnie se regterkant terwyl hy met Mandela praat – al handebeduiend. Huddleston was vir baie Afrikaners, insluitende die dominees, die inkarnasie van 'n geestelike leier wat deur bose politieke propaganda op sleeptou geneem is. Die byeenkoms is 'n triomf: Mandela op sy mees sjarmante én onverbiddelike. Die skare van bykans 170 000 is in vervoering: "Our first simple and happy task is to say thank you. Thank you very much to you all. Thank you that you chose to care, because you could have decided otherwise. Thank you that you elected not to forget, because our fate could have been a passing cause." Hy wys ná 'n rukkie sy vasberadenheid en onverbiddelikheid wanneer dit oor apartheid gaan. "Together we must pledge to continue our united offensive for the abolition of the apartheid system. The apartheid crime against humanity remains in place. [. . .] Therefore do not listen to anyone who says that you must give up the struggle against apartheid. Reject any suggestion that the campaign to isolate the apartheid system should be wound down." Die ANC is gekant teen enige "beloning" vir Pretoria na aanleiding van die "klein stappie" wat geneem is deur byvoorbeeld die ontbanning van die ANC en ander organisasies, en ook sy eie vrylating. "The reward the people of South Africa, of Southern Africa and the rest of the world seek, is the end of apartheid and the transformation of our country into a nonracial democracy." Ek hoor Thabo Mbeki se stem by die Mells Park-sessie van Februarie 1990, lynreg teenoor die sakelui se mening dat De Klerk op 2 Februarie apartheid afgeskaf het en dat sanksies oorbodig geword het.

Ek was in Londen van 6 tot 10 April en het vooraf die opgewonde verwagtings oor Mandela se besoek aan die Britse hoofstad eerstehands ervaar. Sy toespraak, verduidelik ek later aan my NI-vriende, het 'n baie duidelike punt gemaak: Géén aanpassings aan die stelsel nie, maar totále transformasie. Ons stem saam dat die te onderhandelde grondwet daarom van sleutelbelang sal wees. Dit sal immers normgewend vir die transformasieproses optree. Ons aanvaar dat daar nog 'n wêreld se verskil tussen die ANC se opvatting oor transformasie en die NP-leierskap se begrip daarvan is. Iemand merk op: "Die NP-leierskap het nog nie juis daaroor gedink nie."

Ek noem dat transformasie 'n bestuurde revolusie, 'n radikale struktuuromwenteling vir Suid-Afrika sal beteken. Dit sal ook 'n drastiese effek op waardestelsels hê. Sonder dat ons dit vir mekaar sê, besef ons dat Mandela se doelwitstelling namens die ANC ("the end of apartheid and the transformation of our country into a nonracial democracy") vorentoe die groot politieke turksvy gaan wees. Mandela, wat in Maart 1990 vir Oliver Tambo in 'n Sweedse kliniek besoek het, sou dit alles met Tambo uitgeklaar het. Die eintlike revolusie, en ook nie bloedloos nie, het in werklikheid ná sy vrylating begin. Daar is altyd onbedoelde gevolge in skikkingsprosesse binne 'n samelewing wat oorlog teen homself maak. Die euforie van 2 Februarie 1990 en 11 Februarie 1990 het deeglike besinning oor die moontlike onbedoelde gevolge van dié twee grootse gebeurtenisse in ons land se geskiedenis gekortwiek.

Tussen 23 en 27 Mei reël Idasa 'n konferensie in Lusaka oor die toekoms van die militêre en verdedigingsmagte in Suid-Afrika. Chris Hani is die een met wie almal wil praat. Daar hang 'n groot foto van 'n vriendelike en glimlaggende Mandela teen die muur. John Nkadimeng begin die eerste sessie. Hy is 'n lid van die NUK. Ons wittes is almal baie beïndruk: "We are about to build a new civilization in South Africa. A united, nonracial democracy. We all know that our country has many graves and tombstones. War is the continuation of politics through other means." Van die nuwe weermag sê hy dat dit 'n "symbol of unity" en "a keeper of democracy" moet wees. Chris Hani neem ook die woord: "South Africa is a country which has shown the desire to move towards a spring of hope." Die gesprek dek heelwat kwessies: Die Groote Schuur Minuut wat deur die De Klerk-regering en die ANC onderteken is; die voortslepende geweld, veral in KwaZulu en Natal; 'n staking van vyandelikhede; en die proses vorentoe. Daar is meer vrae as antwoorde. Dis ten minste 'n eerlike gesprek wat op die vernaamste punte fokus, sê ek vir myself, nie bloot 'n ken-mekaar-funksie of skelpartytjie nie.

Thabo Mbeki, wat later die konferensie bywoon, sê aan my: "Die pad vorentoe is onseker, glibberig en vol slaggate. Moenie te idealisties wees nie." Ons kom ook by sy woonstel bymekaar waar ek vir die eerste keer sy vrou, Zanele, ontmoet. Hy vertel van die poging van die Suid-Afrikaanse

Veiligheidsdienste om hom in sy huis te vermoor. Ons luister saam na Russiese kerkmusiek, waarvoor ons 'n liefde deel. Toe ons wou wegval om te eet, sê Zanele: "Ons moet eers die seën vra." Sy doen dit toe self. Sy beskaam my. Ek het nooit daaraan gedink dat mense in die kern van die ANC se stryd 'n maaltyd met 'n seëngebed sou begin nie. Met my wortels stewig in 'n plattelandse boeregemeenskap geplant, was ek ook nie daaraan gewoond dat die vrou van die huis dit doen nie. Tydens die ete bespreek ons ons volgende vergadering by Mells Park. Dit sou ons laaste vergadering in Brittanje wees.

Ons ontmoet die naweek van 29 Junie tot 1 Julie. Consgold was toe reeds deur die groep van Lord Hanson oorgeneem. Dié het voortgegaan om die gesprekke te finansier, saam met British Airways wat van die vliegtuigkaartjies voorsien het, en Standard Chartered Bank se Patrick Gillan. Dit was somerweer in Brittanje en ek geniet vir oulaas die wandelpaadjies met hul grasvelde, bome en bosse. Ek het altyd op 'n spesifieke plek gaan staan om die vooraansig van die besonder statige gebouekompleks te bewonder. Ons het, soos voorheen, 'n paar keer na die dorpie Mells gegaan om in die plaaslike pub 'n tipiese Engelse bier te drink. Die gespreksgroep het bestaan uit minister Dawie de Villiers, Willem de Klerk, Willem Pretorius, Attie du Plessis, Mof Terreblanche, Thabo Mbeki, Aziz Pahad, Joe Nhlanhla, Tony Trew en ekself. Die Groote Schuur-gesprek het toe al plaasgevind. De Villiers sit langs Mbeki op die foto wat ons by ons laaste byeenkoms geneem het. Joe Nhlanhla staan langs De Klerk. Hy is saam met Mbeki die enigste deelnemers wat baadjies aan het.

Daar was voor die tyd reeds toenemende irritasie by sommige senior regeringsverteenwoordigers met Nelson Mandela, veral ná sy toespraak by die Wembley-stadion. Hulle het gereken hy reis te veel, gee nie genoeg aandag aan 'n bespoediging van die skikkingsproses nie, maak van vertragingstaktiek gebruik en gryp nie namens die ANC in die geweld in swart woonbuurte in nie. Uit talle gesprekke word dit duidelik waarom regeringsverteenwoordigers haastig is. De Klerk het op 2 Februarie 1990 en ook met Mandela se vrylating die politieke inisiatief geneem. Dit was 'n groot bonus. Dié bonus was egter besig om verlore te gaan met die ANC en Nelson Mandela wat tyd koop om die ANC strategies in die binneland te herposisioneer en ook buitelands die spil van opgewonde belangstelling, gefokus op Mandela, te wees. Intussen moet De Klerk die land regeer en sy ministers moet met hulle normale pligte aangaan. Die ANC, 'n meester in die spel van tyd, kon bekostig om nie haastig te wees nie. Nelson Mandela, ná 27 jaar in die tronk, moes bowendien aan die wêreld bekendgestel word. Oliver Tambo is ook nie gesond nie. Tyd was aan die ANC se kant.

Met dié besef in my kop, woon ek die vergadering by Mells Park met groot belangstelling by. By sy huis in Lusaka, 'n bietjie meer as 'n maand voor die Mells Park-vergadering, het Mbeki my reeds oor die "verwagtings" van die regering ingelig. Op sy gewone rustige en diplomatieke manier sê hy dat dit iets is waaroor daar nog "gepraat" sal moet word. Ook swart mense het hulle eie verwagtings. De Klerk en sy raadgewers sal ook dáárna moet luister. Ons byeenkoms begin met die gewone vriendelikhede en uitruil van indrukke oor die "nuwe era" wat betree is. De Villiers en Mbeki is baie gemaklik met mekaar, soos goeie kollegas. Mbeki, baie gesteld daarop om met waardigheid behandel te word, sê aan my: "Dawie is a good man." Hy weet ek en De Villiers is jare lange vriende. Ons ervaar met dit alles iets van ons gemeenskaplike Suid-Afrikanerskap en ons verbondenheid aan 'n kontinent wat ook met bloed deurweek is. In 'n stadium wonder ek of ons die vredespyp voluit sal kan rook. Suid-Afrika, sê ek vir Pahad, is anders as al die ander lande in Afrika. Hier is baie wit mense en die Afrikaners is lankal nie meer setlaars nie. Hulle is wit Afrikane. Pahad stem entoesiasties saam. Ons ly almal aan post-11-Februarie-euforie.

Ons bestee heelwat tyd aan wat ons 'n "review" van die proses sedert Nelson Mandela se vrylating noem. Die noodtoestand, destyds deur PW Botha ingestel, is in Junie 1990 opgehef, behalwe in Natal wat in 'n gevegsfront verander het. Die deelnemers aan die gesprek tussen die regering en die ANC, met name Dawie de Villiers en Thabo Mbeki, lig ons in breë trekke in oor vordering, probleme en vooruitsigte. Binne die Afrikaner-ANC-gespreksgroep het Mbeki herhaaldelik beklemtoon dat 'n interimregering in beheer van die oorgang na die verkiesing vir 'n "constituent assembly" moet wees. Tydens die vergadering van 29 September tot 1 Oktober 1989, ná die eerste ontmoeting met Louw en Spaarwater in Luzern, was hy selfs van mening dat die demokratiseringsproses op die vlak van politieke instellings wat by die onderhandelingsproses betrokke moes wees, vóór die eerste inklusiewe verkiesing moes plaasvind. Die argument hiervoor, nog in wantroue geweek, was dat die apartheidsregering nie toegelaat kon word om die proses te beheer nie. My teenargument was dat 'n onderskeid, soos in die geval van sanksies, tussen formele reëls en informele reëls van interaksie getref moes word.

Ek was ten gunste van die regering se posisie dat die bestaande regeerstelsel aangepas moes word sodat 'n bepaalde vorm van kontinuïteit en, gegee die hoë vlakke van geweld, politieke stabiliteit gewaarborg kon wees. Die ernstige vraag was myns insiens hoe die proses vorentoe van institusionele integriteit verseker kon word. Ek het waarskynlik te idealisties gereken dat 'n kultuur van vertroue tussen die leidinggewende persone ons die vredespyp enduit sou kon laat rook. Daar was natuurlik toe nog die verwagting by sekere segmente van die regerende elite dat 'n vetoreg en -meganisme in ten minste die oorgangstelsel ingebou moes wees.

Ons laaste vergadering was in een belangrike opsig anders as al die vorige vergaderings. Dit het nie op moontlike uitweë uit die land se politieke impasse gefokus nie. Die fokus het nou skerp geval op wat tussen Februarie en einde Junie 1990 gebeur het en wat gedoen kon word om die formele proses wat reeds begin het, waar nodig te steun. Ons aanvaar dat ons geen amptelike mandaat het nie. De Villiers en Mbeki is nie in hulle hoedanigheid as formele deelnemers aan die proses teenwoordig nie. Dis egter nooit moontlik om die formele en informele in dié tipe prosesse volledig van mekaar te skei nie.

By die formele sessie is dit Willem de Klerk wat sterk reageer op die stadige pas van vordering met die proses. Of De Klerk met sy broer daaroor gepraat het, weet ek nie, want ek kon nooit by hom 'n besliste "ja" of "nee" kry nie. De Klerk kom sterk, byna aggressief oor. Hy reken dat Nelson Mandela se kritiek op die regering dat dié voete sleep, eintlik op homself en sy leierskap van toepassing is. Dis die ANC wat voete sleep, rondreis en praatjies maak. Hy maak die politieke pap nog dikker aan en sê dat die magstryd binne die ANC vir al die probleme verantwoordelik is. Dit was 'n baie sensitiewe kwessie. Binne die NI en ook onder mense naby FW de

Klerk, is daar baie deeglik van dié magstryd kennis geneem, enersyds as 'n rede vir die geweld in die land en andersyds as 'n swakheid binne die ANC.

De Klerk se veiligheids- en intelligensiedienste het toe al geweet van Projek Vula – Mac Maharaj, Ronnie Kasrils en Siphiwe Nyanda se geesteskind. Maharaj en Kasrils se verduideliking agterna dat hulle 'n versekeringspolis wou uitneem ingeval die De Klerk-regering nie sy woord oor 'n onderhandelde skikking gestand doen nie, was myns insiens nie die werklike rede nie. Hoe dit ook al sy, Maharaj en sy militante samesweerders word in Julie 1990 gearresteer. Nelson Mandela oortuig De Klerk om nie met vervolging voort te gaan nie. Thabo Mbeki, nie 'n kameraad van Maharaj en kie se revolusionêre drome nie, is sy ou gedissiplineerde self toe hy Willem de Klerk antwoord. Die bloedige geweld onder swart mense het die wit deelnemers aan die gesprek baie moedeloos gehad. Die algemene gevoel was dat die ANC-leierskap, Mandela inkluis, nie die vermoë gehad het om dit tot 'n einde te bring nie. In wit geledere, so verseker die NI my, is daar vanweë die geweld 'n swaai na regs. Hulle begin sê die De Klerk-regering het wit mense uitverkoop.

Mbeki oortuig my: Mandela loop ook groot politieke risiko's by sy mense, veral onder die nuwe geslag. Hy moet nog sy leierskap gevestig kry. Daar is 'n voortrollende revolusie van stygende verwagtings. "Die mense" is haastig om hulle politieke regte en 'n gedeelte van die ekonomiese koek onmiddellik te verkry. Hulle verstaan nie dat daar 'n proses moet wees wat tyd en geduld vra nie. Pahad voeg by dat dit nie korrek is om te beweer dat die ANC min of niks aan die geweld doen nie. Daar is gesprekke met Inkatha, die PAC en Azapo. Wat in 1976 en daarna gebeur het, het egter baie diep letsels gelaat. Daar is baie opgekropte woede in die townships. Hy reken ook dat daar elemente in die veiligheidsmagte is wat dié woede aanhits, 'n beskuldiging wat Mandela ook teen FW de Klerk gemaak het. Dit blyk later dat daar wel aanhitsing van die kant van elemente in die veiligheidsdienste was. Belastingbetalers se geld is selfs na Inkatha gekanaliseer om dié party se magsbasis te beskerm. Ek het self gedink dat die ANC-revolusionêre die geweld verwelkom het. Hulle het gehoop op 'n gesagsvakuum wat deur hulle gevul kon word.

Mbeki, in 'n opregte poging om die welwillendheid van die ANC oor die proses te beklemtoon, wys daarop dat die ANC-leierskap baie spesifiek na De Klerk as "president" verwys. Dis 'n ANC besluit en het besondere simboliese betekenis. Géén ANC-er sou vantevore 'n apartheidstaatshoof of minister op sy ampstitel aangespreek het nie. Hulle het immers geen morele aanneemlikheid gehad nie. Die ANC-leierskap het egter besluit om De Klerk se rol en posisie in die proses te erken en om daarmee te bevestig dat daar kontinuïteit binne die staat en regering gedurende die oorgangsproses moet wees. Dis wel so dat die volgelinge van die ANC nog nie dié stap geneem het nie. 'n Groot probleem met 'n versnelling van die proses, vervolg hy later, is wie aan die formele onderhandelingstafel moet sit.

Soos te verstane, word daar weer oor die ekonomie gepraat.[1] Die sakelui se groot kwelling is weer eens die kwessie van nasionalisering. Op sy buitelandse reis het Mandela in Swede die idee van nasionalisering, soos vervat in die Vryheidsmanifes, verdedig. Hy het ook die voortgesette isolasie van Suid-Afrika bepleit. Dit was in kontras met woordvoerders van die De Klerk-regering wat gemeen het De Klerk verdien erkenning in die buiteland deur 'n "beloning", soos byvoorbeeld die afskaffing van sanksies. Met ons ontmoeting by Mells Park was die Groote Schuur Minuut al baie goed bekend. Dit het die twee partye tot 'n vreedsame skikkingsproses verbind. Daarin is ook 'n oproep tot stabiliteit en die beëindiging van intimidasie en geweld gemaak. Mandela se onverbiddelikheid oor nasionalisering het ongelukkig die gewig en integriteit van die Groote Schuur Minuut in wye kringe tot vraag gestel.

De Villiers, wat betrokke was by die Minuut, het die regering se ekonomiese beleid verduidelik: Ekonomiese prioriteite was groei, werksgeleenthede en die verligting van armoede. Dit was die rede vir die stigting van die Onafhanklike Ontwikkelingstrust met Jan Steyn die leiersfiguur. Die De Klerk-regering dink ook die private sektor is verwaarloos en dat alles moontlik gedoen moet word om samewerking tussen die openbare en private sektore te stroomlyn. Daar word reeds aan privatisering van staatskorporasies gedink. Privatisering en ondernemerskap pleks van nasionalisering is die sleutel vir sukses. Mbeki beklemtoon hierna weer sy standpunt oor 'n gemengde ekonomie. So ook iets wat hy vantevore herhaaldelik beklemtoon het: 'n Politieke skikking sal nie volhoubaar wees sonder die samewerking van die private sektor en 'n dinamiese ekonomie nie.[2] Hy sê later aan my dat daar nog glad nie konsensus binne die ANC oor toekomstige ekonomiese beleid is nie. Die politieke stryd was oorheersend. Die ANC is eintlik 'n koalisie met botsende ekonomiese idees, al het Gorbatsjof die kommuniste en sosialiste se appelkar omgegooi. Hy vervolg dat 'n ANC-beheerde regering baie ernstige aandag aan arbeidswetgewing sal moet gee. Dis immers uit die werkersklas waaruit die ANC se massasteun kom. Hy noem ook die noodsaaklikheid van swart bemagtiging, iets wat later een van sy groot beleidsdoelwitte sou word. Die sakelui teenwoordig was weer eens beïndruk met sy gematigdheid, al het hy oor die onmiddellike opskorting van sanksies vasgeskop. Dis vir die ANC 'n belangrike drukmiddel, maar daar kan hieroor ná Nelson Mandela se terugkeer van sy oorsese reis in middel-Julie verder gepraat word, verklaar hy en bring so dié punt se bespreking tot 'n einde.

Verskeie ander kwessies word ook bespreek. Hiervan is die meganisme wat die proses by 'n nuwe grondwet en inklusiewe verkiesing moet bring, die belangrikste. Daar is hieroor nog verskil van mening tussen die regering en die ANC. Die gespreksgroep is dit eens dat die Namibiese model nie as 'n voorbeeld gebruik kan word nie. Daar is konsensus dat Suid-Afrika 'n soewereine staat is. Almal deel ook die ANC se beswaar dat 'n inklusiewe verkiesing nie onder die toesig van die De Klerk-regering kan plaasvind nie. Die idee van 'n Onafhanklike Verkiesingskommissie is hier gebore. Mbeki meen selfs dat 'n soort staatsraad, waar mag deur die regering en relevante partye gedeel word, ingestel kan word as 'n interimreëling. Daar is sterk konsensus in die groep oor die wenslikheid van interimmaatreëls. Oor die transformasie van die Suid-Afrikaanse Uitsaaikorporasie is die konsensus selfs entoesiasties. Thabo Mbeki dring ook daarop aan dat die militêr-beheerde *Radio Truth*, wat propaganda na Zimbabwe uitgesaai het en Robert Mugabe woedend gehad het, gesluit moet word. Dit word uiteindelik gedoen.

Ons vertrek Sondag, 1 Julie terug na Londen. Dawie de Villiers en Thabo Mbeki ry in een motor om privaat te kan gesels. Die regering en die ANC ontmoet weer op 6 Augustus 1990, hierdie keer in die Presidensie, Pretoria. Dit loop op die Pretoria Minuut uit, wat die weg vir meer verkennende gesprekke baan. Die vertrek vanaf Mells Park gaan met sigbaar onderdrukte emosies gepaard. Ons kry nie klaar gegroet nie. Dit was ons laaste vergadering in Brittanje, maar – belowe ons mekaar – ons sal in Suid-Afrika ontmoet as dit nodig sou wees om weer nie-amptelik en informeel gesprek te voer. Ek sê vir Mbeki in Afrikaans: "Dankie. Dit was goed om jou te kon leer ken." Hy omhels my – 'n Afrika-gewoonte waarmee ek aanvanklik gesukkel het – en sê: "Ons ontmoet weer in Suid-Afrika."

16
Terug in Suid-Afrika: Gesprek móét voortgaan

Ná meer as 27 jaar as 'n uitgewekene kom Thabo Mbeki op 28 April 1990 saam met ander ANC-ers in Suid-Afrika aan. Die ANC-span gaan in die Lord Charles Hotel, Somerset-Wes tuis. Ek sê vir my Goldfields-studente: "Wat 'n ironie! Die ANC gee publisiteit aan 'n hotel waarvan die naam die Britse koloniale geskiedenis met sy imperialistiese magswellus gedenk!" Een van die lede van die huiskomitee troef my: "Dis 'n teken van hoop. Dinge kán ten goede verander."

Anglo American stel die historiese Vergelegen-landgoed aan die ANC vir sy koukusvergaderings beskikbaar. Vergelegen is 'n pragtige landgoed in die Helderberg-kom aan die voet van die asembenewende Hottentots-Hollandberge. Dit was van 1699 tot 1707 die eiendom van die destydse Hollandse goewerneur, Willem Adriaan van der Stel. Hy was ook 'n sakeman met 'n skerp oog vir geleenthede. Die uitsig op Valsbaai, waar die skepe van die Hollandse Oos-Indiese Kompanjie vanaf die Ooste op pad na die Kaap gevaar het, is steeds iets besonders om te aanskou. Van der Stel se plaas kon proviand aan al die skepe voorsien. Meneer Badenhorst, my onderwyser in geskiedenis, het gesê daar was destyds twee grense: Die een was aangeplant deur Jan van Riebeeck; die ander een was natuurlik: die berge in die groot kom langs die baai. Die nedersetting, het hy gesê, móés uitbrei. Ontwikkeling beteken uitbreiding en daarom ook konflik met inheemse mense. Vergelegen, so het ek dit toe verstaan, was 'n ontwikkelingspunt-aan-die-grens; 'n beskawingsgroeipunt dúskant 'n woeste wêreld agter die berge.

In 1990 word die ANC se eerste koukusvergadering ná sy terugkeer na Suid-Afrika gehou by Vergelegen met sy skilderagtige omgewing, stokou kamferbome, Kaaps-Hollandse argitektuur en grasperke.

In Mei 1998 verwys Thabo Mbeki in 'n toespraak na DJ Opperman se versdrama *Vergelegen*, gedagtig aan sy eerste besoek aan dié historiese plaas van 'n goewerneur wat ná 'n opstand afgedank is. Opperman se versreël "Maak die honde los/ Daars goeters in die bos" neem hom gevange. Dié plaas-op-die-grens word sy politieke metafoor: Die konflik tussen vroeëre setlaars en die inheemse bevolking getransformeer tot 'n konflik tussen wit en swart, ryk en arm. Die "grens" ná soveel honderde jare nog steeds aanwesig.

Die Groote Schuur Minuut, die eerste amptelike grensoorskryding tussen die Afrikaners en die ANC word tussen 2 en 4 Mei 1990 onderteken. Die Minuut, soos ook later die Pretoria Minuut (Augustus 1990) en die DF Malan Akkoord (Februarie 1991), was belangrike ligbakens en nie bloot seremonieel nie.

Mbeki se eerste adres in Suid-Afrika was in die Carlton Court Hotel in die middel van Johannesburg. Op aanbeveling van Van Zyl Slabbert trek Mbeki en sy vrou, Zanele, daarna in 'n gerieflike dakwoonstel in Van der Merwestraat, Hillbrow in. Dit het aan Jürgen Kögl, 'n sakeman, behoort. Die besef dat Suid-Afrika 'n proses van groot omwentelinge binnegetree het, het destyds 'n groot geskarrel onder wit sakelui veroorsaak. Hulle ou, gevestigde politieke netwerke en regstreekse telefoonverbindings na die apartheidsregime se leierskap was eensklaps in die gedrang. Die sakelui het nuwe telefoonnommers, nuwe kontakpersone en nuwe adresse gesoek. Dit was in sommige gevalle iets van 'n lagwekkende affère: kapitaliste wat kniebuigings voor sosialiste, kommuniste en revolusionêre maak.

Pretoria was vanaf 1990 nie meer die enigste simbool van politieke mag nie. Die ANC rig mettertyd 'n hoofkwartier by Sauerstraat 54, Johannesburg, in. Maar wat 'n gesukkel om die kuns van goeie kantoorbestuur te bemeester: Telefone het gelui sonder om geantwoord te word. Afsprake word óf nie nagekom nie óf begin laat. Ek sê op 'n keer vir Mbeki: "As die ANC nie eens 'n kantoor kan bestuur nie, hoe wil die ANC die land bestuur?" Hy lyk nie beïndruk met my opmerking nie.

Tokyo Sexwale beïndruk my wel. Hy vertel my dat sy kantoortelefoon nie langer as twaalf luie mag lui nie. Dit blyk korrek te wees. Ek bemiddel 'n vergadering tussen hom en sakeleiers in Aucklandpark, Johannesburg. Hy daag stiptelik op. Almal is beïndruk deur sy redelike en versoenende toespraak. Dis skaars 'n spiesgooi van die geheime Afrikaner Broederbond se hoofkwartier, Die Eike, af. Die institusionele en organisatoriese hart van die Afrikanerdom het in dié gebou geklop. Die interaksie met die sakesektor was weliswaar nuwe en moeilike terrein. Soos Sexwale dit aan my gestel het: "Ons moet kennis neem van die spanning tussen wit verwagtings met al hul gevestigde belange, en die aspirasies van swart mense." Hy noem dat apartheid nie bloot 'n kwessie van rassediskriminasie was nie. Dit was verweef en ingebed in iets anders wat die Afrikaners van die Britse kolonialiste geërf het: Onderdrukking ten einde die heersersklas ekonomies te bevoordeel. Ek besef dat dit 'n groot struikelblok op die pad na nasiebou, versoening en vrede sal wees.

Ek noem in hierdie tyd aan Zanele Mbeki dat die Kaap op twee maniere deur die wit seevaarders uit Europa beskryf is: Kaap van Storms en Kaap die Goeie Hoop. Zanele, 'n toegewyde Christen, reken dat die hoop van miljoene mense in Suid-Afrika en in die buiteland versoening en vrede in ons land sal help skep. Dit word vir my 'n sleutel om Suid-Afrika se pad vorentoe te probeer verstaan: 'n Dialektiek tussen hoop en wanhoop.

Ten spyte van al die oproer en rumoer ná Februarie 1990 gaan die proses van skikking voort. Dis eintlik verstommend. Op 6 Augustus 1990 vind die tweede ontmoeting tussen die regering en die ANC in Pretoria plaas en word die Pretoria Minuut onderteken.

Daar was van meet af aan spanning tussen De Klerk en Mandela. Hulle was verskillende persoonlikheidstipes met eiesoortige geskiedenisse. Daar was ook ander, meer fundamentele politiek-ideologiese verskille. Een was die kwessie van groepsregte en die ANC se onverbiddelike verbintenis aan gewone meerderheidsregering in 'n nie-rassige eenheidstaat. Die twee was hieroor geswore politieke opponente wat 'n manier moes vind om met mekaar saam te werk. Mandela skryf later in sy outobiografie (p. 604), met sy herinneringe aan sy interaksie met De Klerk gedurende die lang en moeilike onderhandelingsfase vars in sy geheue: "To make peace with an enemy, one must work with that enemy, and that enemy becomes your partner." Betekenisvolle vredesprosesse tussen historiese vyande hou inderdaad verband met vorme van samewerking wat voorheen as "onmoontlik" beskou is omdat daar goeie en dringende redes daarvoor is. De Klerk en Mandela het mekaar nodig gehad.[1]

In hoeverre dié vennootskap bloot pragmaties was en nie stewig genoeg op vertroue en versekerdheid gebaseer was nie, is debatteerbaar. Die NP en die ANC was tydens die onderhandelingsproses in 'n magstryd met mekaar gewikkel. Dit is vererger deur Mandela en die ANC se beskuldiging dat De Klerk te min gedoen het om 'n einde aan die geweld te maak. Toe die Derde Mag-bedrywighede vanuit die staat en veral die steun aan Inkatha korrek blyk te wees, was die politieke vet behoorlik in die vuur. Iemand van die NI het teenoor my die punt gemaak: "Dit maak eintlik nie saak wat De Klerk hieroor sê nie. Mandela en sy ondersteuners, die meerderheid mense in die land, glo hom nie." Dié geloofwaardigheidsgaping sou nooit verdwyn nie. Thabo Mbeki, een aand by hom aan huis, oortuig my dat daar 'n baie groot skroef in die land los is. Hy sê dat daar tussen al die landswye vorme van politieke geweld, ook 'n ander vorm is: patroonmatig; geweld wat losbars sodra daar vordering met die skikkingsproses is. "Dis om die proses te saboteer," sê hy. Ek, al jare lank gekweld oor swart-teen-swart geweld, die township-oorloë en die onverdraagsaamheid, word tereggewys: "Die geweld is baie meer kompleks as wat jy dink. Daar ís regse en staatsgedrewe geweld wat die proses wil verongeluk. De Klerk en sy regering wil dit nie aanvaar nie. Waarom nie? Pas dit sy onderhandelingsplan?"

Toe De Klerk president geword het was daar 'n belangrike leemte in sy politieke mondering: min ervaring van en inligting oor die komplekse veiligheidsapparaat wat hy geërf het. Die manipulasies binne dié stelsel en die "operasionele bedrywighede" daarvan was gesofistikeerd en baie goed verberg. Sonder dat hy dit geweet het, is daar baie krokodille geteel en op "die vyand" losgelaat. Op die dag van sy optrede in Aucklandpark vra Sexwale my: "Is De Klerk in beheer van sy veiligheidsdienste? Weet hy van die ondermyners in sy eie geledere?" Ek weet aanvanklik nie wat om te antwoord nie en sê uiteindelik: "De Klerk en Mandela het dieselfde probleem." Die Pretoria Minuut van 6 Augustus 1990 was, soos Thabo Mbeki dit aan my gestel het, "'n groot deurbraak op die pad na 'n onderhandelde skikking". Die ANC onderneem byvoorbeeld om gewapende bedrywighede te staak. Dit was vir De Klerk 'n persoonlike oorwinning. Thabo Mbeki het ook gereken dat ANC-geïnspireerde militêre aksies nie 'n onderhandelingsklimaat bevorder het nie. Hy is in dié tyd van oproer en geweld ééns ten gunste van onderhandeling.

Projek Vula, openbaar gemaak in Julie 1990, het die internasionale morele gesagsposisie van die ANC ondermyn. Die openbaarmaking van dié projek en die inhegtenisname van die samesweerders was vir die ANC 'n groot verleentheid. Die organisasie en sy leierskorps moes bontstaan om skadebeheer toe te pas. Joe Slovo, baie na aan die Vula-samesweerders, waaronder Mac Maharaj, kom toe vorendag met 'n plan wat De Klerk gehelp het: die opskorting van die ANC se militêre stryd ná byna dertig jaar. Slovo, saam met Mandela wat aanvanklik huiwerig was, oortuig die res van die ANC se leierskap. Die Switserse ambassadeur, met wie ek geruime tyd goeie kontak gehad het, vra my in 'n stadium: "Kan die ANC ooit vertrou word met so baie revolusionêre in sleutelposte?" De Klerk en sy veiligheidsadviseurs wonder ook. Ek sê aan die Switser: "Die vraag is eintlik nie of die ANC vertrou kan word nie. Dis eerder of die ANC oor die vermoë beskik om die revolusionêre in toom te hou en ondernemings gestand te doen." Ek wonder selfs profeties: "Sal die geweld óóit deur die ANC getem kan word? Is dit nie noodwendig dat 'n revolusionêre gees uiteindelik sy eie kinders moet opvreet nie?" Die probleem, so besef ek later, is dat Suid-Afrika in 'n soort "oorlogsoorgang" vasgeknoop was. Georganiseerde én ongeorganiseerde geweld was belangrike dryfkragte. Dit het sistemiese trekke aangeneem, déél van die samelewingsisteem en kultuur. Nie eens ikoniese figure soos Mandela en Tutu kon dit omdraai nie.

Die Pretoria Minuut het hoop, maar nie vrede gebring nie. Daar is wel ooreengekom om politieke gevangenes in fases vry te laat. Dit was 'n sleutelvoorwaarde, soos dit ook in die Afrikaner-ANC-gespreksproses na vore getree het. Maar selfs Mandela en Buthelezi se gesamentlike veldtog vir vrede bereik nie veel nie. Op 12 Februarie 1991 vind daar 'n derde voorbereidende byeenkoms tussen die De Klerk-regering en die ANC op die DF Malan-lughawe by Kaapstad plaas. Dit loop op die DF Malan Akkoord uit. Dié Akkoord fokus baie sterk op die bekamping van politieke geweld. In 'n demokrasie mag politieke bewegings en partye nie hulle eie, private leër hê nie. Die Akkoord maak min impak op die geweld in die land. Die staat se veiligheidsmagte word al hoe meer in die geweld geïmpliseer en Mandela spaar nie sy woede hieroor vir De Klerk nie.

Die ANC was tussen 1990 en 1991 ook nie goed georganiseerd nie. Dit was ten dele te verstane. Die uitgewekenes moes terugkeer, die ANC-UDF-alliansie moes op 'n geïntegreerde wyse optree, die Lusaka-kantoor moes gesluit word en 'n nuwe leierskap (Nasionale Uitvoerende Komitee) moes verkies word. Dié interne uitdagings vir die ANC gee aan De Klerk en sy span 'n binnebaan. In NI-geledere is daar nietemin die gevoel dat hoe gouer die ANC sy interne probleme uitsorteer, hoe beter vir die skikkingsproses en Suid-Afrika. As daar te lank gesloer word, sal De Klerk en die NP se bedingingsposisie verswak. In Julie 1991 vind die ANC se eerste amptelike byeenkoms as politieke beweging ná meer as dertig jaar in Suid-Afrika plaas. Die bejaarde Alfred Nzo, die ANC se sekretaris-generaal wat aangedui het dat hy nie weer vir die pos beskikbaar sal wees nie, voer die woord oor die organisatoriese stand van die ANC. Ek verneem voor die tyd dat hy versoek is om geen doekies om te draai nie en nie die afgevaardigdes met vriendelike gemeenplase tevrede te probeer hou nie. Nzo, nie juis 'n dinamiese spreker nie, trek behoorlik los. Hy kan dit doen, want sy diagnose is voor die tyd met die kernleierskap bespreek en dis sy laaste optrede as sekretaris-generaal. Die diagnose kan nie slegter wees nie. Hy bevestig wat Thabo Mbeki 'n paar weke tevore aan my gesê het: "Die ANC kan nie met massa-aksie die skikkingsproses probeer domineer nie. Dit moet 'n organisasie wees wat met duidelike doelwitte en sterk leierskap aan die tafel gaan sit. Ons hét dokumente." Nzo spaar nie sy kamerade nie: Die ANC het die gevangene van populistiese retoriek en slagspreuke geword en gaan die leiersposisie wat dit tans beklee, verloor.

Ek verneem later by my ANC-kontakte wat die primêre rede vir dié posisie van Nzo was: De Klerk en sy regering is gewoond aan verdeel-en-heers. Hulle wil die proses vorentoe en die grondwetlike riglyne deur aangewese verteenwoordigers van bestaande politieke groeperings laat bepaal. Die enigste manier waarop die ANC dié onbekookte groepsbenadering kan verhoed, is om vinnig sy eie huis in orde te kry. Ek is skepties oor dié bewering en reken dis op ongegronde wantroue gebaseer. Hoe dit ook al sy, die byeenkoms verkies Cyril Ramaphosa tot sekretaris-generaal. Hy ruk die ANC binne korte tyd institusioneel en organisatories reg. Hy sorg ook deur 'n slim set dat hy as die hoofonderhandelaar van die ANC se span aangewys word en Mbeki uitgeskuif word toe Mandela, Mbeki en Zuma op reis in die buiteland was. Toe ek by 'n aandete van vriende waar De Klerk ook aanwesig was op 'n vraag sê: "Cyril is 'n yster", is daar net gelag.

Ek en Thabo Mbeki hou gedurende die politieke winter van 1991 kontak met mekaar. In Brittanje het hy herhaaldelik met my oor die kwessie van algemene amnestie gepraat. Ek het dié boodskap gereeld aan die NI oorgedra. Terug in Suid-Afrika bly hy daarop hamer. Dis iets waaraan minister Kobie Coetsee namens die regering aandag moes gegee het, maar min aan gedoen het. Wat besig was om te gebeur, sê Mbeki, kan dinge soos amnestie baie ernstig deurmekaarkrap. Aziz Pahad skakel my later en vra of ek, hy, Mbeki en nog iemand uit die sakesektor nie bymekaar kan kom om die pad vorentoe, met 'n moontlike rol vir die sakesektor, te bespreek nie. Ek kontak Marinus Daling. Hy beveel Attie du Plessis aan. Daling sê ook dat hy reëlings sal tref dat ons groepie in die Bankorpgebou, nie ver van Sauerstraat af nie, bymekaar kan kom. Die kantore is reeds ontruim, maar hy sal met Piet ("Bybel") Liebenberg reël vir 'n tafel, stoele en verversings. Dis 'n groot lokaal. Daar is nóg mense nóg meubels op die betrokke verdieping. Ek sê vir Pahad: "Die plek lyk nie net godverlate nie. Dis ook mensverlate – 'n droewe omgewing. Is dit dalk die soort toekoms waaroor ek en jy vir baie jare nóóit gepraat het nie?"

Ons gaan sit. Vier mense wat al baie gepraat het en verwagtings oor die toekoms gedeel het. Thabo Mbeki, Attie du Plessis, ek en Pahad. Ek maak 'n aantekening in my dagboek: "Kan dié viermanskap help om gegrendelde deure met stormramme oop te laat spat?" Mbeki en Du Plessis is die besadigdheid self. Rasionaliteit oorwin emosie. My gees spring op en af in my: "Ons dans al weer soos mal mense op die rand van die afgrond." Dit word 'n lang en indringende gesprek: Hoe kan die proses van skikking weer aan die gang kom? Mbeki is onverbiddelik: "Daar is géén ander uitweg as onderhandelinge nie." Hy kyk na my: "Praat met Niel Barnard. Ons sal binne ons eie geledere praat. Informele en nie-amptelike kontak is nou éérs nodig. Ons móét die informele en nie-amptelike gesprek oor onderhandeling aan die gang hou."

Daar is ook 'n tweede kwessie: Is daar ander maniere waarop die sakesektor 'n rol kan speel? Ons besluit om hieroor 'n groter byeenkoms oor 'n naweek te hou. Dié word vir Saterdag, 10 en Sondag, 11 Augustus 1991 by Gencor se Magaliesberg-konferensiesentrum in die buurt van die Hartebeespoortdam gereël. Dis naby die vergaderplek van die Afrikaner Broederbond waar ek my laaste nasionale AB-vergadering in 1987 bygewoon het. Marinus Daling se Sankorp-kantoor tref die reëlings. Op 6 Augustus 1991 het ek reeds voorlopige bevestiging van Michael Young, Dawie de Villiers, Mof Terreblanche (makelaar), Willem Pretorius (Metropolitan), Attie du Plessis (Sankorp), Marius Smith (Metropolitan), Kobus du Plessis (Sankorp), Louis Geldenhuys (makelaar) en Emile Linde (Sanlam) dat hulle die byeenkoms sal bywoon. Leon Wessels en Willem de Klerk sal "kom inloer". Uit ANC-geledere sal Thabo Mbeki, Jacob Zuma, Aziz Pahad en Tony Trew teenwoordig wees. Sommige draai op die nippertjie uit, waaronder Zuma en Young. Penuell Maduna is uit ANC-geledere aanwesig. Dawie de Villiers is ook teenwoordig. Ons vergadering vind in dieselfde tyd plaas as Magnus Malan se vervanging met Roelf Meyer as minister van verdediging. Dit word as positiewe teken ervaar.

Ons bly die Saterdag by die konferensiesentrum oor. Die aand rondom die gesellige braaivleisvuur praat ons baie persoonlik en intensief oor die noodsaaklikheid dat die gespreksproses gered moet word. Soos by alle informele tweedespoor-bemiddelingsgesprekke skep die ongerepte natuur, sterre teen die hemelruim en lig van die vuur 'n atmosfeer wat eerlikheid en openheid bevorder. Ons ontdek opnuut ons Suid-Afrikanerskap. Mbeki sê: "Ons is almal deel van Afrika." Die konsensus is dat die gespreksproses móét voortgaan. Die sakesektor móét kundigheid en fondse voorsien, sonder om opdringerig te wees. Daar moet ook werk gemaak word van 'n institusionele raamwerk waarbinne die sakesektor só kan funksioneer dat die skikkingsproses suksesvol kan wees. Ons stap dié Sondag met nuwe hoop en inspirasie daar weg.[2]

Met Suid-Afrika vasgevang in warrelwinde van bloedige geweld en 'n skikkingsproses wat nie op dreef wil kom nie, vind daar in September 1991 iets merkwaardigs plaas wat ons land weer op die skikkingspoor plaas: Die Nasionale Vredesakkoord. Ek onthou Hanna se sug van verligting toe dié Akkoord onderteken is. Die Nasionale Vredesakkoord was 'n ligtoring in die ruwe see van ons Kaap van Storms. Godsdienstige leiers, sakeleiers en lede van burgerlike organisasies speel 'n deurslaggewende rol in die Akkoord.

De Klerk was aanvanklik nie entoesiasties nie. Van die organiseerders wat hom gaan spreek het, John Hall, Frank Chikane en Theuns Eloff, kry nie steun by hom nie. Hall het later in 'n onderhoud beweer dat De Klerk "arrogant and tough" was. Hy het vroeër in Mei 1991 self 'n konferensie gereël wat die ANC geboikot het. Mandela het gesê De Klerk se konferensie was "pointless". Volgens Mandela het De Klerk geweet wie vir die geweld verantwoordelik is en hoe om dit stop te sit. De Klerk was van mening dat dit die taak van sy regering en die staat was om veiligheid en vrede te verseker.

Die Akkoord het veral twee belangrike gevolge gehad. Die een was die instelling van 'n kommissie van ondersoek na die voorkoming van openbare geweld en intimidasie. Die ander van deurslaggewende belang: 'n Proses wat ek die verbreding en verdieping van die versoeningsproses deur burgerlike gemeenskappe op voetsoolvlak wil noem, word van stapel gestuur. Dié betrokkenheid van die sake- en burgerlike gemeenskappe voorsien 'n broodnodige energie vir die skikkingsproses. Die politici het later minder entoesiasties oor die Akkoord geword en dit het mettertyd ongelukkig ten einde geloop.

Op 29 November 1991 word die eerste Konvensie vir 'n Demokratiese Suid-Afrika (Kodesa) in die buurt van die internasionale lughawe, die destydse Jan Smuts, gehou. Die Afrikaner Weerstandsbeweging (AWB), die Herstigte Nasionale Party (HNP), Azapo en die Black Consciousness Movement (BCM) neem nie deel nie. Thabo Mbeki het tydens een van ons gespreksessies in Brittanje gesê dat die proses inklusief moet wees, maar dat te veel "fringe organisations" die proses kan ontwrig. Daar was uiteindelik sowat 300 afgevaardigdes. Die byeenkoms, soos een van my NI-vriende dit gestel het, "produseer 'n strategiese katastrofe". Onder druk van sy binnekring en sommige adviseurs om sterk leierskap te gee en te bewys dat die NP spiere het, doen De Klerk 'n bitsige aanval op die ANC en Mandela. Dié doen dieselfde. Mbeki vertel my later dat Kobie Coetsee hom gewaarsku het dat daar iets konfronterends kon gebeur. Mbeki het egter nie presies geweet waaroor dit gaan nie en was in elk geval nie regstreeks by die proses betrokke nie. Dit sukkel hierna om die skikkingsproses weer op dreef te bring. Die konstruk van "die vyand" – enersyds vanuit die De Klerk-regering se perspektief en andersyds vanuit die ANC se perspektief – is dominant. Ná die "strategiese katastrofe" word die weke maande voor die proses weer lewe kry.

Die De Klerk-regering kry ook uit eie geledere die wind sterk van voor. Dit was veral die tussenverkiesing in Potchefstroom wat die politieke alarmstelsel in Afrikanergeledere geaktiveer het. Potchefstroom was 'n veilige NP-setel sedert 1915, behalwe toe die Verenigde Party dit vanaf 1938 – die jaar van die simboliese Ossewatrek – tot 1948 – die jaar van generaal Jan Smuts se val, beheer het. Potchefstroom was ook die universiteitsdorp waar De Klerk sy akademiese en godsdienstige wortels gehad het. Dit was baie gou duidelik dat die NP 'n goeie kans gehad het om dié belangrike setel te verloor. Daar is groot kommer in NP-kringe. Nog voor die verkiesing besluit Dawie de Villiers, 'n minister in De Klerk se kabinet, om FW de Klerk te gaan spreek. Hy neem Barend du Plessis, 'n ander minister, saam.

De Villiers het 'n voorstel: As die Konserwatiewe Party die setel wen, moet De Klerk as hoofleier van die NP dadelik 'n referendum uitroep voordat die ultra-konserwatiewe KP met sy juigkommando's oorneem. De Klerk aanvaar dié voorstel. De Villiers was ook van mening dat die referendumvraag baie spesifiek 'n onderhandelingsmandaat moet soek. Pik Botha, toe hy later daaroor ingelig is, meen 'n tweede referendum moet belowe word om die onderhandelde grondwet by wit kiesers te toets. Dit sou 'n soort vetoreg aan wit kiesers gee, iets waaroor sommige NP-ondersteuners sterk gevoel het. De Villiers het hierteen kapsie gemaak en gereken dat 'n mandaat vir onderhandeling ook 'n mandaat vir die uitkoms van die proses is. Die Konserwatiewe Party verower die setel. Op 24 Februarie 1992 kondig De Klerk 'n referendum onder wit kiesers aan om 'n mandaat vir die onderhandelingsproses te vra. Lede van sy koukus was glad nie gelukkig nie, want hy het hulle nie vooraf geraadpleeg nie. Hy hoef dit nie te gedoen het nie.

Die referendum vind op 17 Maart 1992 plaas en plant 'n duidelike baken van hoop en verwagting: 68,7% van die wit geregistreerde kiesers stem "ja" op die vraag of hulle die voortsetting van die hervormingsproses wat De Klerk op 2 Februarie 1990 begin het en wat 'n nuwe grondwet deur middel van onderhandeling beoog, steun. Dit was die begin van die einde van grootskaalse regse verset. Kiesers links van die NP het oorwegend "ja" gestem.

Gedurende die nag van 17 tot 18 Junie 1992, 'n dag na die herdenking van die Soweto-opstand, breek daar weer eens 'n donderstorm van wanhoop oor ons land: Die menseslagting in Boipatong met 45 dooies. Vier dae later skort die ANC by monde van Nelson Mandela die onderhandelingsgesprek op. Die De Klerk-regering word opnuut van al die bloed en ellende beskuldig. Die ANC-leierskap, soos selfs vandag nog, het dit nie moontlik gevind om van die redes vir swart-teen-swart geweld ook in die magswellus van die swart politiek self te soek nie. Die Goldstone-kommissie kan na Boipatong geen getuienis vind dat die De Klerk-regering die politieke geweld aangeblaas het nie, maar dit maak eintlik nie saak in terme van swart persepsies nie. Dis vanaf dié datum dat die bedingingsmag van De Klerk en sy regering sigbaar op 'n glybaan beland. Die menseslagting is op die voorblaaie van die wêreld se koerante en die De Klerk-regering word soos 'n atleet wat in 'n mededingende wedloop met 'n hakskeenbesering moet deelneem. Die diplomatieke winste van De Klerk se buitelandse besoeke, ook aan Afrika-lande, is in een nag grotendeels uitgewis.

Mandela neem die inisiatief en spreek op 21 Junie die woedende inwoners van Boipatong toe. Hy onderneem om 'n spesiale sitting van die VN se Veiligheidsraad aan te vra. Met behulp van die OEA en die ywerige bydrae van Thabo Mbeki, Joe Modise, Tebogo Mafole en Stanley Mabizela wat in Dakar met OEA-afgevaardigdes gesprek voer, byna presies vyf jaar ná die Dakar-konferensie, aanvaar die Veiligheidsraad op 16 Julie Resolusie 765. Cyrus Vance, gewese "US Secretary of State", word as spesiale gesant na Suid-Afrika gestuur. Ek het hom 'n paar keer ontmoet deur middel van 'n gemeenskaplike Amerikaanse vriend, Wayne Fredericks. Vance se verslag lei tot Resolusie 772 op 17 Augustus: 'n VN "Observer Mission" (UNOMSA), met 50 waarnemers, moet na Suid-Afrika gestuur word. Mandela slaan daarmee 'n groot slag vir die diplomatieke strategie van die ANC wat daarop gemik was om buitelandse steun vir die De Klerk-regering te beperk en De Klerk onder druk te plaas.

Intussen marsjeer meer as 50 000 protesteerders in Pretoria op 5 Augustus 1992. Nelson Mandela is passievol en selfs driftig in sy steun vir die massa-aksie wat dreig om die skikkingsproses finaal te kelder. Die massa-aksie word deur sommige as 'n alternatief vir onderhandelinge gesien, met die droom van magsoorname wat nuwe lewe kry. Swart mense bekragtig dat Mandela die politieke leier van die land is. Ramaphosa verklaar selfs dat die ANC Pretoria oorgeneem het en ook De Klerk se kantoor sal oorneem. Ek sê vir my NI-kontakte dat ons "droewe politieke tye" belewe. Die ANC se Jeugliga hou ook 'n soort verhoor in Kaapstad op die Parade waar Mandela sy eerste openbare toespraak gehou het, en veroordeel De Klerk tot lewenslange tronkstraf. Daar ontstaan gelukkig tussen Ramaphosa en Roelf Meyer 'n persoonlike tweedespoor-interaksie om voortgesette onderhandeling te beredder. Dié tweede spoor was deurslaggewend. Die golwe van geweld bedaar egter nie. Die Boipatong-slagting, waarby Inkatha-hostelbewoners betrokke was, spoor ANC-militantes tot teenreaksies aan, hulle droom van 'n magsoorname nog lank nie uitgedroom nie.

Op 7 September 1992 breek die militantes, met Ronnie Kasrils en duisende opgesweepte ondersteuners, tydens 'n opmars naby Bisho, hoofstad van die Ciskei, deur die versperrings wat die skare uit Bisho moes hou. Die weermag van dié swart "staat" wat uit Suid-Afrika uitgekerf is, brand op die anargistiese skare los. Agt-en-twintig marsjeerders sterf. Kasrils en Ramaphosa kom gelukkig niks oor nie. Ramaphosa en Meyer het intussen voortgegaan om met mekaar gesprek te voer en tweedespoor-kontak te behou, in totaal meer as veertig gesprekke binne die bestek van 'n paar maande. Ek het gedurende hierdie tyd van storm en drang nog kontak met my vriende en kennisse in die NI. Ons aanvaar dat die skikkingsproses op 'n mespunt is. "Ons staar reeds in die donker dieptes van endemiese gewelddadigheid en chaos in," reken ek pessimisties. "Dis nie 'n Leipzig-opsie nie, maar 'n Viëtnam. ANC-militantes het dáár hulle magspeletjies geleer." Daar is onder ons ook 'n kwellende konsensus: De Klerk en sy regering is in trurat. Sy vermoë om die skikkingsproses te bestuur, is aan die inkalwe. Ek vind troos in iets wat president Kenneth Kaunda my oor die konflik in Suid-Afrika gegee het toe ek, kort voor die algemene verkiesing in 1991 in Zambië, wat hy verloor het, vir 'n naweek sy gas was: Die Lusaka Manifes (1969) se oproep: "We would prefer to negotiate rather than destroy, talk rather than kill."

Reeds voor die stolling van Kodesa (in Mei 1992) is daar oor die idee van 'n Regering van Nasionale Eenheid gepraat. Thabo Mbeki het dit verskeie kere as sy persoonlike standpunt genoem. Nelson Mandela het ook in dié rigting op 'n vergadering op Stellenbosch (1991) gepraat. Slim strateeg soos hy was, werk Joe Slovo in die periode van storm en drang die detail van die idee uit en publiseer dit in die Oktober-uitgawe van *African Communist*. 'n Hewige debat bars binne die ANC los tussen die onderhandelingsgesindes en die militantes. Dat dit Joe Slovo was wat die sogenaamde "sunset clauses" voorgestel het, en nie Mandela of Mbeki nie, was 'n uitstekende skuif. In November 1992 aanvaar die Uitvoerende Komitee van die ANC die voorstelle as ANC-beleid. Die NP word daarmee in 'n politieke blik gedruk, sy idees van verskansings en magsdeling op sy voorwaardes daarmee heen. Dit het die deur na verdere konsessies oopgemaak. 'n Dramatiese paradigmaskuif, weg van rasgebaseerde politieke voordele en verskansings, na nierassigheid was nodig.

Op 2 Oktober 1992, met toenemende vrae in die internasionale wêreld en in ANC-geledere oor die De Klerk-regering se wil en vermoë om "vuilspel" deur elemente van sy veiligheidsdienste te verhoed, neem ek by die Suid-Afrikaanse Militêre Inligtingskollege in Pretoria deel aan 'n bespreking oor "Openbare Aanspreeklikheid: Die Bedryf van Veiligheidsinligting". Ek moet spesifiek praat oor die "Inligtingsbedryf en Openbare Aanspreeklikheid – 'n Filosofiese Perspektief". Een van die sprekers uit die burgerlike samelewing maak 'n sterk punt: "Daar is vervreemding tussen die staat en die media. Die staat het dit al meer nodig gevind om toegang tot inligting te verbied en sekere aksies weg te steek. Swak verslaggewers is selfs in die veld geplaas om daarmee behulpsaam te wees." Generaal-majoor CRJ Thirion beïndruk my baie. Hy maak die punt dat Militêre Inligting verpolitiseer is en dit is 'n ernstige probleem. Hy voorspel ook dat internasionale terrorisme sal toeneem en dat 'n goeie militêre inligtingsdiens noodsaaklik is. In die "Nag van die Generaals", in Desember 1992, word hy saam met 22 ander offisiere vir alle praktiese doeleindes in die pad gesteek. Die beweerde aanklagte teen hom het ongetoets gebly. De Klerk wou waarskynlik teenoor Mandela bewys dat hy baas op die staat se plaas is en die wil en gesag het om ongerymdhede trompop te loop. Of hy daarin geslaag het, is egter 'n ander vraag.

'n Tragiese voorval vind die volgende jaar plaas: die moord op die charismatiese Chris Hani gedurende Pase, April 1993, deur regse fanatici. 'n Wit vrou se oplettendheid laat hulle aan die pen ry. Dit buffer iets van dié wrede daad se impak op swart mense. Iets merkwaardigs gebeur ook ná Hani se dood: 'n Gedenkdiens word vir hom in die bekende "Studentekerk" van die NG Kerk op Stellenbosch gehou. Dis 'n kragtige sein. Ek, my besigheidsvriende en my NI-kontakte hou ons asems op. Ons aanvaar dat Suid-Afrika in 'n hel van woede en bloedvergieting kan wegsink. Nelson Mandela toon egter die gehalte van sy leierskap: Hy verhoed dat 'n hel losbars, een van die mees merkwaardige visionêre leierskapsinisiatiewe wat ek ooit beleef het. Hy neem in die praktyk daarmee die politieke leierskap van die onderhandelingsproses oor.

'n Belangrike rede vir die verswakking van die politieke en morele gesag van die De Klerk-regering was ongetwyfeld die swak hantering van die amnestie-kwessie, iets wat Thabo Mbeki reeds tydens die gesprekke in Brittanje as 'n prioriteit uitgewys het. Die De Klerk-regering het gereken dis 'n troefkaart wat teen die ANC gebruik sou kon word, en toe word dit mettertyd 'n troefkaart in die ANC se hande toe die staat se Derde Mag-aktiwiteite, moordbendes ingesluit, op die lappe begin kom. Daar was oor die amnestie-kwessie by geleentheid selfs 'n stormagtige kabinetsvergadering waartydens De Klerk vir Coetsee gevra het om die vergadering te verlaat sodat hulle twee onder vier oë in De Klerk se kantoor kon praat.

In noue samehang met die netelige probleem van amnestie, was daar ook die kwessie van politieke aanspreeklikheid vir dinge wat verkeerd geloop het en waaroor ministers nie ingelig is nie. Volgens wat my gedurende dié tyd meegedeel is, het daar op 'n keer 'n voorstel voor die De Klerk-kabinet gedien wat politieke aanspreeklikheid aanvaar het. Daar was min steun hiervoor, ondanks die advies van 'n regspersoon. Die regering het, soos Gharajedaghi (1999) dié tipe hantering van politieke konflik beskryf, die roete van "absolve" gekies: verontskuldiging. Dié opsie was vir die bevordering van die politieke en morele gesagsposisie van die ANC 'n groot bonus.

Kodesa 1 en Kodesa 2 het gekom en gegaan, noodsaaklike en belangrike mylpale in ons land se soeke na vrede tussen bittere en geswore vyande. De Klerk en Mandela, die twee hoofspelers in hierdie komplekse en emosionele drama, hou nie werklik van mekaar nie en vertrou mekaar nie volledig nie. Hulle moet egter saamwerk in wat ek 'n onmoontlike vennootskap ("impossible partnership") genoem het. Die wêreld se oë is op ons land gevestig. Die meerderheid Suid-Afrikaners soek vrede. Advokaat Dikgang Moseneke, wat uit die PAC gekom het en my altyd gerespekteer het deur Afrikaans te praat, het op 'n keer oor hierdie periode in ons geskiedenis vir my gesê: "Ons land was geweldsmoeg. Veral in die townships. Almal het in vrees gelewe." Hy word later in die Mbeki-era 'n gerespekteerde regter.

FW de Klerk moet baie winde wat sterk van voor af waai, trotseer. Ek kry 'n oproep van een van my NI-kontakte: "Prof, ek het slegte nuus vir jou. Jou mentor, prof Gerrit Viljoen, het onder die druk geswig en moet as minister van grondwetlike sake en hoofonderhandelaar uittree. Wat gaan ons doen?"

Ek is totaal en al verslae. Die ANC, en veral Thabo Mbeki, het vir Viljoen die hoogste respek gehad. Die vertroue in sy intellektuele vermoëns en integriteit was hoogstaande. Hy het ook baie hard gewerk en alle dokumentasie bestudeer. De Klerk verloor ook ander kabinetslede: Barend du Plessis (finansies); Stoffel van der Merwe (inligting) wat plotseling uit die politiek uittree. Adriaan Vlok (wet en orde), is al in 1991 gedemoveer. So ook Magnus Malan (verdediging). Vlok, en dit moet hom ter ere gegee word, het in 1994, toe De Klerk nog president was, aangedui dat hy vir amnestie aansoek gaan doen. Toe kom, kort voor die verkiesing, Inkathagate: Openbaarmaking van die staat se steun aan Inkatha om die ANC se opmars te probeer stuit. Thabo Mbeki merk teenoor my op: "Ek het jou mos gesê."

Die nuus oor Inkathagate was vir my een van my mees ontstellende ervarings sedert my betrokkenheid by die tweedespoor-gesprekke vanaf 1987. Mbeki, wat nie leedvermakerig was nie, was deeglik bewus van wat ek graag die "histories en godsdienstig geïnkarneerde eerbaarheid" van Afrikaners, ondanks apartheid, genoem het. My ANC-kontakte het my houding hieroor gerespekteer en altyd na Beyers Naudé as 'n voorbeeld verwys. Ek het verraai gevoel, 'n slagoffer van 'n naïewe persepsie oor Afrikanerleiers en -politici. Dis ook toe dat ek iets aanvaar het wat omstrede kan klink: De Klerk en sy regering se posisie aan die onderhandelingstafel is deur die sogenaamde "onkonvensionele" optredes van sy veiligheidsmagte en -dienste ondermyn. Toe dié optredes rugbaar word, en selfs Magnus Malan verskuif moes word, is die veiligheidsapparaat van die staat effektief uit die skikkingsproses uitgehaal. De Klerk was militêr ontman en sonder bedingingsvermoë.

Ek was persoonlik nóg informeel nóg formeel by die onderhandelingsproses betrokke wat op 1 April 1993 in alle erns hervat is. Roelf Meyer word die deurslaggewende persoon in die proses wat ontvou. Hy is, sê iemand van die NI, "bekeer" van alle idees oor groepsregte en groepsbeskerming. Die pad wat geloop moet word, is meerderheidsregering in 'n eenheidstaat met 'n grondwet wat individuele, kulturele en ander regte beskerm. "Dis die grondwet wat tel," sê Mbeki ook aan my. Ek het toe al lankal weggestap van die NP se idee van groepsregte en minderheidsveto's. Ek het ander vrae gehad: "Hoe kan ons 'n nie-rassige politieke kultuur skep wat die te onderhandelde grondwet respekteer? Sal die instellings wat die grondwet moet bewaak, sterk en onafhanklik genoeg wees? Sal die burgerlike samelewing en wit mense hiérin 'n rol kan speel? Is die droom van nie-rassigheid haalbaar? Dis tog waaroor volhoubare vrede en versoening in ons land veral sal gaan?"

In hoeverre die NP en die regering se onderhandelingspan opgewasse vir hulle taak was, is van die vrae wat vandag in Afrikanerkringe gevra word. Daar is selfs mense wat die ongelooflike bewering maak: Die regses was reg. Hoe die regses in Afrikanerkringe dit anders en beter sou gedoen het, word nie gesê nie. Dat die ANC-regering intussen op belangrike punte gefaal het, bewys nie die regse Afrikaner-standpunt "reg" nie. Baie mense se vrese is wel bewaarheid. De Klerk loop in die verband op bepaalde punte ook onregverdig deur. Hy het Nelson Mandela en sy span inderdaad onderskat. Sy en ander lede van sy span se fokus op die proses was ook nie altyd na wense nie. En Roelf Meyer se storie agterna dat De Klerk reeds in Desember 1989 vir hom sou gesê het: "Ons is die likwidateurs van hierdie firma", was nie – soos Meyer beweer – 'n groen lig vir swart meerderheidsregering nie. Dis nie wat De Klerk wou hê nie. Dis eerder 'n stryd wat hy verloor het. Die vraag is: Kón De Klerk dié stryd gewen het? Waarmee en met wie?

Die onderhandelingsproses hardloop na 1 April 1993 soos 'n sneltrein.

Swart meerderheidsregering word onafwendbaar. Die res is geskiedenis, met die verkiesing in April 1994, 'n jaar ná die hervatting van die proses, dié groot gebeurtenis in Suid-Afrika se droewe geskiedenis, 'n "skarnierdatum" na 'n totáál ander politieke bedeling sedert April 1652, toe Jan van Riebeeck hier in die Kaap geland het en daar 'n fort gebou en heinings geplant is om die "barbare" uit te hou. Ek en Annemarie staan in die "gemengde" ry van kiesers by die US se "DF Malan-sentrum" om vir die eerste keer as 'n inklusiewe kieserskorps ons kruisies te trek. Die bruin man voor my, wat ek toevallig ken, vra my toe ons die stemlokaal betree: "Wat is onder die kombers daar anderkant?" Ek huiwer om te antwoord. Sê tog: "Dis dr. DF Malan se standbeeld." Hy lag uit sy maag uit: "Van vandag af maak ons al jou apartheidsimbole onder komberse toe."[3]

My NI-kontakte en mense na aan De Klerk het my gou ingelig: "De Klerk sal nie die mas in die Regering van Nasionale Eenheid opkom nie." Sy probleem, so vertel een van sy kollegas my, is dat hy Mandela as sy opponent beskou en homself as 'n potensiële president. Hy verwag van die NP-ministers in die kabinet om vooraf met hom te koukus sodat hulle gesamentlike strategie kan bepaal om Mandela en die ANC te opponeer. Ek is stomverbaas. Hy werk, so sê ek vir my segspersoon, met 'n verbete opponentsmodel. Nie met 'n vennootskapsmodel nie. Hy kán nie oorleef nie. De Klerk word bowendien deur konserwatiewe Afrikanerkommentators aangepor om sy goed te vat en te loop. Hy swig voor dié druk.

Die mislukking van die Regering van Nasionale Eenheid was vir Suid-Afrika se toekoms 'n groot verlies. Dis nie wat Nelson Mandela en Thabo Mbeki wou hê nie, iets wat Mandela bevestig het tydens 'n vliegtuigrit na Durban saam met 'n NP-minister om 'n moeilike situasie te gaan ontlont. Die persoon wat De Klerk as sy opvolger geoormerk het, was gewillige buit vir die ANC se politieke krokodille. Die gevestigde geïnstitusionaliseerde Afrikanergemeenskap het hierna teen 'n tempo verbrokkel wat eintlik verstommend was. Die rede was opsigtelik: Disintegrasie van die NP se mag en invloed waarvan die Afrikanergemeenskap afhanklik was en 'n totale onvermoë om nuut en anders oor die institusionele toekoms van Afrikaners te dink. Selfs die eens magtige en invloedryke Nederduits Gereformeerde Kerk, soos ook die Afrikaner Broederbond, het nie die tande van 'n nuwe tyd vrygespring nie. Simbolies hiervan is wat met 'n eens bekende baken in die buurt van die parlement, naamlik die NGK-Sinodesaal, gebeur het. Dis nou winkels en 'n luukse hotel.

Die nuwe Suid-Afrika het 'n dialektiek geërf wat van die tagtigerjare af kom: die dialektiek tussen hoop en wanhoop. Thabo Mbeki was deeglik bewus van hierdie dialektiek. Soos te verstane, was sy fokus veral op die vraag hoe hoop binne die voorheen onderdrukte massa gegenereer kon word. Hy het ook geweet dat onvervulde hoop die saad van revolusie is. Hiervan was hyself by Polokwane 'n slagoffer. Kan dié dialektiek ná 16 jaar van bevryding in 'n meer positiewe koers gestuur word? Na 'n land van Goeie Hoop?

17
Die nuwe Suid-Afrika: 'n Spanning tussen hoop en wanhoop

Dié boek gaan oor 'n proses waarby baie mense betrokke was en wat mettertyd groot en uitbundige verwagtings geskep het. Die vraag of al die tyd en energie wat bestee is, die moeite werd was – of die oorgangsproses suksesvol was – word vandag dikwels gestel. Dis ook nie net wit mense wat dié vraag opper nie. Ek loop dit gereeld in bruin, swart en Indiër-geledere raak. Dié vraag verdien aandag, al kan dit in hierdie hoofstuk net in breë trekke aangeroer word.

Baie min mense het skeptiese vrae gehad oor óf daar geskik moes word en of die tydsberekening reg was. Die meerderheid wit mense, soos bevestig deur die referendum, was ten gunste van 'n onderhandelde skikking. Ek het persoonlik op baie plekke in die land hulle hoop en verwagting ervaar dat die proses tot volhoubare vrede, geregtigheid, regverdigheid en stabiliteit sou lei, al was daar 'n klompie wit mense wat skepties was. Kort voor die verkiesing en veral daarna, het daar wel vrae oor die inhoud van die onderhandelde ooreenkoms ontstaan. Ek het self mettertyd baie vrae oor die toepassing van die skikkingsooreenkoms, die administrasie daarvan en veral die geknoei met die belangrike projek van transformasie van die staat en sy instellings begin vra. Die gees en bedoelinge van die ooreenkoms is op dié vlak algaande gesaboteer. Hoe dit ook al sy, die besluit om die konflik wat oor dekades heen diep groewe deur ons land en tussen sy mense gegrawe het, deur onderhandeling te besleg, was die regte besluit.

Die vlam van hoop en vertroue in die toekoms het ná die 1994-verkiesing baie hoog gebrand, hoofsaaklik geïnspireer deur 'n persoon: Nelson Mandela. Hy het die verpersoonliking geword van groot getalle Suid-Afrikaners se droom van 'n Suid-Afrika wat vry van rassekonflik, politieke magswellus en erge armoede is. Die Universiteit Stellenbosch het in Oktober 1996 tydens 'n spesiale plegtigheid 'n eredoktorsgraad aan hom toegeken, iets wat ek saam met die rektor van toe, Andreas van Wyk, kon help bemiddel. Ons kon nie bekostig dat hy nee sou sê nie, of soos Mamphela Ramphele by 'n vroeëre geleentheid vir my en die US-rektor van destyds, Mike de Vries, gesê het: "Not yet the time." Mandela se reaksie, ná gesprekke met sy raadgewers, was dat dit vir hom 'n "buitengewone eer" sou wees.

Dit was 'n groot simboliese gebeurtenis, skaars ses jaar ná sy vrylating. Een van sy vriende wat saam met hom op Robbeneiland en later in die Pollsmoor-gevangenis was, het my op die versoeningsimboliek gewys: US het DF Malan, BJ Vorster en PW Botha, voormalige apartheidsleiers, as kanseliers gehad. De Klerk het al in 1992 'n eredoktoraat ontvang. En US was voorheen trots dat ses wit eerste ministers US-alumni was: Smuts, Hertzog, Malan, Strijdom, Verwoerd en Vorster. Dit was inderdaad 'n teken dat 'n nuwe era aangebreek het en daar vir inklusiwiteit en versoening gekies is. Niemand het egter kon weet hoe moeilik en kompleks die pad vorentoe sou wees nie. Baie mense is deur 'n euforie oor ons sogenaamde wonderwerk en naïewe menings oor versoening verblind.

Dis nie moontlik om ál die faktore te bespreek wat 'n suksesvolle oorgangsproses in die wiele gery het nie. Daar sal net op 'n paar gewys word. Die eerste een het in dieselfde jaar as Nelson Mandela se ontvangs van 'n US-eredoktoraat sy verskyning gemaak: die mislukking van die Regering van Nasionale Eenheid. Dit was in vele opsigte 'n politieke ramp, 'n skoot in die brein- en ervaringstrust waarop die skikkingsooreenkoms berus het. De Klerk het oor die ervaring en vermoë beskik om 'n goed funksionerende regstaat te help fasiliteer. Hy het oënskynlik belangstelling in volgehoue deelname aan die implementering van die skikkingsooreenkoms verloor en uit die Regering van Nasionale Eenheid gestap. Die moontlikheid om die vrese van wit mense en hulle belange op hoë vlak te behartig, is daarmee uit die lyf van die skikkingsooreenkoms geamputeer.

Die tweede faktor wat 'n negatiewe impak op ons oorgangsproses gehad het, en nog steeds het, is die hoë vlakke van geweld in ons land. In die talle gevallestudies oor oorgangsprosesse word deurgaans beklemtoon dat misdaad en geweld, tesame met swak maatskaplik-ekonomiese toestande, 'n suksesvolle oorgang in die wiele ry. Die oorgang na 'n demokratiese bedeling is nie slegs 'n *gebeurtenis* (soos 'n vrye, inklusiewe verkiesing nie), maar 'n *proses* wat lank kan duur. Sukses is nie gewaarborg of vanselfsprekend nie. Oorgange is ingewikkeld en sluit 'n politieke faset, 'n ekonomiese faset en 'n maatskaplike faset in, soos onder meer die bou en onderhou van maatskaplike kapitaal. 'n Geweldskultuur het 'n regstreekse impak op al hierdie fasette omdat dit openbare vertroue ondermyn.

Daar is min lande ter wêreld wat só die slagoffer van sy kompleksiteit en netwerk van diepliggende foutlyne is as Suid-Afrika. Versoening en vrede kan in so 'n situasie nóóit bloot die afwesigheid van sigbare, regstreekse geweld wees nie. Ook nie bloot "veiligheid en sekuriteit" nie. Etniese, sosio-ekonomiese, politieke en strukturele geweld het in Suid-Afrika oor tyd heen 'n té ineengestrengelde, endemiese en sistemiese karakter aangeneem, soos in die geval van korrupsie wat by ons lankal nie meer "toevallig" is nie. Daar het al in 1990 die vraag ontstaan: Wat sal die gevolge van die uitgerekte en diepliggende regstreekse én strukturele geweld wat ons land vir so lank in 'n ystergreep het, vir toekomstige versoenings- en vredesprosesse wees? Daar was twee nasionale pogings met eiesoortige instellings om dié vraag te beantwoord: die Nasionale Vredesakkoord (van September 1991) en die amptelike Waarheids-en-Versoeningskommissie onder die leiding van aartsbiskop Desmond Tutu. Laasgenoemde het mense die geleentheid gegee om hulle stories te vertel. Ons kon hoor en ervaar hóé vuil baie hande in Suid-Afrika is én hoe sterk die begeerte was na kennis van die waarheid oor ons verlede en die wil tot versoening. Die Waarheids-en-Versoeningskommissie kon egter nie volhoubare versoening en vrede bring nie. Die proses het voorlopig gebly. Ons skryf nog steeds 'n groot deel van ons geskiedenis met bloed.

Ons versoenings- en vredesproses sedert die amptelike en roerende verkiesing van 1994, dié gebeure wat aangedui het dat ons land ook 'n Kaap van Goeie Hoop huisves, lyk tans in die lig van die heersende geweldskultuur uiters gehawend. Ons bly 'n grensland met "goeters in die bos" (om Opperman aan te haal). Dié grens loop nou net deur stede, dorpe, gemeenskappe, strate en selfs families. Ons het getransformeer vanaf 'n outoritêre rasgebaseerde minderheidsregering na 'n inklusiewe grondwetlike demokratiese bedeling. Dié transformasie was egter nóg 'n transformasie na volhoubare, sigbare institusionele en persoonlike beelde van versoening en vrede, nóg 'n transformasie na 'n nie-rassige bedeling, vry van veral sosioekonomies-gedrewe geweldsvorme. Ons het ook erge vorme van geweld teen vroue en kinders, sigbare uitdrukkingsvorme van ons gehawende versoenings- en vredesproses ná 18 jaar van inklusiewe demokrasie.

Dis 'n tragiese werklikheid, maar ongetwyfeld 'n duidelik herkenbare gesig van ons land: Die ANC-regering het misluk om regstreekse en strukturele geweld in die land onder beheer te kry. Ons het demokrasie en vryheid, maar nie veiligheid nie. Die soort gewelddadigheid wat ons ervaar en die brutaliteit waarmee dit gepaardgaan, skyn selfs erger te word. Sosio-ekonomiese ongelykhede, oftewel strukturele geweld, het reeds groteske afmetings aangeneem. Dit kontrasteer met die obsene vorme van materialisme en selfverryking wat deur die ANC-leierskap bevorder word. Wat ons in die sogenaamde post-apartheidera ervaar, illustreer dat vryheid nóg noodsaaklikerwyse 'n kultuur van vrede vestig nóg noodwendig versoening bevorder.

Die derde faktor wat die oorgangsproses na 'n stabiele maar dinamiese demokrasie ernstig bedreig en reeds groot skade aangedoen het, is die ANC se transformasie van die staat en veral die beskouing wat sedert sy Polokwane-konferensie posgevat het: Die staat is 'n voertuig van die party en die party, op sy beurt, is die setel van alle mag. Die Polokwane-konferensie was 'n keerpunt in dié verband. Die Mandela-droom van 'n inklusiewe, nie-rassige demokrasie is dáár vernietig as gevolg van die magstryd tussen twee eertydse vriende: Thabo Mbeki en Jacob Zuma. Alle bewegings ("movements") ondergaan uiteindelik magstryde. Die ANC, 'n aanvanklik inklusiewe "breë kerk"-beweging, was hiertoe gedoem. Die vraag was nie óf nie, maar slegs wanneer die magstryd sou uitbars.

Die hoofstroom binne die huidige ANC steun die gedagte dat die staat die party is. Toe 'n Afrikaanse koerant na Mbeki se vernedering by Polokwane teen lamppale aangekondig het: "Dankie, Suid-Afrika", was dit ook 'n skrif aan die muur: Welkom aan 'n partystaat.[1] Bewegings huisves uiteenlopende tendense en motiverende idees. Die ANC, as kollektiewe vryheidsbeweging, kon Christene, ateïste, Moslems, Staliniste, Marxiste, demokrate en humaniste gerieflik 'n tuiste bied. Dié uiteenlopende "geloofsgemeenskap" het 'n gemeenskaplike "vyand" gehad. En toe dié "vyand" (apartheid) verdwyn, was kompetisie onafwendbaar. Hierdie kompetisie het in Polokwane ook 'n verwysingspunt gekry: nie 'n Mbeki se pragmatiese ontwikkelingstaat nie, maar 'n "harde" ontwikkelingstaat, oftewel 'n staat wat die politieke én ekonomiese ontwikkelingsepter swaai.

Die magstryd binne die ANC gaan nie net oor wie die politieke septer swaai nie, maar ook oor wie die ekonomiese septer swaai – wie deel het in die ekonomiese welvaart. Dis hier waar die eintlike *struggle* hom manifesteer: nié nie-rassigheid nie, maar vinnige rykdom; materiële vergoeding vir die stryd om vryheid; totále beheer. Vandaar die Stalinistiese obsessie met politieke mag by 'n sekere ANC-kliek. Die magstryd het ná Polokwane verskerp.

Die huidige erosie van openbare vertroue hou verband met 'n toenemende negatiewe persepsie en ervaring van die staat en sy instellings *in die praktyk*, oftewel die *staat in aksie,* wat die grondwet ook al sê.

Wat is in dié verband die geval in Suid-Afrika ná 18 jaar van demokrasie? State in aksie kan rofweg in vier hoofkategorieë geklassifiseer word:

- *Suksesvolle state.* Hulle is nie noodwendig demokraties in die (Westerse) sin van die woord nie, maar presteer ekonomies, het institusionele vermoë en kapasiteit, blink uit wat onderwys, ondernemerskap en opleiding betref, en beskik oor maatskaplike kapitaal en kohesie.
- *Brose state* vertoon tekens van institusionele verval, ernstige burokratiese mislukkings, vaardigheidserosie, korrupsie en ernstige beleidsverskille. Daar is wel 'n redelik lewenskragtige burgerlike gemeenskap, sekere instellings funksioneer nog goed en die idee van "wet en orde" figureer sterk in die openbare domein, in sekere staatsinstellings en by sommige leiersfigure. Georganiseerde misdaad en sindikate begin egter 'n vastrapplek kry.
- *Mislukte* of *disfunksionele state* is die slagoffer van sistemiese korrupsie: Korrupsie wat deur die sisteem self geproduseer en verskans word. Dié soort korrupsie is destruktief en kontra-ontwikkeling. Die armes is in so 'n staat die grootste slagoffers. Die rykes verskans hulleself terwyl 'n groeiende segment van die hardwerkende middelklas uitgelewer en ontgogeld voel. Die werkersklas kry swaar. Dienslewering word gebrekkig en onvoorspelbaar. 'n Leierskapsvakuum ont-

staan, gekompenseer deur outoritêre figure wat oorneem en verbintenisse met sindikate het.
- *Kriminele state* vertoon twee variasies. In die eerste variant het misdaadsindikate die staat so goed geïnfiltreer dat hulle die funksies van die staat vir alle praktiese doeleindes dikteer. In die tweede variant het die staat, ás staat, geabdikeer en self by kriminele aktiwiteite betrokke geraak. 'n Staatsbeheerde en -gedrewe "kriminele ekonomie" ontstaan.

Suid-Afrika is weliswaar nog 'n grondwetlike regstaat, maar by verre nie 'n suksesvolle staat nie. Dis tans 'n baie brose staat met positiewe en negatiewe tendense wat met mekaar kompeteer. Sekere departemente doen uitstekende werk. Ander rook nie die pyp nie. Die grondwet seëvier nog in talle kritieke gevalle, al is daar tekens deur die ANC van administratief-politieke omseiling deur "kaderontplooiing". Teen-korrupsie-instellings doen nog op 'n vreeslose wyse hul werk, al sukkel dit om al die groot visse te laat braai. Die post-Polokwane-ANC is immers tans 'n politieke borg van wat transaksie-leierskap genoem word: Steun en lojaliteit berus nie primêr op 'n gedeelde visie, waardes en beleidsdoelwitte nie, maar op ooreenkomste (transaksies) wat aangegaan word om stemme te koop. Kaderontplooiing is hiervan 'n goeie voorbeeld. So ook die opkoms van "tenderpreneurs".

Dit spreek vanself dat transaksie-leierskap die deure na korrupsie oopsluit en die moontlikheid van opportunistiese kompromieë bevorder. Dis transaksie-leiers wat brose state en onseker demokrasieë in kriminele state omskep.

Daar is ook 'n aanslag op die onafhanklikheid van die regbank met president Jacob Zuma wat in die openbaar die ANC se agenda bekend gemaak het: Die howe kan nie toegelaat word om die politieke wil van die meerderheid, soos in ANC-beleid vertolk, aan bande te lê nie. Die Konstitusionele Hof is ook in die visier, met die ANC se sekretaris-generaal, Gwede Mantashe, en 'n adjunkminister, Ngoako Ramatlhodi, wat van die politieke ondermyners in dié verband is. Wat ons in hierdie en ander voorbeelde sien, is nie net 'n poging om die onderhandelde spelreëls vir goeie regering en die regte van die burgerlike samelewing te verander sodat dit die ANC as politieke party kan pas nie. Dis ook 'n poging om 'n politieke kultuur te vestig waarin algemeen aanvaarde etiese norme, soos dit binne demokratiese samelewings bestaan, genegeer kan word ter wille van die elite wat die stemme van die meerderheid kan manipuleer. Die uiteinde hiervan is 'n inploffing van daardie etiese standaarde wat in enige demokratiese samelewing noodsaaklik is vir orde, stabiliteit en regverdigheid.

Ons het genoeg goeie redes om te wanhoop oor die invloed van die post-Polokwane-ANC se transaksie-leiers, al het ons oorgangsproses belangrike demokratiese kragte en waardes bemiddel, verstewig en ook geïnstitusionaliseer. Die rol wat die grondwet en die Konstitusionele Hof hierin gespeel het, en nog steeds speel, kan net met een woord beskryf word: voortreflik. Die ANC se politieke transaksie-leiers is om verstaanbare redes hieroor erg beswaard, want dit plaas beperkings op hulle vermoë om te manipuleer en ongebreideld magspeletjies te speel. 'n Kenmerk van onbeheerste transaksie-politiek is gewoonlik verwoede aanslae en ondermyning van polities onafhanklike instellings, onder meer die media. Toegewyde transaksie-leiers hou nie van waghonde oor hulle doen en late nie. Aanspreeklikheid en verantwoording is vir hulle knellende blokke aan die bene. Slaag hulle in hul aanslae, ontstaan die volgende: 'n vermenging van staats-, persoonlike en partybates. Dié supertransaksie is die belangrikste kenmerk van 'n outoritêre staat met outoritêre leiers.

Knellende probleme soos endemiese geweld, die MIV/vigs-pandemie, sistemiese korrupsie, die onderwyskrisis, inploffende dienslewering en die yslike maatskaplik-ekonomiese gaping waarin die ANC se swak leierskap 'n swaar hand het, moet dringend deur werkbare beleid en planne gekonfronteer word. Dié probleme word tans deur 'n groter krisis in die gesig gestaar: die sterker wordende elitistiese kontrole van die staat deur die ANC en die daarmee gepaardgaande kruipende nasionalisering van alles en nog wat. Daar is selfs 'n poging om inligting te nasionaliseer. Dit is nie, soos in die geval van onderwys of dienslewering, die gevolg van swak beleid en onbeholpe leierskap nie. Dis 'n doelbewuste, deeglik beplande en ideologies-geïnspireerde "staatsgreep", oftewel 'n aanslag op die staat as instelling soos wat dit grondwetlik ná 1994 gestalte begin aanneem het. Wat in die gedrang is, is ons grondwet en ons swaar verworwe demokrasie. Die naam wat die post-Polokwane-ANC vir hierdie aanslag op die grondwet, ons demokrasie en die onafhanklike fasette van ons staat gee, is populisties en daarop gemik om veral armes te mobiliseer: 'n opgewarmde vorm van die Nasionale Demokratiese Revolusie.

Dié revolusie, as dit slaag, sal nie net alle vorme van grondwetlike aanspreeklikheid ondermyn deur die aanstelling van mense wat polities gekompromitteer en deel is van die post-Polokwane-transaksiekultuur nie. Dit sal uiteindelik ook die formele ruimtes vir openbare debat, beleidskritiek, die bekendmaking van roekelose politieke gedrag en onbevoegde leiers se name, die reg om gehoor te word en die vermoë om op allerhande maniere protes aan te teken en in opposisie te wees, grondig vanaf staatsweë aan bande lê. Op die spel is die soort demokrasie waarvoor Albert Luthuli, Oliver Tambo en Nelson Mandela gestry het. Die post-Polokwane-ANC pleeg verraad teen die nalatenskap van dié en ander leiers. Hulle verstaan van die Nasionale Demokratiese Revolusie hou geen verband met die droom om die nalatenskap van apartheid uit die weg te ruim nie. Dit hou inteendeel nét verband met 'n ander droom: Volledige beheer oor die staat en sy hulpbronne; beheer en rykdom teen enige prys.

Word hiermee gesê dat die oorgangsproses geheel en al misluk het en dat ons weer eens, soos in die gewelddadige tagtigs, rede het om te wanhoop? Is daar geen tekens van 'n kantelpunt in die rigting van 'n meer hoopvolle post-konflikbedeling en 'n praktiese belewing van ons land se grondwetlike ideale en waardes nie? Het Luthuli-huis die staat en sy instellings al só geanneksseer dat selfs Albert Luthuli se ideale en waardes in 'n politieke asblik beland het? Die antwoord is 'n gekwalifiseerde nee. Daar is baie tekens van 'n kantelpunt, met dien verstande dat aanvaar word dat kreatiewe prosesse van vernuwing en demokratisering nóóit eenmalig of dramatiesingrypend is nie. Dit bly prosésse, met 'n paar dramatiese gebeurtenisse wat daarop 'n stempel van populêre aanneemlikheid plaas.

Die belangrikste tekens van 'n moontlike kantelpunt en rede vir hoop, is die volgende:

Eerstens: 'n Groeiende korps van swart meningsvormers en "gryse wyses" wat in opstand is. Luthuli-huis en president Jacob Zuma is besig om die morele en intellektuele siel van die ANC te verloor. Of populisme die ANC sal red, is 'n ope vraag. Die ANC loop in dié verband dieselfde pad as die gewese Nasionale Party in die laaste dekade van sy regering. Net vinniger, maar met dieselfde mate van politieke arrogansie. Soos in die geval van die Nasionale Party destyds, gee geestelike, morele, intellektuele en sakeleiers al hoe minder in die openbaar hulle ongekwalifiseerde of selfs gekwalifiseerde steun aan die ANC, sy bevoegdheid om die land te regeer en sy beleidspraktyke. Die ANC-partyleierskorps wat vir hierdie vervreemding die media as die groot sondebok uitsonder, erken in werklikheid onregstreeks dat hulle 'n belangrike stryd verloor het: steun deur die swart leierskorps van die burgerlike samelewing – veral diegene met breë openbare geloofwaardigheid. Dié vervreemding het 'n groot openbare wins tot gevolg gehad: Die weiering deur baie swart meningsvormers om Nelson Mandela en sy nalatenskap deur ANC-opportuniste en populiste te laat kaap. Dieselfde geld vir die nalatenskap van Albert Luthuli en Oliver Tambo.

Die lys van indrukwekkende name in dié verband word al hoe langer, met 'n hele paar swart joernaliste op die voorpunt. Gerespekteerde intellektuele leiers soos Mamphela Ramphele, George Bizos, Njabulo Ndebele, Barney Pityana, Jonathan Jansen en baie ander draai nie doekies om nie. Kerkleiers, soos biskop Desmond Tutu, is vandag selfs 'n rolmodel onder Afrikaners wat hom tydens die verhore van die Waarheids-en-Versoeningskommissie karikatuuragtig voorgestel het. Allan Boesak, 'n bron van inspirasie binne die destydse UDF, het ook lankal die ANC-leierskap die rug toegekeer. Nie alle swart, bruin en Asiër-mense steun die nuwe ANC-leierskap nie. Baie maak nié kniebuigings voor die president en sy politieke kommissarisse nie.

Dié teken van 'n moontlike kantelpunt moet saamgelees word met minister Trevor Manuel se Nasionale Beplanningskommissie se onlangse diagnostiese oorsig. Dié oorsig wys op 'n goed beredeneerde wyse die volgende nege ernstige kwessies uit: Hoë werkloosheid; die swak gehalte van onderwys vir swart mense; probleme met infrastruktuur; die onvolhoubaarheid van ekonomiese ontwikkeling op die basis van die intensiewe afhanklikheid van hulpbronne; gebrekkige toegang tot werksgeleenthede in terme van ruimtelike ordeningspatrone (ruimtelike apartheid); 'n verslegtende openbare gesondheidstelsel; ongelykmatige prestasie van openbare dienste; korrupsie; plus die diep verdelings in die Suid-Afrikaanse gemeenskap, en nie net op ras gebaseer nie.

Dié dokument is een van die belangrikste dokumente wat ons tans het, al was die kennisname daarvan uiters teleurstellend. Die verwagte debat het agterweë gebly en is oordonder deur meer opspraakwekkende beriggewing oor "insidente". Dit bly egter 'n belangrike dokument, want dit verteenwoordig 'n amptelike en openbare konsensus – oor partypolitieke, ideologiese, klasse- en rasseverdelings heen – van waar Suid-Afrika in 2011-2012 staan. Daar is eintlik min verskil van mening oor dié diagnose. Die vraag is wel: Hoe gemaak met die diagnose? Manuel se kommissie beveel 'n "effective social compact" aan. Dié sal natuurlik nog bemiddel en onderhandel moet word, want dit kan nie voorgeskryf word nie. Hoe die proses van stapel gestuur moet word, is daarom belangrik. Daar is ook die vraag: Word aanvaar dat ons land 'n ernstige "siektetoestand" beleef en dat 'n vennootskapsbenadering onontbeerlik is? Dat nie koöptering nie, maar samewerking ("co-operation") die naam van ons ontwikkelings- en oorlewingspel geword het? Meer spesifiek gestel: Is die ANC-heethoofde se obsessie met 'n Nasionale Demokratiese Revolusie 'n antwoord op die Beplanningskommissie se diagnose? En hoe kan die obsessie deur swart en wit demokrate "getransformeer" word? Wanneer sal swart en wit meningsvormers, intellektuele en demokrate op 'n nie-rassige wyse buite partyverdelings om 'n gerespekteerde koor word en nie elkeen op sy eie mishoop luidkeels staan en kraai nie?

Tweedens: Die protes teen swak dienslewering, selfs gepaardgaande met wisselende vorme van geweld. Dié oproer kan nie meer voor die deur van apartheid se nalatenskap gelê word nie. Dis die regstreekse gevolg van ANC-gegenereerde onvermoë, nepotisme, korrupsie, magswellus, kaderontplooiing en "kriminele" onbevoegdheid. Die oorgangsproses het op baie plaaslike en gemeenskapsvlakke katastrofaal misluk. Dit raak die burgerlike samelewing regstreeks. Om te sien hoe 'n ANC-regering die polisie moet ontplooi om oproerige proteste in townships te smoor, vertel vir ons hóé groot die mislukking was. Die polisie sal dié oproerigheid nie smoor nie. Dit sal voortduur en waarskynlik vererger.

Daar is 'n belangrike rede waarom dié kwessie as 'n teken van 'n moontlike kantelpunt gesien moet word. Die stryd om politieke vryheid, heroïes en noodsaaklik soos dit mag wees, is slegs een kant van die munt wanneer dit oor volhoubare demokrasie gaan. Daar is ook 'n ander kant wat die egtheid van die munt moet waarborg: die vestiging van vryheid in prosesse, instellings en waardestelsels waar 'n kultuur van relatiewe vrede en regverdigheid heers. Daarsonder word die versoeningsdroom 'n vorm van geromantiseerde misleiding en uiteindelik gesaboteer deur wat die geregtigheids- en regverdigheidsgaping genoem word. Dié vind sy beliggaming in groeiende getalle mense se ervaring dat daar in die politieke en maatskaplike praktyk nie geregtigheid en regverdigheid is nie.

'n Lesing (in 2006) deur Mary Anderson by die Universiteit van Notre Dame (VSA) het op my 'n diepe indruk gelaat toe ek, al luisterende, dit met Suid-Afrika in verband gebring het. Dit het my gehelp om iets van die voorafgaande te verstaan. In haar voordrag "False Promises and Premises? The Challenge of Peace Building for Corporations" (in: *Peace through Commerce*), sê sy: "Peace cannot be mined, manufactured, outsourced, hired, contracted, bought or sold. Peace is essentially a political process, not an economic one." Standhoudende vrede en versoening in diep verdeelde en konflikgeteisterde samelewings berus in die finale instansie op "political arrangements in which people have confidence". Die betrokkenes moet vertroue hê dat die ooreengekome reëlings voorspelbare en aanvaarbare prosesse tot gevolg sal hê "for redressing injustice and unfairness when it occurs". Anderson is presies in die kol. Dié erosie van vertroue in prosesse en instellings om die geregtigheids- en regverdigheidsgaping te vernou, het myns insiens ná Polokwane van kwaad tot erger gegaan. Twee belangrike mislukkings moet beklemtoon word:

- Die onvermoë en selfs onwil om op 'n besliste en doeltreffende wyse die glybaan na sistemiese korrupsie om te keer.
- Die inploffing van talle plaaslike owerheidsinstellings vanweë onvermoë, die verlaging van bestuurstandaarde, magswellus en selfverryking. Goedfunksionerende plaaslike owerhede is van kardinale belang in pogings om standhoudende vredesprosesse in voorheen konflikgeteisterde samelewings te vestig. Dit hou immers regstreeks verband met die sukses wat behaal word om sistemiese ongeregtighede op te ruim. Vrede en versoening word binne dié verbande in brood-en-botter-kwessies vertaal: werkgeleenthede, 'n dak oor die kop, skoon water, die ervaring dat lewensgehalte verbeter en op maatskaplike dienste gereken kan word. As daar nie sigbare vordering met voldoening aan basiese behoeftes is nie, beteken nasionale verbintenisse tot vrede en versoening baie min.

'n Verdere noodlottige politieke komplikasie is die volgende: In alle samelewings wat aan lang en diepliggende konflik blootgestel is, vind daar in die sogenaamde post-konflikbedeling by *strugglers* twee ineengestrengelde aansprake plaas: Hulle reken hulle weet alles van demokrasie af. Hulle het mos daarvoor met hulle bloed gestry; hulle is geregtig op beloning ("entitlement"). Diegene wat voorheen van die stelsel geprofiteer het, veral as hulle lede van 'n bevoordeelde etniese minderheid was, is weer geneig om gou hulle hande in onskuld te was. Baie van hulle ervaar na aanleiding van bogenoemde aansprake dat húlle nou die slagoffers van die geregtigheids- en regverdigheidsgaping geword het. Versoening beteken vir hulle dat die verlede agtergelaat en vergeet moet word. Hulle wil, so word gesê, "net met hulle lewe aangaan".

Oproerige proteste binne plaaslike gemeenskappe is weliswaar 'n bron van kommer, maar kan ook positief gelees word: Vertolking van armes se regmatige aanspraak op betekenisvolle ingryping ten opsigte van die geregtigheids- en regverdigheidsgaping. Baie van die huidige protesaksies verteenwoordig burgerlike koalisies, oftewel samewerking om 'n gemeenskaplike belang of grief op die owerhede se agenda te plaas óndanks die deelnemers se party-politieke sentimente. Oproerig soos sommige van die proteste mag wees, gee hulle ook 'n positiewe sein: Deurbreking van die slaafse verdraagsaamheids- en lojaliteitskultuur waarop politieke partye graag soos parasiete teer. In Suid-Afrika het die verwagting dat ontevredenes "vertoë" moet rig of "vreedsaam betoog" in arm woonbuurte baie van sy geloofwaardigheid of oorredingskrag verloor.

Om die titel van Mary Anderson se voordrag te gebruik: Dis 'n teken van hoop dat baie van diegene wat deur die ANC as stemvee gebruik is, uiteindelik die post-Polokwane-ANC se opeenstapeling van "false promises and premises" raakgesien het – ondanks die feit dat baie van hulle in die ANC se dampkring opgegroei het. Dis dié "ondanks" wat 'n burgerlike samelewing tot kreatiewe aksies kan motiveer. Ek beskou dit as tekens van 'n kantelpunt. Dis immers *hulle* drome, en nie die drome en begeertes van wit mense nie, wat deur die huidige ANC-leierskap verraai word. Hulle visie sluit nie 'n praktiese vorm van nie-rassige geregtigheid in nie. Wat ons vorentoe waarskynlik meer sal sien, is openbare demonstrasies wat mense se ervaring van verraad vertolk. Dié ervaring loop gewoonlik op nuwe vorme van geweld uit.

Die post-Polokwane-ANC het nie alleen 'n onvermoë geopenbaar om Suid-Afrika in 'n post-konflikbedeling in te lei soos belowe is nie, maar het ook nuwe, erge konflik geskep wat nie meer bloot as apartheid se nalatenskap beskryf kan word nie. Dit blyk uit die maatskaplik-ekonomiese struktuur van Suid-Afrika: 'n piramide met 'n baie breë basis. Heel onder, op die basis, is diegene wat spartel om te oorleef en 'n "onderklas" vorm. Hulle teer soos kraaie op die afval. Ná hulle volg die informele ondernemers wat probeer om op enige manier, deur die verkoop van sigarette op straat, vleis uit informele, ongereguleerde slaghuise, koper van elektriese geleidingsdrade, gesteelde selfone, georganiseerde mikro-misdaad en ander ongekontroleerde besigheidstransaksies, 'n bestaan te maak. Saam met die onderste laag van ons sosio-ekonomiese piramide verteenwoordig hulle ongeveer die helfte van ons bevolking. Hulle word nie net jonger nie, maar is oorweldigend swart en bruin. Of hulle permanent deur populisme en leë beloftes rustig gehou sal kan word, is 'n ope vraag. 'n Belangriker vraag is egter: Hoe kan dié werklikheid die leierskap van ons land motiveer én mobiliseer om met werkbare ontwikkelingsprojekte vorendag te kom.

Derdens: Daar is goeie aanduidings van 'n herskikking in ons politiek, onder meer groeipunte vir doeltreffende opposisie-politiek. Laasgenoemde het al sedert 1990, soos bloeisels gedurende 'n warm laat-winter, in wit geledere begin uitslaan. De Klerk het met sy uittrede uit die aktiewe politiek onbedoeld die herskikking van die opposisie-politiek bevorder deur die einde van die (eens magtige en skynbaar onvernietigbare) Nasionale Party voor te berei. Sy opvolger was nie opgewasse vir die ANC se politieke maneuvers nie, met Thabo Mbeki wat die "party van Verwoerd" se verdwyning binne die ANC as 'n baie spesiale politieke prestasie beskou het. Dit het die moontlikheid van opposisie-politiek in 'n ander en nuwe baan geplaas: die DA met Helen Zille die huidige leier – iemand wie se voetspore deur baie stasies ook terugwys na die dae toe Helen Suzman van die Progressiewe Federale Party (PFP) die "Nats" soms siedend van woede gehad het. Dié proses van die herskikking, heroriëntasie en herorganisasie van opposisiegeledere is nog steeds in 'n wyer kring aan die gang.

Die warboel waarin die ANC tans verkeer, is 'n wins vir veral die DA. Die ANC se huidige krisis is immers nie tydelik nie. As 'n "kongresbeweging", bestaande uit 'n koalisie van botsende ideologieë, belange en mense, is die einde van sy politieke probleme nog lank nie in sig nie. Die Malemafenomeen moet daarom binne die verband van die ANC se onstabiele politieke kongreskultuur en die dominansie van transaksie-leierskap gesien word. Die ANC-leierskorps se gesag is nog nooit so langdurig en so blatant uitgedaag as tans nie. Wat ook al vorentoe rondom dié gesagsuitdaging gebeur, die ANC van die Mandela-era sal nie weer verrys nie. Daarmee het ook die idee dat die ANC die enigste party is wat die land kan regeer, 'n mening wat selfs in internasionale kringe ná ons sogenaamde "wonderwerk" gehuldig is, gelukkig ook gesneuwel.

Die opkomende en reeds gevestigde swart middelklas en sy intelligentsia het 'n groeiende ongemak met en plek-plek selfs 'n weerstand teen die sagte handskoene waarmee die ANC-leierskorps interne konflikte hanteer. Diegene wat volgens meriete gevorder het tot waar hulle is – en daar is baie – het 'n gevestigde belang in 'n volwaardige demokrasie en 'n staat wat nie ekonomiese aktiwiteite dikteer nie. Dis trouens in dié geledere waar die droom van nie-rassigheid baie sterk leef. En dis ook hulle wat verstaan dat Julius Malema en ander se idees oor byvoorbeeld landbougrond, voedselsekerheid binne 'n kwessie van enkele jare in die gedrang sal bring. Die politieke hegemonie en magsbindinge wat in struggle-tye bestaan het, het in die post-Mandela-era begin inkalwe.

Daar is ook 'n vierde baken van hoop: Suid-Afrika, soos Paul Cluver, 'n bekende wynboer én denker sê, is nie post-koloniale Afrika waar politieke leiers met mag en mening aan hulle posisies vasklou nie. ('n Goeie voorbeeld hiervan net anderkant ons land se Limpopo-rivier is Robert Mugabe van Zimbabwe.) Nie eens die post-Polokwane-ANC met sy transaksie-leiers sal Suid-Afrika maklik in dié soort politieke moeras kan inlei nie. Die reg en moontlikheid van leierskaps- en regime-verandering is daarvoor te sterk in ons land se politieke liggaam ingeteel. Selfs in die dae van apartheid het dié reg en moontlikheid bestaan. Thabo Mbeki het dit ook aanvaar en nie die weermag ingeroep om sy posisie te handhaaf nie. Toegegee, daar is seine wat verontrustend is. Die huidige ANC-leierskap aanvaar nie ongekwalifiseerd die reg en belang van opposisie nie, en reken dat die ANC die énigste ware en legitieme vaandeldraer van die demokrasie is. In 'n politieke kultuur van transaksie-leierskap is daar min indien enige begrip vir die noodsaak en belang van opposisie-politiek. Ten spyte van kommerwekkende seine, is dit ook so dat daar binne die ANC nog baie eerbare, egte en visionêre demokrate is wat 'n sterk weerstand teen die transaksie-politiek en obsene selfverryking van hulle leiers ontwikkel het.

Daar is 'n vyfde hoopgewende werklikheid. Benewens die grondwet en die Konstitusionele Hof, word daar ook op nóg 'n manier aan 'n demokratiese samelewing gebou waarin die demokrasie kan gedy en die regte van die burgers van ons land op die nasionale agenda bly: die werksaamhede van die netwerk van nie-regeringsorganisasies wat soos 'n reusesenuweestelsel ingebed lê op nasionale, streeks-, en plaaslike vlakke. Ek wil, in die lig van die antagonistiese diskoers uit die geledere van Afrorassiste, beklemtoon: Wit mense speel 'n beduidende rol in dié netwerk en sy vertakkinge. Nie omdat hulle wit is en hovaardig reken dat juis hulle oor die leierskap en vermoë daarvoor beskik nie, maar omdat hulle vir die land en sy mense omgee. Die politieke onsekerheid wat myns insiens berekend deur die Afro-rassiste geskep word, verhoed dié wittes gelukkig nie om 'n verskil in ons land te maak deur aan die droom van 'n beter lewe vir almal te werk nie. Hulle vier daarmee ook die nalatenskap van 'n Albert Luthuli, Oliver Tambo en 'n Nelson Mandela.

Ons moet nietemin aanvaar dat Suid-Afrika in 2012 nog steeds 'n "onsekere demokrasie" is en vir lank so sal bly. Dié gegewe, beliggaam in die stryd tussen hoop en wanhoop, konfronteer ons met 'n fundamentele vraag wat al baie dekades oor ons land waarvan die geskiedenis in bloed geskryf is, hang: Hoe kan ons in die rigting van meer volhoubare vrede beweeg en in die proses ons onsekere demokrasie verbreed en verdiep? En hoe kan ons burgerlike samelewing hierin 'n deurslaggewende rol speel? Vir 'n beantwoording van dié vrae moet vir 'n wyle stilgestaan word by van die lesse wat tydens die Afrikaner-ANC-gespreksproses in die tagtigerjare geleer is.

Eerstens: Die Afrikaner-ANC-gespreksgroep het met iets begin wat ons ons grondliggende aanname ("basic assumption") genoem het: "Ons land is diep verdeeld en in 'n diepliggende konflik vasgevang. Kom ons probeer konsensus kry oor die aard van en redes vir die konflik én die pad vorentoe." Daar was 'n rigtinggewende vraag: "Is ons bereid om gesámentlik daarvoor verantwoordelikheid te neem en nie oor en weer in skulduitdeling te verval nie?" Dié vraag neutraliseer tegnieke van ontkenning én skuldverplasing. Alle politieke bemiddeling staan of val hierby. Dis 'n oefening wat aanvanklik nie deur "vyande" in die openbaar onderneem kan word nie, want alle politici is geprogrammeer om in die openbaar vir hulle gehoor te speel. Suksesvolle kruissnydende vennootskappe wat daarop gerig is om diepliggende probleme te hanteer, begin daarom nóóit op 'n openbare verhoog nie.

Tweedens was daar baie gou konsensus: "Ons het mekaar nodig. Ons is interafhanklik. Ons kán mekaar nie vir altyd as vyande opponeer nie. Ons moet as 'bekommerde Suid-Afrikaners' van mekaar leer en ontslae raak van die 'vyand-idee'."Alliansies, werkende vennootskappe en volhoubare versoening en vrede is hiersonder onmoontlik. Een van die mees merkwaardige uitkomste van die Afrikaner-ANC-gespreksprojek was dat die mite van die vyand gou gesneuwel het en ons mekaar as mense ontdek het. As dialoog nie die konstruk van "die vyand" transformeer na Martin Buber se "Ek word deur jou" nie, is versoening en vrede nie haalbaar nie.

Derdens: Die gespreks- en interaksieproses was multi-dimensioneel. Die tweespoor-model was gedifferensieerd. Talle bekommerde mense het daaraan deelgeneem met as sentrale fokus: Wat moet gedoen word om uit ons land se "hurting stalemate" te kom? Wat deurslaggewend was, was dat daar leiers betrokke was wat resultate kon lewer. Daling/Du Plessis en Mbeki/Pahad kon byvoorbeeld lewer op die rebelletoer. Mbeki/Zuma/Pahad/Nhlanhla en Louw/Spaarwater/Barnard kon lewer op hulle interaksies. De Klerk en Mandela, ten spyte van ernstige onderlinge probleme, kon 'n verkiesing lewer. In komplekse versoenings- en vredesprosesse word mense benodig wat kan lewer. Ons dilemma is tans dat daar min, indien enige tweede spore is. Erkenning en veral materiële vergoeding ("Wat kry ek vir my moeite?") is die reël op hoër vlakke. Op laer vlakke is dit dikwels anders.

Daar is in dié verband wel 'n probleem: Die onwil en soms selfs onvermoë van politieke leiers om tweedespoor-interaksies te aanvaar.[2] Hulle is dikwels só ingestel op mag, invloed en erkenning dat intervensies buite hulle beheer om nie altyd welkom is nie. Dit is een van die redes waarom tweedespoor-interaksies 'n informele en private karakter moet aanneem. Selfs die destydse Vredesakkoord, 'n inisiatief wat nie met 'n openbare verklaring begin is nie, maar eers deeglik voorberei is, het nie onmiddellik steun geniet nie. Vandag dink die staat met sy president en veral Luthulihuis ook dat hulle die énigste vredes- en versoeningsagent is, en erken nie dat versoenings- en vredesprosesse multi-dimensioneel op vertikale én horisontale vlakke moet plaasvind nie. Hulle aanvaar ook nie dat 'n groot verskeidenheid rolspelers sinvol betrek moet word nie. Nóg 'n party nóg die staat kán versoenings- en vredesprosesse monopoliseer. Nêrens in die geskiedenis kon die staat dit doen nie. Die rede? Versoening en vrede raak die hart van die burgerlike samelewing, nasionaal op streekvlak en plaaslik. Dis die eintlike konteks van versoenings- en vredesprosesse: die burgerlike samelewing. Nie die Presidensie nie. Die Afrikaner-ANC-gespreksgroep het konsensus gehad dat versoening en vrede slegs betekenisvol kan wees as 'n *ervaring* binne die burgerlike samelewing.

Daar is 'n punt in ons sukkelende oorgangsproses bereik waar tweedespoor-gesprekke onontbeerlik geword het. Daarsonder sal minister Trevor Manuel se Beplanningskommissie se voorstel van 'n "doeltreffende maatskaplike akkoord" ("social compact") om die nege gediagnoseerde siektetoestande van ons land die hoof te bied, net nóg 'n idee word wat op ons groter wordende sosio-politieke skrootwerf te lande kom. Die basis van 'n doeltreffende maatskaplike akkoord is immers vertroue ("trust") en (self)versekerdheid ("confidence"). Hiervan het ons 'n voortreflike voorbeeld waaruit baie geleer kan word: die Vredesakkoord. Dit was 'n akkoord, gelei deur leiers uit die burgerlike samelewing, wat nie alleen volstrek verteenwoordigend was nie, maar ook soos 'n sorgvuldig geweefde web vanaf nasionale tot veral plaaslike vlakke uitgereik het.

Die organiseerders van die akkoord was simbolies van baie Suid-Afrikaners se nie-rassige droom. Inklusiwiteit was die wagwoord. Daar is aanvaar dat die onderhandelingproses vasgeval het, veral vanweë hoë vlakke van politieke geweld, en dat die burgerlike samelewing 'n belang by die voortsetting van die proses het. Die rol van die sakesektor moet veral genoem word. In die lig van dié ervaring moet gevra word: Hoe kan die bekommerde en kritiese kragte in ons huidige burgerlike samelewing, asook diegene wat reeds hulle stemme in die openbaar rugbaar maak, op 'n nie-rassige wyse stelling inneem? Wil hulle? Kan hulle? En waaroor? Hiervoor moet daar eers 'n hele paar tweede spore uitgekap word en betroubare trapklippe in die politieke modderpoele geplaas word. Daar is 'n groeiende nie-rassige konsensus oor wat in ons land verkeerd geloop het. Belangrike fasette van die konsensus soek nog net 'n openbare, nie-rassige adres. En dis waarom interpersoonlike en interrassige kontak en dialoog onontbeerlik geword het.

Ons het 'n nuwe vredesakkoord nodig wat, naas 'n kultuur van respek en vertroue, konsensus kan bevorder oor die aard van ons land se sentrale probleme, watter rolspelers by oplossings betrek moet word en hoe daar vorentoe beweeg kan word. Dié droom van 'n omvattende en volhoubare proses van vrede het 'n mosterdsaad nodig: ontmoetingspunte en gesprek tussen onwaarskynlike deelnemers wat sal uitloop op vennootskapsprojekte wat mense se hoop op 'n beter lewe vir almal, kragtig sal inspireer.[3]

EPILOOG

Tweedespoor-onderhandeling en die waarde van geheime gesprek

"What manner of beasts are these Afrikaners?"

Dít was die vraag in die bewussyn van Thabo Mbeki, toe nog 'n uitgeweke ANC-leier en 'n vyand van die apartheidstaat, toe hy op 21 Februarie 1988 in Ashford, Brittanje, die Afrikaner-ANC-gespreksgroep die eerste keer bywoon. Só vertel hy meer as twintig jaar later, op 30 Mei 2009, ná 'n private vertoning van *Endgame*, 'n gedramatiseerde weergawe van dié vertroulike gespreksproses. *Endgame* is nóg fiksie nóg 'n dokumentêr. Dis 'n "faksie"-film. Ek en Thabo Mbeki, met ons families en 'n klompie gemeenskaplike vriende, kyk die film saam. Herinneringe word opgediep en vrae gevra. Die film en die gesprek het een samebindende fokus: Vrede ís moontlik. Vyande kán leer om mekaar te vertrou. Dis egter nie vanselfsprekend nie, maar 'n moeisame leerproses waarin tydsberekening 'n belangrike rol speel.

Mbeki vertel ons dié aand dat hy vóór 1988 se gespreksgroep reeds Afrikaners ontmoet het. Die opspraakwekkende Dakar-konferensie in Senegal in Julie 1987, waar hy een van die hoofspelers was, was so 'n geleentheid. Belangrik soos die Dakar-konferensie was, gesels hy toe in kleingroepverband in Februarie 1988 en vir twee jaar daarna met 'n ánder soort Afrikaner: mense ná aan die hart van die establishment, ek en Sampie Terreblanche van die Universiteit van Stellenbosch, en Marinus Wiechers, 'n kenner van grondwetlike kwessies van die Universiteit van Suid-Afrika. Wiechers sou later by die onderhandelinge oor die grondwet van Namibië betrokke raak. Jare daarna was hy ook die rektor van die Universiteit van Suid-Afrika. Die Universiteit van Stellenbosch was toe bekend as die intellektuele geboorteplek van talle leiers van die maghebbende Nasionale Party. Terreblanche, 'n kundige in ekonomiese geskiedenis, was ook 'n bekende politieke kommentator en samelewingskritikus.

Die gesprekke was vir Mbeki, soos vir die Afrikaners wat daaraan deelgeneem het, 'n nuwe ervaring – 'n ontdekkingsreis sonder kompas of roetekaart. Hy sou mettertyd nog baie "Afrikanergediertes" ontmoet en selfs goed leer ken.

Hierdie boek beskryf, teen die agtergrond van Mbeki se vraag oor die "ander", die gebeure waarby ek, 'n paar ander Afrikaners en ANC-ers tussen 1987 en 1990 in Brittanje betrokke was. Dis nie 'n historiese dokument of akademiese verslag nie, maar 'n vertelling: Mý weergawe van mý belewing en herinnering van wat plaasgevind het. Daar is wel 'n teks: Mý notas en notules. Thabo Mbeki en Tony Trew het ook notas afgeneem.[1] So ook Michael Young, betrokke by die maatskappy Consolidated Goldfields (Consgold) wat die projek van stapel help stuur het. Soos met alle tekste vind daar noodwendig vertolking plaas. My vertolking fokus op 'n sentrale vraag: Wat maak dit moontlik vir historiese vyande in situasies van diep beleefde konflik om mekaar te begin vertrou? Wat het gebeur dat Mbeki sy vraag binne die gespreksgroep beantwoord gekry het op so 'n manier dat die politieke denkkonstruksie van "die vyand" opgehef is? Hoe kan historiese vyande só van mekaar leer dat vredesprosesse 'n werklikheid word? Hoe kan volhoubare vertroue en vrymoedigheid ontwikkel wat onderhandelde ooreenkomste en selfs koalisies moontlik maak in situasies van diepgewortelde konflik?

Die sporadiese kommentaar uit akademiese en ander kringe op die Afrikaner-ANC-gespreksgroep se nie-amptelike betrokkenheid by die eerste fase van die skikkingsproses was tot dusver uiteenlopend – van sterk positief tot sterk negatief. 'n Mens moet aanvaar dat die film *Endgame,* gebaseer op Robert Harvey se boek *The Fall of Apartheid,* 'n rol gespeel het in sommige mense se kritiese kommentaar, waaronder bekendes soos die skrywer Breyten Breytenbach (*Rapport,* 16/05/2010) en die akademici Heribert Adam en Kogila Moodley. Hulle was almal goeie vriende van Frederik van Zyl Slabbert en hoogs ontevrede met Thabo Mbeki, wat volgens hulle Slabbert mettertyd die rug sou toegekeer het.[2]

Breytenbach en Adam/Moodley slaan Idasa se Dakar-konferensie hoog aan en kyk na die Afrikaner-ANC-gespreksprojek, wat ook in 1987 begin het, asof dit met die Idasa-inisiatiewe sou meeding. Breytenbach, in 'n huldeblyk aan Van Zyl Slabbert ná sy dood, teken selfs 'n kontras met die "Esterhuyses en die Nasionale Intelligensie van die wêreld saam met die Gladdebekis (wat) in agterkamers gekonkel het om te sorg dat staatsmag in die hande van 'n ondemokratiese elite bly". Idasa was Van Zyl Slabbert en Alex Boraine se poging om iets aan die verslegtende politieke toestand in die land te doen. Dit was 'n tydige en noodsaaklike inisiatief, een van baie. Binne die openbare domein was dit beslis 'n ysbreker, al het daar mettertyd 'n soort oordrewe Dakar-kultus ontstaan.

Teenoor die kritiese kommentaar op die gespreksgroep was daar ook meer oorwoë en positiewe beoordeling, soos in die boeke van Allister Sparks en Patti Waldmeir, albei gesoute joernaliste. Daniel Lieberfeld was een van die eerste akademici wat op 'n nie-emosionele en analitiese wyse oor die gespreksgroep se bydrae nagedink het. Hy het ook onderhoude met my en ander betrokkenes gevoer. Mark Gevisser se boek oor Thabo Mbeki, *The Dream Deferred*, en David Welsh se standaardwerk, *The Rise and Fall of Apartheid*, gee waardevolle agtergrond en interessante insigte wat help om die gespreksgroep se bydrae te verstaan.

Daar wás natuurlik mededinging tussen individue en instansies in die Suid-Afrikaanse wit gemeenskap om 'n voorste sitplek in die skikkingsarena. Dit was eintlik onafwendbaar. Die politieke krisis in die land was diepliggend en binne die wit Afrikaanse gemeenskap was daar nie 'n groot poel van kreatiewe geeste en moedige leiersfigure nie. Verdeeldheid oor watter weë gevolg moes word om uit die doodloopstraat te kom, was aan die orde van die dag. Die stryd in Afrikanergeledere tussen die sogenaamde *verkramptes* en die *verligtes* was meedoënloos. Diegene wat die stelsel van binne af wou verander en diegene wat dit van buite af aangeval het, het mekaar ook gereeld in die hare gevlieg. 'n Klompie wit Afrikaners het die ANC gesteun. Kritiese diversiteit pleks van konformiteit was 'n patroon onder Afrikanerintellektuele.

My eie benadering was oorwegend multi-dimensioneel: nie 'n óf-óf van weë nie, maar 'n én-én. In diep verdeelde samelewings waarin geweld 'n patroon geword het, word 'n eksklusiewe benaderingswyse deel van die probleem. Dis veral die geval wanneer, soos in Suid-Afrika, die idee van "die vyand" tot gewapende verset gelei het. Dan word "gesprek met die vyand" deur die maghebbende elite as verraad beskou omdat dit 'n vorm van ondermyning is. By versetstryders word gesprek ook teengestaan omdat dit as 'n alternatief tot militêre magsoorname gesien word. Daar is niks so "romanties" as die idee van 'n militêre stryd om mag nie. In so 'n situasie word alternatiewe gewoonlik as naïewe optimisme afgemaak.

'n Multidimensionele benadering kan dié dogmatiese posisie help deurbreek, selfs by die regerende elite wat in die geval van die Suid-Afrikaanse militêre oortuig was dat hulle koeëls-en-kruit-benadering dinge onder beheer het, al moes moordbendes 'n hand bysit. Dis natuurlik so dat selfs 'n multidimensionele benadering 'n keuse vir 'n antwoord op spesifieke vrae is: Kan alle ander benaderingswyses verdra en aanvaar word? Word daar tussen al die leidende ligte gesprek gevoer op soek na verstandhoudings? Is sommige benaderingswyses destruktief en moet hulle daarom geneutraliseer word? Nie álle benaderingswyses kan immers aanvaarbaar wees nie? By sowel die regering as die ANC was daar byvoorbeeld 'n redelik negatiewe persepsie oor die rol wat intellektuele en akademici kon speel. Dit was 'n verlies. Belangrike navorsingsinsette, byvoorbeeld oor die regte van kulturele minderhede, het daarmee verlore gegaan.

Ek en Thabo Mbeki het, sonder dat ons ooit eintlik dit so afgespreek het, ons daarvan weerhou om agterna openbare uitsprake oor die gespreksprojek te maak. Ons het, in die paar onderhoude wat met ons gevoer is, nie baie detail gegee nie. Sommige kommentators het selfs oor die projek geskryf sónder om met ons onderhoude te voer.

Daar was vir ons benadering veral twee redes. Dit was eerstens nodig om tyd vir besinning toe te laat alvorens oor die invloed van dié nie-amptelike gespreksproses op die amptelike skikkingsproses gepraat kon word. Die tweede rede was belangriker: Vermyding van enige omstredenheid en konfrontasie tussen mededingers in die post-1990-onderhandelingsdrama. Binne die ANC vóór 1990 was daar reeds omstredenheid oor die gespreksproses, veral van die kant van militante soos Chris Hani en Joe Nhlanhla. Daar was ook Cyril Ramaphosa met sy eie politieke aspirasies en maneuvers om Mbeki as die aanvanklike leier van die ANC se onderhandelingspan te vervang. En daar was bowendien 'n verkiesing wat gewag het en hoë poste wat in 'n nuwe regering gevul moes word. Té veel publisiteit aan die gespreksprojek sou onwys wees.

In die debat oor die rol van informele, nie-amptelike gespreksvoering in die hantering van diepliggende konflik en die invloed daarvan op formele, amptelike onderhandelingsprosesse word soms van die woord "oordrag" ("transfer") gebruik gemaak. Die vraag is dan óf daar 'n "oordrag" vanaf die informele na die formele plaasgevind het, hóé dit plaasgevind het en wát oorgedra is. Hierdie vraag is maklik beantwoordbaar in gevalle waar die betrokke interaksies en die spelers geselekteer is en binne 'n vooraf bepaalde spelpatroon optree. Daar bestaan in so 'n geval 'n vorm van relatiewe amptelike sanksie – 'n afspraak om op sekere voorwaardes, byvoorbeeld vertroulikheid en die moontlikheid van ontkenning, aan die spel deel te neem. Is daar nie so 'n sanksie en toegang nie, word "oordrag" moeilik bepaalbaar.

Dié kwessie is nie nuut nie. Ons lees byvoorbeeld daaroor in die Griekse mitologie. Die god Hermes was die "boodskapper" tussen Zeus en die mense, en *vice versa*. Dis van sy naam dat ons die woord "hermeneutiek" geërf het: Verstaans- en interpretasiekunde. Selfs Zeus moes Hermes vertrou. En die mense natuurlik ook. Wat dié mite onder meer wil sê, is dat "boodskapdraers" en "tussengangers" onafwendbaar is, met as vraag: Kan die "boodskapdraer" vertrou word en hoe moet die "boodskap" geïnterpreteer word? Dis waarom van die oudste waardes in ons kultuurgeskiedenis die waardes van vertroue en integriteit is.

Hoe moet die verhaal wat in hierdie boek vertel is, geïnterpreteer word? Was daar vooraf 'n akademies-verantwoorde "teorie" agter die gesprekke? 'n Duidelike strategie by die Afrikaners en die ANC? In 1987, aan die begin van die gesprekke, was min hiervan teenwoordig. Dit was eerder 'n geval van: "Ons wil as politieke vyande van mekaar leer deur met mekaar te praat." Agterna, in 'n terug-kyk-refleksie, is dit moontlik om hiervan teoretiese sin te maak. Afgesien van dit wat ek oor die Wene-konferensie oor atoomontwapening gelees het en Lee Blessing se gedramatiseerde weergawe daarvan in *A Walk in the Woods*, staan een boek uit. In 1988 lees ek 'n boek wat my opvattings oor dialoog na aanleiding van Martin Buber se filosofie polities "transformeer": Die boek onder redaksie van J MacDonald en D Bendahmane oor *Conflict Resolution: Track Two Diplomacy*. Joseph Montville skryf daarin 'n hoofstuk met 'n beeldryke titel: *The Arrow and the Olive Branch*. Dit was my "A-haa!"-belewenis. Montville het reeds in 1981 in 'n artikel oor

"Foreign Policy According to Freud" 'n onderskeid gemaak tussen amptelike en regeringsgeïnspireerde gesprekke om konflik te besleg (eerste spoor), en nie-amptelike pogings deur private individue met invloed om tot konflikbeslegting tussen en binne state by te dra (tweede spoor).[3]

Volgens MacDonald en Bendahmane se boek is amptelike en formele vorme van konflikresolusie noodwendig die primêre strategiese doelwit – die *eerste spoor* na 'n skikkingsooreenkoms. Dit het vir my baie sin gemaak, want uiteindelik moet ooreenkomste immers 'n amptelike sanksie kry. Goeie idees is noodsaaklik, maar dis mense met 'n mandaat wat uiteindelik besluite moet neem. Hoe dié besluitnemingsproses geïnformeer en positief beïnvloed kan word, is daarom 'n noodsaaklike strategies-metodologiese vraag. Ek verkies om daarvan as 'n vraag oor posisionering met die oog op toegang tot die besluitnemingsproses te praat. Alle vorme van posisionering sluit kontak (toegang) én kompromis in. 'n Mens kan dit ook by wyse van 'n vraag stel: Is daar binne die verwysings- en ervaringswêreld van die strydende "vyande" moontlikhede wat vir gesprek en skikking ontgin kan word? Dis binne dié verband dat ek 'n voorstander van multidimensionaliteit is. Die voordeel van 'n nie-amptelike en nie-publieke *tweede spoor* is dat dit nie misbruik kan word om openbare verdeeldheid te saai nie, iets wat sowel die Botha-regering as die ANC graag gedoen het.

'n Tweede spoor is allermins iets vreemds. Die sakewêreld is hiervan 'n voorbeeld. Talle belangrike korporatiewe besluite begin nie in die raadsaal nie, maar op die gholfbaan. Netwerke en betroubare kontakte speel in alle tweedespoor-interaksie 'n groot rol, veral in die politieke wêreld. Dis waarom ambassades nie sosiale funksies aanbied bloot vir die geselligheid daarvan nie. MacDonald en Bendahmane se verwysing na *Track Two Diplomacy* maak sin, alhoewel ek verkies om verby die woord "diplomasie" te stuur en eerder na woorde soos "gesprek" en "dialoog" te verwys om daarmee te beklemtoon dat voortgesette planne, doelwitte en uitkomste in die gespreksproses op die agenda is. Die idee van 'n oop demokratiese gemeenskap veronderstel 'n demonstrasie van 'n oop gesprek selfs binne 'n vertroulike tweedespoor-verband.

Tweedespoor-gesprekke is gewoonlik nie-amptelik, ongeformaliseerd en vertroulik. Streng gesproke verteenwoordig dit 'n voetpaadjie in 'n pre-onderhandelingsfase. Dis nie self onderhandelinge nie, want daar is nie 'n formele mandaat en riglyne daarvoor nie. Dis wel meer as bloot inligtingsessies en uitklaring van posisies. Nie ken-mekaar-funksies nie. Dit poog om konsensus oor politieke voordele én risiko's te verkry, agendapunte te bepaal, voorwaardes vir eerstespoor-onderhandelinge te definieer en veral vorme van gemeenskaplikheid ("common ground") te bepaal. Die uiteindelike sukses van Suid-Afrika se moeisame amptelike, openbare eerstespoor-skikkingsproses vanaf 1990 tot die verkiesing van 1994 was gebaseer op die vertroulike tweedespoor-interaksies vóór 1990 en ná 1990 tussen die regering en die ANC. Mac Maharaj, 'n belangrike rolspeler namens die ANC in dié periode, was byvoorbeeld adamant oor die kwessie van vertroulikheid gedurende tweedespoor-kontakte. En ook oor die naïwiteit van akademici wat dit geniet het om alles en nog wat te analiseer, maar nie politieke besluite hoef te geneem het nie.

'n Baie belangrike metodiese kwessie in dié verband is hoe oordrag ("transfer") vanaf 'n tweede na 'n eerste spoor kan plaasvind. Toegang op grond van persoonlike verhoudinge van vertroue, integriteitserkenning, gelykwaardigheid en 'n goeie dosis selfversekerdheid is hierin deurslaggewend. In die geval van die Afrikaner-ANC-gespreksgroep was die "oordrag" na politieke elites gewaarborg – na Lusaka en na Pretoria. Die gespreksgroep was 'n sekondêre oordragskanaal. Die primêre kanaal was in die voorbereidingsfase die Coetsee-Barnard-Mandela-konneksie en die NI-ANC-konneksie in 1989/1990 in Switserland. Toe die formele onderhandelingsproses eers begin het, was daar 'n hele paar ander informele kanale, soos byvoorbeeld Meyer-Ramaphosa en Fanie van der Merwe-Mac Maharaj.

Daar is in alle tweespoor-interaksie tussen tradisionele politieke vyande verskeie fasette wat daaraan 'n multidimensionele karakter gee. Een faset, binne die konteks van nie-amptelike, informele en vertroulike interaksie, is die rol van tussengangers en betroubare boodskapdraers. Wie moet hulle wees en wat is hulle rakleeftyd? Dit word soms ook "stille diplomasie" genoem. Ek verkies die frase "betroubare boodskapdraers". Dié tussengangerrol verskil van die rolle van fasiliteerder, bemiddelaar of onderhandelaar wat 'n meer aktiewe posisie in die skikkingsproses inneem. Die Afrikanergespreksgenote was eerder in afstandbeheerde kontak met die staat én die ANC, die twee vernaamste partye tot die konflik. Dié tipe rol vereis 'n hoë mate van vertroue en aanvaarding van die integriteit van die boodskapdraer. Albei partye tot die vyandige konflik moet tevrede wees dat die boodskapper nie 'n eie agenda het en die boodskap plooi nie, maar dit so korrek moontlik oordra.

Hoe om persoonlike menings en interpretasies van "die boodskap" af te skei, was vir my een van baie uitdagende kwessies. 'n Wesenlike gevaar van boodskapdraers is dat hulle vertolking van die boodskap wanpersepsies en verkeerde verwagtings kan skep. Al is boodskapdraers nie bemiddelaars of onderhandelaars in die ware sin van die woord nie, kan dit soms nodig wees om 'n beperkte bemiddelende rol te speel en advies te suggereer. 'n Boodskapdraer moet ook daarteen waak dat hy/sy nie misbruik word nie. Baie vroeg in my interaksie met die NI was daar trouens één kwessie wat op 'n onuitgesproke en selfs intuïtiewe wyse dominant was: Kan aanvaar word dat boodskappe wat aan mekaar oorgedra word en terugvoering wat gegee word, betroubaar is? Verifikasie was moeilik indien nie onmoontlik nie. Boodskapdraers het invloed en ook 'n posisie van mag. Ek het deur Lieberfeld 'n verwysing na 'n opmerking van Paul Pillar in sy bydrae tot *Psychological Dimensions of War* teëgekom wat in my terugblik op die gesprekke by my 'n lig laat opgaan het: "The best agent for a peace initiative is one who is known to have access to his government's leaders and can convey their intentions accurately, but who holds no official position and thus can be disavowed if necessary."[4] Die meeste van die Afrikanergespreksgenote was in so 'n posisie.

Daar kom hiermee natuurlik ook 'n belangrike morele vraag op die tafel: Wat van die eise wat demokratiese waardes soos aanspreeklikheid en deursigtigheid stel? Het die publiek nie 'n reg om oor álles wat hulle toekoms raak, ingelig te word nie? My eie standpunt was dat 'n antwoord op dié vraag bepaal word deur die aard van die proses wat deel uitmaak van die grotere, breëre en meer ingrypende skikkingsproses. Dié proses verloop noodwendig in fases. Voorbereidingsprosesse wat op 'n skikking van diepliggende konflik moet uitloop, is nie onderhewig aan die eis van deursigtigheid en openbaarmaking nie. Dis waarom daar internasionale aanvaarding van die idee van stille diplomasie is. Boodskappe tussen geswore vyande oor die moontlikheid van 'n skikking is nie noodwendig in die openbare belang nie. Die gevolge en uiteindelike reaksies op dié boodskappe binne 'n amptelike eerste spoor natuurlik wel. Dié posisie is natuurlik nie so maklik en eenvoudig as wat dit op papier lyk nie. Ek het baie kere getwyfel of dit 'n goeie besluit was om by die vertroulike tweedespoor-gespreksprojek betrokke te wees. Die projek het ook emosionele spanninge veroorsaak en twyfelvrae laat ontstaan oor of ek die soort persoon was wat daarin 'n positiewe rol kon speel. Om met geswore vyande te praat mag wel avontuurlik en selfs missionaries klink. In die harde werklikheid van die Suid-Afrikaanse politieke kookpot was so 'n onderneming 'n totaal ander storie.[5]

Dit het vir my agterna baie beteken toe Mike Louw, destyds van NI, op Lieberfeld se vraag waarom hulle my gebruik het, só antwoord: "We trusted him, his instincts . . . We regarded him not as someone who had a rosy view of a meeting with the ANC . . . He was a trained person in political science and . . . his views were balanced. He could give you quite a clear report on the personalities that he spoke to, what he saw as weak points, strong points, how a person behaved under this or that circumstances."[6] Gegee die persoonlike en politieke risiko's kon dinge natuurlik ook anders en baie negatief verloop het. 'n Mens raak nie by dié tipe interaksies betrokke omdat jy reken dat sukses gewaarborg is of van jou insette afhanklik is nie.

Die NI het 'n formidabele reputasie gehad. Die ANC het dié organisasie meer as Militêre Inligting of die Veiligheidspolisie gevrees. Jacob Zuma, jare later en toe die adjunkpresident van ons land, het tydens 'n onthaal in Pretoria nadat ek die Orde van Luthuli (Silwer) ontvang het op sy joviale wyse teenoor Annemarie bely: "Ek en Thabo was doodbang toe ons in Luzern na die kamers van die NI-agente in die hotel gestap het. Ons het kort-kort gewonder: Is dit nie 'n lokval nie?" Die NI was as 'n intelligensiediens internasionaal hoog aangeskrewe. My besluit was nie 'n skoot in die donker nie. Ek was toe reeds vanweë my belangstellings bewus van die rol wat intelligensiedienste in álle state speel, veral in Brittanje en die VSA. Vanuit 'n strategiese hoek gesien, was ek oortuig dat buite-instansies soos Idasa wel 'n rol kan speel, maar dat dit primêr 'n instansie soos die NI was wat die onderhandelingsknoop vir Suid-Afrika sou deurhak. My besluit was 'n berekende risiko wat in my gesig kon ontplof het, en ek was bereid om daarvoor volle verantwoordelikheid te neem.[7]

Die nie-amptelike Afrikaner-ANC-gespreksgroep se byeenkomste was bilateraal met 'n kerngroep wat kontinuïteit en veral 'n "geheue" verskaf het. 'n "Geheue" is in alle verkenningsgesprekke van deurslaggewende belang. Michael Young van Consolidated Goldfields was 'n onafhanklike voorsitter, die fasiliteerder tydens die georganiseerde sessies. Ons het aanvaar dat hy sy eie kontakte met die Britse regering en sy intelligensiedienste gehad het. 'n Derde party was nie regstreeks as deelnemende party teenwoordig nie, iets waaroor die ANC en die regering later tydens die amptelike, oftewel eerstespoor-proses baie sterk gevoel het. Dié kwessie is verskeie kere te berde gebring tydens die nie-amptelike gespreksgroep se byeenkomste. Die ANC het al in 1984 sterk standpunt teen sogenaamde onafhanklike bemiddelaars ingeneem toe pogings deur buitelandse en Suid-Afrikaanse akademici aangewend is om op 'n "informele" wyse ANC-ers en lede van die NP byeen te bring. Dis oor die boeg van "in-persoonlike-hoedanigheid" gegooi. Die teenstand het verband gehou met die ANC se persepsie van wat by die Lancaster House-gesprekke oor die onafhanklikheid van Rhodesië/Zimbabwe gebeur het, later versterk deur die SWA/Namibië-proses. Dis waarom die poging van HW van der Merwe van die Universiteit van Kaapstad om 'n bemiddelingsrol in die vroeë tagtigs te speel ook skipbreuk gely het. Die tyd was ook nie ryp nie. Niel Barnard van die NI was hieroor ook by meer as een geleentheid baie uitgesproke: Die regering sal hom nie laat voorskryf deur mense uit die private sektor, priesters, skrywers en akademici nie. Nog minder deur buitelanders. Hy en Mandela het hieroor gedurende die tronkgesprekke, 'n ander "spoor", baie gou ooreenkoms bereik. Die belang van vertroulikheid het hierin 'n groot rol gespeel.

Alhoewel die ANC-deelnemers aan ons gespreksgroep op 'n nie-amptelike wyse aan die tweedespoor-gesprekke deelgeneem het, was hulle belangrike leiersfigure en mense met amptelike posisies. Die vordering met die gespreksproses en die belang daarvan het veral uit die nuwe ANC-toetreders geblyk, soos Jacob Zuma en Joe Nhlanhla. Laasgenoemde se betrokkenheid was 'n belangrike taktiese skuif. Hy was, saam met Hani, baie beswaard oor die gespreksproses toe dit in Lusaka bekend geword het en daar by die ANC se Nasionale Werkkomitee in 1988 hieroor geprotesteer is. Mbeki was toe nie teenwoordig nie. Nhlanhla woon uiteindelik ook van die NI/ANC-gespreksessies in Switserland by.

Die Afrikaners, leiersfigure in hulle onderskeie beroepe, was self baie goed genetwerk met die maghebbende elite. Sampie Terreblanche was byvoorbeeld 'n belangrike meningsvormer en gewilde spreker. Hy het ook goeie kontakte met buitelandse joernaliste gehad. Willem de Klerk was 'n lid van die Uitvoerende Komitee van die Afrikaner Broederbond. Hy het dié invloedryke komitee ingelig gehou. Daarbenewens het hy gereeld geskrewe verslae aan FW de Klerk en Gerrit Viljoen, 'n minister, gestuur. Ekself kon met die Nasionale Intelligensiediens praat. Die Afrikaners, toegegee, het géén amptelike politieke posisie gehad nie. Hulle professionele en sosiale netwerke binne die sfeer van die magselite was egter stewig. PW Botha, die president in daardie stadium, kon nie hulle paspoorte terugtrek nie. Dis iets waarmee hy ander mense dikwels gedreig het, en wat hy ook gedoen het. Die gespreksgenote kon die moontlikhede binne die stelsel sonder gevaar van vervreemding of isolasie benut. Dit is 'n groot strategiese voordeel vir enige tweedespoor-interaksie, en nie net 'n kwessie van goeie netwerke nie. Daar moes ook vertroue by lede van die Afrikaner- en regeringselite wees dat tweedespoor-verkenners inligting en bedoelinge korrek sal oordra. Deelnemers moes oordeelkundig gekies word na aanleiding van hulle posisie en invloed in bepaalde netwerke. Die oordrag van die gesprekke en die boodskappe daarvan was binne bogenoemde verbande nie moeilik nie. Dit het 'n gedeelde narratief bevorder.

Die byeenkomste van die Afrikaner-ANC-gespreksgroep is doelbewus gedeformaliseer. Dit was nie konferensies nie, maar kleingroep-besprekings in ideale omstandighede, dialoog in die ware sin van die woord. Daar is min twyfel dat die omgewing, die informaliteite en veral die aanvaarding van die gelykwaardigheid van die gespreksgenote 'n dramatiese effek op interpersoonlike verhoudinge en die ervaring van 'n gemeenskaplike Suid-Afrikanerskap gehad het. Dié ervaring in die gespreksituasie en in die sosiale verkeer by die plekke waar ons bymekaargekom het, en veral op en om die Mells Park-landgoed, was in alle opsigte 'n nuwe identiteitsbelewing. Die omgewings het dié belewings positief bevorder – iets waarna soms as "settings" en "social contexts" verwys word. In die tradisionele *pub* van die dorpie Mells, waar ons dikwels vergader het, sien ons dié identiteitsbelewing. Die *Ingelse* kyk ons nuuskierig aan. Dis hoogs onwaarskynlik dat

Mells baie swart besoekers gekry het. Die Afrikaners praat soms *die taal* (Afrikaans). Ons lag, want ons vind groot plesier daarin om as Suid-Afrikaners die *Ingelse* in Mells se *pub* te verwar. Dit was nie bloot 'n kwessie dat die demonisering van mekaar sy emosionele en politieke krag verloor het nie. Die mite van die vyand het ook ingeplof, vervang deur skertsende opmerkings oor die *Ingelse*! Húlle word "die ander". Ek het persoonlik 'n baie hoë premie op dié belewing van 'n gemeenskaplike Suid-Afrikanerskap en nie-rassigheid geplaas. Dit was vir my een van dié boublokke op die pad na 'n volhoubare en dinamiese demokratiese bedeling, en het my destyds baie hoop gegee.

Die literatuur maak gewag daarvan dat tweedespoor-gesprekke op verskillende wyses 'n invloed op amptelike en formele eerstespoor-gesprekke kan hê. Een daarvan is dat dit politieke besluitnemers bemoedig en soms selfs dwing om onderhandelingsmoontlikhede ernstig op te neem. By die belangrikste partye moet die besef ontstaan dat daar 'n goeie móóntlikheid vir 'n onderhandelde skikking is. Hierin speel die aanvaarding van 'n impasse wat só seer maak dat daar net verloorders kan wees, natuurlik 'n rol, soos selfs John Vorster – 'n voormalige eerste minister van Suid-Afrika – met sy voorspelling van 'n toekoms "too ghastly to contemplate" toegegee het. Sónder doelgerigte en volgehoue dialoog, beginnende met 'n tweede spoor, beteken so 'n aanvaarding natuurlik nie baie nie. In die geval van Vorster was dit waardeloos. Nóg die NP nóg die ANC was werklik geneë of gereed. Aggrey Klaaste, 'n voormalige redakteur van die *Sowetan*, het eenkeer tereg daarop gewys dat daar ook die oortuiging en wil moet wees van: "Dis nooit te laat om te praat nie." In Wene was vader Theodore Hesburgh hiervan die verpersoonliking. Hy het die Amerikaanse en Russiese onderhandelaars byeengebring om van aangesig tot aangesig te praat.

Self dink ek nie dat die wyd aanvaarde idee van 'n "hurting stalemate" in die geval van Suid-Afrika se aanvaarding van 'n onderhandelde skikking die énigste faktor was nie. (Hiervolgens is die regerende elite meer bereid om te onderhandel wanneer daar tekens is dat dié elite besig is om sy mag te verloor.) Daar was ook ander dryfkragte. Die magsverhoudinge in die wêreld was dramaties aan die verander. En internasionaal was daar 'n sterk pro-onderhandelingskonsensus. Binne belangrike elemente van die regeringselite en die ANC was daar bowendien 'n toenemende bewuswording dat 'n onderhandelde vrede die beste opsie was. Dié bewuswording is versterk deur gesprekke en aksies wat vertroue geskep het.

'n Ander faktor wat tweedespoor-gesprekke se sukses bevorder is deurslaggewend: Die deursigtigheid en openheid waarmee in verkennende gesprekke oor die aanvaarbaarheid van bepaalde posisies, belange en voorstelle gepraat word. Daar moet ook die bereidwilligheid wees om werkbare en aanvaarbare kompromieë te vind pleks van konfrontasie te genereer. Ons het dit "die soeke na gemeenskaplikhede" ("common ground") genoem. Dié doelwit gaan natuurlik baie verder as die poging om slegs "posisies uit te klaar" en "inligting in te samel of te voorsien". Dit was opvallend hoe baie ons oor "risks and rewards" gepraat het. Tweedespoor-gesprekke moet gou duidelikheid kry oor politieke risiko's en politieke voordele. Dit ontspoor vinnig wanneer die deelnemers hulle aan morele verontwaardiging vergryp. Morele woede is soms nodig, maar nie by verkennende en tweedespoor-dialoog nie. Dis een van die redes waarom die ANC, hoewel hulle die liberaliste se morele woede teen apartheid waardeer het, hulle nie by die vertroulike tweedespoor-gesprekke oor 'n onderhandelde skikking wou betrek het nie.

Die nie-amptelike Afrikaner-ANC-gespreksgroep is nie die enigste voorbeeld van die tweespoor-model nie. Dié model het ook ander, meer publieke voorbeelde, soos in die geval van Idasa se openbare inisiatiewe. Dié was hoofsaaklik gemik op een faset van die tweespoor-model: Veranderings in die openbare mening, veral onder intellektuele elites. Daar was ook ander openbare inisiatiewe, onderneem deur sake-organisasies, instellings wat met die ANC geassosieer het en buitelandse regerings en "think-tanks", soos byvoorbeeld die United States South African Leadership Programme (Ussalep) en die African-American Institute (AAI). Dié inisiatiewe het binne 'n beperkte domein afgespeel. Suid-Afrika verteenwoordig in die verband 'n unieke historiese geval. Die proses was op beide die tweede en eerste spore multi-dimensioneel. As die Afrikaner-ANC-gespreksgroep 'n nie-openbare en nie-amptelike tweede spoor met toegang tot die eerstespoor-proses was, was Idasa en talle ander kontakgroepe belangrike tweedespoor-aksies in die publieke domein. Hierna is in die boek verwys omdat dit 'n internasionale konsensus oor die skikkingsproses help bewerkstellig het. Daar was selfs kruissnydende kontakte tussen al dié spore. Om één "geval" uit te sonder as deurslaggewend is daarom 'n eenogige en eendimensionele benadering tot 'n baie opwindende en komplekse skikkingsproses.

Die Afrikaner-ANC-gespreksgroep se aanvanklike doelwit was die uitklaring van posisies – duidelikheid oor hoe die ANC-leierskap op moontlike skuiwe deur die Suid-Afrikaanse regering sou reageer. Daarom is daar baie oor die vrylating van politieke gevangenes, soos Nelson Mandela, en die ontbanning van verbode organisasies gepraat. Govan Mbeki is byvoorbeeld kort ná die eerste vergadering vrygelaat. Die "hoe" van die ANC se reaksie op regeringsinisiatiewe en nie soseer wie en wat die ANC was nie, was die rigtinggewende vraag in die gesprekke. Daar is natuurlik wel oor ANC-beleid gepraat, byvoorbeeld oor die geweldsopsie en die ekonomie. Onderliggend was egter die fokus op die wyse waarop die ANC op bepaalde regeringsinisiatiewe sou reageer.

Daar was ook 'n ander faset van die Afrikaner-ANC-gespreksgroep: Die *gesprek binne 'n gesprek* tussen my en Thabo Mbeki. Dié gesprekke was eksklusief bilateraal en het betrekking op praktiese kwessies soos vrylating van gevangenes en moontlike amptelike kontakte gehad. Die multi-dimensionele hantering van die tweespoor-model is in die De Klerk-regering en die ANC se interaksies vanaf Februarie 1990 voortgesit, veral toe die formele onderhandelingsproses van stapel gestuur is en daar amptelike onderhandelingspanne aangekondig is met komitees wat spesifieke kwessies moes hanteer. Dié tweedespoor-kontak het van vroeg af gefunksioneer met verteenwoordigers van die De Klerk-regering en die ANC wat dikwels buite die konferensiekamer informeel en gesellig verkeer het om netelige kwessies te bespreek. Die NI was by baie, indien nie almal nie, aanwesig. Barnard was hierin 'n sleutelfiguur omdat die NI nie net van meet af aan by die proses in al sy fases betrokke was nie, maar ook 'n ondersteunende navorsingseenheid gehad het.

Mbeki was binne die uitgeweke ANC 'n strategiese sentrale senuweestelsel: Talle "boodskappe" het by hom uitgekom, of dit nou vanaf Idasa, sakelui uit Suid-Afrika, die UDF, Cosatu, Enos Mabuza, Van Zyl Slabbert, Wynand Malan, die Suid-Afrikaanse Raad van Kerke, Gorbatsjof of wie ook al was. Dit was binne die ANC 'n merkwaardige posisie. Hy het ook geweet waaroor die militantes in die ANC praat. Die NI was natuurlik ook 'n sentrale senuweestelsel, ingeskakel by die tweedespoor- én die eerstespoor-gesprekke. Lees 'n mens agterna die boek van Louise Diamond en John McDonald oor *Multi-Track Diplomacy: A Systems Approach to Peace*, dan besef jy hoe mense sonder 'n teorie, al lerende, komplekse probleme kan verstaan en hanteer.

My boek vertel vanuit my eie perspektief die verhaal van wat tussen 1987 en 1990 binne die tweede kontakspoor afgespeel het. Dis 'n verhaal waaraan ander mense natuurlik meegewerk het. Ek verwys ook daarna, maar soos ék hulle interaksie ervaar en verwerk het. My gebruik van die frase Afrikaner-ANC-gesprek is nie bloot feitelik en histories nie. Daar is vir my ook 'n belangrike politieke én morele stellingname hierin opgesluit. Talle binnekring-Afrikaners het van so vroeg as 1985, maar veral vanaf 1987, 'n onmisbare en deurslaggewende rol in die voorbereidingsfase tot die amptelike onderhandelingsproses gespeel. Hulle betrokkenheid was 'n weloorwoë keuse.

Binne die Nasionale Party en sy ondersteunende instellings was daar ook 'n eties-gedrewe gistingsproses aan die werk wat die wortels van apartheidsideologie aangetas het en gedra is deur 'n groeiende, nuwe morele bewussyn. Wynand Malan, 'n NP-volksraadslid van Randburg, voorstad van Johannesburg, se bedanking uit die Nasionale Party in 1987 was hiervan 'n belangrike sein. My beklemtoning van die rol van Afrikaners gedurende die voorbereidingsfase hou verband met wat ek die morele bevryding van baie Afrikaners wil noem. Dié morele bevryding en die ANC se droom van politieke bevryding ontmoet mekaar uiteindelik.

Patti Waldmeir, 'n Amerikaanse joernalis met wie ek goeie kontak gehad het, en skrywer van die boek *Anatomy of a Miracle*, het my gevlei toe sy in die boek wat sy aan my geskenk het, geskryf het: "To Willie. The greatest seducer the Afrikaner side could have hoped for." Terwyl ek die metafoor "verleier" – in die politieke sin van die woord – verleidelik vind, en sy ook vir Thabo Mbeki met dié metafoor beskryf, verkies ek 'n ander metafoor om dit wat die Afrikaner-ANC-kontakgroep gedoen het, te beskryf: brugbouers na vrede. Selfs brugbouers na vrede moet natuurlik soms van verleiding gebruik maak. Leiers en besluitnemers moet gehelp word om 'n "liefdesverhouding" met vertroue en selfversekerdheid aan te gaan.

Notas

HOOFSTUK 1

1. Dit het soms tot bittere woordoorloë op veral Stellenbosch gelei, "oorloë" wat agterna beskou veral 'n verskil tussen 'n óórbeklemtoning van hoë morele liberaal-demokratiese beginsels enersyds, en strategie en taktiek andersyds, vertolk het. Daar was natuurlik ook ander verskille. Talle verligtes was werksaam by die Universiteit van Stellenbosch. Daar was natuurlik ook verligtes by ander universiteite en instellings. Die destydse Potchefstroomse Universiteit vir Christelike Hoër Onderwys, met die tydskrif *Woord en Daad* 'n voorloper van vernuwing, moet genoem word. Willem (Wimpie) de Klerk se wortels het hier gelê. Die Stellenbosse verligtes was individueel en as groep besonder uitgesproke, bekend en betrokke by invloedryke netwerke binne die Afrikaner-magselite, waarvan president PW Botha, 'n Kapenaar, die politieke leier was.

2. Verdraagsaamheid tussen moraliste en verligtes teenoor mekaar was skaars. Ego's het ongetwyfeld hierin 'n groot rol gespeel en die mededinging was fel. Dit het darem tot kreatiewe konflik gelei, wat vernuwende vordering moontlik gemaak en groot eise vir strategies berekende denke gestel het. Konflik, so het ek altyd gedink, is die moeder van kreatiwiteit. Daarom het die verligtes vir berekende "brinkmanship" gekies, oftewel die soeke na snellers vir vernuwende prosesse van binne die heersende magselite om dié elite óf tot meer progressiewe denke te motiveer óf te ondermyn. Soos Sampie Terreblanche, 'n leidende sosiaal-demokratiese verligte dit op 'n keer gestel het: "Terwyl die apartheidspolitici aan hulle grondwetlike en ander konstruksies bou, hamer die verligtes teen die fondasies om te kyk of dit kan hou." Baie verligtes het ook geredeneer dat hulle nie uit die NP, die AB en ander magsinstellings van die Afrikanerdom wou bedank nie. Hulle wou uitgeskop word. Dit sou 'n verleentheid vir die uitskoppers veroorsaak het. Verligtes het vir berekende verleentheid gekies.

3. Op die kampus van Stellenbosch was daar baie bekende apartheidskritici van buite die NP, mense soos Johannes Degenaar (filosofie) en SP Cilliers (sosiologie). Al is hulle soms vanuit sekere kringe verguis, het hulle groot impak op baie studente en mense binne die breëre Afrikaanse samelewing gehad. Die klassikus André Hugo, wat later by die Universiteit van Kaapstad aangesluit het, se naam moet ook genoem word. Baie jare later het iemand soos Nico Smith (teologie) bygekom. Hy het uit die AB en die Universiteit van Stellenbosch bedank en hom in die swart woonbuurt Mamelodi gaan vestig. En dan was daar op Stellenbosch natuurlik ook heelwat kritici-van-binne-die-stelsel. Hulle is heftig deur die stelselondersteuners binne die NP, die Broederbond en die US bestry. Al dié kritici is goed deur die Veiligheidspolisie dopgehou. "Koos" se versoek om my by my huis te ontmoet, so het ek ook later besef, was nie om dowe neute nie. Die NI, die Veiligheidspolisie en Militêre Intelligensie het op Stellenbosch onderling gekompeteer.

4. Hy reik nog dieselfde aand 'n verklaring aan *Die Burger* uit. 'n Senior joernalis van die koerant skakel my laat die nag, lig my in en vra of ek kommentaar wil lewer. Ek sê nee, maar as dit gepubliseer word, sal ek my ook nie hou by die vertroulikheid van die vergadering nie, alles openbaar maak en ook die mense se name noem wat deelgeneem het. Dit veroorsaak konsternasie. Ná heelwat telefoonoproepe word die verklaring teruggetrek. Ek besluit om uit die AB te bedank. In later jare het ek en Piet Marais weer die goeie verstandhouding wat ons gehad het, kon herstel. Met

Esther Lategan die Onafhanklikes se kandidaat teen hom, moes hy hard veg om sy setel te behou. En hy was, per slot van sake, 'n lid van die Nasionale Party se koukus, al het ek en hy oor baie dinge saamgestem.

5. Die fokus in die literatuur op "wit" kontakte met die verbode ANC was 'n spieëlbeeld van ons land se strakke rasseteenstelling met sy diepliggende rassekonflik. Dit was nie net wit mense wat die Lusaka-roete stof getrap het nie. Talle swart organisasies het dieselfde gedoen. Die lys lyk soos 'n "wie-is-wie" uit die wêreld van die verdruktes kort vóór en na die Dakar-konferensie: Die *Inyandza National Movement* van Enos Mabuza (Maart 1986), die *Congress of South African Trade Unions* (Maart 1986), die *National Union of South African Students* (Maart 1986), die *Southern African Catholic Bishops' Conference* (April 1986), die *National African Federated Chamber of Commerce* (Mei 1986) en die *Evangelical Lutheran Church in Southern Africa* (Northern Diocese – November 1986). Later volg die *National Council of Trade Unions* (Mei 1988), die *Natal Indian Congress* en die *Transvaal Indian Congress* (Oktober 1988), die *National Soccer League and Soccer Association of South Africa* (Oktober 1988), die *Lawyers Conference* (Februarie 1989), die *International Campaign Against Apartheid Sport and the South African Non-Racial Olympic Committee* (Februarie 1989) en die *Congress of Traditional Leaders* (Augustus 1989).

6. In die Epiloog kyk ek terug op die gespreksproses om daarvan teoreties sin te probeer maak in die lig van my eie ervaring en aan die hand van literatuur. 'n Akademies-teoretiese besinning oor die gespreksproses, as 'n gevallestudie, kan dalk 'n interessante bydrae tot die groeiende literatuur lewer. My epiloog moet gelees word as kanttekeninge vir so 'n onderneming.

HOOFSTUK 2

1. Rupert het Botha op 21 November 1985 persoonlik ontmoet na aanleiding van sy (Rupert) se samesprekings op 20 November met die Switserse bankier Fritz Leutwiler. Daarna het Rupert en 'n klompie sakemanne Botha weer op 22 November 1985 ontmoet na aanleiding van hulle samesprekings op 11 November 1985 met Amerikaanse sakelui in Londen. Rupert skryf dat, as hy Botha reg verstaan het in sy standpunt dat hy "liewer arm [wil wees] as toegee" – en dat hy nie bereid is om te sê dat hy van apartheid "afsien" nie, dit vir hom wat Rupert is 'n "bron van eindelose kommer" is. Botha reageer skerp op 29 Januarie 1986. Hy skryf dat hy Leutwiler "meer verstandig, sterk en simpatiek gevind (het) as sommige besigheidsmense in my eie land wat meer belangstel in tydelike profyte as in die stryd wat die regering ook vir hulle om stabiliteit voer." Hy sê ook: "Ek luister graag na goeie vriende se raad. Maar ek ignoreer gewoonlik raad wat vir my nie eg klink nie. Dr. Kissinger het ook in sy geskrifte hieroor gewaarsku."

2. Die Stedelike Stigting is met die inspirasie van Harry Oppenheimer, Anton Rupert en Jan van der Horst, uit die Anglo American-, Rembrandt- en Old Mutual-stal, gestig, 'n breinkind van die sakesektor na die 1976-opstande in swart gemeenskappe. Dit was in dié tyd 'n belangrike beitel wat die granietrots van apartheid aangedurf het. Woonomstandighede van swart mense, verblyfreg en talle ander beperkende maatreëls was op die agenda. Die strategie was stuksgewyse hervorming, oftewel 'n gefokusde hervorming van kardinale aspekte van die apartheidstelsel met die bedoeling om nie die "stelsel" te hervorm nie, maar dit prosesmatig en evolusionêr met 'n ander stelsel oor tyd heen te vervang sonder om stabiliteit in die gedrang te bring. Jan Steyn van die Stigting maak my 'n lid van sy "onderhandelingskomitee". Dit word 'n unieke ervaring wat na 1985 op 'n beperkte basis voortgesit word. Die eerste ding wat Steyn gedoen het, was om my aan Soweto bloot te stel deur middel van ter plaatse besoeke en gesprekke met gemeenskapsleiers.

Na die afkondiging van die noodtoestand in Julie 1985 het hy my een oggend in sy kantoor skuins oorkant die hooggeregshofgebou in Kaapstad gevra: "Wat dink jy gaan ná die noodtoestand gebeur?" Hy het oor sy bril gekyk en self sy vraag beantwoord: "Dis alles tydelike maatreëls om die onafwendbare uit te stel. Maar dalk seëvier redelikheid en vermy ons totale chaos en anargisme." Ek en hy het een oggend baie vroeg vir generaal Johan Coetzee van die Veiligheidspolisie in sy kantoor in Pretoria ontmoet. Ons het oor die veiligheidsituasie in die land gepraat en Steyn het 'n punt gemaak waaroor hy baie sterk gevoel het: "Van die veiligheidsoptredes lei tot groter wordende vervreemding tussen wit en swart leiers." Die generaal het 'n paar oomblikke gewag om te antwoord. Ek het hom voorheen leer ken toe ek by die Randse Afrikaanse Universiteit werksaam was en ons saam in 'n Afrikaanse skool se skoolkomitee gedien het. Hy het my ook 'n paar keer aan huis op Stellenbosch besoek. Die generaal het na my gekyk en gesê: "Ons saai draketande in hierdie land. Dit gaan ons almal verslind." In terme van meningsvorming, veral onder sakelui, en "lobbying" was die Stigting die bes georganiseerde en mees doeltreffende binnelandse instelling. Jan Steyn was iemand met 'n besondere visie én morele moed. Ons het met tientalle leiersfigure en politici uit die wit, bruin, swart en Asiër-geledere gesprek gevoer.

HOOFSTUK 3
1. Ek het vanaf 1987 baie oor die Manifes gelees. Dis in regerings- en veiligheidskringe oorwegend as 'n sosialisties-kommunistiese dokument bestempel, met Marxistiese outeurs die primêre opstellers. Die "vader" van die idee van 'n Manifes was nie 'n kommunis nie, maar 'n uitstaande intellektueel: Prof. ZK Matthews, vader van die huidige minister Naledi Pandor. Lees 'n mens die dokument met sy poëtiese momente, kan aanvaar word dat die opstellers die heersende politieke gevoelens en sosio-ekonomiese verwagtings van "die mense" (= die onderdrukte meerderheid) weergegee het. Dit het amper alles vir almal ingesluit, "amper" omdat die Afrikanistiese denklyn binne die swart gemeenskap nie ten volle verwoord is nie. Dié denklyn, veral oor die grondkwessie, het vir 'n interne spanningselement gesorg, nogmaals geïllustreer deur die Malema-sage oor landbougrond en die myne. Die Afrikaniste het ook nie van die Manifes se verstaan van nie-rassigheid gehou nie. Dis interessant om daarop te let dat die Jeugliga van die ANC, soos nou nog, sterk Afrikanisties was. Die apartheidstaat se reaksie was voorspelbaar: In Desember 1956 arresteer die polisie 156 mense vir hoogverraad, min of meer die gehele leierskap van die ANC, waaronder Luthuli, Tambo, Mandela, Sisulu en Matthews. Die hofverrigtinge word 'n uitgerekte affêre wat in Maart 1961 op niks vir die staat uitloop nie, behalwe internasionale en nasionale verleentheid.

HOOFSTUK 4
1. Dit was insiggewend om deur dit wat ek gelees het, die gaping tussen (geskrewe) propaganda en vakwetenskaplike literatuur en navorsing te ervaar. Dis 'n tragiese werklikheid dat goeie navorsing nie maklik 'n weg na beleids- en strategiese ontwikkeling vind nie, enersyds omdat navorsers nie altyd oor die vermoë beskik om bevindinge in beleids- en strategiese verbande te "vertaal" nie en andersyds omdat politici en burokrate nie van bevindinge hou wat teen hulle persepsies van bereikbare beleidsopsies en politieke mag ingaan nie. Kennis is nie bloot mag nie. Mag is ook 'n stryd om "kennis" wat ideologiese doelwitte bevorder. Dis waar die kwessie van propaganda inkom en Karl Marx van "bruikbare idiote" gepraat het.
2. Generaal Giáp, wat 'n legende in Indo-China geword het en onder meer die Franse by Dien Bien Phu (1954) verslaan het, het op 25 Augustus 2011 sy honderdste verjaardag in 'n militêre hospitaal in Hanoi, Viëtnam, gevier. Hy word as een van die wêreld se grootste militêre strateë beskou. Op 30 April 1975 moes die VSA ook in Suid-Viëtnam die handdoek ingooi. Hy het in sy latere lewe baie krities teenoor die Kommunistiese Party van Viëtnam geword en in 2006 geskryf dat die

party 'n "skild vir korrupte amptenare" geword het. Op 'n foto wat op 2 November 1979 geneem is, nie lank na Tambo, Mbeki en Slovo se ontmoeting met hom nie, staan hy saam met Moeammar Ghaddafi en Raoel Castro.

3. Ury se vervolg op *Getting to Yes*, saam met Daniel Shapiro, 'n sielkundige van Harvard, wat ek baie later gelees het, was éérs insiggewend: *Beyond Reason: Using Emotions as You Negotiate* (2005). Dit het gehelp om die Afrikaner-ANC-gespreksgroep se byeenkomste beter te verstaan as 'n mens nou daarop terugkyk. Hy en sy medeskrywer identifiseer in dié boek vyf kernkwessies ("core concerns"): outonomie, affiliasie, waardering, status en rol. Wanneer die kwessies in aanmerking geneem word en goeie aandag geniet, stimuleer hulle konstruktiewe emosies in onderhandelingsprosesse. Toe ek dié boek gelees het, het ek aan Nelson Mandela gedink, die sjarmante en eg menslike leier wat mense kon oorrompel al was sy tande so hard soos staal. Fisher se besondere vernuf was daarin geleë dat hy nie bloot geteoretiseer het nie, maar ook in die praktyk aan bemiddeling en onderhandeling deelgeneem het om sy teorieë te toets en waar nodig te korrigeer. Hy was 'n praktisyn-geleerde ("practitioner scholar") en het nie net boeke geskryf nie.

4. Kelly onderskei vyf tipes konstrukte of verwysingsraamwerke: *impermeable; permeable, pre-emptive; constellary; propositional*. Die eerste, derde en vierde konstruk bevorder eksklusiwiteit. In enige bemiddelings- en onderhandelingsproses is die groot uitdaging daarom: Hoe kan *die ander ontdemoniseer* word? Kan 'n ander konstruk ontwikkel word sodat daar nie oor en weer van *vyande* gepraat word nie?

5. Ek het dié oogmerk van die Afrikaner-ANC-gespreksgroep beter kon waardeer toe ek na die lesing van John Paul Lederach, *The Role of Corporate Actors in Peace-Building Processes*, tydens 'n konferensie oor *Peace through Commerce* by die Universiteit van Notre Dame, VSA, geluister het. Dis gepubliseer in 'n boek met die konferensietema as titel (2008). Lederlach, betrokke by Notre Dame se bekende Kroc Institute for International Peace Studies, omskryf vredesprosesse as volg: "Peace building represents the intentional confluence – the flowing together – of improbable processes and people to sustain constructive change that reduces violence and increases the potential and practice of justice in human relationships" (p.98-99).

6. Die Vryheidspark, opgerig naby die Voortrekkermonument in Pretoria, is 'n staatsgeïnisieerde monument ter viering van die totstandkoming van Suid-Afrika se inklusiewe demokrasie en die stryd wat daaraan voorafgegaan het.

HOOFSTUK 5

1. Die openbare besware oor die Sharpeville Ses lei tot 'n verdere vervreemding tussen PW Botha en Anton Rupert. Laasgenoemde skryf op 17 Maart 1988 'n brief aan Botha waarin hy Botha "nederig vra" of hy nie "asseblief in die belang van ons kinders en kleinkinders die Sharpeville Ses se vonnis sal versag nie. Ons moet ten alle koste verhoed om nog ses Jopie Fouries te skep." (Jopie Fourie is tydens die Rebellie van Afrikaners teen die Smuts-regering tereggestel. Hy het vir Afrikaners 'n heldefiguur geword.) Botha, duidelik vererg, antwoord Rupert binne dae (21 Maart 1988). Hy skryf: "Dit was vir my 'n skok om te verneem dat u die veroordeeldes goedsmoeds vergelyk met Jopie Fourie. Ek moet sê dat ek diep teleurgesteld was nadat ek u brief gelees het, maar dit bewys net aan my hoedat die bestes onder ons die slagoffers word van georkestreerde propaganda teen ons land en 'n regering wat probeer om die beskawingswaardes in Suid-Afrika in stand te hou." Botha sluit darem sy brief "Met vriendelike groete" af.

2. Die ANC het veral die SA Burgermag gevrees, saamgestel uit duisende jongmense wat verpligte militêre diens moes doen. Hulle is baie goed opgelei en het "grensdiens" in SWA/Namibië en

Angola gedoen. Hulle is ook in die township-oorloë aangewend om orde te probeer handhaaf. Dan was daar ook nog die gevestigde Kommandostelsel wat veral in landelike gebiede as georganiseerde vrywilligerskorps gefunksioneer het. Die veldtogte van die End Conscription Campaign het regstreeks verband gehou met die ANC se stilswyende erkenning dat die Burgermagstelsel 'n belangrike struikelblok vir die verwerkliking van die ANC se droom van 'n revolusionêre magsoorname was. Mbeki het teenoor my erken dat Suid-Afrika nie 'n Viëtnam was nie, onder meer vanweë die Suid-Afrikaanse staat se gemilitariseerde politieke kultuur en goed opgeleide Staande en Burgermagte. Op besoek aan Lusaka in 1990 het ek 'n baie duidelike boodskap gekry: 'n Swart meerderheidsregering sal nóg verpligte militêre diens vir jongmense nóg die kommandostelsel aanvaar. "Te duur en gevaarlik," het Aziz Pahad vir my gesê.

HOOFSTUK 6
1. Die Fellowship Movement, 'n wêreldwye netwerk, was nie-kerklik en nie aan 'n geloofsdenominasie verbind nie. Die fokus daarvan was baie skerp op leiersfigure ingestel en hoe hulle persóónlike steun in terme van etiese waardes en deugde kon kry. "Virtue ethics" was 'n prioriteit, verbind met "ethics of care". Dié beweging nooi in die tagtigerjare vir my, Buthelezi en 'n paar ander persone uit verskeie wêrelddele na 'n gebedsontbyt met president Ronald Reagan, sy vise-president, George Bush, en lede van die Amerikaanse Kongres in Washington. Politieke leiers uit ander wêrelddele is destyds ook na dié geleentheid genooi waartydens daar seminare plaasgevind het. Leiers van agter die Ystergordyn was van die aanwesiges. President Kenneth Kaunda het destyds 'n noue verbintenis met die netwerk gehad. So ook dr. Mangosuthu Buthelezi en Enos Mabuza.
2. "Sagte teikens" was ongetwyfeld een van die grootste strategiese misrekenings van die ANC. Dit het in talle wêrelddele, en veral onder "geloofsmense" in Suid-Afrika, woorde soos "terrorisme" en "ongedissiplineerd" laat posvat. Dit word later nie alleen 'n baie delikate politieke en morele kwessie nie, maar tydens die formele onderhandelingsproses 'n turksvy met baie dorings: Watter geweldsvoorvalle was "polities" geïnspireerd en wie moes op grond waarvan "amnestie" kry? Die Norgaard-beginsels, opgestel deur die Deen Carl Norgaard, en wat in Namibië toegepas is, word ook gedurende die formele onderhandelingsproses in Suid-Afrika aanvaar. De Klerk se interpretasie daarvan word deur die ANC van die tafel afgeveeg, byvoorbeeld in die geval van Robert McBride. Hy het in 1986 in 'n Durbanse kroeg 'n bom geplant wat drie mense gedood en 69 beseer het. Die ANC het egter die onvoorwaardelike vrylating van almal wat die organisasie as "politieke gevangenes" beskou het, vereis – watter geweldsdaad hulle ook al gepleeg het. 'n Rigtingen leidinggewende besluit oor geweld het ontbreek.

HOOFSTUK 7
1. Ek was natuurlik verkeerd. In diepliggende konfliksituasies waar regstreekse en strukturele geweld heers vanweë groepsgeoriënteerde diskriminasie en 'n verkragting van die geregtigheidseis deur 'n maghebbende (etniese) minderheid, word "besit" en veral grondbesit, 'n belangrike politieke kwessie. Die stryd om grond is so oud soos die berge, die valleie en die weivelde. Dis 'n hoogs emosionele kwessie omdat dit nie oor grond as *produktiewe bate* gaan nie, maar oor grond as *politieke identiteitsimbool*.
2. Die NG Kerk en die NP is deur die ANC en die UDF/MDM as ideologiese bondgenote en 'n "sameswering teen die mense" gesien. Van al die kerklike kontakte wat ek met swart teoloë en predikante uit die sogenaamde gereformeerde tradisie gehad het, was daar nie 'n enkele een wat nie met dié beskouing saamgestem het nie. Die NG Kerk wás institusioneel die NP-in-gebed (vir die

behoud van apartheid). Kritiek van binne die NG Kerk op apartheidsteologie en apartheidspraktyke is wel waardeer, maar nie werklik sterk mee geïdentifiseer nie. Soos die staat se stuksgewyse hervorming, is ook die NG Kerk se pogings tot stuksgewyse hervorming met minagting bejeën. Die wyse waarop die NG Kerk teenoor die nou beroemde Belhar-Belydenis gereageer het, het die oortuiging van 'n politieke samesewering tussen apartheidstaat en apartheidskerk versterwig. Die NG Kerk het deel geword van die vyand-konstruk van die bevrydingsbewegings.

HOOFSTUK 8

1. Botha het by BJ Vorster in September 1978 as eerste minister oorgeneem, na baie binne- en openbare politieke gevegte na aanleiding van die Inligtingskandaal wat rondom Vorster en Connie Mulder ('n minister) se koppe losgebars het. Belastingbetalers se geld is ruim vir propagandadoeleindes gebruik. Daar is selfs 'n koerant met geheime staatsfondse gestig: *The Citizen*. In 1983 word Botha Uitvoerende Staatspresident binne die driekamer parlementêre stelsel wat toe, na 'n referendum vir wit mense, ingestel is.
2. Ek was toe nog betrokke by die AB wat 'n groot rol in die ontwikkeling van dié stelsel gespeel het. By een van ons byeenkomste in die Verwoerd-strandhuis by Bettysbaai, met HF Verwoerd wat vanaf 'n muur na ons kyk, sê Piet Cillié – groot indoena van Nasionale Pers – wat langs my gesit het op sy ironies-siniese manier: "Dink jy hy weet ons begin vandag met die aftakeling van sy apartheidstelsel?" Dit was op 'n paradoksale wyse profeties. Die driekamerparlement se onwerkbaarheid was 'n vername spyker in die NP se rigiede ideologiese idee van rasgebaseerde groepsregte.

HOOFSTUK 9

1. In 'n stadium merk ek op dat van die studente in die koshuis ons begin vermy, veral die politieke aktiviste wat verbintenisse met Nusas gehad het. Dit blyk toe dat Mark Behr met van sy Nusaskomiteelede 'n veldtog geloods het om my verdag te maak. Afdrukke van my vroeëre lidmaatskap van die Afrikaner Broederbond, soos gepubliseer in 'n boek oor dié geheime organisasie waaruit ek toe al vanweë skerp verskille met van die lede bedank het, is ook onder die studente versprei. Ek was toe al bewus van Behr se vermeende verbintenisse as agent van die veiligheidsdienste en het selfs gewonder of Militêre Inligting of die Veiligheidspolisie nie dalk die eintlike inspirasie vir die verdagmaking was nie. Die kampus was in daardie stadium vrot van agente. De Vries moes op 'n keer selfs met PW Botha daaroor gesprek gaan voer het. Hoe dit ook al sy, Mark Behr en Nusas het uiteindelik nie met hulle veldtog geslaag nie.
2. Dis merkwaardig dat die rol van die NI in die oorgangs- en onderhandelingsproses nog nie die soort aandag gekry het wat dit verdien nie. Die rede is vermoedelik dat daar eerder op "openbare figure en instansies" gefokus word en dat daar oor intelligensiedienste as sodanig allerlei reserwes is vanweë wanpersepsies en 'n onvermoë/onwilligheid om dié uiters belangrike faset van alle state rasioneel te bekyk. Die Nasionale Intelligensiediens van Suid-Afrika was méér deurslaggewend in Suid-Afrika se oorgangsproses as énige ander organisasie. 'n Boek deur 'n voormalige veiligheidsagent, Riaan Labuschagne (2002), *On South Africa's Secret Service: An Undercover Agent's Story*, gee 'n interessante kyk op sake oor die NI en onder meer ook Barnard se rol in dié organisasie.
3. Robert Harvey, in sy boek *The Fall of Apartheid* (2001), het baie min van die meer menslike fasette van die gespreksproses verstaan. Hy was immers nie teenwoordig nie en baseer sy boek hoofsaaklik op Michael Young se aantekeninge, mededelinge en herinnering. Hy dig ook bydraes aan die gespreksgroep toe wat baie ver van die kol af is, soos "boodskappe" wat Willem de Klerk aan sy broer, FW, sou oorgedra het. De Klerk het wel notas deurgestuur, maar of en hoe sy broer daarvan

kennis geneem het, is nie so seker as wat Harvey dit voorstel nie. Hy slaan die rol van die gespreks-
projek té eensydig hoog aan. Dit was bloot deel van 'n meer komplekse voorbereidingsfase.

HOOFSTUK 10

1. Ek het op TV na PW Botha se aankondiging van sy bedanking gekyk. Dit het my aan die bedan-
king van BJ Vorster, Botha se voorganger, laat dink. Botha het hierin 'n rol gespeel. Ek kon nie
help om daaraan te dink dat drie NP-leiers agtereenvolgens, soos in 'n tragedie, in ongelukkige
omstandighede van die toneel verdwyn het nie: HF Verwoerd – vermoor; BJ Vorster – bedank
vanweë 'n skandaal; PW Botha – bedank vanweë sy kabinet se volslae wantroue in sy vermoë. Die
rebellie van Botha se kabinet (14 Augustus) vind plaas 'n dag voor die vierjarige herdenking van
Botha se berugte Rubicon-toespraak van 15 Augustus 1985.

HOOFSTUK 11

1. Morele kwessies het dikwels in ons gesprekke opgeduik, soos by Mike Louw. Hy was byvoorbeeld
nooit entoesiasties oor Suid-Afrika as 'n militêre mag in die streek en in Afrika nie. Daar was by
hom en ander 'n toenemende ongemak met Suid-Afrika se vervaardiging, op PW Botha se aan-
drang, van atoombomme. Louw het dit as teenproduktief beskou, want dit het onnodige aandag
op Suid-Afrika gevestig, meer spanning veroorsaak in kringe waarin Suid-Afrika dit nie kon be-
kostig nie en meer vyande gemaak as wat nodig was. Dit het byvoorbeeld in Maart 1984 verhou-
dings met Brittanje versuur toe vier Suid-Afrikaners in Brittanje gearresteer is vanweë oortredings
ingevolge Britse wetgewing wat 'n verbod op die uitvoer van wapens na Suid-Afrika geplaas het.
Louw het dit alles as moreel onverdedigbaar beskou.
2. Die proses van inligtingsversameling, en die verwerking en evaluering daarvan, lê ook ten grond-
slag aan die taak van 'n intelligensiediens om nie net aan besluitnemers strategiese vermoë te verskaf
nie, maar hulle oë ook op die bal te hou. Daarvoor is, in die geval van die ANC, inligtingstukke,
intelligensieverslae en ook profiele van die vernaamste ANC-leiers aan regeringsleiers verskaf. Voor-
ligtingsessies is ook gehou. Dit alles het 'n bepaalde mededingende voordeel aan De Klerk en sy
kabinet gegee. Spaarwater was hieroor egter nie baie positief nie. Hy het in *Beeld* (2/11/2010) be-
weer dat regeringsleiers tydens die skikkingsproses dit "bloot geïgnoreer" het. Dis 'n moontlike
verduideliking vir heelwat mense se persepsie dat regeringsleiers die ANC-onderhandelaars onder-
skat het. Hoe dit ook al sy, en welke mededingende voordeel die De Klerk-regering ook al gehad
het, die ANC-onderhandelaars hét in die formele fases van die proses al sterker geword.

HOOFSTUK 12

1. Lombard, 'n predikant van die Wes-Kaapse NGK-streeksinode, was een van die progressiewe pre-
dikante van dié streek. Daar was ook Willie Jonker, professor in Dogmatiek, van die Fakulteit
Teologie, Universiteit van Stellenbosch. Dis hy wat op 6 November 1990 by 'n kerkeberaad in
Rustenburg, waar biskop Desmond Tutu ook teenwoordig was, 'n belydenis van skuld oor aparth-
eid gemaak het wat groot opskudding veroorsaak het. Dis voorafgegaan deur 'n skulderkenning
oor apartheid van die NGK se Algemene Sinode in Bloemfontein 'n tydjie vantevore. Die ANC-
ers was geïnteresseerd in denkrigtings binne die NGK oor burgerlike ongehoorsaamheid en ook
oor die herbesinning binne dié kerk na aanleiding van die beleidstuk *Kerk en Samelewing* wat die
apartheidsdokument *Ras, Volk en Nasie* in 1986 vervang het. Dit was weliswaar 'n lang pad van
afskeid.
2. 'n Foto wat tydens Idasa se Leverkusenberaad (Duitsland) geneem is en waarop Malan en Terre-

blanche saam met Joe Slovo verskyn het, is tot vervelens toe deur die NP en sy ondersteuners in die pers as propaganda teen die Demokratiese Party gebruik tydens die September-verkiesing. Die anti-kommunisme waarmee Afrikaners deur die propaganda van die Totale Aanslag gevoer is, was toe nog 'n gerieflike klankbord. Minder as 'n jaar later staan De Klerk self op 'n foto saam met Slovo, in rooi sokkies, by Groote Schuur.

3. Niel Barnard was van mening dat genoeg tyd gegee moes word om baie deeglik en op 'n gestruktureerde wyse aan gesprek oor gesprek deel te neem. Hy en sy span het twee jaar lank met Mandela gesprek gevoer en dit ook nie lukraak gedoen nie. Dit was immers nie bloot 'n uitklaring van grondliggende posisies nie, maar ook 'n kwessie van vertrouensbou. Barnard vertel dat PW Botha dikwels gevra het wanneer hy wat Botha was sy hele kabinet kon inlig. Barnard, wat die proses vertroulik wou hou totdat groter duidelikheid oor die pad vorentoe bestaan het, het gereken die kabinet sou nie die vertroulike aard van die gesprek respekteer nie. Hy het selfs vir Botha gesê dat Pik Botha "geneties" nie in staat was om so iets vertroulik te hou nie.

4. Beide Mbeki en Zuma was gekant teen wat hulle "secret negotiations" genoem het. Ek het aanvanklik nie goed verstaan wat hulle bedoel het nie en eers later begryp dat dit oor die amptelike, formele proses gegaan het. Daarby inbegrepe was wel die kwelling dat daar voor die tyd 'n vertroulike ooreenkoms met Mandela deur die regering gesluit kon word. Mbeki was veral bekommerd oor die moontlikheid van 'n "Abel Muzorewa-vangstrik", die swart leier wat in Zimbabwe met Ian Smith, die laaste wit premier van die destydse Rhodesië, saamgewerk het. Mbeki en Zuma het nie beswaar teen 'n vertroulike "bargaining process" gehad nie.

5. In die Kaapse Afrikaanse dagblad *Die Burger* bars daar 'n storm los. Jannie Momberg, 'n Volksraadslid van die Demokratiese Party, skryf 'n brander van 'n brief aan *Die Burger* (4 Oktober 1989) na aanleiding van Dommisse se bywoning in die lig van dié koerant en die NP se veldtog teen Wynand Malan se besoeke aan die ANC. Hy verwys na *Die Burger* as "'n party-politieke smeerpamflet". Die koerant reageer dieselfde dag met 'n verweer onder die opskrif: "Gesprek met ANC: Wat is koerantmanne wat dit bywoon se posisie?" Die kern van die verweer is dat 'n "koerantman kommunikeerder en draer van inligting (is)".

HOOFSTUK 13

1. Die gehoor, so word ek by my aankoms ingelig, is sterk pro-ANC. Die AAI, met sy hoofkantoor by die United Nations Plaza in New York, het op stewige bande en goeie begrip tussen die VSA en die leierselite van Afrika gefokus. Koos Kruger was oortuig dat dit 'n agentskap van die VSA se veiligheidsdienste was. Ek het ook daaroor gewonder na aanleiding van die personeel van die AAI wat ek ontmoet het.

2. Daar was in die VSA onder veral 'n groep intellektuele en akademici 'n groot belangstelling in Afrikaners, Suid-Afrika se "white tribe", maar "strange" gemeenskap. Op uitnodiging van die Amerikaanse regering, met Carter as president, was ek op 'n uitgebreide reis in dié merkwaardige land. Apartheid het 'n bepaalde resonansie gehad in 'n land wat, veral in die Suide, met segregasie en menseregte geworstel het. In Aniston, 'n klein dorpie in die Suide, kon ek vir 'n hele oggend luister na die vertellings in 'n kerkie van 'n swart dominee wat saam met Martin Luther King gemarsjeer het oor rassediskriminasie in die VSA. Ek het hierna die fokus op apartheid beter verstaan.

3. De Klerk het ook 'n "kombuiskabinet", 'n geselekteerde groep kundige vertrouelinge, gehad. Hulle het oor naweke vergader. Die besluite wat hy geneem het, was nie lukraak of instinktief nie. Dit was deurdink en goed beplan.

4. Dié vertroue was nie so merkwaardig as wat dit met die eerste oogopslag lyk nie. Dis oor tyd heen

opgebou deur die tronkgesprekke. Barnard was myns insiens ook korrek toe hy op 'n keer daarop gewys het dat die vertroulike aard van die aanvanklike gesprekke, en die feit dat dit nie in die kalklig van die media beland het nie, 'n belangrike rede vir die sukses van die uiteindelike onderhandelingsproses was.

HOOFSTUK 14

1. Thabo Mbeki, saam met ander hoëprofiel-ANC-leiers en president Kenneth Kaunda, het natuurlik reeds in 1985 met Engels-sprekende sakelui en 'n paar koerantredakteurs vergader. Een van die redakteurs was Tertius Myburgh van die *Sunday Times*. Volgens Myburgh het een van die besoekers uit Suid-Afrika gesê: "Ek sal eerder vir Thabo Mbeki by my aan huis ontvang as vir Ted Kennedy." Die sakelui was almal baie beïndruk met Mbeki. Gavin Relly, voorsitter van Anglo American, het by sy terugkoms na die gesprek in 'n storm van kritiek vasgeloop, nie net van PW Botha en sy regering nie, maar selfs uit Anglo-geledere. Die ANC was van mening dat Relly en sy sakegenote hierna in hulle doppe gekruip het en daar na die Mfuwe-gesprek niks wesenliks in die interaksie tussen Suid-Afrikaanse sakelui en die ANC gebeur het nie. In hoeverre Mbeki moontlik Engelssprekende en Afrikaner-sakelui teenoor mekaar wou afspeel, soos soms beweer is, is nie duidelik nie. Meer duidelik is wel sy posisie dat Afrikaner-sakelui 'n emosioneel sterker band met Suid-Afrika en Afrika gehad het. Hy het ook ten regte gedink dat Afrikaner-sakelui meer politieke invloed as die liberale Engelssprekendes gehad het. Hy het veral ná 1990 'n besonder goeie verhouding met Marinus Daling van Sanlam gehad en spesiale moeite gedoen om, na Daling se dood, by die gedenkdiens te praat.

HOOFSTUK 15

1. Die sakelui het interessante argumente gehad oor waarom ekonomiese kragte apartheid help kelder het. Du Plessis was van mening dat Suid-Afrika, tot Februarie 1990, in 'n "ekonomiese oorlog" met die res van die wêreld gewikkel was. PW Botha se Rubicon-toespraak (1985) het immers tot die onttrekking van die land se kredietfasiliteite gelei. Daar was ook iets anders: Die buitensporig hoë koste van Suid-Afrika se militêre optrede in Angola en die begrotingsbesteding aan veiligheid. Dié kostefaktore het saam met sanksies 'n baie negatiewe ekonomiese impak gehad. Suid-Afrika moes byvoorbeeld gesofistikeerde wapentuig self teen hoë koste vervaardig. Pretorius het hiermee saamgestem en gesê dat sanksies hul doelwitte in Suid-Afrika bereik het, veral vanweë die uitvloei van kapitaal. Dit was opvallend dat niemand van die sakelui, en ook nie van die ander Afrikaner-deelnemers aan die gespreksprojek, gereken het dat daar enige goeie rede vir Suid-Afrika se militêre betrokkenheid in Angola was nie.
2. Daar word in 1990, na aanleiding van De Klerk se 2 Februarie-toespraak, 'n besondere inisiatief geneem: Nedcor en Old Mutual stel 'n span aan om post-1990-scenario's vir Suid-Afrika te ontwikkel. Dr. Johan Maree, voorsitter van Nedcor, sê by die eerste vergadering: "As dit Switserland was, was die oefening onnodig." Die "oefening" was een van die mees omvattende tot nog toe in Suid-Afrika. Ek, Willem de Klerk en Oscar Dhlomo is vir die politieke gedeelte verantwoordelik. Mamphela Ramphele, Sheila Sisulu en Maude Motanyana neem verantwoordelikheid vir die maatskaplike dimensie. Ander fokus op die ekonomiese. Tussen Januarie 1991 en Junie 1992 word die scenario aan meer as 45 000 Suid-Afrikaners aangebied, insluitende die De Klerk-kabinet en die ANC. Ons het reeds in 1990 tot 'n gevolgtrekking gekom waaroor ek baie sterk gevoel het en talle kere teenoor my NI- en ANC-kontakte beklemtoon het: Voortslepende politieke en kriminele geweld, tesame met maatskaplike disintegrasie, kan die oorgangsproses kelder.

HOOFSTUK 16

1. Ek ervaar iets hiervan tydens 'n vergadering by die landboukollege Elsenburg waar De Klerk 'n byeenkoms van boere moes toespreek (27 September 1991). Sommige boere loop as protes tydens die byeenkoms uit. Mandela skakel De Klerk in 'n stadium. Hy wil De Klerk, die president van die land, dringend spreek. En nie eers môre nie. Mandela was tuis in die Lord Charles Hotel in Somerset-Wes en De Klerk 'n gasspreker by die belangrike Elsenburg-funksie. De Klerk, die tegemoetkomendheid self, stem in. Ek moet help met die vervoerreëlings, Mandela gaan haal en hom na 'n veilige lokaal op Stellenbosch bring. Alles moet baie vertroulik gehou word. De Klerk vra my: "Dink jy PW sou gedoen het wat ek bereid is om te doen?" Ek sê: "Nee, maar jy is gelukkig nie PW nie." Ek besef dié dag dat De Klerk en Mandela politieke mededingers is, nasionaal en internasionaal. Ek vermoed ook dié dag dat dit nog baie politieke probleme vorentoe gaan veroorsaak. My aanvoeling was nie verkeerd nie.

    Die Elsenburg-geleentheid sorg vir onbedoelde pret. Ek moet Mandela by die Lord Charles kry, maar my BMW is oud en afgeleef. Ek reël met die swaer van Dawie de Villiers, Ryno King, om sy blink nuwe motor te leen. King se motor weier egter om aan die gang te kom. Toe ek Mandela daarvan vertel, lag hy uit sy maag uit vir my poging om hom met iemand anders se motor te probeer beïndruk. Hy skryf dié dag vir my 'n nota in Afrikaans: "Aan prof. Esterhuyse, komplimente en beste wense. Nelson Mandela." Mandela oorrompel my weer eens met sy wellewendheid en sy erkenning vir Afrikaans. Baie jare later, toe hy 'n eredoktoraat van die Universiteit Stellenbosch tydens 'n spesiale geleentheid ontvang het, gee hy ook erkenning aan Afrikaans. Hy lewer sy rede in wat ek toe "Mandela-Afrikaans" genoem het.

2. Daar is weer 'n lekkasie, maar eers op 29 September 1991. Die *Sunday Star*, op die voorblad, basuin dit uit: "Nats and ANC in secret talks". Die subhoof is: "Top officials of both parties kept in the dark". Die berig verwys na die gesprekke wat al jare lank aan die gang was (sedert 1987). Willem de Klerk se teenwoordigheid by die betrokke Augustus-vergadering is veral 'n bron van groot belangstelling. Selfs Gill Marcus word bygehaal. Sy sou glo gesê het dat die ANC-leierskap besig was om met die betrokkenes daaroor te praat. Die twee joernaliste, Ivor Powell en Peta Thornycroft, meld ook dat Cyril Ramaphosa, die ANC se sekretaris-generaal en leier van die ANC se onderhandelingspan, baie verbaas oor die nuus van die gesprek was. Die ANC se Nasionale Werkkomitee oor onderhandelinge, so word beweer, sal dit binne dae bespreek. Mbeki, nie gekweld nie, reken dat onderhandelinge onafwendbaar is en dat op 'n informele wyse geraadpleeg moet word om dit aan die gang te kry.

3. Ná die verkiesing word Thabo Mbeki en FW de Klerk as die twee adjunkpresidente aangewys, in die geval van Mbeki met gebrek aan entoesiasme vanuit die geledere van sy ou opponente uit die ANC en toe reeds verdwene UDF (geïntegreer met die ANC). Die verhouding tussen Mbeki en De Klerk was vriendelik. Ek het egter nooit die indruk gekry dat dit kollegiaal-samewerkend was nie, veral nie nadat die ANC na Mbeki as die "eerste adjunk" en De Klerk as "tweede adjunk" begin verwys het nie. Meer persoonlike kwessies het ook 'n rol gespeel, soos byvoorbeeld watter woning moet aan wie toegewys word. Zanele Mbeki het moeite gedoen om 'n brug of twee op die informele vlak te bou, maar was onsuksesvol. My eie informele poging om in die verband 'n bydrae te lewer, het ook misluk. Die idee van "opponente", wat darem die "vyandkonstruk" vervang het, was op die formele en informeel-persoonlike vlak net te sterk. Dit het ook 'n impak op die persoonlike verhoudings tussen Mandela en die De Klerk-egpaar gehad, soos byvoorbeeld tydens die Nobel-funksie in Noorweë.

HOOFSTUK 17

1. Mbeki, anders as wat soms beweer word, het nóg die staat nóg die regering met die ANC as party vereenselwig. Luthuli-huis se burokrate en ideoloë, vanweë 'n verskeidenheid redes (byvoorbeeld 'n obsessie met beheer deur die party; grypsug; anti-kapitalisme; "regstelling" van wittes se ongeregtighede van die verlede), het hulle vir 'n vorm van burokratiese totalitarisme beywer. Hulle droom was dat die staat, met sy ontplooide kaders, álle vorme van transformasie moes beheer en dikteer. Dis dié mentaliteit wat myns insiens uiteindelik ook tot Van Zyl Slabbert se ontnugtering en vervreemding gelei het. Die partyburokrate het verwag dat hy, as hy 'n rol vorentoe wou speel, by die ANC moes aansluit. Hy was 'n groot vis wat hulle graag wou vang. Daar was géén belangstelling in dié kringe in Slabbert as 'n "bemiddelaar" nie, selfs nie na die rol wat hy in die Johannesburgse "Metropolitan Chamber" gespeel het om 'n ontwikkelingsvennootskap tussen (wit) Johannesburg en (swart) Soweto te bemiddel nie. Hy het, so het van my ANC-vriende dit by geleentheid gestel, "promising signals" uitgestuur, maar daar het niks van gekom nie. Ek vermoed dat hy, om dieselfde rede as ekself, nie by die ANC wou aansluit nie vanweë die ANC se verbintenis met die SAKP en die invloed daarvan op die ANC. Ek dink dat dit uiteindelik nie Thabo Mbeki was wat hom gemarginaliseer het nie, soos graag beweer word. Vanweë sy besondere openbare aansien as leier en denker, sou selfs 'n Thabo Mbeki hom nie tot 'n invloedryke posisie kon promoveer nie. Hy sou daarvoor eers 'n lid van die ANC moes word, soos Roelf Meyer en Marthinus van Schalkwyk.

2. De Klerk word in Hermann Giliomee se bygewerkte boek *The Afrikaners* (2003), waarin Giliomee ook na die Afrikaner-ANC-gespreksgroep verwys, in 'n voetnoot aangehaal. Hy is in die onderhoud (28 Mei 2009) klaarblyklik geïrriteerd met wat hy die wanvoorstellings deur die film *Endgame* noem. Dié film moet natuurlik nie as 'n dokumentêr beskou word nie, want dis 'n "faksiefilm". Sy irritasie moet ook toegeskryf word aan die mededinging wat daar tussen hom en sy broer (Willem) – 'n intellektuele voortrekker onder Afrikaners – was en die indruk wat in die film gewek word dat hy deur sy broer voorgesê is. Die film gee darem op 'n bepaalde manier erkenning aan die deurslaggewende rol van NI en Niel Barnard. De Klerk beklemtoon veral dat die Afrikaner-ANC-gesprekke nóg 'n parallelle kanaal was nóg formeel of informeel 'n invloed op hom gehad het. Niemand in die gespreksgroep het dit beweer nie. Sy posisie is ook verstaanbaar omdat hy nooit deel was van die voorbereidingsprosesse waarvan selfs PW Botha bewus was nie. De Klerk het gelukkig op 'n entoesiastiese en vindingryke wyse uiteindelik die leiding en finalisering van dié prosesse oorgeneem. Dit was welverdiend dat hy die bottel sjampanje by 'n tafel wat lank geduur het om gedek te word, kon oopmaak. Sy klaarblyklike irritasie slaan op 'n belangrike kwessie waarop in hierdie boek gewys is: Die rol van informele en nie-amptelike tweedespoor-interaksies en die oordrag ("transfer") daarvan na eerstespoor-prosesse. Ek het met hom, na hy president geword het, 'n alleenontmoeting in sy kantoor (Kaapstad) gehad waar hy so vriendelik was om te sê dat sy deur vir my oop staan. Omdat ek by die geleentheid die indruk gekry het dat hy nie volledig ingelig was oor my Barnard- en Mbeki-konneksies nie, het ek hom nie daaroor ingelig nie. Dit was immers nie my verantwoordelikheid en taak nie, want my kontak oor dié bepaalde kwessie was nie met hom nie, maar met Mbeki, NI en Barnard – strategiese vroedpersone van die proses. Die deurslaggewende rol van die Coetsee/Mandela/Barnard-gesprekke en die rol van die destydse Nasionale Intelligensiediens met mense soos Barnard, Louw en Spaarwater, word soms selfs vandag nog onderskat.

Giliomee verwys in sy kortlikse bespreking van die Mells Park-gesprekke ook na 'n ander belangrike kwessie: Die ontbreking van verslae oor die gesprekke, iets waarop Willie Breytenbach ook by geleentheid gewys het. Dis so dat tweedespoor-gesprekke, veral as hulle privaat en vertroulik is, deeglik gedokumenteer moet wees sodat "boodskappe" wat daaruit voortvloei en "posisies" wat ingeneem word, so korrek as moontlik deurgegee kan word. Dis nie die tussenganger of boodskapdraer se taak om primêr sy/haar persoonlike mening oor te dra nie. Daar was wél sulke verslae, soos die wat deur my persoonlik opgestel is, maar nie goedgekeur of voorgelê is aan die gespreksgenote of openbaar gemaak is nie. Opsommings van dié verslae het hulle pad na die NI gevind waar ek saam met 'n klein groepie lede dit deeglik bespreek het. Dit is merkwaardig dat geen Suid-Afrikaanse navorser of kommentator wat oor die Mells Park-inisiatief geskryf het, oor die bestaan al dan nie van dokumentasie navraag gedoen het nie.

Ek en Willem de Klerk het baie moeite gedoen om sleutelmeningsvormers in Afrikanergeledere in te lig. By enkele geleenthede is ek skerp gekritiseer dat Engelssprekende wit mense nie ook soms genooi is nie. Die maklike antwoord is dat die gespreksgroep klein gehou moes word. Die moeilike antwoord was dat dit 'n eksklusiewe gesprek tussen Afrikaners en lede van die ANC was – verteenwoordigers van die hoofpartye tot die konflik. Mbeki het wel by geleentheid opgemerk dat groter inklusiwiteit later oorweeg kon word in die lig van vordering. Nóg hy nóg ekself het egter verwag dat die vordering na FW de Klerk se toetrede tot die proses as president van die land so vinnig sou wees as wat die geval was.

Ons is wat dié droom betref in bepaalde opsigte terug in die bloedige tagtigerjare, met geweld wat ook vandag nog steeds 'n metgesel van ons land en sy mense is. En Thabo Mbeki se "twee nasie"-metafoor van 1998, waarmee hy nie net die reënboogmetafoor ontluister het nie, maar hom ook die gramskap van baie wit mense op die hals gehaal het, is tans "getransformeer" in 'n brutale mengsel van rasse- en klasseteenstellinge wat soos 'n groter wordende skeurvallei deur ons land, sy mense, sy stede, sy dorpe en sy instellings (soos opvoedkundige instellings) loop. Dit vertolk wat die Amerikaanse president Franklin Roosevelt dekades gelede in sy tweede inhuldigingsrede gesê het: Hy "sien" 'n nasie waarvan een derde die gevangenes van swak behuising, swak bekleding en swak voeding is. 'n Mens "sien" dié teenstelling, net in erge mate, ook in Suid-Afrika. In die VSA is daar stemme wat van die twee Amerikas praat. Die post-Polokwane-ANC het nie net die reënboogmetafoor finaal aan flarde geskiet nie, maar ook die "twee Suid-Afrikas"-verskynsel dramaties bevorder. Ons kan dit elke dag "sien".

EPILOOG
1. ANC-dokumente is beskikbaar by die Universiteit van Wes-Kaapland se Mayibuye-sentrum se argief. Die Universiteit van Fort Hare beskik ook oor dokumente in die ANC-argief.
2. Adam en Moodley (in LeMaitre en Savage, 2010) het hieroor 'n brief aan Mbeki geskryf, waarop hy geantwoord het en onder meer sy onbegrip vir die feit dat Slabbert homself skynbaar "within walls of bitterness" opgesluit het, verwoord het. Die Mbeki/Slabbert-verhouding het vir sommige oud-Dakargangers en ander mense na aan Slabbert ná 1994 'n emosionele aangeleentheid geword toe Mbeki die adjunkpresident in Mandela se kabinet was en later die president. Slabbert het die breuk toegeskryf aan iets wat ongeveer twaalf jaar vantevore plaasgevind het. Op 'n vraag van Mbeki aan Slabbert wat hy (Slabbert) sou doen as hy in sy (Mbeki) se plek was, het Slabbert, volgens wat hy skryf (2006), geantwoord dat hy 'n aantal kundige komitees in sleutelareas sou aanstel om advies te gee – "to constantly remind me of how much I have to learn and how ignorant I am". Dié herinnering van Slabbert tydens 'n besoek aan huis van Mbeki in Johannesburg, laat hom jare later in sy boek skryf: "This must have offended him." Dit was, volgens Slabbert, die einde van hulle vriendskap. Hy skryf selfs: "He is the only person I know who has demonstrated to me that friendship was expendable." Of Slabbert se tydsberekening met die besoek, die verwoording en aard van die voorstel, en uiteindelik ook sý weergawe/herinnering van Mbeki se

reaksie goed deurdag was, is debatteerbaar. Mbeki se weergawe aan my kort na die betrokke gesprek, was – as sý weergawe – anders. Dit was myns insiens 'n tragiese misverstand tussen twee besonder begaafde mense wat deur 'n informele gesprek voorkom kon gewees het.

3. John W McDonald, 'n gewese Amerikaanse ambassadeur, het later op meerdere spore gewys: Die media, private individue, besigheidslui en professionele konflikbeslegters. Die getal moontlike spore is mettertyd uitgebrei. Dit het onder meer die godsdiens, aktivisme, navorsing, opleiding, onderwys en die donateursgemeenskap (filantropie) ingesluit. 'n Instituut in Virginia, VSA, is selfs vir *Multi-Track Diplomacy* opgerig. Dié het twaalf beginsels ontwikkel waarvan "relationship-building, strong interpersonal and intergroup relations throughout the fabric of society" nommer een was. Die punt wat hiermee gemaak word, is dat die bou en onderhou van vrede, nóóit gemonopoliseer mag word nie. Dis ook nie iets vir amateurs nie.

4. Daniel Lieberfeld, wat die Afrikaner-ANC-gespreksprojek vanuit die tweespoor-model geïnterpreteer het, het verskeie onderhoude gevoer, onder meer met myself, Niel Barnard en Mike Louw van die NI, en Aziz Pahad van die ANC. Die gesprekke en wat hy daaroor geskryf het, het, soos *Endgame*, gehelp om te verstaan wat die Afrikaner-ANC-gespreksgroep probeer doen het. Sy evaluasie van die bydrae van 'n tweespoor-benadering tot konflikbeslegting in Suid-Afrika in sy boek *Talking with the Enemy: Negotiation and Threat Perception in South Africa and Israel/Palestine* (1999) en in artikels en ander bydraes was besonder waardevol. Ronald J Fisher, professor in International Peace and Conflict Resolution (American University) se versameling gevallestudies in *Paving the Way: Contributions of Interactive Conflict Resolution* (2005), was van die mees waardevolle bydraes wat ek agterna gelees het om 'n beter begrip van die Afrikaner-ANC-gespreksgroep se aktiwiteite en bydrae te vorm. Lieberfeld het ook in dié boek 'n artikel oor die Afrikaner-ANC-gespreksgroep gepubliseer.

5. Pilger se *Hidden Agendas* (1998), wat ek agterna gelees het, was ook baie betekenisvol in my terugskouende vertolking van die Afrikaner-ANC-gespreksgroep se aktiwiteite. Geheime agendas kan nie van meet af aan uitgeskakel word nie. Dit verg eers 'n gespreksproses wat die idee van 'n gemeenskaplike hoofagenda ondersoek en mettertyd bevorder. Toegang tot sleutelrolspelers is in die verband 'n voorwaarde.

6. Lieberfeldt, 2005:21.

7. Daar was verskeie maniere waarop ek na my betrokkenheid gekyk het en waarvan ek een moet uitsonder vanweë die Breytenbach-opmerking in *Rapport*. Hy was, so het Pahad my in 1987 vertel, 'n toegewyde wit militante, bekend daarvoor dat hy die ANC-kommuniste verpes het. Okhela, gestig as 'n voertuig vir veral wit militantes wat nie kommunisties was nie, maar tog steun aan die ANC se infiltrasieprojek wou gee, kry Breytenbach om Suid-Afrika (met 'n vermomming) te infiltreer en die moontlikheid van ondergrondse ondersteuningstrukture met ander aktiviste te ondersoek. Nog voor sy vertrek uit Parys in 1975, so is my vertel, het die Veiligheidspolisie al geweet van die planne. Die Suid-Afrikaanse regering se projek om die ANC te infiltreer, het in dié tyd klopdisselboom geloop. Breytenbach was ook nie gewild in die ANC se kommunistiese kringe wat toe die kitaar geslaan het en álle vorme van infiltrasie in Suid-Afrika wou beheer het nie. In die skemerwêreld van intelligensie en veiligheidsdienste is daar bowendien ook vorme van "stille samewerking". Breytenbach word in Suid-Afrika gevang en vir sewe jaar tronk toe gestuur op 'n aanklag van terrorisme. Toe ek in die tagtigerjare meer van die Breytenbach-debakel te wete gekom het, het ek aanvaar dat daar in dit waarby ek betrokke geraak het, nie iets soos "onmisbare mense" is nie. Die idee van 'n beginselgedrewe "reëlgebonde" etiek is in 'n omgewing van opponerende en veglustige "vyande" nie juis haalbaar nie. "Gevolgsetiek", oftewel 'n beoordeling en waardeskatting van die gevolge van 'n bepaalde handeling of daad, gee gewoon-

lik die deurslag. Dis dié benadering wat mense soos Barnard en Maharaj baie krities en soms selfs negatief oor die bydrae van intellektuele en akademici laat reageer het. Breytenbach was vir die ANC-heethoofde in Lusaka uitskakelbaar soos die meeste ander mense wat by 'n stryd om oorlewing én mag tussen "vyande" betrokke raak. Ek het dit aanvaar en my nie deur die droom van "onmisbaarheid" laat verlei nie. Te veel eens "onmisbare mense" is vandag verbitterde mense.

Leeslys

Adam, H. & Moodley, K.	1993.	*The Negotiated Revolution and Politics in Post Apartheid South Africa*, Johannesburg.
African National Congress	1986-89.	*Unite for Freedom*. Texts of joint communique's issued by the ANC and other South African organisations and individuals, Lusaka.
African National Congres	1986-89.	*Unite for Freedom*. Statements by the ANC on the question of unity and anti-apartheid coalition (ANC, DIP), 1985-1990, Lusaka.
Atkinson, G.	1977.	*The Effective Negotiator: A Practical guide to strategies and tactics of conflict and bargaining*, Londen.
Boraine, A.	1987.	*Dakar Report Back*. IDASA Occasional Papers, Kaapstad.
Boulie, B.	1996.	*Mediation: Principle, process, practice,* Londen.
Carnegie Commission	1997.	*Preventing Deadly Conflict,* New York.
Crocker, C, Fen O. Hampson, & Aall. P. (reds.)	2001.	*Turbulent Peace: The Challenges of Managing* P. Aall (red.) *International Conflict*, Washington.
Crocker, C.	1992.	*High Noon in Southern Africa: Making peace in a rough neighborhood*, Johannesburg.
De Klerk, F.W.	1998.	*The Last Trek – A New Beginning*, Londen.
Diamond, L. & J. McDonald	1996.	*Multi-Track Diplomacy: A Systems Approach to Peace*, West Hartford.
Fisher, R. & W. Ury	1981.	*Getting to Yes. Negotiating Agreement Without Giving In*, Boston.
Fisher, R. & D. Shapiro	2005.	*Beyond Reason: Using Emotions as You Negotiate*, New York.
Fisher, R. & D. Ertel	1981.	*Getting Ready to Negotiate*, Boston.
Gevisser, M.	2007.	*Thabo Mbeki: The Dream Deferred*, Kaapstad.
Gharajedaghi, J.	1999.	*Systems Thinking: Managing Chaos and Complexity*, Boston.
Harvey, R.	2001.	*The Fall of Apartheid: The Inside Story from Smuts to Mbeki*, New York.
Heald, G.R.	2006.	*Learning Amongst Enemies: A Phenomenological Study of the South African Constitutional Negotiations from 1985-1998*, doktorale tesis, Universiteit van die Witwatersrand.
Kelly, G.A.	1963.	*A Theory of Personality: The Psychology of Personal Constructs*, New York.
LeMaitre, A. & M. Savage	2010.	*Van Zyl Slabbert – The Passion for Reason: Essays in Honour of an African Afrikaner*, Kaapstad.
Lieberfeld, D.	1999.	*Talking with the enemy: Negotiation and Threat Perception in South Africa and Israel/Palestine*, Westport.
Lieberfeld, D.	2002.	"Evaluating the Contributions of Unofficial Diplomacy to Conflict Termination in South Africa, 1984-1990", *Journal of Peace Research* 39.

Lieberfeld, D.	2003.	"Nelson Mandela: Partisan and Peacemaker," *Negotiation Journal*, Julie, p. 229-250.
Lieberfeld, D.	2005.	"Contributions of a Semi-Official Prenegotiation Initiative in South Africa: Afrikaner-ANC Meetings in England, 1987-1990", in: Ronald J. Fisher (red.) *Paving the Way: Contributions of Interactive Conflict Resolution to Peacemaking*, Lanham.
MacDonald, J. & D. Bendahmane (red.)	1987.	*Conflict Resolution: Track Two Diplomacy*, US Government Printing Office, Washington DC.
Mandela, N.	1994.	*Long Walk to Freedom*, Randburg.
Mbeki, T.	2010.	*Talking to the Enemy*, Fifth Jazeera Annual Forum (May 24), Aljazeera.net.
Mission to South Africa	1986.	*The Commonwealth Report*, Penguin, Middlesex.
Mitchell, C.	1989.	*The Structure of International Conflict*, New York.
Montville, J.V. & W.D. Davidson	1981.	"Foreign Policy According to Freud", *Foreign Policy*, Winter 1981-82, p. 145-157.
O'Donnell, G. & P.C. Schmitter	1986.	*Transitions from Authoritarian Rule: Tentative Conclusions about Uncertain Democracies*, Baltimore.
Pilger, J.	1998.	*Hidden Agendas*, Londen.
Pillar, P.	1990.	"Ending Limited War: The Psychological Dynamics of the Termination Process," in: Betty Glad (red.) *Psychological Dynamics of War*, Newbury Park, CA.
Slabbert, F. v. Z.	2006.	*The Other Side of History*, Johannesburg.
Sparks, A.	1994.	*Tomorrow is Another Country: The Inside Story of South Africa's Negotiated Revolution*, Sandton.
Stein, G. (red.)	1989.	*Getting to the Table: The Processes of International Prenegotiation*, Baltimore.
Stone, D.	2004.	"Private Authority, Scholarly Legitimicy and Political Credibility: Think Tanks and Informal Diplomacy," in: *Global Governance: Critical Concepts in Political Science* (red. J. Sinclair), Londen.
Tucker, B. & B.R. Scott (red.)	1992.	*South Africa: Prospects for Successful Transition*, Kaapstad.
Waldmeir, P.	1997.	*Anatomy of a Miracle. The End of Apartheid and the Birth of the New South Africa*, New York.
Welsh, D.	2009.	*The Rise and Fall of Apartheid*, Kaapstad.
Williams, O. (red.)	2008.	*Peace through Commerce. Responsible Corporate Citizenship and the Ideals of the United Nations Global Compact*, Notre Dame.
Zartman, I.W. & M.R. Berman	1982.	*The Practical Negotiator*, Londen.
Zartman, I.W.	1985.	*Ripe for Resolution: Conflict and Intervention in Africa*, New York.

Register

Die afkorting 'WE' word gebruik vir die outeur, Willie Esterhuyse.

AAI *kyk* Africa-America Institute (AAI)
AB *kyk* Afrikaner Broederbond (AB)
Adam, Heribert 322
Adams, ds. Simon 215
Africa-America Institute (AAI) 245–248, 252, 333, 344
African Communist 105, 296
African National Congress *kyk* ANC
African People's Liberation Army (Apla) 234
Africa Report 247
Afrikaans, gebruik as vorm van erkenning 94–95
Afrikaanse universiteite 23–24
Afrikaner-ANC-gespreksgroep
  Nov. 1987 87–91, 93–104
  Feb. 1988 108, 123–136
  Aug. 1988 75, 140–153
  Des. 1988 154–155, 158–170
  Apr. 1989 190–195
  Sep./Okt. 1989 229–243
  Feb. 1990 257–267
  Jun./Jul. 1990 277–283
  Aug. 1991 290–291
  kommentaar oor 322–324, 348
  rol van 317–320, 325, 327–328, 330–335
  Thabo Mbeki en 115
  verslae oor 347–348
Afrikaner Broederbond (AB)
  Afrikaner-ANC-gespreks-
groep 242–243
  dinkskrum, 7 Feb. 1987 26–27, 34
  hoofkwartier van 285–286
  ontmoetings met ANC 36
  in Stellenbosch 19, 337
  veranderinge in 300–301
  voorsitters van 20, 23
  WE en 342
  Willem de Klerk en 140, 331
Afrikaners, The 347
Afrikanervrese 102–103 *kyk ook* blanke vrese
Afrikaner Weerstandsbeweging (AWB) 292
Afrika-Unie (AU) *kyk* Organisasie vir Eenheid in Afrika (OEA)
Afskeid van Apartheid 26, 47
Agnew, Rudolph 22
akademici, rol van 324
Amerika *kyk* VSA
amnestie-kwessie 146, 290, 297, 341
Anatomy of a Miracle 335
ANC (African National Congress)
  Brittanje en 40, 42–43
  FW de Klerk en 179, 252
  geskiedenis van 83, 120
  geweld en 49, 61, 84–87, 113–114, 125–126, 143–145, 236–237, 248–249, 272, 287–288, 341
  grondwetlike kwessies 151, 216
  informele gesprekke 22–24, 36–37, 47
  interne probleme van 108, 111, 115, 144, 279–280, 296, 305–306, 315–316
  Jeugliga van 295, 339
  onderhandelde skikking 70, 88, 148
  post-apartheid era 305–316
  SAKP en 220–221
  Sowjetunie en 45–46, 166, 205
  "spinnerakteorie" 32
  VSA en 55
ANC-lapelwapen-episode 246–247
Anderson, Donald 116
Anderson, Mary 312–314
Anglo American 36, 119, 284, 338, 345
Anglo-Boereoorlog 194, 259
Angola 54, 145, 150, 345
Angola-Namibië-kwessie 54–57, 93, 106, 110–112, 150, 158, 167, 193–194, 205–206
anti-kommunisme 75, 182, 205
Apartheid Must Die 121
Apla *kyk* African People's Liberation Army (Apla)
Arendt, Hannah 225, 251
armoede 165–166
Artists against Apartheid 138

Aspen-instituut 185, 245
Astor, David 22
atoomwapens 16–17, 44, 343
AU (Afrika-Unie) kyk
 Organisasie vir Eenheid in
 Afrika (OEA)
AWB kyk Afrikaner Weer-
 standsbeweging (AWB)
Ayob, Ismail 58
Azanian People's Organisation
 (Azapo) 237, 280, 292

Bacher, dr. Ali 264
Badenhorst, mnr. 284
Baker, Pauline 47–48, 52
Bam, Brigalia 187
Bam, Fikile 185–187
bannelinge, terugkeer van
 254, 274
Bantoestans 78
Barber, Lord 22
Barlow Rand 258
Barnard, Niel
 Afrikaner-ANC-gespreks-
  groep 69, 87–88, 137,
  190, 230
 Angola-Namibië-kwessie
  57, 111
 Bern-byeenkoms 253
 Botha-Mandela-
  ontmoeting 204–206,
  208–210
 Coetsee-Mandela-Barnard-
  gesprekke 70–72, 75–76,
  81, 108–110, 120, 174–175,
  200, 219–220, 221–222,
  327, 344
 Endgame (film) 347
 FW de Klerk en 249, 251
 Mbeki-ontmoeting
  204–205
 onderhandelde skikking
  334, 345
 oor Dakar-konferensie 34
 oor onafhanklike
  bemiddelaars 330

persoonlikheid van 32
PW Botha en 36, 176–177,
 210–211
Rosenthal-Switserland-
 projek 160–162, 171–172
On South Africa's Secret
 Service 342
BAT kyk British American
 Tobacco (BAT)
BCM kyk Black Consciousness
 Movement (BCM)
Beeld 36, 343
Behr, Mark 24, 342
Belafonte, Harry 138
Belhar-Belydenis 342
bemiddelingsrol van
 buitestaanders kyk
 onafhanklike bemiddelaars
Bendahmane, D 325–326
Benjamin Franklin: A Biography
 in His Own Words 24
Beplanningskommissie 311,
 319
Bermuda-konferensie 185–188
Besigheid Suid-Afrika 264
Besprekingsgroep '85 34,
 52–53, 98, 113
Bethal, Lord Nicholas 72
betogings 40, 218–219 kyk ook
 geweld
betroubare boodskapdraers
 327–329
Beukes, Herbert 47
Bevolkingsregistrasiewet 41,
 135, 139
Beyond Reason 340
Biko, Steve 39, 59
Bingle, Pieter 226
Bisho-slagting 295
Bizos, George 59, 65–66, 310
Black Consciousness
 Movement (BCM) 292
blanke vrese 151–152, 155,
 175–176, 250 kyk ook
 Afrikanervrese
Blessing, Lee 16, 201

Boerekrygsgevangenes op
 Bermuda 187–188
Boesak, dr. Allan 39, 79, 108,
 134, 137, 218–219, 220,
 310–311
Boipatong-slagting 294–295
boodskapdraers kyk betroubare
 boodskapdraers
Boraine, Alex 33–34, 48, 93,
 127, 224, 323
Boshoff, prof. Carel 21, 26–27
Botha, Lulu 245
Botha, Pik 50, 79, 109, 136,
 212, 249, 260–261, 273,
 293, 344
Botha, PW
 Afrikaner-ANC-gespreks-
  groep 68–69
 Angola-Namibië-kwessie
  56
 Anton Rupert en 338, 340
 begrafnis van 211
 beroerte-aanval 76,
  176–178, 182
 besoek aan Zaïre 168
 Besprekingsgroep '85 53
 Coetsee-Mandela-Barnard-
  gesprekke 66, 344
 Dawie de Villiers en 30
 einde van politieke
  loopbaan 108–110, 132,
  177–178, 188, 343
 FW de Klerk en 212–213
 geweld en 50–51
 instromingsbeheermaatreëls
  44–45, 260
 Margaret Thatcher en 43,
  51, 169
 Nasionale Intelligensie
  en 36
 Nelson Mandela en 67, 72,
  74, 81–82, 175, 203–210
 Niel Barnard en 210–211
 onderhandelde skikking
  71, 75–76, 145, 174, 220,
  225–226

Pik Botha en 136
Rosenthal-Switserland-
projek 80, 160–161
Sampie Terreblanche en 52
Sharpeville Ses 107, 340
Southern Africa Policy
Forum 186
Staatsveiligheidsraad (SVR)
179–180
Universiteit van
Stellenbosch 68, 303
WE en 27–28, 67
Botha, Rozanne 67
Botswana 50, 184
Brand, dr. Simon 118
Brandfort, Vrystaat 59–60
Brentford, Lord 116
Breytenbach, Breyten 33–34,
66, 322–323, 349–350
Breytenbach, Willie 23, 93–94,
99, 101, 185, 347
Bresjnjef-doktrine 46, 206
British Airways 277
British American Tobacco
(BAT) 196–197
Brittanje 42–43, 45–47, 143,
156–158, 168–169, 194, 215
Broederbond *kyk* Afrikaner
Broederbond (AB)
BSB *kyk* Burgerlike Same-
werkingsburo (BSB)
Buber, Martin 318, 325
Buchner, Brigadier 124
Buitelandse Sake 79, 111,
135–136
buitelandse tussengangers
150, 152
Burger kyk Die Burger
burgerlike diplomasie 172
kyk ook onafhanklike
bemiddelaars
Burgerlike Samewerkingsburo
(BSB) 39
Burgermag 55, 192, 340–341
Buro vir Staatsveiligheid 29,
72

Bush, George 76, 156, 158,
240, 244, 274, 341
Buthelezi, dr. Mangosuthu
133, 135, 138–139, 165,
272, 288, 341

Camay, Phiroshaw 88
Camerer, Sheila 184
Cape Times 89
Carolus, Cheryl 273
Carter, pres. Jimmy 344
Castro, Raoel 340
Chalker, Lynda 25
Chase Manhattan-bank 42
Chatham House 201
Chikane, Frank 185, 292
Chissano, pres. Joaquim 131
Cillié, Piet 27, 68, 155–156,
175, 342
Cilliers, SP 337
Citizen, The 342
Clark, Dick 185, 245
Clark, Ronald W 24
Clase, Piet 189
Cloete, Fanie 79
Cluver, Paul 63, 316
Coetsee, Kobie
Botha-Mandela-ontmoeting
204, 209, 220
Coetsee-Mandela-Barnard-
gesprekke 52–53, 58–61,
63–67, 69–70, 72–73, 77,
81–82, 109, 147, 347
onderhandelde skikking
70–71, 76, 128–129, 146,
273, 290, 292, 297
Pieter de Waal en 257
PW Botha en 67
Coetzee, genl. Johan 180, 339
Coetzer, Piet 185, 186
Cohen, Hank 239, 244
Compleat Angler Hotel
93–94
Comprehensive Anti-Apartheid
Act of 1986 41
Conflict Resolution 325–326

Congress of Traditional
Leaders of South Africa
(Contralesa) 216, 338
Consgold-gespreksgroep *kyk*
Afrikaner-ANC-gespreks-
groep
Consolidated Goldfields (Cons-
gold) 21–22, 25, 90, 189, 277
Consultative Business Move-
ment (CBM) 165
Cosatu (Congress of South
African Trade Unions) 108,
125, 215, 243, 338
Craven, "Dok" Danie 160
Crocker, Chester 55–56,
184–185, 198, 205, 244–245

DA *kyk* Demokratiese Alliansie
(DA)
Daily Telegraph, The 242, 243
Dakar-konferensie 25, 33–35,
87, 104–105, 113, 127, 321–323
Daling, Marinus 259, 262–263,
267, 290–291, 318, 345
Danforth, John 185
Dash, Samuel 72
Degenaar, Johannes 337
De Jager, Theo 109
De Jonge, Klaas 146
De Klerk, FW
Afrikaner-ANC-gespreks-
groep 230, 233–234,
238–239, 243
Endgame (film) 347
Kobie Coetsee en 297
"kombuiskabinet" van 344
leierskapsrolle in NP 76,
178–179, 315
moordbendes van die staat
181
Nelson Mandela en 286–
287, 292–293, 296, 346
Odile Harrington en 163
onderhandelde skikking
182–184, 188–192, 203–
204, 213–214, 218–219,

225–227, 248–253, 258, 261–262, 270–274, 280, 289, 293, 299–300, 303
persoonlikheid van 56
PW Botha en 45, 210–213
Universiteit van Stellenbosch 303
De Klerk, Willem
Afrikaner-ANC-gespreksgroep, Aug. 1988 140–141, 144, 149, 151–153
Afrikaner-ANC-gespreksgroep, Des. 1988 154, 164, 168
Afrikaner-ANC-gespreksgroep, Apr. 1989 191–192
Afrikaner-ANC-gespreksgroep, Sep./Okt. 1989 230–233
Afrikaner-ANC-gespreksgroep, Jun./Jul. 1990 277, 279–280
Afrikaner-ANC-gespreksgroep, Aug. 1991 291
Afrikaner Broederbond (AB) 36, 331
Endgame (film) 347
Fall of Apartheid, The 342–343
post-1990 scenarios 345
White Plains-konferensie 89
De Kock, Eugene 31, 38
De Lange, Pieter 22, 23, 36, 184
Dellenback, John 47
Delmas-verhoor 163
Delport, Tertius 202
Demokratiese Alliansie (DA) 315
Demokratiese Party (DP) 42, 55, 163–164, 185, 193, 217, 232, 344
Demokratiese Turnhalle Alliansie (DTA) 54
Departement van Buitelandse Sake *kyk* Buitelandse Sake

Derde Mag-bedrywighede 287, 297 *kyk ook* staatsgeorkestreerde geweld
De Rothschild, Evelyn 22
Desai, Bahia 96–97
deursigtigheid 328–329, 333
De Villiers, Dawie 30, 68, 186, 202, 212, 273, 277–279, 281–282, 291, 293
De Villiers, Edna 19
De Villiers, Fleur 19–23, 28, 90, 92, 119, 122, 141, 156, 201–202, 259–260
De Villiers, "Lang" David 27
De Villiers, Wim 258
De Vries, Mike 30, 68, 189, 196, 229, 241, 303, 342
De Waal, Adéle (née Retief) 60–61
De Waal, Pieter 60–61, 71, 257
De Wet, Christiaan 84–85
De Wet, Geert 185
DF Malan Akkoord 254, 285, 288
Dhlomo, Oscar 89, 133, 185, 345
Diamond, Louise 335
Die Burger 27, 68, 156, 170, 230, 231, 241, 337, 344
dienslewering 306–307, 312–314
Dippenaar, Möller 28–29, 31, 169, 177, 180, 214, 249, 270, 274
Dommisse, Ebbe 230–235, 241, 344
DP *kyk* Demokratiese Party (DP)
Dream Deferred, The 323
driekamerparlement 154, 178, 342
dryfkragte vir hervorming 44
DTA *kyk* Demokratiese Turnhalle Alliansie (DTA)
Duitsland 46–47, 80–81, 119, 167, 190

Du Plessis, Attie 259, 264, 267, 277, 290–291, 318, 345
Du Plessis, Barend 178, 249, 273, 293, 298
Du Plessis, Kobus 291
Du Toit, Wynand 146

Eagleburger, Lawrence 47
Economist, The 22
eerbaarheid 24
effektebeurs 259
Eglin, Colin 36
Ehlers, Ters 209
ekonomiese kwessies
belangrikheid van 306, 345
twee nasie-metafoor 166, 348
van oorgangsproses 101–102, 117–118, 151–152, 257–260, 281–282
verslegting van ekonomie 147, 150
ekonomiese sanksies *kyk* sanksies
Eloff, Theuns 91, 105, 125, 140, 292
Elsenburg-funksie 346
Emeljanof, Wasilij 257
Eminent Persons Group (EPG) 48, 49–51, 67, 129–130
End Conscription Campaign 341
Endgame (film) 321, 347
EPG *kyk* Eminent Persons Group (EPG)
Esack, Mawlana 108
Esterhuyse, Annemarie 24, 28–29, 96, 137, 170, 300, 329
Esterhuyse, De Waal 265, 268
Esterhuyse, Friedrich 265, 268
Esterhuyse, Liza 170
Evangelical Lutheran Church in Southern Africa 338

Fairweather, Patrick 40, 43–44, 119, 120, 157, 168, 170, 184
Fall of Apartheid, The 42, 97, 322, 342–343
Fellowship Movement 47, 115, 135, 341
Financial Mail 137
Financial Times 242–243
Finansies en Tegniek 259
Fisher, Roger 90–91, 97, 98, 340
Fisher, Ronald J 349
Foreign Policy 48
Forsyth, Olivia 145, 157
Fouché, Jim 59
Fourie, André 118
Fourie, Jopie 340
Frame, Sir Alistair 22
Fraser, Malcolm 49
Fredericks, Wayne 294
Frelimo 131
Frontline 119

Gatting, Mike 262
Geldenhuys, Jannie 54, 57, 111, 205
Geldenhuys, Louis 291
Geloftedag 154, 173
gemeenskaplike Suid-Afrikanerskap 60, 278, 331–332
Gencor 258, 291
Geneefse Protokol 110
Getting to Yes 90, 340
Gevisser, Mark 323
geweld 42, 114, 123–126, 142–145, 166, 203, 236–237, 248–249, 272–273, 280–281, 287–288, 294–295, 303–305, 341
Ghaddafi, Moeammar 340
Gharajedaghi, J 297
Giáp, Vô Nguyên 84–85, 339–340
Giliomee, Hermann 118, 347
Gillan, Patrick 277
Goldfields koshuis 189 *kyk ook* Consolidated Goldfields (Consgold)

Goldstone-kommissie 256, 294
Goniwe, Matthew 39
Gorbatsjof, Michail 45–46, 93, 115, 160, 166, 206, 237, 240, 282
Govindjee, Gunvantrai 97
Gramsci, Antonio 167–168
Gray, William 185
Gregory, Brent 74
Gregory, James 74
Griekse mitologie 325
groepsregte 175, 182, 188, 208, 211, 227, 233, 247, 250, 286, 299
grondhervorming 148, 266, 339, 341
grondwetlike kwessies 132, 135, 151, 190, 216, 282, 299, 308–309
Groote Schuur Minuut 254, 273, 276, 281, 285
Grosskopf-familie 180
Guinness, Sir Alec 16, 201
Gumede, Archie 273

Hain, Peter 186
Hall, John 292
halssnoermoorde 84, 124, 203
Hanekom, Christoph 67
Hanekom, Derek 131
Hani, Chris 86, 111–115, 134, 143–144, 243, 276, 297, 330
Harare-deklarasie 115–116, 126, 212, 216, 234, 236, 245
Harrington, Odile 146, 162–163
Harvey, Robert 42, 97, 322, 342–343
Heald, Geoffrey 36
Helderberg-ramp 158
Herrmann, Ed 16, 201
Herstigte Nasionale Party (HNP) 292
hervorming, stuksgewys *kyk* stuksgewyse hervorming
Hesburgh, Vader Theodore 17, 257, 332

Heunis, Chris 27–28, 50, 53, 67–68, 79, 139, 178, 249
Heyns, Johan 22–23, 218–219
Hidden Agendas 349
HNP *kyk* Herstigte Nasionale Party (HNP)
Holman, Michael 242
Holomisa, Bantu 105
hoop, redes vir 310–317
Houston, Whitney 138
Howe, Geoffrey 43
Huddleston, Aartsbiskop Trevor 275
Hugo, André 337
humor, waarde van 33

"IB" 73, 207
Idasa 33–35, 93, 159, 160, 224, 276, 322–323, 333–334
Ierse Republikeinse Leër (IRL) 49, 158, 254
impimpis kyk informante
Independent, The 131, 243
Indiërgemeenskap 154
informante (*impimpis*) 83, 124
informele ondernemings 314–315
Ingham, Bernard 40
Inkatha 89, 117, 124–125, 133–135, 165, 272, 280, 287, 295, 298–299
inkrementele hervormings *kyk* stuksgewyse hervorming
Inligtingskandaal, 1978 342
Insig 155
instromingsbeheer-maatreëls 44–45, 111, 260
intelligensiedienste, belangrikheid van 180–181, 343
International Campaign Against Apartheid Sport 338
International Institute for Strategic Studies 201
Inyandza National Movement 117, 338

IRL *kyk* Ierse Republikeinse
  Leër (IRL)
Israel 50

Jansen, Jonathan 310
Jeppe, Julius 67
Jeugliga van ANC 295, 339
jeugopstande van 1976 84
Jones, Jim 242
Jonker, Ingrid 95
Jonker, Willie 343
Jordaan, Kobus 79
Jordan, Pallo 36, 120
Jordan, Vernon 47
Joubert, genl. Joep 32
Jubilee-inisiatief (Newick
  Park-gespreksgroep) 116–
  118, 135, 140, 188, 211, 244

Kabwe-konferensie 86, 104, 113
kaderontplooiing 307
Kane-Berman, John 118
KaNgwane 117, 138
Kansteiner, Walter 244
Kant, Immanuel 31
Kasrils, Ronnie 77, 113, 114,
  280, 295
Kassebaum, Nancy 185
Kathrada, Ahmed 62, 174,
  273
Katz, Michael 263–264
Kaunda, pres. Kenneth 36, 65,
  112, 114, 212, 216, 223, 295,
  341, 345
Kelly, GA 91, 340
Kenia 116
Kennedy, Ted 185
Kentridge, Sydney 107
Kerk en Samelewing 343
kerke, rol van 165, 218–219
Kerkstraatbom 143
KGB 84, 198, 206
Khumalo, Vusi 118
King, Martin Luther 344
King, Ryno 346
Kissinger, Henry 55

Klaaste, Aggrey 118–119, 201,
  332
Knight, Andrew 22
Kodesa (Konvensie vir 'n
  Demokratiese Suid-Afrika)
  33, 71, 254, 292–293, 297
Kögl, Jürgen 285
Kohl, Helmut 80–81
Kommunistiese Party van Suid-
  Afrika *kyk* Suid-Afrikaanse
  Kommunistiese Party (SAKP)
Kongres van Tradisionele Leiers
  van Suid-Afrika (Kontralesa)
  108, 125, 215, 243, 338
Konserwatiewe Party (KP)
  103, 149–150, 157, 187, 193,
  216–217, 233–234, 293
Konstitusionele Hof 308
Kontos, C William 47
Konvensie vir 'n Demokratiese
  Suid-Afrika *kyk* Kodesa
Koppel, Ted 260
korrupsie 166, 306–307, 313
Koue Oorlog 45–46
KP *kyk* Konserwatiewe Party
  (KP)
Kriegler, Johan 65
krieket rebelle-toer, 1990
  262–265
Kriel, Louis 230–233, 235
Kruger, Eitel 67
Kruger, Jimmy 59–61, 109
Kruger, Koos
  Africa-America Institute-
    konferensie 344
  Afrikaner-ANC-gespreks-
    groep 120–121, 156, 167,
    183, 231
  Coetsee-Mandela-Barnard-
    gesprekke 71
  eerste ontmoetings met WE
    19, 28–29, 31
  Mbeki-ontmoeting 196
  Rosenthal-Switserland-
    projek 161, 172
  White Plains-konferensie 89

Kuba 57, 110
Kuhn, Mike 161
Kuny, Denis 107
KwaZulu-Natal, geweld in
  124–125, 272, 278

Labuschagne, Riaan 342
Lahki, Munirah 96–97
Laingsburg 73–74
Langenhoven, Hanna 31, 156,
  177, 180, 195–196, 291
lapelwapen-episode 246–247
Last Trek, The 204
Last White Parliament, The 48
Lategan, Esther 27–28, 163, 338
Lawyers Conference 338
Leadership 36
Lederach, John Paul 340
Le Grange, Louis 38, 121
Lekota, "Terror" 163
Leutwiler, Fritz 338
Leverkusen-konferensie 93,
  160, 343–344
liberales 20
Liebenberg, Piet ("Bybel") 290
Lieberfeld, Daniel 323, 328,
  329, 349
Lincoln, Abraham 130
Linde, Emile 291
Lombard, Ernst 230, 232–233,
  236, 240, 343
Long Walk to Freedom 70, 143
Lord Charles Hotel, Somerset-
  Wes 284, 346
Louw, Mike
  FW de Klerk en 251
  Kobie Coetsee en 72
  Luzern-ontmoetings 217,
    222–226, 253
  Nelson Mandela en 70
  onderhandelde skikking 255
  PW Botha en 36, 109, 121,
    176–177, 343
  WE en 33, 202, 329
Lubowski, Anton 217
Luther, Martin 127

Luthuli, Albert 78, 317
Luyt, Louis 36
Luzern-ontmoeting tussen NI en ANC 33, 218, 222–223, 225–226, 232, 329

maatskaplike dienste *kyk* dienslewering
Mabe, Sam 119, 185
Mabizela, Stanley 294
Mabuza, Enos 86, 117, 138–140, 165, 184, 338, 341
Mabuza, Lindiwe 245
MacDonald, J 325–326
Maduna, Penuell 255, 291
Mafole, Tebogo 294
Magaliesberg-konferensie 290–291
Magoba, Stanley 140
Maharaj, Mac 22, 77, 112, 206, 220, 254, 280, 288, 327
Makeba, Miriam 138
Malan, dr. DF 58, 248, 300, 303
Malan, Magnus 50, 110, 170, 174, 213, 217, 240, 251, 298–299
Malan, Wynand 26, 27–28, 163, 231, 335, 344
Malema, Julius 315–316, 339
Malherbe, Fanna 251
Mandela, Nelson
 Boipatong-slagting 294–295
 Chris Hani moord 297
 Coetsee-Mandela-Barnard-gesprekke 63–67, 69–70, 72, 81–82, 108–110, 120, 147, 174–175, 196, 219–221
 Eminent Persons Group (EPG) 49
 FW de Klerk en 249–250, 286–287, 292–293, 346
 gesondheid van 52–53, 58–59, 63, 74–75
 James Gregory en 74

Kerkstraatbom 143
Mandela-memorandum 175–176, 196, 206, 220
onderhandelde skikking 41, 71–78, 94–95, 121, 138, 273–278, 281, 288, 300, 302
Pollsmoor-gevangenis 62–63
Projek Vula 280
PW Botha en 67, 69–70, 74, 81–82, 203–210
Thabo Mbeki en 219–220
Umkhonto weSizwe (MK) 61–62
Universiteit van Stellenbosch 302–303
vrylating van 33, 146–147, 166, 169, 193, 237–240, 252, 264–272
WE en 346
Mandela, Winnie 52, 58–61, 66–67, 70, 124, 268–269, 271, 275
Mandela, Zindzi 72
Manete, Joseph 107
Manuel, Trevor 311, 319
Marais, Gert 259
Marais, Piet 27, 337–338
Marcuse, Herbert 91
Marcus, Gill 346
Maree, dr. Johan 185–186, 345
Marx, Karl 91, 203, 339
Masemola, Jafta 227
Masilela, Sollie 15–16
massa-aksie 76–78, 84–87, 294–295
Mass Democratic Movement (MDM) 103, 107–108, 203, 215–216, 237, 246, 263, 268, 341
Matanzima, George 69
Matanzima, Opperhoof Kaiser 69
Mantashe, Gwede 308
Mathiane, Nomavenda 119

Matthews, prof. ZK 339
Mavuso, John 38
Mbeki, Epainette 142
Mbeki, Govan 39, 77–79, 104, 128–129, 135, 176, 238, 334
Mbeki, Moeletsi 233
Mbeki, Thabo
 Africa-America Institute-konferensie 245–248, 252
 Afrikaner-ANC-gespreks-groep, Nov. 1987 24–25
 Afrikaner-ANC-gespreks-groep, Feb. 1988 118, 120–121, 124–128, 132–133, 134
 Afrikaner-ANC-gespreks-groep, Aug. 1988 140–142, 151
 Afrikaner-ANC-gespreks-groep, Des. 1988 155, 158–160, 164–169
 Afrikaner-ANC-gespreks-groep, Apr. 1989 193
 Afrikaner-ANC-gespreks-groep, Sep./Okt. 1989 234–243
 Afrikaner-ANC-gespreks-groep, Feb. 1990 260–264, 266
 Afrikaner-ANC-gespreks-groep, Jun./Jul. 1990 277–283
 Afrikaner-ANC-gespreks-groep, Aug. 1991 290–291
 amnestie 146
 Bermuda-konferensie 187
 blanke vrese 155, 176
 Cyril Ramaphosa en 289–290
 Dakar-konferensie 104
 Endgame (film) 321–322
 Fleur de Villiers en 92
 FW de Klerk en 252–253
 gewapende stryd 124–125, 145, 147, 248–249, 341
 Harare-deklarasie 115–116

Idasa 48, 276–277
Inkathagate 298–299
interne probleme in ANC
  111–115
Jacob Zuma en 305
karaktereienskappe van
  164–165, 198
Konvensie vir 'n Demokratiese Suid-Afrika (Kodesa)
  292
Mandela-memorandum 175
massa-mobilisasie 84–87
Nelson Mandela en 69, 78,
  219–220
NI kontak 16, 178,
  195–202, 211, 217–218,
  221–227, 253, 262
Oliver Tambo en 220
onderhandelde skikking
  100, 216, 273, 284–285,
  287, 294, 301, 315,
  334–335, 344, 346
oorgangstydperk 149
Pik Botha en 260–261
PW Botha en 211
Rosenthal-Switserland-
  projek 80, 171–172
Southern Africa Policy
  Forum 186
Sowjetunie en 45–46
Statebondskonferensie 228
twee nasie-metafoor 166,
  348
Van Zyl Slabbert en 34–35,
  347, 348–349
vroeë samesprekings 22, 36,
  40, 42–43, 51–52, 55, 62,
  64–65, 81, 195, 345
vrylating van Mandela
  268–269, 271
vrylating van politieke
  gevangenes 146–147,
  162–163
WE en 92, 122–123, 170, 184
Wilton Park-konferensie
  119–120

Mbeki, Zanele 206, 276–277,
  285, 286, 346
McBride, Robert 162, 341
McCone, John 257
McDonald, John 335, 349
MDM kyk Mass Democratic
  Movement (MDM)
media 296, 308
Meer, Fatima 88
Meiring, Kobus 88
Metropolitan Lewens 185, 259,
  267
Meyer, Roelf 91, 273, 291,
  295, 299, 327, 347
Mhlaba, Raymond 62, 174
militarisering van SA 81
Mission Improbable 80
mitologie 325
MK kyk Umkhonto weSizwe
  (MK)
Mkanda, Gibson 255
Mlangeni, Andrew 62, 174
Mobuto, pres. 168
Modise, Joe 113, 114, 273, 294
Mohajane, Sebolelo 118
Mohamed, Nazeem 137
Mohkesi, Francis 107
Molebatsi, Caesar 117, 140
Molefe, Popo 163
Momberg, Jannie 344
Mompati, Ruth 273
Montville, Joseph 325–326
Moodley, Kogila 322
moordbendes van die staat
  181, 255
moraliste 20, 337
Morella, Constance 185
Mosambiek 54, 118, 130–131,
  167, 184, 221, 236
Moseneke, adv. Dikgang 184,
  267, 298
Motanyana, Maude 345
Motlana, dr. Ntatho 88, 185, 267
motorbom, 20 Mei 1983 143
Motsuenyane, dr. Sam 88, 118
Mugabe, Robert 162, 282, 316

Mulder, Connie 342
Muller, Piet 36, 155–156
Multi-Track Diplomacy 335,
  349
munisipale dienste kyk dienslewering
Murray, Hugh 36
Muzorewa, biskop Abel 54,
  344
Myburgh, Tertius 55, 229, 345

Nactu kyk National Council of
  Trade Unions (Nactu)
Naidoo, Jay 88
Naidoo, Krish 263–264
Namibië-Angola-kwessie kyk
  Angola-Namibië-kwessie
Nasionale Beplanningskommissie 311, 319
Nasionale Demokratiese Revolusie 309, 311
Nasionale Intelligensie (NI)
  Afrikaner-ANC-gespreksgroep 28–31, 164, 231
  burgerlike diplomasie 172
  Endgame (film) 347
  FW de Klerk en 213–214
  Mark Behr en 24
  Mbeki-ontmoeting 16, 178,
    195–202, 214, 216–218
  onderhandelde skikking
    79–80, 108, 221–222,
    248–249, 255, 262, 272–
    274, 329, 335, 342
  personeellede van 32–33
  Pik Botha en 136
  PW Botha en 36, 176–177,
    182
  Rosenthal-Switserland-
    projek 160–161
  Van Zyl Slabbert en 35
  vroeë samesprekings 69–70,
    73, 75, 77
  WE en 89, 121–123
Nasionale Party (NP) 19, 27,
  48, 70, 148–149, 310

Nasionale Pers (Naspers) 27, 155, 259, 342
Nasionale Vredesakkoord 291–292, 304, 318–320
nasionalisering 261, 265–266, 272, 281, 309
Naspers *kyk* Nasionale Pers (Naspers)
Natal *kyk* KwaZulu-Natal
Natal Indian Congress 338
National African Federated Chamber of Commerce 338
National Council of Trade Unions (Nactu) 88, 237, 338
National Soccer League and Soccer Association of South Africa 338
National Union of South African Students (NUSAS) 24, 157, 338, 342
Naudé, Beyers 273, 298
Ndebele, Njabulo 310
Ndlovu, Curnick 255
Nedcor 345
Nederduits Gereformeerde Kerk *kyk* NG Kerk
Nederland 46–47, 119, 136, 145, 190, 194
Nel, Christo 165
Newick Park-gespreksgroep *kyk* Jubilee-inisiatief
NG Kerk 165, 206, 232, 236, 297, 300–301, 341–342, 343
Nhlanhla, Joe 134, 253, 261–263, 277, 318, 324, 330
NI *kyk* Nasionale Intelligensie (NI)
nie-regeringsorganisasies 316–317
Nightline 260–261
Nkadimeng, John 276
Nkomati-akkoord 129–131, 167, 170
noodtoestande in SA 33, 39, 40, 57, 204, 239, 278

Norgaard, Carl 341
NP *kyk* Nasionale Party (NP)
NUSAS *kyk* National Union of South African Students (NUSAS)
Nyanda, Siphiwe 77, 112, 206, 220, 280
Nzo, Alfred 273, 289

Obasanjo, Olusegun 49
Observer, The 22
Odendaal, André 118
OEA *kyk* Organisasie vir Eenheid in Afrika (OEA)
Okhela 349
Okumu, Washington 117, 188, 244
Old Mutual 338, 345
onafhanklike bemiddelaars 194, 330 *kyk ook* burgerlike diplomasie
Onafhanklike Beweging 27–28, 34, 48, 51–52, 90, 103, 113, 140, 170
Onafhanklike Ontwikkelingstrust 281
Onafhanklike Verkiesingskommissie 282
On South Africa's Secret Service 342
ontbanning van verbode organisasies 126–127, 168, 225, 252, 334
ontkenning, as strategie 163, 181
Ontugwet 38, 97, 111
oordrag vanaf informele na formele gesprekke 325, 327
oorgangstydperk 130, 149, 155–156, 278–279
openbaarmaking oor skikking 328–329
openbare konferensies, rol van 25–26, 152
Operasie Vulindlela (Vula) *kyk* Projek Vula

Oppenheimer, Harry 338
Opperman, DJ 284–285, 304
opposisie-politiek 315–316
Organisasie vir Eenheid in Afrika (OEA) 114, 115–116, 216, 294
Orsmond, Eddie 31

PAC *kyk* Pan-Africanist Congress of Azania (PAC)
Pahad, Aziz
  Afrikaner-ANC-gespreksgroep, Nov. 1987 24, 60, 88, 94–97, 99–100, 102–103
  Afrikaner-ANC-gespreksgroep, Feb. 1988 123, 125–128, 132
  Afrikaner-ANC-gespreksgroep, Aug. 1988 140–141, 148, 151
  Afrikaner-ANC-gespreksgroep, Des. 1988 154, 164–165, 168
  Afrikaner-ANC-gespreksgroep, Apr. 1989 190–191
  Afrikaner-ANC-gespreksgroep, Sep./Okt. 1989 232, 238
  Afrikaner-ANC-gespreksgroep, Feb. 1990 259, 261, 263–265, 267
  Afrikaner-ANC-gespreksgroep, Jun./Jul. 1990 277, 280
  Afrikaner-ANC-gespreksgroep, Aug. 1991 290–291
  Denis Worrall en 163
  Luzern-ontmoetings 253
  oor militêre diens 341
  vroeë samesprekings 22, 36, 42
Pan-Africanist Congress of Azania (PAC) 140, 234, 237, 273–274, 280

Pandor, Naledi 339
Pasha, Patrick 118
Pastoors, Helene 146
Paving the Way 349
persoonlike verhoudinge 60–61, 64, 95–96
PFP *kyk* Progressiewe Federale Party ("Progge") (PFP)
Phosa, Mathews 255
Pilger, J 349
Pillar, Paul 328
Pityana, Barney 310
plaaslike owerhede 313
Pollsmoor-gevangenis 62–63, 66
Polokwane-konferensie 305
Positively Final Appearance, A 16
post-1990 scenarios vir SA 345
post-konflik aansprake 313
Potchefstroomse Universiteit vir Christelike Hoër Onderwys 337
Potchefstroom, tussenverkiesing in 293
Powell, Ivor 346
Pretoria Minuut 254, 282, 285, 286, 287–288
Pretorius, Willem 259, 262, 264, 267–268, 277, 291, 345
Prinsloo, Gert 61
privatisering 281
Progressiewe Federale Party ("Progge") (PFP) 27, 34, 48, 103, 163, 315
Projek Vula 76–77, 86, 144, 206, 220, 280, 288
propaganda 339
Protea-gespreksgroep 27
Psychological Dimensions of War 328

Radio Freedom 87
Radio Truth (anti-Mugabe-radiostasie) 162–163, 282
Ramaphosa, Cyril 88, 289–290, 295, 324, 327, 346
Ramatlhodi, Ngoako 308

Ramphele, Mamphela 303, 310, 345
Ramsamy, Sam 264
Randse Afrikaanse Universiteit (RAU) 20, 96
Rapport 137, 183, 349
rassisme 47, 102
Ras, Volk en Nasie 343
RAU *kyk* Randse Afrikaanse Universiteit (RAU)
Reagan, Ronald 40, 56, 341
referendum, 17 Mrt. 1992 293
Regering van Nasionale Eenheid 295–296, 300, 303
regses 130, 177–178, 192, 233–234, 251–252, 255, 280, 297, 299
regstellende aksie 148, 166, 169, 266–267
Relly, Gavin 36, 345
Rembrandt-groep 19, 43, 196, 338
Renamo 54, 130–131, 158, 170, 240
Renwick, Robin 51, 89, 156–157, 189–190, 196, 219, 242
Rikhotso, P 119
Rise and Fall of Apartheid, The 323
Rivonia-verhoor 62, 94–95
Robbeneiland 63
Roodekrans, polisie-optrede by 15–16
Roosevelt, Franklin 348
Rosenthal, Richard 35, 79–80, 112, 160–162, 171–172, 222
Rubicon-toespraak 21, 38–42, 48, 55, 250, 343, 345
Rupert, dr. Anton 19, 43, 196, 201, 338, 340

Sabra *kyk* Suid-Afrikaanse Buro vir Rasse-Aangeleenthede (Sabra)
sagte teikens 114, 143, 341
sakelui 23, 257–259, 285, 290–291, 326, 345

SAKP *kyk* Suid-Afrikaanse Kommunistiese Party (SAKP)
Saloojee, Cassim 88
Sampson, Anthony 22
Sankorp 259, 263–264, 291
sanksies 41–42, 101, 136–137, 156–157, 235–239, 265–266, 282
Sanlam 258–259, 345
SAP *kyk* Suid-Afrikaanse Polisie (SAP)
Sarbannes, Paul 185
Sartre, J P 235
Saru *kyk* Suid-Afrikaanse Rugby-unie (Saru)
SAUK *kyk* Suid-Afrikaanse Uitsaai-korporasie (SAUK)
Savimbi, Jonas 54, 205
SAW *kyk* Suid-Afrikaanse Weermag (SAW)
Schluter, dr. Michael 116
Sebokeng, geweld in 106, 273
Sedibe, Jacqueline 113
Selebi, Jackie 114
Serote, Wally 24, 95, 99, 102–103, 123, 128, 129, 140
16 Desember *kyk* Geloftedag
Sexwale, Tokyo 285–286
Shapiro, Daniel 340
Sharpeville Ses 106–107, 145, 163, 340
Sisulu, Lindiwe 206
Sisulu, Sheila 345
Sisulu, Walter 62, 78, 174, 209, 227, 248, 273, 339
situasiekamer van PW Botha 30
Slabbert, dr. Frederik van Zyl *kyk* Van Zyl Slabbert, dr. Frederik
Slovo, Joe 46, 83–84, 86, 208, 220, 254, 273, 288, 296, 344
Smit, Basie 255–256
Smith, Ian 344
Smith, Marius 291
Smith, Nico 337

REGISTER — 363

Solomons, Imam 137
Sonn, Franklin 57, 267
Soros, George 22
sosio-ekonomiese kwessies
 258, 305, 309, 311–312,
 314–315
South African Non-Racial
 Olympic Committee 338
Southern African Catholic
 Bishops' Conference 338
Southern Africa Policy Forum,
 1989 185–187
Sowetan 119, 185, 332
Soweto 59, 66
Sowjetunie 62, 108, 148, 160,
 172, 174, 198, 205, 215, 237
Spaarwater, Maritz 33, 177,
 217, 222–226, 253, 255, 262,
 343, 347
Sparks, Allister 323
"spinnerakteorie" 31
sportsanksies 190, 262–265
staatsgeorkestreerde geweld
 124–125 *kyk ook* Derde
 Mag-bedrywighede
Staatsveiligheidsraad (SVR)
 30, 177, 179–180, 213
Stasi 84, 198, 206
Statebondskonferensie 50–51,
 219, 227–228
state-in-aksie, hoofkategorieë
 306–307
Stedelike Stigting 15, 44, 79,
 84, 119, 185, 338
Stellenbosch 19, 52, 90
Stevens, Richard 140
Steyn, Jan 15, 44, 215, 258, 281,
 338–339
stille diplomasie 327–329
*Strategy and Tactics of the South
African Revolution* 113
Strauss, Franz Josef 66, 80
Strijdom, Hans 248
stuksgewyse hervorming 45,
 155–156, 176, 188, 203–204,
 342

Suid-Afrikaanse Buro vir
 Rasse-Aangeleenthede
 (Sabra) 20–21
Suid-Afrikaanse Kommu-
 nistiese Party (SAKP) 75,
 83–84, 105, 112–113, 174,
 182, 206, 220–221, 251, 254
Suid-Afrikaanse Nasionale
 Intelligensiediens *kyk*
 Nasionale Intelligensie (NI)
Suid-Afrikaanse Polisie (SAP)
 132
Suid-Afrikaanse Regskommis-
 sie 227
Suid-Afrikaanse Rugbyraad
 36, 147–148, 160
Suid-Afrikaanse Rugby-unie
 (Saru) 147–148
Suid-Afrikaanse Uitsaai-kor-
 porasie (SAUK) 282
Suid-Afrikaanse Weermag
 (SAW) 50, 54, 111, 128,
 131–132, 177, 234
Suidwes-Afrika *kyk* Angola-
 Namibië-kwessie
Sullivan, Leon 47
Sunday Star 346
Sunday Times 20, 52, 229, 240–
 241, 244, 345
Suzman, Helen 185, 187, 315
SVR *kyk* Staatsveiligheidsraad
 (SVR)
Swanepoel, mnr. 32–33
Swapo 40, 54, 158, 193–194,
 205
swart bemagtiging 166, 267,
 282, 316
swart-teen-swart-geweld 86,
 123–124, 148, 174, 203, 272–
 273
Switserland 80, 218, 222

Talking with the Enemy 349
Tambo, Adelaide 220, 275
Tambo, Oliver
 Bantoestans 78

beroerte-aanval 76, 238
 Enos Mabuza en 117
 gewapende stryd 143
 grondwetlike kwessies 216
 Harare-deklarasie 115–116
 interne probleme in ANC
  111–115
 Kabwe-konferensie 87
 Nelson Mandela en 72–73,
  75, 276
 Projek Vula 77, 86
 Sowjetunie en 45–46
 United Democratic Front
  (UDF) 133
 Viëtnam besoek 84
 vroeë samesprekings 22, 25,
  36, 42–43, 55, 65, 81,
  168–169, 244, 273–274
Tema, dr. Elias 117, 118, 140
Terre'Blanche, Eugène 254
Terreblanche, Mof 162, 259,
 262–265, 277, 291
Terreblanche, Sampie
 Afrikaner-ANC-gespreks-
  groep, Nov. 1987 23, 87,
  93–94, 98, 101–102
 Afrikaner-ANC-gespreks-
  groep, Feb. 1988 123, 132
 Afrikaner-ANC-gespreks-
  groep, Aug. 1988 140–141,
  144, 147–149, 151–152
 Afrikaner-ANC-gespreks-
  groep, Des. 1988 154, 170
 Afrikaner-ANC-gespreks-
  groep, Apr. 1989 193
 Afrikaner-ANC-gespreks-
  groep, Sep./Okt. 1989
  230, 235, 238
 Newick Park-gespreksgroep
  118
 PW Botha en 52–53
 rol van 321, 331, 337
 White Plains-konferensie
  88–89
 Wilton Park-konferensie
  118

tersiëre onderwys 111
Thatcher, Margaret
  Helmut Kohl en 80–81
  onderhandelde skikking
    169, 194, 228, 239–240,
    274
  PW Botha en 43, 176
  Renamo 170, 240
  sanksies 39–40, 49–51, 75,
    137, 150, 156–158
  vrylating van politieke
    gevangenes 227
Theory of Personality, A 91
Thirion, genl.maj. CRJ 296
Thomas, Frank 47
Thom, HB 67–68
Thornycroft, Peta 346
toegang, formeel en informeel
  60–61
Totale Aanslag, model van 32,
  39, 54, 70, 107, 174, 182, 206,
  254, 344
Totale Strategie 32, 54, 70,
  107, 110, 124–125, 153, 182,
  206, 251
transaksie-leierskap 307–308
Transkei 69, 105
Transvaal Indian Congress 338
Transvaal United African
  Teachers' Association
  (TUATA) 119
Transvaler 21
Treurnicht, Andries 149–150,
  178–179
Trew, Tony
  Afrikaner-ANC-gespreks-
    groep, Nov. 1987 24,
    95–96, 99–101
  Afrikaner-ANC-gespreks-
    groep, Feb. 1988 123, 130,
    134
  Afrikaner-ANC-gespreks-
    groep, Aug. 1988 140–
    141, 151
  Afrikaner-ANC-gespreks-
    groep, Des. 1988 154, 163

Afrikaner-ANC-gespreks-
  groep, Sep./Okt. 1989
  235–236
Afrikaner-ANC-gespreks-
  groep, Feb. 1990 261
Afrikaner-ANC-gespreks-
  groep, Jun./Jul. 1990 277
Afrikaner-ANC-gespreks-
  groep, Aug. 1991 291
Roelandstraat-gevangenis
  207
Tshwete, Steve 113, 114
TUATA *kyk* Transvaal United
  African Teachers' Associa-
  tion (TUATA)
tussengangerrol *kyk* betroubare
  boodskapdraers
Tutu, biskop Desmond 43, 72,
  137, 203, 218–219, 271–272,
  304, 310
twee nasie-metafoor 166, 348
tweespoor-model 318–319,
  326–329, 331–333

UDF *kyk* United Democratic
  Front (UDF)
uitruiling van gevangenes
  145–146, 162–163
Umkhonto weSizwe (MK)
  38, 61–62, 84, 86–87, 111,
  113, 143, 190, 234
United Democratic Front
  (UDF) 38–39, 76–79, 107–
  108, 124–125, 132–135, 179,
  215, 270–271
United States South Africa
  Leadership Programme
  (Ussalep) 55, 333–334
universiteite, vryheid in 23–24
Universiteit van Fort Hare
  348
Universiteit van Notre Dame,
  VSA 17, 312, 340
Universiteit van Stellenbosch
  30, 52, 67–68, 302–303, 321,
  337

Universiteit van Wes-Kaapland
  348
Ury, Bill 90–91, 340
Ussalep *kyk* United States
  South Africa Leadership
  Programme (Ussalep)

Vaderland 21, 65
Vance, Cyrus 294
Van den Bergh, Hendrik 29,
  72
Van der Horst, Jan 68, 338
Van der Merwe, Fanie 70, 71,
  202, 253–254, 262, 327
Van der Merwe, HW 36, 52,
  330
Van der Merwe, Koos 178,
  185, 187
Van der Merwe, Stoffel 80,
  160–161, 172, 186, 202, 273,
  298
Van der Stel, Willem Adriaan
  284
Van der Walt, Tjaart 23
Van-Dunem, Franca 184
Van Heerden, Neil 57, 111,
  202, 205
Van Niekerk, Anton 30, 53
Van Riebeeck, Jan 284, 300
Van Schalkwyk, Marthinus 347
Van Wyk, Andreas 303
Van Zyl Slabbert, dr. Frederik
  ANC en 347
  Idasa 33–36, 112, 224
  Progressiewe Federale Party
    (PFP) 27, 48–49, 103
  Rosenthal-Switserland-
    projek 171–172
  Southern Africa Policy
    Forum 185
  Thabo Mbeki en 253, 285,
    322–323, 348–349
  White Plains-konferensie 89
  Wilton Park-konferensies
    118, 131, 184
veiligheidsmagte 177, 180,

207, 233–234, 280, 287–288,
    296
vennootskapsmodel 195
verbannings 108, 131–133
verdeel-en-heers-strategie
    105, 133, 220, 289
Verenigde Nasies (VN) 294
Verenigde Party 177, 293
Verenigde State van Amerika
    kyk VSA (Verenigde State
    van Amerika)
Vergelegen-landgoed 284–285
verkiesings 130, 192–193, 203,
    214–217, 232, 300
verkramptes 323
verligtes 20, 27, 90, 323, 337
verregse verset *kyk* regses
Verwoerd, Hendrik Frensch
    61, 209–210, 248, 303, 342,
    343
Victor Verster-gevangenis 71,
    75, 174
Viljoen, prof. Christo 67
Viljoen, genl. Constand 177
Viljoen, Gerrit 20–21, 175,
    202, 240, 273, 298, 331
Viviers, Jack 207
Vlok, Adriaan 180, 273, 298
VN (Verenigde Nasies) 294
Voice of Free Africa 131
Volkshospitaal 58–59, 63
Voortrekkermonument 173,
    256
Vorster, John (BJ) 29, 56, 67,
    179, 236, 303, 332, 342, 343
Vredesakkoord 291–292, 304,
    318–320

vredesprosesse 312–313,
    317–320
Vrye Weekblad 229
Vryheidsmanifes 62, 101, 266,
    339
Vryheidspark 173, 187–188, 340
vrylating van politieke
    gevangenes 117, 126–129,
    145–147, 166, 168, 227, 288,
    334
VSA (Verenigde State van
    Amerika) 41–42, 46–47,
    110, 137, 190, 194, 215, 236,
    244–245, 344
Vula *kyk* Projek Vula
vyand-idee 318, 323–324, 340

Waarheids- en Versoenings-
    kommissie (WVK) 32, 211,
    254, 304
Waldmeir, Patti 323, 335
Walk in the Woods, A 16–17,
    201
Welsh, David 323
Wembley-stadion 138, 274
Wessels, Leon 202, 291
Wet op Gemengde Huwelike
    38, 111
White Plains-konferensie
    88–89
Wiechers, Marinus 95, 117,
    123, 126–127, 132, 321
Willemse, kommissaris Johan
    "Willie" 69, 70–71, 209
Williams, Ollie 17
Wilton Park-konferensies
    118–120, 184–185

Wolpe, Harold 24, 94–95,
    98–104, 123, 140
Wolpe, Howard 42, 95, 185
Woods, Humphrey 22
Woord en Daad 337
Worrall, Denis 27–28, 89, 163
WVK *kyk* Waarheids- en
    Versoeningskommissie
    (WVK)

Young, Andy 271
Young, Michael
    Afrikaner-ANC-gespreks-
        groep 22–23, 25, 94, 97,
        101–102, 141, 194, 291,
        330
    Fall of Apartheid, The 342
    Mbeki-ontmoeting
        196–197

Zaïre 168, 184
Zambië 50, 184, 221, 295
Zamjatin, Leonid 257
Zille, Helen 185, 315
Zimbabwe 50, 54, 119, 120,
    145, 162, 240, 282, 316, 330,
    344
Zuma, Jacob
    Afrikaner-ANC-gespreks-
        groep 22, 190, 231,
        233–239, 291
    grondwetlike kwessies 308
    kontak met NI 196,
        217–218, 223–225, 329
    onderhandelde skikking
        255–256
    Thabo Mbeki en 305

Die skrywer

WILLIE ESTERHUYSE is in 1936 in die Karoo gebore, op Laingsburg, waar sy pa geboer het. Hy studeer aan die Universiteit van Stellenbosch, waar hy, ná 'n studieverlof van twee en 'n half jaar in Nederland, die graad DPhil verwerf na aanvanklike kwalifikasies in teologie en filosofie. Hy begin sy loopbaan as akademikus in 1965 as dosent by die University College, Durban, waarna hy in 1967 skuif na die destydse Randse Afrikaanse Universiteit. In 1974 sluit hy hom aan by die Universiteit van Stellenbosch se Filosofiedepartement as hoogleraar tot 2002. Van 1999 tot 2006 doseer hy deeltyds Sake-etiek aan die US Bestuurskool en in bestuursprogramme aan die Universiteit van Kaapstad se Sakeskool.

Hy was direkteur van onder meer Murray & Roberts, Metropolitan Holdings, Medi-Clinic, Plexus en Stellenbosch Vineyards en 'n trustee van die Sanlam Demutualiseringstrust. Hy is tans 'n trustee van die Thabo Mbeki Stigting, betrokke by die Thabo Mbeki African Leadership Institute (TMALI) en die nie-uitvoerende voorsitter van Barinor Beherend Bpk.

Talle eerbewyse en pryse is aan hom toegeken, onder meer die Orde van Luthuli (Silwer) in 2003, dieselfde jaar waarin die Universiteit van Stellenbosch ook aan hom 'n eredoktorsgraad toeken. Hy het as raadslid en later voorsitter van Kunstekaap gedien, as raadslid van die Klein-Karoo Nasionale Kunstefees, as raadslid van die Vryheidspark (Freedom Park) en as 'n trustee van die Nations Trust.

Sy talle publikasies sluit in die opspraakwekkende *Afskeid van apartheid* (in Engels vertaal as *Apartheid Must Die*); *Pleitbesorger vir hoop*; en *The ANC and its Leaders*. Hy tree op as samesteller vir Thabo Mbeki se *Africa: The time has come* en *Africa: Define yourself*. Sy mees onlangse boeke is *God en die gode van Egipte* en *Die God van Genesis*.

In die film *Endgame*, wat oor die geheime gesprekke in Engeland handel, word sy rol deur William Hurt vertolk.

Prof. Willie Esterhuyse woon op Stellenbosch.

www.ingramcontent.com/pod-product-compliance
Lightning Source LLC
Chambersburg PA
CBHW031313160426
43196CB00007B/509